普通高等学校体育专业教材

现代
足球运动教程

主编 蔡向阳

中国教育出版传媒集团
高等教育出版社·北京

内容提要

本教材是根据普通高等学校运动训练专业、足球运动专业课程教学需求编写的。内容包括足球运动概述、足球比赛成绩与运动员竞技能力、足球技术、足球战术、足球运动员专项体能、足球运动员心理能力、守门员技术与战术、足球训练、青少年足球训练、女子足球训练、足球运动损伤、足球教练员、足球比赛指导工作、足球运动员选材、足球队管理、足球竞赛组织、足球竞赛规则、足球裁判法、五人制足球、沙滩足球、足球科学研究工作等方面。

本书为普通高等学校运动训练专业教材，也可作为足球运动专业、体育教育专业足球专修课程教材和足球初级教练员培训教材。

图书在版编目（CIP）数据

现代足球运动教程 / 蔡向阳主编. -- 北京 : 高等教育出版社，2024.12（2025.9重印）

ISBN 978-7-04-061846-4

Ⅰ. ①现… Ⅱ. ①蔡… Ⅲ. ①足球运动-高等学校-教材 Ⅳ. ①G843

中国国家版本馆 CIP 数据核字（2024）第 047879 号

Xiandai Zuqiu Yundong Jiaocheng

策划编辑	郭　恒	责任编辑	郭　恒	封面设计	贺雅馨	版式设计	杨　树
责任绘图	马天驰	责任校对	王　雨	责任印制	刘弘远		

出版发行	高等教育出版社	网　　址	http://www.hep.edu.cn
社　　址	北京市西城区德外大街 4 号		http://www.hep.com.cn
邮政编码	100120	网上订购	http://www.hepmall.com.cn
印　　刷	北京宏伟双华印刷有限公司		http://www.hepmall.com
开　　本	787mm× 1092mm　1/16		http://www.hepmall.cn
印　　张	30. 75		
字　　数	630 千字	版　　次	2024 年12月第 1 版
购书热线	010-58581118	印　　次	2025 年 9 月第 3 次印刷
咨询电话	400-810-0598	定　　价	58. 00 元

物 料 号　61846-00

编委会

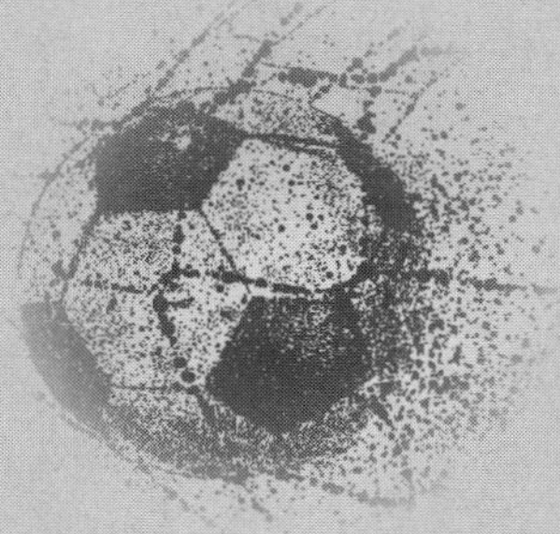

主　　编： 蔡向阳

副 主 编： 任定猛　部义峰

参编人员（按姓氏笔画排序）：

马业康（新疆师范大学）　王长权（北京师范大学）
王松岩（武汉体育学院）　王新胜（广州体育学院）
水祎舟（陕西师范大学）　田志琦（天津体育学院）
田　剑（河南大学）　任定猛（北京体育大学）
刘桦楠（华东师范大学）　李卫东（华中师范大学）
李　勇（山东体育学院）　李　培（华南师范大学）
李　斌（福建师范大学）　李增民（成都体育学院）
沈寅豪（同济大学）　张英成（东北师范大学）
张　辉（沈阳体育学院）　陈小虎（西南大学）
席海龙（西安体育学院）　部义峰（江苏师范大学）
蔡向阳（福建师范大学）　魏　亮（南京体育学院）

前　言

党的十八大以来，以习近平同志为核心的党中央站在国家强盛、民族复兴的战略全局，把振兴足球作为发展体育运动、建设体育强国的重要任务摆上日程。

校园足球是足球事业改革发展的突破口，为中国足球竞技水平的提高开辟了一条人才成长的通道。近年来，教育部坚持“健康第一”的教育理念，扎实推进全国青少年校园足球工作，通过设立足球特色校、构建竞赛体系、打造“满天星”训练营和新型足球学校、构建荣誉激励机制等创新性举措来推动校园足球的发展，逐渐形成教会、勤练、常赛“三位一体”的教学改革思路和面向全体普及推广、面向精英培养专长“一体两面”的推进格局，帮助学生在体育锻炼中享受乐趣、增强体质、健全人格、锤炼意志。在此背景下，越来越多的高等院校开始依托运动训练专业招收足球专项的学生，为社会培养和输送了一批又一批高水平应用型足球专业人才，为推动我国青少年校园足球高质量发展作出了贡献。此外，有些高等院校还通过独立设置、依托体育学院设置和中外联合办学等多种形式组建足球学院。2024 年 3 月 19 日，教育部公布了《普通高等学校本科专业目录（2024 年）》，足球运动专业也成为一个新专业。这一系列重要举措，合乎中国足球振兴和发展战略，关乎中国足球健康、全面和可持续发展。

教材是教育教学的关键要素，也是落实立德树人根本任务的关键载体。如果没有好教材，好的教育也将无从谈起。令人遗憾的是，国内针对当前足球发展形势和要求而编写的全国通用的运动训练专业足球专项教材少之又少，这显然不能满足新时代高校足球人才培养的需要。为深入贯彻《普通高等学校本科专业类教学质量国家标准》《普通高等学校教材管理办法》等文件精神，更好地满足当前运动训练专业、足球运动专业课程教学的需要，高等教育出版社委托福建师范大学组织编写《现代足球运动教程》。本教材汲取了我国以往足球教材的优点和近年来国内外足球运动发展的最新理论，从不同年龄阶段的特点、技术动作内在规律、训练的认识规律出发，突出了教学法、训练法和组织法的融合，吸收了足球发达国家的发展经验，探索出一套中国自主足球训练理论体系与实操体系。在本书编写过程中，重点体现了以下几个特点：

（1）在编写宗旨上，牢固树立精品意识，坚持质量为先，突出育人导向，注重理论联系实际，力求编写出一本富有时代特征、经得起实践检验的精品教材。本教材立足新时代青少年校园足球蓬勃开展的实际，结合运动训练专业人才培养方案，努力吸收足球科学发展的新理念、新手段、新方法，不仅能为学生学习足球技战术知识、强化足球技能提供帮助，也能为学生今后从事足球教学、训练、竞赛、科研等工作打下坚实基础。

（2）在编写方式上，本教材充分体现以学生为本的理念，注重优化章节结构和教学内容，各章节知识点经过编写组多次研讨和修订，在编写体例、结构和形式上较以往教材有较大突破。在编写过程中，结合足球专项特点和学生学习需求，首次将中国足球协会各级教练员培养课程内容有机融入教材中，同时增加了诸多新理论、新知识、新案例，具有较强的实践性、应用性、可操作性和可读性。

（3）在编写内容上，本教材以学生认知规律和技能发展规律为基础，以学生创新精神和实践能力培养为落脚点，既注重基本理论、基本知识、基本技能，又结合具体案例进行评析，并在技术要领、战术分析、体能训练、守门员训练、裁判员工作等内容中采用二维码技术关联可视、可练的高清视频资源，使得教材更加直观生动，也更符合新时代学生的学习需求。在各章末增设了思考与实践内容，便于学生及时归纳、巩固所学知识，从而加深对足球运动相关理论和技能的理解和掌握，起到举一反三的作用。

（4）在编写团队上，本次编写工作融合了我国体育院校、师范院校和综合性大学的足球专任教师，他们中不仅有在足坛、学术界颇有学术成就的专家教授、青年学者，还有中国足球协会国际级裁判和优秀教练员讲师。编写组成员学识渊博、思维活跃、开拓进取，特别是教练员讲师和国际裁判的参编，为本教材增添了许多国际足联教练员培训理论与方法以及最新的体能训练方法等内容，进一步丰富和完善了教材内容体系。

本教材由福建师范大学蔡向阳教授担任主编，北京体育大学任定猛教授、江苏师范大学部义峰教授担任副主编。编写具体分工如下：蔡向阳（前言、专业术语和名词解释），刘桦楠、张英成（第一章），马业康、田志琦（第二章），魏亮、李斌（第三章），水祎舟、陈小虎（第四章），张辉、李勇（第五章），李增民、魏亮（第六章），王长权、马业康（第七章），李增民、陈小虎、田剑（第八章），李斌、李卫东（第九章），王松岩、田剑（第十章），席海龙、水祎舟（第十一章），马业康、蔡向阳（第十二章），张英成、部义峰（第十三章），席海龙、张辉（第十四章），任定猛、王长权（第十五章），王松岩、李卫东（第十六章），沈寅豪、王新胜（第十七章），沈寅豪、王松岩（第十八章），李培、王新胜（第十九章），任定猛、李培（第二十章），部义峰、刘桦楠（第二十一章）。全书最后由蔡向阳、任定猛、部义峰审稿，蔡向阳统稿。

在本教材编写过程中，得到了广州体育学院李志中老师，北京体育大学艾堃老师，西安体育学院王刚老师、胡鑫老师，郑州职业技术学院赵家佳老师的大力支持。在编写中，我们参考、吸收和引用了有关专家、学者的研究成果，在此一并表示感谢。

由于现代足球运动发展迅速，书中难免会有疏漏或不当之处，诚望广大读者批评指正，以便我们进一步修改和完善。

编　者

2024 年 9 月

目　录

▶ 第一章 足球运动概述

本章导读

足球运动是世界上开展最广泛、影响最深远的体育运动项目，被誉为“世界第一运动”。本章分为三节内容，将带领大家回顾足球运动的起源与发展脉络，梳理女子足球运动的开展情况，展望世界足球运动的发展趋势。

学习目标

知识目标：通过学习现代足球运动的特征与功能，增强学生对现代足球运动的认知和理解。

能力目标：通过学习现代足球运动的发展趋势，了解足球比赛技战术发展趋势和流派，培养学生未来从事足球教学训练工作的兴趣和爱好。

价值目标：通过学习足球运动的起源与发展，培养学生对中华优秀传统文化的兴趣与认同，增强民族自信心和自豪感，培养爱国主义精神和国际视野。

第一节 足球运动的起源与发展

体育是伴随着国家和民族社会文化逐渐发展成熟的。我国是世界四大文明古国之一，有着5 000年的悠久历史。虽然现代足球运动起源于欧洲，但根据多方面的考证，中国古代的“蹴鞠”是足球运动的雏形，经历了从萌发到成熟，由鼎盛至衰落的过程。蹴鞠在中国古代具有强身健体、军事训练、文娱表演的功能，上至王公贵族、达官贵人，下至市井百姓、男女老幼，深受社会各阶层人士的喜爱。

一、中国古代足球运动的起源与发展

（一）战国时期

中国古代蹴鞠专业书籍

据史料记载，早在2 300年前的战国时期，中国就有了类似足球的游戏——蹴鞠。据《战国策·齐策》记载：“临淄甚富而实，其民无不吹竽鼓瑟，击筑弹琴，斗鸡走犬，六博踏鞠者。”战国时期的足球游戏称作“蹴鞠”或“蹋鞠”，“蹴”就是用脚踢的意思，而“鞠”是指球。临淄是齐国的首都，即今天的山东省淄博市临淄区。当时临淄百姓安居乐业，十分喜爱音乐、下棋、蹴鞠等文化娱乐活动。

（二）两汉时期

到了汉朝，蹴鞠活动较为盛行，并有所发展。主要表现为：有了足球竞赛专用场地。比赛双方以直接对抗的竞赛方式进行，并有相应的竞赛规则，由裁判员参加评判。如东汉李尤所著《鞠城铭》记载：“圆鞠方墙，仿象阴阳。法月冲对，二六相当。建长立平，其例有常。不以亲疏，不有阿私。端心平意，莫怨其非。鞠政由然，况乎执机。”这段话的意思是，双方进行比赛时，所用的球是圆的，场地是方形的，球场两端各设六个月洞式的球门为进攻目标，两边参加比赛的人数相同。比赛时由正、副裁判员按照规则公正执法，参赛双方不论胜负如何，均能心平气和，友好相处。汉朝供蹴鞠竞赛用的场地称为“鞠城”，而球门叫作“鞠室”或“鞠域”。当时所用的球为外部用皮革制成，内部填满了毛发等物的圆形球体。

汉朝的蹴鞠已由战国时的娱乐功能演变为军事训练功能，统治阶级把蹴鞠作为练兵习武的手段。汉武帝刘彻为抗击北方匈奴的侵扰，聚集全国兵力，北征匈奴。当时的大将霍去病，出征塞外“尚穿域蹋鞠”，进行足球比赛，以增强将士们的体魄。在《汉书·艺文志》中，把足球书籍《蹴鞠二十五篇》与《射法》《速弩》《剑道》《手搏》等书籍一起列入“兵家技巧类”，作为军事书籍。

据目前出土文物考证，在我国东汉时期就有女子参加蹴鞠游戏，如在河南省嵩山建造的中岳三阙建筑中，就绘有清晰的女子蹴鞠壁画，画中女子长袖高髻，形象逼真。从画像石中的蹴鞠场面看，女子蹴鞠既没有球门，也没有对抗，只是个人技巧表演性的踢球游戏。

（三）唐宋时期

唐朝是我国古代政治、经济、文化发展繁荣鼎盛的时期，人民生活富足、安居乐业，蹴鞠游戏广泛开展，并有重要发展：一是用充气的球代替过去用毛发充填的球。当时利用动物的膀胱做球胆，用嘴吹气，这样球就有了弹性，踢时可以腾空而起。此外，在制作工艺上，汉朝时是用两块动物皮革缝合而成，唐朝时是用“八片尖皮砌做球”，使球更圆。二是用球门代替“鞠室”，即由在地面上的“鞠室”变成竖在空中的球门。据《文献通考》中记述的球门为“蹴球盖始于唐，植两修竹，高数丈，络网于上为门以度球，球工分左右朋以角胜负否”。

唐朝时期，女子蹴鞠较为盛行。《内人踢球赋》中写道：“球上有嫔……球不离足。足不离球……毕庭纵赏。万人瞻仰。”而且唐朝女子蹴鞠进行的是没有球门的“白打场户”，是一种颠耍球表演。

唐朝蹴鞠还流传到了国外，据当时日本一部书籍《游庭密抄》记述：“蹴鞠者，起自苍海万里之异域，遍于赤县九陌之皇城。”这里，“苍海万里之异域”是指唐朝，“赤县九陌之皇城”是指日本。

到了宋朝，宋人用气筒为球充气，代替了唐人用嘴吹气的原始方法。明代汪云程撰写的《蹴鞠图谱》记载宋代的打气方法为：“打揎者，添气也。事虽易，而实难，不可太坚，坚则健色浮急，蹴之损力；不可太宽，宽则健色虚泛，蹴之不起；须用九分着力，乃为适中。”可见，当时对打气也十分讲究。此外，宋朝还出现了许多的“足球艺人”，并有球会组织，称为“齐云社”或“圆社”，这是一个广泛的足球爱好者组织，社会各阶层人士均可加入。正如吴自牧在《梦粱录》中所述：“更有蹴鞠、打球、射水弩社，则非仕宦者为之，盖一等富室郎君、风流弟子与闲人所习也。”

唐宋时期，蹴鞠由过去的两队直接对抗逐渐演变为单球门的间接对抗。正如《东京梦华录》中所阐述的：“左右军筑球，殿前旋立球门，约高三丈许，杂彩结络，留门一尺许。”具体比赛方法在汪云程的《蹴鞠图谱》等著作中有详细记载。比赛时，场地中间竖立一球门，球门两侧各为一个队，每队队员按分工各就其位。获球的一队，按照指定顺序传球，最后传到“球头”手中，“球头”一大脚向高数丈但仅有一尺方圆的小球门“知入”，若球穿过球门为胜一球；若球未“知入”而碰到网上又弹回本场，只要球未落地被本队接住，还可以继续向球门射去。最后以球入门多者为胜。还有一种竞赛方法是，不用球门的个人或几个人为一队的“白打”。采用这种方法比赛时，队员除了手以外的身体各部位均可接触球，比赛时以连续触球的次数多少和难度大小来判定胜负。

（四）元明清时期

由于社会上兴起了“重文轻武”和“立静恶动”之风，元明清时期的蹴鞠逐渐走向没落，民间的蹴鞠游戏，纵有爱好者的星散活动，也是寥寥无几。到了清朝中叶，蹴鞠逐渐绝迹。

二、现代足球运动的起源与发展

（一）现代足球运动在欧洲的起源与发展

1863 年 10 月 26 日，世界上第一个足球运动组织——英格兰足球协会在英国伦敦成立，国际上把这一天视为现代足球运动的诞生日。同年 12 月 8 日，该协会修改了剑桥规则，制定了统一的 14 条足球比赛规则，它是现今足球比赛规则的基础。

国际足联组织的各类赛事

当时的足球比赛采用“九锋一卫制”，即由一个后卫抵挡九个前锋，队员们只会大脚往前踢，球所到之处队员们蜂拥而至，混乱不堪。1870 年 3 月 5 日，英格兰队和苏格兰队在格拉斯哥举行了现代足球运动的第一场正式国际比赛。1885 年，职业足球在英格兰首次得到了法律认可，从此职业足球开始在英国盛行。19 世纪 80 年代中期，出现了“1-2-3-5”比赛阵型，比赛中，球队的技战术打法有了新的发展，同时英国人也不断地修改和完善足球竞赛规则。随着国际交往的增多，英国的海员、牧师、商人、工程师等把现代足球运动传播到世界各地，所到之处都沿用英国人制定的比赛规则和比赛形式，开展现代足球运动。

欧洲五大联赛

1904 年 5 月 21 日，国际足球联合会（简称国际足联，英文缩写为 FIFA）在法国巴黎成立，其总部于 1932 年由法国巴黎移至瑞士苏黎世，是国际单项体育联合会总会成员。国际足联下设欧洲、亚洲、非洲、中北美及加勒比海地区、南美洲、大洋洲六个地区性组织，工作用语为英语、法语、西班牙语和德语。足球是世界第一运动，世界杯足球赛是全人类共同的节日，借助这种全球影响力，国际足联也成为最具影响力的国际单项体育组织。

（二）现代足球运动在中国的传播与发展

1. 中国近代足球运动的开展与传播

1840 年鸦片战争后，香港受英国殖民统治。19 世纪 60 年代前后，足球运动在香港逐渐活跃起来。19 世纪 80 年代前后，当时香港的皇仁、圣约瑟和拔翠书院等三所学校的学生开始仿照英国人踢足球。为推广足球运动，1904 年香港的华人足球爱好者成立了“华人足球会”，1908 年成立了“南华足球会”，足球活动逐渐在香港开展起来。在现代足球运动传入中国期间，除香港、上海、北京开展较早外，还有一些沿海城市教会学校的足球活动也开展得较为活跃。随着广州、武昌、厦门、南京、青岛、天津等地学校足球运动的开展，当时中国的足球运动得到了进一步发展。

“一代球王”——李惠堂

2. 中华人民共和国成立后足球运动的发展

（1）初创阶段（20 世纪 50 年代）。中华人民共和国成立后，足球运动在国内很快发展起来。1951 年在天津举行了第 1 届全国足球比赛，参加比赛的有 6 大行政区和解放军、铁路共 8 支代表队。比赛后选拔了 30 多名运动员组成了国家足球集训队，他们是中国开展足球运动的骨干力量。

1954 年前后，全国各体育院系逐步开设各类足球课程。部分行政区和行业系统、各省市相继建立了足球队，并进行专业训练。1954 年 2 月，我国邀请了当时世界足球强国匈牙利国家队来华访问和比赛，让我们得以了解当时世界上最新的足球技战术。同年 4 月和 10 月，我国派出青年足球运动员组队赴匈牙利学习和训练。经过一年多的艰苦训练，队员们进步显著。这些队员于 1955 年 10 月回国，其中大部分成为国家队主力，对提高我国足球运动水平起到了积极作用。1955 年和 1956 年，我国聘请了苏联和匈牙利的足球专家，以培养我国的足球研究生、科研人员以及专业教练员。

为了适应国际交往和推动全国足球运动的开展，1955 年 1 月 3 日，中国足球协会成立，并于 1956 年建立了全国足球竞赛制度和运动员、裁判员等级管理制度，开始施行全国甲、乙级足球联赛。1957 年又施行全国足球联赛甲、乙级升降级制度。1957 年，中国足球队第一次参加世界杯预选赛遭到淘汰。1958 年 6 月 7 日，由于国际足联中少数人坚持“两个中国”的错误立场，中国宣布退出国际足联。1959 年，足球被列为中华人民共和国全运会正式比赛项目。1958 年至 1960 年期间，中国足球队在一系列国际足球邀请赛和友谊赛中取得较好成绩，足球运动水平有了较大的提高。

（2）徘徊阶段（20 世纪 60—70 年代）。这段时间是世界足球运动突飞猛进的时期，特别是 1974 年第 10 届世界杯足球赛，正是足球运动进入全攻全守的发展阶段，但由于政治和经济原因，我国足球运动的发展受到了很大的影响，进一步拉大了与世界足球强国运动水平的差距。

1964 年 2 月 27 日，国家体委召开了全国足球训练工作会议，作出了《大力开展足球运动、迅速提高技术水平的决定》，提出了“从难、从严、从实战需要出发，进行大运动量训练”（即“三从一大”）的训练方针。1964 年 6 月 1 日，共青团中央、教育部、国家体委联合召开的全国足球工作会议上，确定了天津、广州、武汉、旅大、沈阳、南京、延边、梅县为全国发展足球运动的十个重点地区。同年，我国改进了竞赛制度，实行了全国足球甲、乙级联赛全年双循环升降级制度。在此期间，重新组建国家足球集训队，培养了一批优秀足球运动员，我国足球运动技术水平回升较快，1966 年获得了亚洲新兴力量运动会足球比赛的亚军。正当中国足球再次掀起一个新高潮的时候，“文化大革命”开始了，足球运动遭受了严重破坏。1972 年，在北京举行了全国五项球类运动会，足球是比赛项目之一。同年年底，国家体委召开了全国足球训练工作会议，会上确立了“勇猛顽强，快速灵活，全面准确”的中国足球技战术风格。为了推动我国足球运动的发展，加强国际交往，1977 年在北京举办了我国足球运动史上第一次国际足球友好邀请赛，后改为“中国长城杯国际足球锦标赛”。

中华人民共和国足球运动训练的“三从一大”原则

1978 年，我国恢复了全国足球甲、乙级联赛双循环升降级制度，以此推动各地足球运动的开展。1979 年，国务院批准了国家体委《关于提高我国足球技术水平若干措施的请示报告》。同年 11 月，国家体委召开了足球工作会议，会议重点研究、讨论了如何贯彻国务院批准的此项报告，同时还有针对性地讨论了如何广泛开展青少年足球运动、大力培养后备力量等问题。同时，会议将足球重点发展城市由过去的 10 个增加到 16 个，即新增了长春、青岛、石家庄、重庆、昆明、西安。同年，国际足联恢复了中华人民共和国足球协会在国际足联的合法地位。中国足球队于 1974 年参加了第 7 届亚运会足球比赛，但未获小组出线权。中国足球队在 1976 年的第 6 届亚洲杯和 1978 年第 8 届亚运会足球比赛中均获得了第三名。

（3）探索阶段（20 世纪 80 年代）。20 世纪 80 年代，我国足球运动处于改革和探索阶段，不仅要改革和探索足球队伍的领导体制、建立工作法规，还要建立和完善队伍的管理制度。1985 年末，国家体委成立了足球办公室，形成了统管全国足球训练、竞赛、外事等为一体的综合体制，取得了一定成效，并慎重地向协会制和俱乐部制过渡。

1981 年，国家体委在北京召开了全国足球工作会议，会议确定了“振奋精神，勤学苦练，坚持‘三从一大’，狠抓在快速运动中的技术，积极培养勇于拼搏、能攻善守的全面型运动员”为当时我国足球训练的指导思想。1983 年，中国足球协会得到国际足联和亚洲足联的批准，成功举办了广州国际女子足球邀请赛，推动了我国女子足球运动发展。1985 年，受国际足联委托，中国举办了第 1 届国际足联 16 岁以下柯达杯世界足球锦标赛，这不仅增强了我国足球运动员同世界各国足球运动员的友谊和团结，还有力地促进了我国青少年足球运动的开展。同年，国家体委在南京召开了全国足球训练工作会议，会议确定了今后足球训练的基本方针、原则，同时成立了国家体委足球领导小组，负责领导、规划和协调足球的全面工作。领导小组下设足球办公室负责实施各项具体工作。

德艺双馨——“志行风格”

1981—1982 年，中国足球队在第 12 届世界杯预选赛亚洲大区决赛中获得第三名。在 1984 年获得第 8 届亚洲杯足球赛亚军。在 1987 年参加第 24 届奥运会足球预选赛，并获出线权，从而取得了参加 1988 年奥运会足球赛决赛阶段的资格，实现了冲出亚洲走向世界的梦想。

（4）职业化改革阶段（20 世纪 90 年代）。1992 年 6 月，中国足球协会在北京红山口召开了全国足球工作会议。中国足球协会向大会提交了一系列改革方案，向足球界提出了改革体制、转变机制、整顿队伍三大任务，并指出要坚定不移地走职业化道路，尽快实行俱乐部体制，把中国足球融入世界足球发展的潮流之中。红山口会议充满了改革的主旋律，被誉为中国足球史上“新的里程碑”。

1993 年，8 个甲 A 足球俱乐部在广东试行俱乐部杯赛。1994 年，中国足球职业联赛正式开始，共有 26 个俱乐部队参加，联赛采用双循环、主客场每周一赛制。

联赛分为甲 A（12 个队）和甲 B（14 个队），实行升降级制度，每年甲 A 最后两名降入甲 B，甲 B 前两名升入甲 A。1998 年，中国足球职业联赛甲级 A 组由 12 支球队扩大为 14 支球队。2004 年，中国足球职业联赛更名为“中国足球协会超级联赛”和“中国足球协会甲级联赛”。首届中国足球协会超级联赛有 12 支球队参加。

自中国足球实行职业化改革以来，各俱乐部积极引进外籍教练员和外籍运动员。中国足球协会先后聘请了施拉普纳、霍顿、米卢、阿里·汉、福拉多、杜伊、卡马乔、佩兰、里皮、卡纳瓦罗等外籍教练员担任国家队主教练。

（5）中国足球新时代（2014 年至今）。

①《中国足球改革发展总体方案》的颁布与实施：2015 年 2 月 27 日，中央全面深化改革领导小组第十次会议审议通过了《中国足球改革发展总体方案》。这是新时代中国足球改革与发展的纲领性文件，标志着足球运动的改革与发展已经上升到国家发展战略高度。该方案指出，足球运动具有广泛的社会影响，要把足球改革发展作为建设体育强国的重要举措，并推动我国足球事业不断迈上新台阶。该方案对中国足球运动的改革与发展进行了规划设计，提出足球改革“三步走”战略发展目标，分别是近期目标、中期目标和远期目标，并提出具体的举措和实施路径，为未来中国足球的发展指明了前进的方向，成为指导我国足球事业整体发展的重要依据。

② 体教融合的青少年足球工作全面开展：2014 年 11 月 26 日，国务院召开了全国青少年校园足球工作电视电话会议。会议决定在全国大中小学广泛开展青少年足球活动。会议强调，足球运动对于建设体育强国、振奋民族精神、深化教育改革具有重要意义。2022 年 7 月 10 日，首届中国青少年足球联赛启动仪式在浙江省杭州市黄龙体育中心举行，第 1 届中国青少年足球联赛正式启航。中国青少年足球联赛将横跨小学、初中、高中、大学（U8—U19）四个年龄段，该赛事一改过往职业俱乐部梯队、学校球队、业余体校球队及社会青训机构球队各自为战的局面，按照“一体化设计”“一体化推进”的理念设计构建赛事体系，打破参赛壁垒。该赛事作为兼具最高规格、参与人数最多、覆盖地区最广、竞技水平最高、传播影响力最大等属性的全国性青少年足球赛事，是契合体教融合战略和青少年健康成长需要的，在打破体教参赛壁垒的同时，扩大了优秀青少年足球后备人才选材面。

③ 党的二十大报告为中国青少年足球事业高质量发展提供了根本遵循，报告指出：“加强青少年体育工作，促进群众体育和竞技体育全面发展，加快建设体育强国。”青少年体育衔接体育强国建设的各领域，是体育强国建设的根基所在，为全面建设社会主义现代化强国、实现中华民族伟大复兴培养高素质人才。足球作为世界第一运动，深受广大青少年学生喜爱，党和国家高度重视青少年足球事业的发展。在加快建设体育强国背景下，青少年足球是青少年体育事业的重要组成部分，足球运动成为青少年体育教育的重要载体，是中国特色青少年体育体教融合发展的标志性事业。党的二十大报告中关于青少年体育的论述，为新时代新征程中国青少

年足球事业持续健康发展指明了方向，提供了根本遵循。在加快建设体育强国背景下，中国青少年足球工作要坚定不移地贯彻落实党的二十大精神，以体教融合理念为主线，聚焦“促进青少年全面健康发展”和“培养优秀竞技体育后备人才”目标，促进体育部门和教育部门在青少年足球工作中的相互融合，巩固建设专业、职业、教育、社会多元融合的青少年足球人才培养体系，使足球人才培养融入国民教育体系，实现青少年足球人才特色化培养，构筑新时期体教融合的青少年足球事业共同体。

三、女子足球运动的起源与发展

（一）国外女子足球运动的开展

19 世纪末，女子足球俱乐部开始在英国出现。20 世纪初，女子足球运动逐渐发展到欧美多个国家。从 20 世纪 50 年代起，女子足球运动开始流行于世界各大洲，欧美国家也逐步承认女子足球运动的合法地位。一些爱好者还自发地组织了各种非正式的世界女子足球比赛。70 年代初，女子足球运动正式得到国际足联认可，世界女子足球运动开始步入正轨。80 年代，国际足联开始尝试举办国际女子足球比赛。

20 世纪 90 年代是世界女子足球运动快速发展的阶段。1991 年，国际足联正式举办了第 1 届世界女子足球世界杯。1996 年，国际奥委会把女子足球列为第 26 届亚特兰大奥运会正式比赛项目。截至 2024 年，女子足球已成功举办了 9 届世界杯和 8 届奥运会比赛，女子足球运动全面进入世界竞技舞台。

进入 21 世纪后，随着世界女子足球运动的逐步开展，欧洲多国开始建立女子足球职业联赛。欧洲女子足球的职业化发展也逐渐拉开了与其他国家的差距。近些年，欧洲女子足球职业化发展模式日渐成熟，各国在财政资金投入、青训体系建设等方面都有了新的突破。

（二）中国女子足球运动的开展

1. 近代女子足球运动

现代足球运动传入中国后，约在 20 世纪 20 年代，一些沿海城市出现了女子足球活动。1924 年，上海两江女子体育专科学校的沈昆南先生翻译了英国出版的《女子足球规则》，并将足球列入体育课，还成立了女子足球队。但由于多方面原因，女子足球运动未能延续下去。

2. 中华人民共和国成立后的女子足球运动

（1）1949 年至 20 世纪 70 年代前期。1951 年初，中国女子足球运动在香港出现。20 世纪 50 年代末，我国南方的两广及福建省部分地区曾一度有过女子足球运动。60 年代中期，香港足球总会专门成立了女子足球小组。60 年代末，我国台湾地区出现了女子足球运动。

（2）20 世纪 70 年代中期至 1981 年。20 世纪 70 年代中期，云南省和辽宁省的部分地区开展了女子足球运动。1979 年，西安市的两所学校成立了女子足球队，陕西省也成立了女子足球队。随后，全国部分省市和地区纷纷成立女子足球队，并开展比赛。1981 年，云南楚雄地区率先举办了一次跨省市的女子足球邀请赛。

（3）1982—1988 年。全国各地女子足球队全面兴起，并开始参加和举办国际女子足球比赛，创建了国家女子足球队，逐步形成了国内女子足球竞赛体系。这一时期，社会力量开始介入女子足球运动，出现了企业和体委联合办队、办赛的新局面。中国女子足球运动呈现出竞赛水平迅速提高、全面加速发展的势头。

（4）1989—1995 年。1989 年，中国女子足球队在第 7 届亚洲女子足球锦标赛中首登亚洲盟主地位。1990 年，在北京举行的第 11 届亚运会上，亚洲奥林匹克理事会首次将女子足球列为亚运会项目，中国女子足球队夺得北京亚运会女足冠军。1991 年，中国女子足球队在第 8 届亚洲女子足球锦标赛上蝉联冠军。同年，国际足联在广州首次举办了世界女子足球锦标赛，中国女子足球队获得第 5 名。

（5）1996 年至今。1996 年，国际奥委会在第 26 届奥运会上首次设立女子足球比赛项目，中国女子足球队获得本届奥运会女足亚军。1997 年，国内已有多家半职业或职业女子俱乐部。1999 年，中国女子足球队在女足世界杯冠军争夺战中，以点球惜败于美国队，获得亚军。2000 年，中国女子足球队运动员孙雯荣获国际足联颁发的女子足球世界杯金球奖和金靴奖，并荣获亚足联授予的“最佳运动员”称号。2003 年，在第 4 届女子足球世界杯上，中国女子足球队未能进入前 4 名。2004 年，中国女子足球队在奥运会预选赛中提前一轮出线，但在决赛阶段表现欠佳。

中国女足——“铿锵玫瑰”精神

在 2006 年女足亚洲杯决赛中，中国女子足球队以点球决胜负的方式战胜了刚刚加入亚洲足联的澳大利亚女子足球队，第 8 次获得了女足亚洲杯的冠军，但在 2008 年女足亚洲杯决赛中不敌朝鲜女子足球队，屈居亚军。

2012 年中国女子足球队折戟奥运会预选赛之后，球队开始了重建。2014 年，中国女子足球队在亚洲杯比赛中获得季军，并在随后的 2015 年女子足球世界杯和 2016 年里约奥运会中均进入前八名。2018 年，中国女子足球队在亚洲杯比赛中获得季军，但在 2019 年女子足球世界杯中止步 16 强，并在随后的 2020 年东京奥运会上止步小组赛。2022 年，中国女子足球队在印度举行的女足亚洲杯决赛中以 3：2 击败韩国队，时隔 16 年再夺女足亚洲杯冠军。2022 年 10 月 14 日，国家体育总局、教育部、财政部、中国足协联合印发《中国女子足球改革发展方案（2022—2035 年）》，作为新时代新征程推动中国女子足球运动全面发展的纲领性文件。

（三）现代女子足球运动发展动态

目前，世界女子足球运动发展迅猛。部分国家在历届世界女子足球重大比赛上的成绩见表 1-1-1。

表 1-1-1 历届世界女子足球重大比赛成绩

比赛名称	冠军	亚军	季军	第 4 名	中国队
1991 年世界杯	美国	挪威	瑞典	德国	第 5 名
1995 年世界杯	挪威	德国	美国	中国	第 4 名
1996 年奥运会	美国	中国	挪威	巴西	亚军
1999 年世界杯	美国	中国	巴西	挪威	亚军
2000 年奥运会	挪威	美国	德国	巴西	第 5 名
2003 年世界杯	德国	瑞典	美国	加拿大	第 6 名
2004 年奥运会	美国	巴西	瑞典	挪威	未进前 8
2007 年世界杯	德国	巴西	美国	挪威	未进前 4
2008 年奥运会	美国	巴西	德国	日本	未进前 4
2011 年世界杯	日本	美国	瑞典	法国	未进入决赛阶段
2012 年奥运会	美国	日本	加拿大	法国	未进入决赛阶段
2015 年世界杯	美国	日本	英格兰	法国	进入前 8
2016 年奥运会	德国	瑞典	加拿大	巴西	进入前 8
2019 年世界杯	美国	荷兰	瑞典	英格兰	进入前 16
2020 年奥运会	加拿大	瑞典	美国	澳大利亚	未进入淘汰赛阶段
2023 年世界杯	西班牙	英格兰	瑞典	澳大利亚	未进入决赛阶段
2024 年奥运会	美国	巴西	德国	西班牙	未进入决赛阶段

从表 1-1-1 可以看出，美国队在历届重大比赛中成绩最好，几乎都保持在前三名，表现出了强大的实力，在 17 次重大比赛中获得 9 次冠军、2 次亚军、4 次季军。从世界女子足球强队的比赛中可以看出，世界女子强队的技战术打法男子化特征比较明显，具体表现为身材、力量、技术动作男子化，技战术风格向男足靠拢。

目前，世界上女子足球比赛的对抗越来越激烈。因此，中国女足在后备力量培养上不仅要提高运动员在高强度对抗压力下的技战术运用能力，还要培养运动员出色的体能，这样才能与对手抗衡。欧洲女子足球的快速发展得益于其所构建的科学竞赛体系和固有的足球氛围，这对世界女子足球的发展具有重要启示意义。

第二节 现代足球运动的特征与功能

足球运动之所以被誉为“世界第一运动”，是因为它的影响力与价值不仅仅存在于足球赛场上精彩纷呈的技战术展示中，更彰显在基于竞技体育而又超越竞技体育的特征与功能。

一、现代足球运动的特征

（一）竞技特征

1. 球队的集体协作性

在现代足球比赛中，队员要做到思想统一、行动一致，不论是在进攻中还是在防守中，全体队员必须具有很强的整体协作意识，从而使团体竞技实力表现出整体功能的放大。

2. 个人能力的综合性

在现代足球比赛中，特点鲜明的个人竞技能力是球员在场上战胜对手的“推进器”，球员的个人能力是足球队整体实力的坚实基础。个人能力要与球队整体战术有机结合，使球队表现出“1+1>2”的整体竞技能力。全面与个性的有机结合是现代足球运动对足球运动员竞技能力结构的要求。

3. 对抗的复杂性

足球运动是一项竞争非常激烈的同场对抗性项目。足球比赛中涉及从单人之间的对抗到局部两三人之间的对抗，再到整体对抗；从无球对抗到有球对抗；从身体对抗到心理对抗。

4. 技战术能力和体能的专项化

现代足球比赛具有快速、对抗激烈、体能消耗大、恢复期限短等竞技特点，因而足球运动员的技战术能力和体能凸显专项特征。

5. 对抗中的准确性

现代足球比赛对抗十分激烈，攻守转换十分迅速，这对运动员战术思维及技术动作的准确性提出了很高的要求。

（二）经济特征

1. 足球产业体系的完整性

全球的足球产业体系几乎涵盖了竞赛表演、生产制造、旅游观光、教育培训、文化艺术、广播电影电视等众多产业类型。

2. 足球产业规模的扩张性

足球是世界上影响最大的体育项目，高度的国际化、职业化和产业化发展趋势，使其具备了巨大的经济利益和商业价值。目前在欧洲，足球产业已成为国民经济的重要产业之一，提供了许多的就业机会，促进了国民经济发展，为社会创造了财富。

3. 足球产业发展的非均衡性

在足球产业发展过程中，受到经济发展水平、资源分布状况、居民体育需求和消费观念的影响，全世界的足球产业呈现出不同的发展态势，体现出明显的欧洲化空间结构特征。

4. 足球产业消费的多样性

职业俱乐部可通过彩票、门票、转会、广告、电视转播等获得丰厚利润，同时足球运动的发展还可以带动运动器材、服装、餐饮、中介、纪念品、旅游等相关产业的发展。

（三）政治特征

1. 国家形象的塑造

在世界杯足球赛中，运动员身负国家的荣誉，代表各自国家参加比赛。一些杰出的足球明星则可以看作其所在国家的一张“名片”。足球事业的发展是树立国家形象、促进民族团结、建设文化强国的有力支撑。

2. 民族精神的代表性

足球赛场是一个没有硝烟的战场，足球运动员们便成了塑造国民形象、捍卫民族尊严、振奋民族精神的英雄。中国女足被誉为“铿锵玫瑰”，这是对中国女足顽强战斗、勇敢拼搏精神的形象概括，为我们在新征程上砥砺前行提供了强大的精神力量。球迷很容易将对足球明星的喜爱、对其个人成就或技术水平的崇拜，转化成对其所在国家和民族的正面评价和友好态度。

3. 国际交往的媒介性

足球运动是一项国际性的体育运动，是世界各国人民沟通的桥梁，不同文化、宗教信仰、语言的人可以通过足球这一媒介，更好地拉近彼此的距离，实现文化交流。

（四）文化特征

1. 时代性

足球作为一项全球性的体育运动，其发展历程与时代的变化息息相关。从古代世界各地对类似足球运动的记载，到现代足球在英国的起源和发展，足球的运动形式和规则随着社会的进步而不断演变。例如，1863 年 10 月 26 日，英格兰足球协会的成立标志着现代足球运动的正式开始，这一事件被视为现代足球运动的诞生日。此后，足球运动逐渐在全球范围内传播，成为一项广受欢迎的体育运动。

足球的发展也反映了时代的社会文化和价值观。在不同地区，足球的风格和战术也各具特色，如欧洲足球注重技术、速度和力量，而南美洲足球则强调个人技巧和配合。这些差异体现了不同文化背景对足球运动的影响。

此外，足球运动还随着技术的进步而不断发展。例如，引入红黄牌制度和允许球队换人等规则的改革，以及通过电视转播等技术手段，使得足球比赛能够被更多人观看和享受，进一步扩大了足球的影响力。

2. 民族性

足球文化版图是由一个个风格迥异、特点鲜明的民族足球文化共同组成的。受世界各民族文化和地理环境因素的影响，不同风格、不同样式的足球文化得以形成，并深深地打上了世界各民族的烙印。足球的民族性，一方面成为足球运动魅力的重要来源，另一方面也是促进世界足球大发展、大融合、大繁荣的重要因素。

3. 科学性

随着科学技术的发展，大量的新型科技手段和技术被运用在了足球赛场上，包括 VR 技术、门线技术、鹰眼技术、实时回放等先进技术，最大限度保障了现代足球比赛的公开、公平、公正，使足球文化的科学特性得到淋漓尽致的展现。

4. 人文性

足球运动承认人的价值，激发人的价值，创造人的价值。足球运动尊重人的个人利益，包括物质的利益和精神的利益。足球运动的人文性强调参与的过程，既要运动员实现自我成长，也要激发运动员的创造力和生命力。足球运动的人文性着眼于足球文化对运动员思想情感熏陶的文化功能，通过真善美的熏陶以及意志品质的磨炼，使运动员对足球运动的理解更加深入。

5. 系统性

足球运动是一个系统的整体，发挥着整体的作用。不同的文化风格、不同的竞赛训练体系、不同维度的指标统一于足球运动这个大系统中。足球文化的每一种特性不能单独地存在，足球文化的每一项功能也不可能单独地被使用。随着时代的发展和足球运动自身的革新，足球文化逐渐形成了以足球运动为基础，以多种文化形式为载体，以足球赛事为平台，以经济社会活动、体育素质教育、竞技体育实力、专业人才培养等为主要内容的系统性综合体。

二、现代足球运动的功能

（一）教育功能

1. 方向性

足球运动教育的方向性是要落实立德树人根本任务。通过足球运动引导人、感化人、激励人、塑造人、改变人、发展人，树立报国、服务人民的崇高理想，参与者能够在足球运动的学、练、赛中享受乐趣、增强体质、健全人格、锤炼意志。

2. 超越性

足球运动教育的超越性体现在精神超越和身体超越方面，如参与者不畏艰险、知难而上、打破精神困惑、突破体能极限等。参与足球运动需要不断地尝试，在一次次的努力中掌握新技能，探寻新战术，这种超越常态、自主探索的体育运动实践活动本质上就是一个创新与超越的过程，从而实现足球育人的本质要求。

3. 全面性

足球运动教育的全面性体现在足球运动可以促进人的全面发展，包括身体、心理、社会适应与道德等方面。足球运动可以教会人们如何正确面对成功、挫折和失败，培养团队协作能力、规则意识、纪律意识、担当意识，勇于在困难面前挺身而出，在成功的时候戒骄戒躁。

4. 体验性

通过参与足球运动可以使参与者受到思想品德教育，培养良好的道德规范，促进个性发展。在参与足球运动过程中，参与者不但要承受生理负荷，还要承受心理负荷，这些生理上和心理上的直接经验会成为足球运动育人的宝贵资源。

（二）健康促进功能

1. 促进身体健康

长时间参与足球运动，可以促进大脑分泌生长激素，有利于机体的新陈代谢，改善骨骼的血液供给，有利于骨密质增厚，提升肌肉含量。与此同时，人体关节的关节囊和韧带也会增厚，关节力量可得到较大提高，关节的稳固性和灵活性也会显著提升。除此之外，参与足球运动必然会伴有大量的跑动，跑步可以加速新陈代谢，使身体形态健康发展，保证骨骼的正常生长发育。参与足球运动还能不断提高速度和耐力、爆发力、平衡协调能力、灵敏性和柔韧性。

2. 促进心理健康和社会适应能力

足球比赛是开放性的，场上比分和局势瞬息万变，随时都有领先、落后、扳平、反超、绝杀等情况发生。因此，每一名足球运动员必须在比赛过程中勇敢地面对这一切，在逆境中、顺境中始终保持稳定的心态，全力争取胜利。这将极大地锻炼参与者在面对失败、挫折时的心理承受能力，同时在培养坚忍不拔、永不言败的意志品质方面也起到不可取代的作用。足球比赛是社会生活的缩影，有各司其职的同伴，有强劲的竞争对手，有作为执法者的裁判员，有完善的竞赛规则，每名运动员在场上都有自己的职责和岗位。因此，参与足球运动十分有助于提高人的社会适应能力。

（三）经济功能

产业化的足球运动是世界上产值最高、受众最广泛、影响力最大的单一项目。足球产业涉及多个领域，从电视的转播权、赞助商的赞助、比赛的门票，到广告的营销推广、定制体育服装以及相应的比赛用球等一系列相关方面，而这些产业的飞速发展与足球人口的快速增长密切相关。同时，由于足球比赛有着巨大的吸引力和影响力，其影响范围不断拓展，由此也带动了当地的其他产业的快速发展和可持续发展，从而形成了良性循环。足球产业所呈现的发展趋势和强劲的发展动力，在某种程度上可以成为当地经济的激活剂。

（四）政治功能

体育运动具有把人们聚集到一起并在群体成员中创造团结情感的潜力。虽然文学、戏剧和音乐也具有把人们聚到一起的力量，但体育运动的作用是独特的。比如，当国家足球队参加世界杯比赛时，全国民众会团结一心，不去对比种族、宗教、语言、教育、职业和收入的差异。这种团结与国民对国家的归属感息息相关。

第三节 现代足球运动的发展趋势

当今世界，各行各业发展迅猛、日新月异。同样，足球作为一项风靡全球的体育运动，也从未停止过自我突破和革新的步伐，无论是足球比赛的技战术演变，还是足球运动的整体全面发展，都值得我们审慎思考。

一、现代足球比赛的发展趋势

（一）足球攻守矛盾的斗争促进了足球技战术水平的不断提高

在现代足球运动的百余年发展历史中，攻守矛盾的不断斗争始终是促进足球竞技水平提高的重要原因之一。进攻与防守这一对矛盾，既相互制约又相互促进。当进攻被防守遏制时，就促进了进攻的发展与变化。同样，在进攻发生变化时，也促使防守技战术要及时适应进攻的改变。

（二）全攻全守总体型打法是必然的发展趋势

自20世纪70年代全攻全守总体型打法诞生以来，世界足球运动便沿着这一方向不断发展。注重攻守平衡，力争在局部区域造成以多攻少或者以多防少的优势局面，这是总体性打法所追求的目标。

（三）攻守速度越来越快，攻守对抗越来越激烈

世界优秀足球队在一场比赛中会完成技术动作900余次，其中有一半以上的技战术动作是通过对抗形式实现的，这充分表现出现代足球比赛日趋朝着高速度、强对抗的方向发展。双方运动员在比赛中为了实现对球的控制，必须对对手、球场内特定区域、比赛在时间及空间上实行全方位的控制，这就使得比赛中各种形式的对抗越来越多，球队对时间和空间的限制与弥补更为严密，比赛越来越激烈。

（四）各种技术流派相互学习、取长补短，不断完善和融合

在现代足球运动长期发展中，逐渐形成了欧洲派、南美派和欧洲拉丁派三大技术流派。虽然流派的形成与民族气质、地理环境、身体特征、文化背景等因素有着紧密关系，但也不是一成不变的。随着现代足球运动的不断发展，各流派间相互学习、取长补短，使各自流派的技术打法不断完善，与其他流派相互融合，流派之间的差别逐步缩小，但各流派的技术风格还具有一定的特征。

（五）球星的作用与球队融为一体

随着足球比赛对抗性、整体性的特点越来越突出，球星的即兴发挥越来越需要与球队整体行动融合在一起。只有将球星的能力与球队的整体战术行动有机地融合起来，才能发挥出球星应有的作用。

（六）足球运动员的竞技能力全面发展

现代足球正朝着全面、快速、娴熟、简练、强对抗的方向发展，这对运动员竞技能力提出了更高、更全面的要求。比赛中，足球运动员都身负攻守双重任务，必须同时具备进攻和防守的技能才能适应比赛的需要。因此，现代足球运动要求运动员在掌握全面技术的基础上，根据个人的特点和位置需要发展其专长技术，同时在体能、智能、心理能力等方面也要有更高的表现水平。

二、现代足球技战术流派发展趋势

现代足球技战术流派主要包括欧洲派、南美派和欧洲拉丁派。欧洲派讲究全队整体配合，推进速度快，打法硬朗、简练、实用；南美派崇尚娴熟细腻的个人技术，充满想象力的个人突破技巧以及传、接、控球技术能力，队员的随机应变能力强，短传渗透威胁大，即兴发挥令人防不胜防；欧洲拉丁派兼具欧洲派的整体打法、严格的战术纪律和南美派细腻的地面短传渗透打法。

随着现代足球运动的快速发展，尤其是足球运动职业化的发展趋势，各大洲、各国的足球运动员在全世界范围内转会流动，尤其是南美洲、非洲极具天赋和潜质的足球运动员被引进到欧洲五大联赛球队中效力，在接受欧洲严格的整体战术纪律教育的同时，还给予崇尚自由的南美洲、非洲足球运动员较大的即兴发挥空间。这些都对不同技战术风格流派的球队和运动员以潜移默化的熏陶，久而久之，各种流派运动员之间互相学习、互相融合，技战术风格差异正在逐渐缩小，原本迥异的风格流派逐渐模糊，英超球队甚至亚洲球队日本队也开始注重传控打法，南美洲球队也开始注重防守中的硬度和反击速度。力量型的欧洲派、技术型的南美派已经成为现代足球运动发展中的一个历史缩影。现阶段以及未来的足球比赛将更注重球权的掌控、比赛时空间的创造与利用以及封锁与限制，身体对抗程度将更为激烈，比赛节奏的收放也将更加自如。

思考与实践

1. 简述我国古代足球运动的发展演变脉络。
2. 现代足球运动与我国古代足球运动的区别和联系有哪些？
3. 普及推广青少年足球对于中国足球运动改革发展具有什么意义？
4. 简述现代女子足球运动的发展历程。
5. 现代足球运动发展过程中主要出现过哪些流派？这些流派都有什么特征？

第二章 足球比赛成绩与运动员竞技能力

本章导读

影响足球比赛成绩及运动员竞技能力的要素有很多，足球比赛的结果也体现在最终的比赛成绩及运动员的运动表现上。本章从足球比赛构成要素、足球比赛的变化和足球比赛的特征三个方面帮助大家认识足球比赛，同时解析足球比赛成绩及足球运动员表现的影响因素，通过对两者进行综合分析，确定足球运动的竞技能力需求，并对如何提升足球运动员竞技能力进行讨论。

学习目标

知识目标：了解足球比赛构成要素以及足球比赛的影响因素。

能力目标：熟悉足球比赛的特征、足球运动员竞技能力构成，以及足球运动员竞技能力训练目标和依据，掌握儿童青少年足球运动员竞技能力训练发展要点。

价值目标：认识高水平足球运动员发展的目标和任务，逐步建立完整的足球运动员竞技能力提升过程的知识框架，培养科学参与足球运动教学与训练工作的意识。

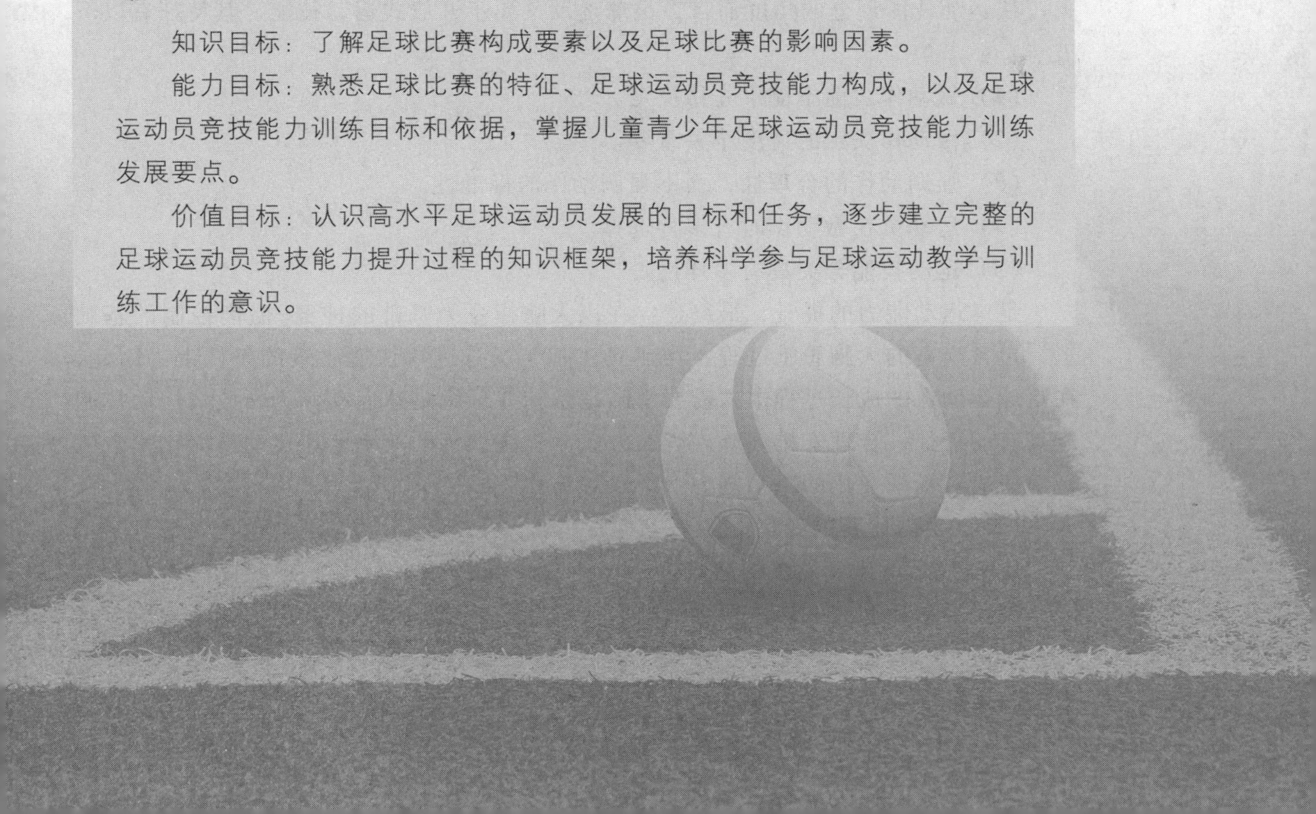

第一节 足球比赛成绩

比赛成绩是足球比赛中最受关注的部分，整个足球竞技团队的工作很大程度上是以此为出发点的。但研究表明，足球比赛成绩并不是完全取决于某一单一因素，在很多情况下，足球比赛成绩是多方因素共同作用的结果。

一、认识足球比赛

（一）足球比赛构成要素

依据项群训练理论的划分标准，足球运动属同场对抗性竞技运动，是双方运动员在特定的时间及空间条件下，以规则为行为准则，以进球为目标，以取胜为目的而开展的攻防对抗活动。

足球比赛由多个要素构成，基本要素有足球、队友、对手、方向、规则、时间、空间和压力等。比赛中有些要素是动态的、多变的，变化是随机的、不规律的，从比赛开始到结束的每一秒钟，这些要素都在发生着变化。不断演绎变换的比赛情境和衍生出的比赛局面，是运动员战术思维的依据，也是球队比赛活动的出发点，需要运动员不停地对这些变化进行分析和判断，并做出合理的决策，完成自己在球队中的任务。

从运动技能划分的角度而言，足球运动又属于开放式运动技能，其特征有以下五点：

（1）做动作之前不能事先做决定。

（2）做动作决定的速度至关重要。

（3）强调动作的合理性，而不强调动作的标准性。

（4）运动员在做动作时有多种选择。

（5）运动技能分类具有多样性。

足球运动能力的提升，最终建立在以大脑指令为基础的神经-肌肉控制的基础上，包含丰富的大脑思维过程，均建立在基于场景进行快速决策的条件上。因此，在足球运动员的成长过程中，需要清晰地认知并理解足球运动作为开放式运动技能所具有的特征，合理安排训练内容及方式，提高训练的效率，让运动员在比赛中拥有快速应对场景变化的决策能力。

（二）足球比赛的变化

1. 现代足球比赛发展的趋势

现代足球运动的发展体现出清晰的变化趋势，队员间连接的速度越来越快，比赛整体速度更快、压迫更强、空间争夺更激烈、比赛强度更大、战术更灵活。国际足球联合会在每届世界杯结束后都会通过技术调研人员的观察、分析提炼结果，撰写技术分析报告，概括总结当今足球比赛发展的主要趋势。现代足球比赛的发展趋势主要表现在如下几个方面（表 2-1-1）。

表 2-1-1　足球比赛发展趋势要点

比赛攻防节奏越来越快	整体积极向前控球的攻击性打法
更多的边路进攻	更多的以球为中心的整体防守
更多的有选择性逼抢	更多的整体性反击
更多的关键性定位球	比赛阵型的灵活应用
更强大的综合体能	个人技能（一对一）水平越来越高
日益重要的个人对球队的作用	良好的职业态度与素质
抗应激和调节能力	强烈的取胜欲望并为之顽强拼搏

运动员要适应现代足球运动发展趋势的需要，不仅应该具备相应的综合能力，也应重点提高适合于球队战术需要的特殊能力。

2. 现代足球比赛对球员的要求

基于上述足球运动发展的变化趋势，在培养运动员时，要重视以下关键因素才能够更好地适应比赛。

（1）能够利用双脚和身体其他有效部位在各种不同距离下进行准确而迅速的传球，能熟练地踢出各种旋转球、高球和快速传球来提升传球的效率。

（2）能够运用具有安全的、多样性的、创造性的第一次触球将来球控制好。

（3）能够在激烈的对抗中快速、精确地行动，并始终确保控球权。

（4）具备在高速中精准传球和合理控球的能力。

（5）能够在球场上跑动的面积更大、距离更长、速度更快。

（6）相互传球的速度更快。

（7）传球次数更多。

（8）突出的一对一攻防能力。

（9）具备高效率的防守反击能力。

（10）能够独立或融入小组防守的运动员。

（11）能够在保持平衡的同时迅速调整脚下步伐和身体姿态进行防守。

（12）能够独立或小组合作抵御对方的防守反击或长时间的控球进攻。

（13）能够防守对方更加快速的传接配合。

如果运动员可以把这些特性结合起来，并且拥有基本的进攻、防守技能和智慧，在足球比赛中就有可能取得成功。

（三）足球比赛的特征

足球运动作为“世界第一运动”，其比赛内涵随社会的发展而变化，随竞技体育的发展而发展，其发展的过程也具有明显的时代特征。

1. 时间与空间特征

在快速多变的比赛环境中，清晰的时间、空间概念是保证快速、灵活、有效地完成技战术活动的基础。如果在场上能清晰地感知比赛方位、趋势，准确判断不同场区、不同距离的球、对手、队友、目标的位置关系，根据攻防关系预判这些要素位置关系的可能性变化，将有助于技战术的合理决策。合理选择行动的时机、方向、速度和形式，则有助于在比赛中创造相对的时间与空间优势，在比赛不同阶段取得优势，有助于更加有效地控制比赛。

2. 速度与对抗特征

足球比赛的速度包括人的速度（比赛不同时刻的移动速度）和球的速度，以及球员间通过传球进行连接的速度。比赛中仅是运动员跑得快，或者球速快，都无法真正解决比赛中进攻、攻防转换、防守的问题。进攻时，无球队员通过快速移动创造传球的时机和线路，持球队员快速决策，并能够很快与队友通过传球产生联系；防守时，首要防守球员快速地对对手进行压迫，延缓对手进攻，其他队员迅速回防；攻防转换时，在无组织的情况下，快速创造防守或进攻的优势。这些快速的需求，包含在比赛的所有阶段，跑动速度仅是外在的表现，更多的时候需要有灵活、快速的战术决策作为支撑。同时，还需注意，足球比赛追求以快制胜，但比赛速度不能盲目求快，而是要根据比赛情势调控比赛节奏，要快得有序、有效，才能最终控制比赛。

3. 进攻与防守特征

攻守平衡是足球比赛的战术目标，也是球队获胜的基础。攻守平衡是指在进攻时有节奏，并且进攻时阵型变化和局部球员的参与，也同时在为接下来的由攻转守做准备，攻守转换快速有序，防守时的方式更加主动与具有侵略性。现代足球比赛的攻守平衡，不再是简单地以比赛阵型中攻防人员的配置为衡量标准，而是追求比赛阵型变化的整体性、机动性和协同性。无论是在比赛的进攻时段、防守时段，还是攻守转换的重要时刻，运动员的攻防意识转化要快，反应要快，移动到位要快。

4. 整体与个体特征

足球比赛是集体性对抗项目，整体协作的团队力量是比赛获胜的基础，但同时，比赛也是运动员个体表现的舞台。每位运动员所具有的不同于其他人的技战术特点，是比赛中最具活力的元素，他们充满激情而富有想象力，其创造性的展示使比赛充满活力。球队里球星的作用是能在攻防阶段关键的时刻出现在关键的位置，完成关键的进攻或防守任务，带领球队走向胜利。球队整体的战术不能完全限制球员，尤其是出色运动员的作用，而运动员个体的发挥，同样不能脱离整体的战术需求。

5. 体能与技能特征

在现代足球比赛中，运动员的体能与技能相互依存，互为条件。足球比赛是高强度的竞技运动，所有的技战术表现都是以相应的体能要求为保障的，进攻时无球队员在接应时的加速跑、变向变速跑，防守时防守队员的侧向跑、转身等技术需要，都是体能的表现形式。比赛中的体能不仅限于耐力、速度，同时包含力量、协调、灵敏、柔韧、平衡等单一或者复杂的身体活动能力。如果体能训练不能满足足球运动对足球运动员体能的需求，或在体能训练中忽视了足球运动对运动员体能的要求，体能训练也就失去了方向和实际意义，将无法助力足球运动员竞技能力提升。因此，足球训练必须重视体能训练，各类体能训练要细化到相关的足球运动需求和相关的功能特征、运动方式等，使之高度融合，逐步形成专项能力，这样才能保证运动员具备更好的运动表现。

6. 实力与压力特征

实力是球队竞技能力的综合体现，是一个球队长期训练的结果，是较为稳定的，并且是决定比赛质量的物质基础。压力是对比赛结果、对手实力、自身实力评估的反应，是影响比赛心态的内在因素。适度的压力可以使运动员保持有限度的兴奋，会为运动员的场上表现带来帮助，保持或者提升球队的实力。但过度的压力会使运动员注意范围狭窄、反应迟钝，影响其在比赛中的表现，削弱球队实力。在比赛的压力之下，球队的实力是一种变数，会向积极与消极两个方向转化。成熟的运动员和球队，具备用稳定的心理控制能力来调控压力的能力，使其成为激发比赛能量的动力。

二、认识足球比赛成绩

根据运动训练理论的研究成果，结合现代高水平足球比赛的特征分析表明，足球比赛的成绩是足球运动员在比赛中的表现、对手在比赛中的竞技表现、足球比赛过程中的裁判员判罚行为以及教练员的临场指挥和调控等多方面因素综合决定的。其中，运动员自身与对手在比赛中的表现都取决于他们所具有的竞技能力及在比赛中的发挥程度；裁判员判罚行为包含竞赛规则、评定手段及裁判员的业务水平三个方面；教练员在球队中处于主导地位，对球队的发展起着主导作用。教练员对运动员的正确指导和激励等，有助于充分发挥运动员的竞技能力，实现既定的目标。

比赛获胜是所有教练员及运动员努力训练的方向，但比赛成绩在运动员发展不同阶段需要有不同的理解和认知。在高水平运动员代表俱乐部、国家队参加重大比赛时，成绩是最为重要的评价指标。而青少年阶段，成绩并不是运动员成长最重要或者唯一的指标。在这一阶段，运动员的提升与进步才是最重要的评价指标，因为此时的青少年正处于长期发展过程的某一阶段，所有的成功与失败都将成为运动员的经验构成，他们需要不断学习及提升，甚至是在未取得胜利的比赛中学习。所以，青少年的成长需要体现在更多的比赛表现中，需要根据运动员在场上的行为做出全面而合理的分析，而不是仅仅根据一场比赛的胜负来评价球员的表现。

想要赢得比赛的胜利，教练员和运动员团结一心，进行科学、刻苦的训练和备战是最重要的，但同时还需要明确，比赛的结果并不完全是由一支球队单方面决定的，所以不能将比赛的失利完全归咎于某位运动员，或者是裁判的某次判罚，需要客观合理地去理解比赛进程和结果，为接下来的比赛做准备。

三、足球比赛成绩影响因素

决定足球比赛胜负的因素很复杂，因此，比赛胜负的不确定性较高，这也是足球比赛所具有的独特魅力之一。通过研究比赛规律，分析影响比赛的胜负因素，掌握足球比赛的特征，可以有效转变训练观念，创新训练手段，提高训练质量和效果。

足球比赛的复杂性，决定了其影响因素是多维和多元的，但从比赛控制角度来看，则主要包括可控因素和不可控因素。

（一）可控因素

球队比赛比拼的是综合实力，是指将运动员个体能力进行有机整合后的团队力量，是一种比赛能量的聚合体，包括了与比赛相关的各种可控要素。综合实力具有协同性、互补性的结构特征，是球队比赛实力的象征，是决定比赛胜负的重要因素。综合实力包含的要素较多，对比赛影响最为直接和重要的因素包括运动员个体及整体所表现出的技术因素、战术因素、体能因素、运动员心智能因素和社交因素。

1. 技术能力

规律、系统及持久地练习所有足球技术的动作，固然有其道理，但一项足球技术，无论掌握得多么完美，在实际比赛中的应用都应是变通的。足球技术首先应具有的功能是扩展战术解决方案的选项，即使是最困难的比赛情况，运动员依然能够掌控，这就要求每次“技术训练”都必须结合真实的比赛情景进行。

2. 战术能力

现代高水平足球队在战术能力，尤其是整体战术、比赛阵型变换和攻防转换方面表现出以下特征：

（1）整体战术。高水平足球队拥有的一个共同特征是他们在比赛中能够表现出更多的整体战术灵活性，这些球队的战术体系可以随着比赛的推进而进行调整，还可以随着运动员的替换，演绎出不同效果。球队作战的整体性越来越强，无论进攻、防守、攻防转换都体现出出色的整体性，以及更多的变化形式。

（2）比赛阵型。因为球队阵型安排要以针对比赛的有效性为前提，所以球队趋向于使用更灵活多变的队形而不是固定不变的阵型。高水平的球队会在进攻、防守及攻防转换时采用更多的阵型变化，此理念有助于球队在比赛的各个时段、各个区域获得主动权。

（3）攻防转换。攻防转换的质量与速度节奏是现代足球比赛一个突出的特点，比赛已从过去仅重视进攻、防守两个方面，转换到对进攻、防守和攻防转换（攻转守、守转攻）同样重视的阶段。

3. 体能

现代足球比赛的节奏越来越快，对球员的速度、爆发力、耐力协调、灵敏等方面都提出了更高的要求。球队的进攻需要整体参与，但防守时也要形成密集的队形，并且不再过多地采用退回本方后场进行深度防守的策略。这种在比赛各阶段、各场区都进行主动防守的比赛方式意味着运动员需要具备更加充沛的体能，尤其是连续快速和高强度参与攻防的体能。为此，良好的高强度活动能力和高强度活动后的快速恢复能力是赢得比赛的重要保障。

4. 心智能力

球队的进攻需要整体参与，但防守时也要形成密集的队形。这种比赛的方式意味着运动员需要具备更高的心理调控能力，要在激烈对抗和比赛场内外压力下有效调整心态，稳定发挥自身综合实力，同时，还需要运动员有更好的应对比赛场景变化的认知能力，需要有更加快速及有效的决策能力。

5. 社交能力

足球比赛本身即是一种交流活动。运动员之间健康良好的交流和相互信任、相互尊重以及有效协同合作是球队团结的关键。

6. 教练员的指挥

足球比赛中球队整体或个体的发挥，在某种程度上取决于教练员的指挥。在赛前，经验丰富的教练员可以更加合理地预测及分析对手的可能表现，从而制定出更加有针对性的比赛策略，为球队的表现创造良好的基础。

（二）不可控因素

在足球比赛过程中，还有一些球队本身无法控制的因素也会对比赛带来影响，同样需要在比赛的过程中给予重视。

1. 比赛中机会的创造与把握

足球比赛是以进球为目标，以取胜为目的的体育竞赛。进球首先需要控制球权，创造机会，但是机会的多与少，从来都无法在赛前确定，球队和个人只能尽全力去获得。同时，把控制球转变为进球，就必须善于把握机会，但即使是最出色的前锋，其射门成功率和得分率也无法准确预测。只有把握好射门机会，把握住比赛进球，才能把握比赛的胜利，体现创造机会的价值。

2. 对手的发挥

比赛过程的演进是比赛双方共同作用的结果。因此，在比赛中，本队所有预期的技战术的发挥，很大程度上受制于对手的发挥。而对手的发挥虽然在较长时间内是较为稳定和可预测的，但在某一场次中的发挥却可能充满了不确定性。

3. 裁判

裁判在不同阶段的判罚，都有可能对某一方的比赛进程带来无法预料的影响和结果。例如，开场后的红牌，就会让某一方不得不立刻更改赛前精心准备的技战术计划，以应对场上的突然变化。需要注意的是，即便出现了不利于本队的判罚，球队整体仍然需要理解及尊重裁判的判罚，并冷静、积极地对球队技战术进行调整，争取比赛的胜利。

4. 比赛环境

球队参加不同地区的比赛、不同时间段的比赛、不同温度及湿度条件下的比赛时，这些外部环境因素作为球队本身是无法决定和改变的。因此，运动员在适应比赛环境时需要进行积极调整，并尝试让自己达到最好的状态，但调整的水准和所能够达到的程度，不会像在主场时那样可控。

5. 其他不可预测事件

比赛时，观众、动物、球队替补人员意外闯进场内，某位运动员意外受伤，某位运动员赛前家中的重大变故等情况，均无法提前预知和应对，这些都有可能对比赛的进程及结果产生较大影响。

第二节　足球运动员竞技能力

竞技能力是运动员进行竞赛活动的主要能力，是运动员各方面能力发展水平的综合体现，也是足球比赛进程中起主导作用的因素。

现代足球运动的变化趋势明显，深刻认识并理解比赛特征的变化，科学地分析及细化与之对应的竞技能力结构，对于构建未来足球运动员的培养理念和思路具有重要的价值和意义。

一、足球运动员竞技能力构成

竞技能力是运动员进行竞赛活动的一种能力，是运动员体能、技能、心智能和社交等能力发展水平的综合体现。在诸多影响足球比赛成绩的因素中，运动员竞技能力是起主导作用的因素。因此，足球训练的直接目标就是帮助运动员学习和掌握参与足球比赛的能力和方法，全面提高运动员的竞技比赛能力。

足球运动员竞技能力是指足球运动员参加比赛的能力，运动员竞技能力在比赛中的发挥状况称为竞技水平。足球比赛属同场对抗性运动、身体冲撞式项目，球队的比赛胜负，不仅取决于球队本身，也与对手的竞技水平有关。根据运动训练学和运动技能学习理论，结合足球赛场运动员行为的表现形式分析，足球运动员竞技能力构成要素主要有技能、战能、体能、心智能和社交能力（图 2-2-1）。所有这些能力要素，需要通过长期系统的训练过程，才能不断地得到学习、巩固、发展和提高。

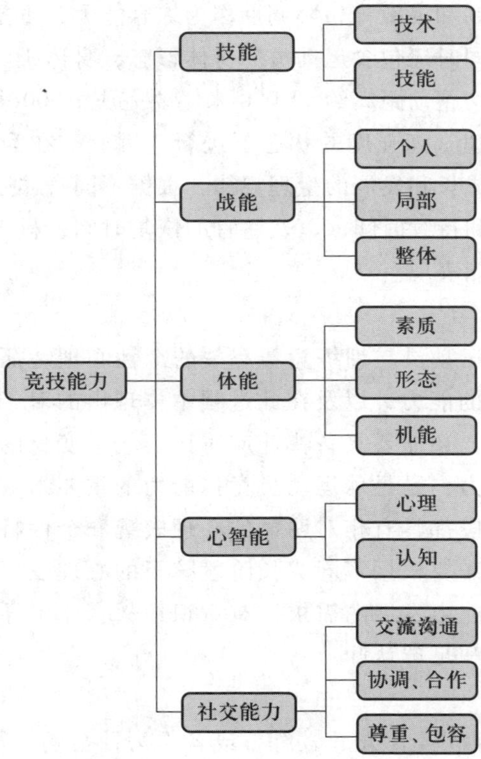

图 2-2-1　足球运动员竞技能力的构成要素

1. 技能

技能是指运动员在足球比赛中所采取的合理动作的总称，包括进攻与防守时的个人技术，还包括无球时的移动技术。与以往脱离比赛情景讨论的单个技术动作不同，在这里不仅指单个动作的协调表现，还包括在比赛情景中对技术动作进行合理运用的能力。

2. 战能

战能是指在足球比赛中为了战胜对手，在比赛不同阶段，根据实际情况所采用的个人或集体配合的手段和方法的综合表现，包括进攻时、防守时、攻防转换时，以及在小组、局部、整体的位置变化时参与比赛决策和执行的能力。运动员在比赛中的每一秒都需要进行战术决策。首先通过及时、敏锐、正确的观察，发现和感知相关信息，并识别有用的线索；其次，结合足球比赛所需的知识和技能分辨其中的关键点；最后，选择、判断并决策，并将决策信息迅速传达到运动器官做出应答性反应（采取合理的动作）。在一定程度上，战术能力水平提升比单纯的技术水平提高的难度要大，因此教练员需要有目的、有策略地对运动员进行长期的培养。

3. 体能

体能是指运动员在足球比赛时所表现出来的各种基本运动能力，通常包括力量、耐力、速度、柔韧和灵敏等，协调性作为综合能力，也是青少年足球运动员需要不断提升的能力，同时还包含运动员的身体形态，身体机能等。最高水平的比赛中运动员每场比赛平均跑动距离约 11 000 米，要完成 1 000 多个动作，这些比赛行为的完成都需要在快速、高强度的状态下进行。因此，在为运动员制订培养计划时，必须遵循运动员成长和发展的生理规律，根据不同身体素质的发展敏感期，关注运动的频率、强度和持续时间，以及适宜的恢复时间，科学地安排训练内容，以促进和提高球员的体能表现。

4. 心智能

心智能是指足球运动员与训练竞赛有关的个性心理特征，在训练竞赛中需要把握和调整心理过程的能力，以及在此过程中体现出的对于技战术、比赛过程的理解能力、学习能力，还需要具备快速应对比赛场景变化的观察和认知能力，以及更加出色的决策能力，是足球运动员竞技能力的重要组成部分。另外，青少年足球运动员在不同阶段都具有相对明显的心理表现和个性特征，足球比赛又是团队对抗项目，教练员需要根据不同成长阶段孩子的心理发展情况和自我概念的形成，以及该阶段足球能力发展的需求，有意识地教育、引导，以帮助运动员形成健康良好的心理素质和足球认知。

5. 社交能力

社交能力是指运动员与队友、教练，或者作为社会的一员与周围人进行合理、有效沟通的能力，社交能力的培养往往是青少年球员发展中被低估的因素。教练员应帮助运动员建立基本的社交习惯，学习良好的沟通和交流技巧，在充分展现自我的同时做到尊重他人，并能够积极与同伴和球队成员团结协作，以便增强球队的整体战斗力。同时，运动员必须通过家庭、学校、社区的生活影响，学会正确地自我定位，在群体生活环境里，培养正确处理人际关系的意识。

足球竞技能力各要素间是有机联系、相互影响的。足球比赛是围绕控球权展开的体能对抗、技能对抗和心智较量。其中，足球受机体的支配，机体受大脑的控制，大脑则随着比赛的变化进行积极的思维，并快速发出战术行为指令，控制和支配机体的比赛活动。在体能结构要素中，运动员的身体形态、机能受遗传因素影响较大，属先天性条件，是一种运动素材。训练是后天性的创造性活动，是对运动素材再加工、再塑造的过程。训练的质量和效率决定运动员体能的最终发展水平。足球比赛的整体性、动态性、对抗性等特征，需要靠整体系统的动态平衡来应对比赛变化，解决不同的比赛问题，而不可能靠单一的能力要素去解决。

在竞技能力结构中，如果说体能、技能表现属于物质层面，而心智能力则属于精神层面。高心智能力是所有比赛场景下技战术运用的出发点，更好的心智能会带来更好更丰富的技战术表现，能够加深运动员对运动技术的理解，加快他们对足球技战术的掌握，是足球运动技战术能力合理、创造性发挥的保障。竞技水平越高，心智能力对比赛贡献率越大。

二、足球运动员竞技能力训练目标和依据

（一）足球运动员竞技能力训练目标

足球运动的特性及其发展趋势决定了足球运动员竞技能力训练的目标。

1. 竞技能力的全面均衡

竞技能力是运动员体能、技术能力、战术能力、心智能力和社交能力综合发展水平的体现，现代足球比赛的发展趋势对运动员综合素质发展提出了更高、更全面的要求。实践证明，运动员水平越高，技术能力、体能及心智能力的综合训练程度越高，任何一种竞技能力要素的弱化，都会影响竞技能力的整体水平。因此，全面均衡的发展观，是足球竞技能力结构的重要特点之一。

2. 竞技能力的个性特长

在竞技能力全面均衡发展的基础上，运动员必须根据自身特点，训练和创建个性化的技能特长。运动员的个性是客观存在的，它赋予运动员更丰富的比赛想象力和创造力。比赛中，整体的凝聚力和战斗力是球队的组织保障，而运动员的个性特长则是创造和把握有利机会，把球队带向胜利的保障。例如，比利时球员德布劳内的精准传球，法国球员姆巴佩犀利的突破射门等，都在比赛的关键时刻发挥着至关重要的作用。

综上所述，“全面”+“特长”是现代足球竞技能力结构表现出的主要特点。培养全面并具有特长的足球运动员是教练员追求的训练方向。足球教练员应根据队员的年龄阶段、训练程度、认知水平、训练阶段，全面发展与之相适应的能力要素，以发展技能，增强意识，提高洞察力，加强比赛交流能力等为主导，同时要掌握球员的个性特征，注意培养特长技能，使其在运动场上发挥作用、展示魅力，达到全面均衡发展特长突出的目的。

（二）足球运动员竞技能力训练依据

1. 足球比赛的规律

足球比赛的规律是足球训练过程中需要遵循的首要原则，是足球比赛普遍性与特殊性规律的总结，对足球训练活动具有重要的指导意义。只有遵循足球比赛规律，并将其运用于训练中，才能把握正确的训练方向，有效提高训练的科学性，提升足球运动员的竞技水平，推动足球运动的进步与发展。

足球比赛规律是指比赛双方在攻防对抗、相互制衡、控制与反控制上的必然联系与制胜关系。足球比赛是一个不断变化且连续的过程，主要分为以下四个重要时刻：

（1）本方控球时（进攻阶段）。

（2）丢失控球权时（由攻转守阶段）。

（3）对方控球时（防守阶段）。

（4）获得控球权时（由守转攻阶段）。

也可分为三个时刻，即将由攻转守和由守转攻两个阶段合并为攻防转换阶段。

所有的比赛场景都是在上述不同时刻下发生的，在不同的比赛时刻具有属于该时刻的主要任务。因此，训练任务的设置需要围绕以上四个时刻（或三个时刻）的主要任务展开。

教练员在指导学习和执行进攻及防守原则过程中应强调运动员在不同年龄段、不同大小场地、不同人数对抗的训练和比赛中均要遵守相同的进攻原则、防守原则和攻防转换原则。

训练任务是由比赛需要而产生的，并随着比赛的发展而变化。训练成效需要通过比赛过程来检验，而比赛的过程又对训练提出了新的、更高的目标和要求。因此，足球训练必须贯彻从比赛需要出发的原则，练赛结合、以赛促练。

2. 儿童青少年身体发育规律

青少年的身体处于快速发展变化时期，生长发育特征明显，但身体机能与成人差异显著。因此，他们的训练首先应服从健康生长的需要，要遵循青少年身心发育的规律，使青少年足球运动员能在正常生长发育的前提下，享受足球运动带来的快乐，提升足球运动水平。

青少年的生长发育是有规律的，在生长发育期中，人体各系统功能逐步成熟，各种运动素质趋于发展态势，但不同时期的生长发育特征有一定差异。有时生长快，有时生长慢；有的系统发育早（如神经系统），有的系统发育晚（如肌肉、骨骼系统）。此外，还存在性别差异和个体差异，有的人发育早，有的人发育晚；同龄女性较男性发育要早。因此，要结合青少年发育的特征，进行有针对性的训练（表 2-2-1）。

表 2-2-1　青少年发育特征与对应训练指导

发育特征	训练指导
抽象思维弱，模仿能力强	多进行示范讲解与直观演示
可塑性强，动作灵巧	及时纠错，抓好技术细节
注意力水平低，兴趣多变	多打小比赛，训练方法要新颖有趣
缺乏自我评价能力	多激励、少责怪，培养自信心
骨骼、肌肉系统发育较晚	小力量、弱对抗，自身体重负荷
神经兴奋抑制过程转换快	发展运动速度和跑动速率
心血管系统发育期	以发展有氧耐力训练为主
年龄与系统发育特征	培养兴趣、打好技能基础

3. 运动员身体素质发展规律

竞技能力的敏感期也是大脑接受能力的敏感期。在竞技能力发展的敏感期内，运动员的各种运动能力，在适宜训练的诱发下被充分调动，使自然发育增长与训练刺激诱发有机结合，能够最大限度地提升青少年的运动能力空间。抓好青少年竞技能力敏感期的训练，是开发运动潜能，拓展能力空间的关键，是落实我国足球运动发展方案，抓好青少年足球运动训练的有效措施。教练员需要重点关注足球运动员竞技能力敏感期的训练，采用多样化的训练，在全面提升青少年竞技能力的前提下，应多与球结合，多与对抗结合，多与比赛实战结合（表 2-2-2，表 2-2-3，表 2-2-4）。

表 2-2-2 足球运动员身体素质发展敏感期

单位：岁

素质指标	6	7	8	9	10	11	12	13	14	15	16	17	18	19	20及以上
柔韧素质			•	•	•	•	•								
速度素质			•	•	•	•	•								
灵活、协调性			•	•	•	•	•	•	•						
爆发力					•	•	•	•	•	•					
力量素质										•	•	•	•		
无氧耐力							•（女）	•	•（男）	•	•				
有氧耐力			•	•	•	•	•	•	•	•	•	•	•		

注：无氧耐力，女运动员在 12~14 岁谨慎训练，14~16 岁提高性训练，16 岁以上可强化训练；男运动员在 14~16 岁谨慎训练，16~18 岁提高性训练，18 岁以上强化训练。

参考资料：中国足球协会. 足球教练员培训教程［M］. 北京：北京体育大学出版社，2007.

表 2-2-3 足球运动员技能发展敏感期

单位：岁

技术指标	6	7	8	9	10	11	12	13	14	15	16	17	18	19	20及以上
基本技术学习	•	•	•	•	•	•	•	•	•						
结合战术的技术运用								•	•	•	•	•			
对抗能力										•	•	•	•	•	
技术灵活运用													•	•	•

参考资料：中国足球协会. 足球教练员培训教程［M］. 北京：北京体育大学出版社，2007.

表 2-2-4 足球运动员战术意识发展敏感期

单位：岁

战术指标	6	7	8	9	10	11	12	13	14	15	16	17	18	19	20及以上
洞察能力						•	•	•	•	•					
知觉与判断能力								•	•	•	•	•			
决策能力						•	•	•	•	•	•	•	•	•	
知觉预测能力												•	•	•	•

参考资料：中国足球协会. 足球教练员培训教程［M］. 北京：北京体育大学出版社，2007.

（三）足球技能的形成规律

足球技能的形成是一个复杂的过程，其核心的机理是在大脑皮质建立神经联系，即复杂、连锁、本体感受性的运动条件反射。其形成具有阶段性特征，分为认知阶段、联结阶段、自动化阶段三个相关渐进的阶段。

1. 认知阶段

在认知阶段初期，学习者的神经过程处于泛化阶段，大脑对运动器官的调控力弱，肌肉的本体感觉差，自我觉察能力尚未形成，完成动作的质量低。

认知阶段后期，大脑对运动器官的调控力增强，对动作的细节有更多的关注，肌肉本体感受逐步精确，动作质量逐步提高，但稳定性较弱。

2. 联结阶段

在联结阶段，运动员的运动条件反射相对巩固，大脑与肌肉本体感觉的调控力更强，动作控制更加精细。认知阶段的知识开始得到应用，与此同时，单个技术对某一情景的适用，包括动作的结构、节奏，以及相应的策略，重新构建了单个技术的内涵，使这一动作转变为比赛情景下的技术动作。

3. 自动化阶段

在自动化阶段，运动员大脑皮质的兴奋和抑制高度集中，时空定位高度精确，运动条件反射相当巩固。神经-肌肉反射逐步稳定，所需注意水平降低，技术动作更加简捷有效，技术发挥具有一定的随意性。

三、儿童青少年足球运动员竞技能力训练发展重点和注意事项

足球运动员的竞技能力是决定比赛质量的主导因素，其内部各要素之间是有机联系、相互影响的，各要素包含的内容以及发展规律，是开展竞技训练需要遵循的重要依据。足球训练的目的就是要强化各要素间的联系并形成稳定的动态输出，促进各能力要素向提高综合竞技能力的方向优化，最终有效提升足球运动员的竞技能力。

（一）儿童青少年足球运动员竞技能力发展重点

培养足球运动员的比赛能力，需要不断地积累及完善，并在长期发展的过程中逐步完成。通过不同分段训练目标的逐步实现，最终达到运动水平的高峰。教练员务必根据儿童青少年身体发育的特点和需求，以及对足球运动规律和特点的认知，创新训练思路，设计训练方法。根据球队的需要，结合队员的实际，找准训练的重点，不断发展与提高青少年运动员在各阶段的竞技能力。训练需要遵循一定的规律，但不等于墨守成规，而应从执教球队的实际和球员需要出发，灵活多变、富有个性地采用各种方法和措施，实现培养青少年足球运动员竞技能力的长期任务目标（表 2-2-5）。

表 2-2-5 不同年龄段足球运动员竞技能力发展重点

年龄阶段/岁	训练阶段	分段训练目标	技战术方面	身体素质方面	心智能力方面	其他方面
6~9	基础训练	与球交朋友，培养兴趣和球性	基本技术、球感、快速足球步法 了解比赛，进行2对2、3对3、4对4、5对5的小型比赛	灵活性、协调性和柔韧性训练 无对抗或弱对抗	快速反应能力 足球乐趣	需要家人陪同 较情绪化 专注力弱 喜欢交朋友
10~12	基础训练 逐步提高	逐步提高技战术能力和身体能力	传接球、头球、射门、1对1、2对2、3对3、无球跑动的能力，基础的位置意识，个人、小组、局部及整体战术，进行8对8的比赛	协调性、灵敏性、柔韧性练习，通过比赛提高速度、耐力	技术创造性和主动性，自信、个性、责任心和自制力	倾向与人接触 有偶像 专注力较好 情绪逐渐稳定 热衷学习及自我表现 懂得尊重 学习黄金期
13~15	逐步提高	与能力交朋友（技能储备），继续提高技战术能力和身体能力	快速对抗条件下的技术能力以及稳定的整体战术和专门战术、防守打法、进攻打法、攻防转换；各种小型比赛和11人制比赛	用间歇训练，小强度、中等强度、速度训练发展有氧、无氧耐力；早期力量练习可克服自重，以快速力量和爆发力为主	发展注意力，继续发展各种心智能力，培养比赛所需心理能力和心态	快进入少年阶段 渴望获取成功感 可为球队作出贡献 模仿偶像
16~18	逐步提高 比赛时期	与比赛交朋友，提高比赛的决策能力和交流能力	快速对抗条件下的技术能力和稳定的整体战术和专门战术、防守打法、进攻打法、攻防转换；各种小型比赛和11人制比赛	用间歇训练，小强度、大强度、速度训练发展有氧、无氧耐力；早期力量练习可克服自重，以快速力量和爆发力为主	发展注意力，继续发展各种心智能力，培养比赛所需心理能力和心态，为比赛做准备	渴望胜利 羞涩怕被责骂 懂得自我批判、自我分析 喜爱与教练交谈 渴望赞赏

（二）儿童青少年足球运动员竞技能力训练注意事项

足球运动员竞技能力的培养，须遵循足球比赛规律，遵从足球训练的逻辑，儿童青少年足球训练应从以下几个方面着重考虑：

1. 设置典型足球比赛场景

只有面对比赛的场景，才有助于引发比赛思考，建立比赛概念。控球引发进攻的思考，失球引发防守的思考，思维随球而动，随球而变，随比赛发展而变化，有助于足球运动员建立比赛概念，强化比赛意识，提高观察、阅读比赛的能力。

2. 逐步增加练习难度及比赛要素

遵循足球比赛本质特征和运动技能形成规律，训练不再理解为单个技术动作的练习，而是要逐步提升在比赛场景下技术使用的能力，场景的复杂性决定了球员使用技术的难度，所以需要通过逐步增加比赛场景要素数量的方式，逐步提升练习难度。

3. 重复性练习

遵循运动技能的形成规律，遵循量变到质变的自然法则。要得到足够多的训练刺激，就应设计多次重复练习的形式，创造多次触球的条件。通过不断的刺激，强化技术动作，加快技术的动力定型，使运动员能够随机应变，灵活自如地运用技术，创造性地发挥技术水平。

4. 合理安排分组

遵从儿童青少年身心发育的规律，要做到分组合理，须考虑运动员的年龄差异、发育差异、能力差异和认知水平，要选择与之相适应的比赛方式、对抗强度、训练目标。尽量做到因人而异，因材施教，在确保健康发育的基础上，促进运动技能不断提高。

5. 简化足球练习

为了使运动员在能力可及的范围内学习比赛，就要把复杂问题简单化，通过采用不同人数的比赛练习，变复杂局面为简单局面，变复杂任务为简单任务，这样既便于训练的组织、运动员的学习，也便于教练员的指导。

6. 创造适宜的训练环境

这里涉及的训练环境并不仅是指场地、器材等，而是特指教练员需要通过有效的、合理的沟通，良好的练习设计及执行，丰富及合理的反馈，鼓励及允许错误出现的交流方式，创造开放并能够吸引运动员参与其中的训练环境，这一环境的创造对足球运动员的学习和长期发展有非常重要的意义和价值。

思考与实践

1. 足球比赛结构对足球运动训练过程有何意义？

2. 足球比赛成绩影响因素主要包含哪些？足球比赛结果难以准确预测的主要原因是什么？

3. 为什么培养足球运动员竞技能力是训练过程的重点任务？

4. 简析足球运动员竞技能力各要素因素之间的关系。

5. 简述青少年足球运动员不同年龄段竞技能力训练发展重点。

第三章 足球技术

本章导读

足球技术在比赛中有着极为重要的地位，它是完成战术配合、影响攻守行动质量效果的前提和保障。运动员正确、熟练地掌握足球技术动作是在比赛中合理高效运用足球技术能力的前提。本章介绍足球技术的概念、分类及运用特征；分析说明足球基本技术的动作方法、动作结构和易犯错误等方面；介绍常用的足球技术练习方法。

学习目标

知识目标：了解足球技术的概念、分类和运用特征，熟悉足球基本技术及其练习步骤。

能力目标：掌握正确的足球基本技术动作方法、动作结构和易犯错误，提高运用技术动作的规范性、熟练性、合理性。掌握足球技术练习方法，培养运用针对性的练习方法提高足球技术的能力。

价值目标：增强对足球基本技术重要性的认识，加强对足球技术的学习意识，提高学习足球技术的主动性和自觉性。

第一节　足球技术概述

足球技术种类较多，包括锋卫技术和守门员技术两大部分，无论锋卫技术还是守门员技术，都包括有球技术和无球技术。在足球比赛中要求运动员在激烈对抗的环境下完成各种传、接、控、踢、射、运等复杂技术动作，因此完成技术的难度大、要求高。

一、足球技术的概念与分类

（一）足球技术概念

足球技术是运动员在足球竞赛规则条件下，运用身体有效部位合理完成各种动作方法的总称。足球技术包括足球技术动作和足球技术能力两部分内容，是完成战术配合、影响攻守行动质量的前提和保证。

1. 足球技术动作

足球技术动作简称足球技术，是指运动员在足球比赛中使用的单个或组合的技术动作。例如，脚背正面运球、脚内侧踢地滚球、正额头顶球、胸部接球等技术动作。

2. 足球技术能力

足球技术能力简称足球技能，是运动员根据比赛场景，在对手的压力下，合理决策、选择和运用技术动作的能力。运动员在比赛进攻和防守过程中，时刻要根据比赛场景，通过观察分析对手、队友的情况和场上的攻守形势，及时思考判断，正确决策，合理准确地运用技术动作。足球技术能力体现了运动员在训练和比赛中运用技术动作的合理性、准确性、熟练性。

足球运动实践表明，技术是完成战术配合的基础，战术的发展又促进了技术的不断提高。随着现代足球比赛攻守转换速度的不断加快和对抗争夺的日趋激烈，足球技术的发展呈现快速、准确、高效、实用、个性化发展的趋势，对运动员完成足球技术的能力提出了更高的要求。

（二）足球技术分类

足球是一项技术动作复杂的运动项目，根据运动员在场上的位置，足球技术可分为锋卫技术和守门员技术两大部分。在比赛中不论是锋卫运动员还是守门员，不仅需要完成结合球的技术动作，而且还要完成许多无球的技术动作，所以足球技术还应分为有球技术和无球技术两大类（图 3-1-1）。

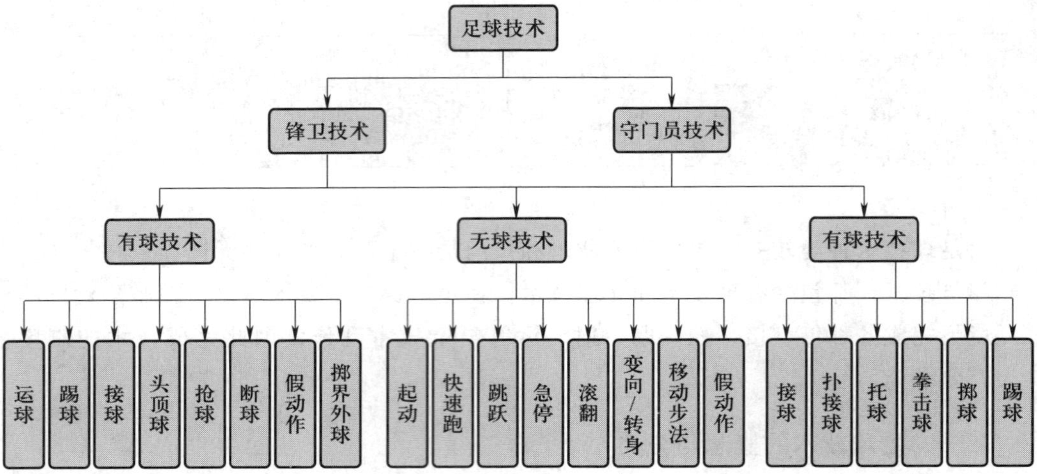

图 3-1-1 足球技术分类

二、现代足球技术的运用特征与发展趋势

（一）技术与目的紧密结合

现代足球比赛中以“主动控制、积极压迫、注重速度、追求效率”为总体发展趋势。比赛中双方对抗更加激烈，使得运动员的技术行动都要以实现本队战术目的为前提，要符合本队的攻、守需要，运用技术时更加注重技术行动的目的性、有效性。

（二）技术与速度紧密结合

现代足球正朝着高速度、高对抗的方向发展，比赛中给运动员完成技战术行动的时间越来越短，空间越来越小。要适应激烈争夺中的快速攻守要求，速度因素是至关重要的，特别是表现在根据比赛场景快速反应和决策，合理选择和使用技术的能力；在快速中运用技术的能力；完成技术动作的速度（动作速率）；以及技术动作之间的衔接速度。缺乏在高速中完成技术的能力是无法适应现代高对抗的足球比赛要求的。

（三）技术与攻守意识紧密结合

所谓足球意识，即运动员通过对足球比赛规律的认识，并根据临场变化而适时采取正确、合理、有效行动的一种敏捷的思维能力。运动员的意识水平越高，在比赛中的决策过程就越迅速、越合理、越准确、越巧妙。技术和意识是不可分割的，足球意识的培养贯穿在足球训练和比赛中，指导着所有技战术行动。

（四）技术与意志品质紧密结合

意志品质是足球运动员必不可少的重要素质之一，特别是在关键的比赛，意志品质往往起到举足轻重的决定性作用。运动员的意志品质主要体现在三个方面：勇敢顽强的拼搏精神、自我控制情绪的能力、敢于冒险的无畏精神。

现代足球比赛对抗激烈，双方运动员频繁发生身体直接对抗，对运动员的勇气和面对困难迎难而上、勇于克服、敢于拼斗的意志品质提出了很高的要求。

现代足球比赛要求运动员要在面对强手、身处逆境的情况下高质量地完成技战术行动。没有良好的意志品质作保障，再好的技术和战术能力也难以发挥。反之，没有出色的技战术能力，再优秀的意志品质也无法得到实际表现，两者只有完美地结合才能使运动员在赛场上如虎添翼。

（五）技术与特长和位置特点紧密结合

现代足球运动对运动员的全面性提出了很高的要求，每名运动员都肩负着进攻和防守双重任务。同时现代足球运动也对运动员在场上所担当的位置职责、位置功能提出了明确的要求。这就需要运动员在掌握全面技术的基础上，根据个人的特点和位置需要，发展其位置特长技术，运动员应是具有个人特点的某个位置的专家，也应是能胜任足球场上多个位置的多面手。位置技术是运动员完成位置职责和比赛职责的基本保障条件。

（六）技术与变化紧密结合

随着现代足球运动的发展，运动员的个人能力和整体战术能力都有着显著的提升，对运动员的攻守行动提出了更高的要求，特别是对处于主导地位的控球队员来说，要在空间与时间都极为有限的情况下，通过运球、突破、传球等行动，将球攻入对方最有威胁的区域，往往需要采用突然改变动作节奏和动作方法，通过假动作诱骗对手判断出错，使自己的行动取得有利的效果，从而战胜对手。

（七）技术与即兴发挥紧密结合

所谓即兴发挥，是指根据赛场上瞬息万变的环境和突发情况，随机应变，打破常规技术规格，采用出乎对手意料的技术手段和行动方法，达到出其不意的效果。这也是足球比赛引人入胜的魅力之一。即兴发挥要求运动员要具备高超的技术能力、敢于冒险的精神、机敏冷静的头脑和对比赛的理解与判断能力，根据比赛情景合理地运用和发挥出来。

（八）技术运用与简练、高效、实用紧密结合

在现代足球比赛中，攻守对抗和时间、空间的争夺越来越激烈，给运动员思考、选择、行动的时间越来越短。运动员在比赛中最重要和优先考虑的是如何直接、有效、节省时间和体力地完成技术动作，并最大程度地发挥自身的特点和优势。因此，快速、准确、高效、实用、个性化已经成为现代足球运动技术的发展趋势。这是足球比赛规律对运动员的需求，也是高水平运动员必须养成的比赛习惯，更是在平时训练中必须达到的标准。

第二节　足球技术分析

现代足球比赛对抗激烈，需要运动员具备在对手的压力下，面对变化多端的比赛场景合理、准确、高效地运用技术动作的能力。要想满足比赛的要求，运动员必须能够正确、熟练地掌握各种足球技术动作的方法，了解各项技术动作原理。运动员对技术动作的方法掌握得越准确、越细致，就越有利于正确技术动作和技术能力的形成。

一、颠球

颠球是指运动员利用身体各有效部位连续在空中触击球，并加以控制，使球不落地的技术动作。颠球是运动员熟悉球性、建立球感的一种有效的练习手段。通过颠球可以使运动员增强对球的弹性、重量、旋转、触球部位、击球力量的感知，提高对球的控制能力。颠球是建立球感和提高运动员处理空中球能力的有效练习手段，也是运动员在比赛中处理空中球时经常运用的技术动作。

（一）颠球技术动作方法

1. 脚背正面颠球

用脚背正面接近趾关节的部位颠球。颠球时，支撑腿稍屈，降低身体重心，控制身体平衡，颠球脚踝关节背曲（略勾起脚背）适度紧张，固定脚型，颠球脚大腿带动小腿向前上方摆动，用脚背正面部位击球的下中部，连续将球颠起（图 3-2-1）。

2. 脚内侧颠球

用脚内侧（脚弓）颠球。颠球时，支撑腿稍屈，降低身体重心，控制身体平衡，当球下落至膝关节高度时，颠球脚踝关节背曲并内翻，膝关节弯曲，用脚内侧击球的下中部，连续将球向上颠起（图 3-2-2）。

图 3-2-1　脚背正面颠球

图 3-2-2　脚内侧颠球

3. 脚外侧颠球

用脚外侧部位颠球。颠球时，支撑腿稍屈，降低身体重心，控制身体平衡，当球下落至膝关节高度时，身体稍侧转，颠球脚小腿外翻，踝关节背屈并外翻，向上摆动，用脚外侧部位颠球的下中部，连续将球向上颠起（图 3-2-3）。

4. 大腿颠球

用大腿正面部位颠球。颠球时，支撑腿稍屈，降低身体重心，控制身体平衡，当球下落至腰部高度时，颠球腿屈膝用力上抬，用大腿正面的中部向上击球的下中部，连续将球向上颠起（图 3-2-4）。

图 3-2-3 脚外侧颠球

图 3-2-4 大腿颠球

5. 头部颠球

用前额或侧额部位连续颠球。颠球时，运动员两脚自然左右或前后站立，与肩同宽，脚前掌着地，足跟略离地，屈膝保持身体重心平衡，两臂自然张开。仰头观察来球，当球落下至头部高度时，膝、踝关节适度蹬伸，协调发力，腰部和颈部保持稳定，用前额或侧额部位顶球的下中部，将球连续颠起（图 3-2-5）。

6. 肩部颠球

用左右肩部颠球，颠球时，两臂自然下垂，身体重心保持稳。在球落下至一侧肩部高度时，以肩锁关节部位颠球的下中部，连续将球颠起（图 3-2-6）。

图 3-2-5 头部颠球

图 3-2-6 肩部颠球

（二）颠球技术易犯错误

（1）触球部位控制不好，导致触球部位变形，用力不稳定。

（2）击球点不准确，没有击球的下中部或根据球的情况及时调整击球位置。

(3) 身体僵硬，导致动作不能协调用力。

(4) 击球时机不合理，击球过早或过晚。

(5) 颠球技术动作、发力方向不正确。

二、踢球

踢球是运动员有目的地用脚把球击向预定目标的技术。踢球技术是在足球比赛中常用的、重要的技术，其多用于传球、射门和防守中的解围或破坏等行动。比赛中运动员踢球的主要方法有脚内侧踢球（脚弓）、脚背正面踢球、脚背内侧踢球、脚背外侧踢球等。

（一）踢球技术动作结构分析

踢球技术的方法很多，技术动作要领也有所不同，但是每一种踢球技术都是由助跑、支撑脚站位、踢球腿的摆动、脚触球和踢球后的随前动作 5 个环节组成（图 3-2-7）。

图 3-2-7 踢球技术动作

1. 助跑

助跑是指运动员踢球前的几步跑动。助跑根据不同的踢球技术动作特点，一般分为直线助跑和斜线助跑两种。

(1) 助跑的作用。

① 调整人与球之间的方向、角度和距离。

② 保证支撑脚的准确落位。

③ 使踢球者获得一定的前移速度，有助于增加踢球的速度和力量。

(2) 助跑的要求。

① 助跑时要根据球的情况积极主动地调整脚步节奏和步幅，加速跑动，调整身体平衡。

② 助跑的最后一步加大距离，增大踢球腿的摆腿幅度和速度，为提高击球的准确性和速度创造条件。

2. 支撑脚站位

支撑脚站位是指运动员踢球前助跑的最后一步，支撑脚落地支撑身体平衡的站位技术动作。支撑动作贯穿于整个踢球过程，它包括支撑脚的位置、落位方法、脚的指向和缓冲支撑等因素。

（1）支撑脚站位的作用。

① 在踢球时形成稳定的支撑，为踢球腿充分摆动发力创造条件。

② 维持身体在踢球过程中的平衡，保证准确摆腿击球的顺利完成。

（2）支撑脚站位的要求。

① 支撑脚的位置：指支撑脚与球之间的距离、角度等关系。它对踢球动作能否顺利完成和踢球的质量有较大的影响。支撑脚的位置要以便于发挥踢球腿的摆幅、摆速和踢球脚准确击球为原则。支撑脚的位置一般是根据踢球要达到的目的、球的运行情况和所使用的踢球技术（脚法）来决定。一般来说，踢地滚球时，支撑脚要站在球侧方平行位置的 10~15 厘米处；踢高空球时，支撑脚要站在球的侧后方 15~20 厘米处（约半个脚距离）；踢活动球时，支撑脚站位要有一定的提前量。

② 支撑脚站位方法：支撑脚着地时要踝关节背曲（勾脚尖），足跟积极踏地，以缓冲助跑所产生的身体前冲力。支撑脚迅速从足跟以滚动的方式过渡到全脚掌支撑身体重心。

③ 支撑脚的指向：支撑脚站位时，脚尖应指向踢球的目标方向，以保证击球瞬间膝关节和髋关节都能转到合适踢球的方向，为有效地控制出球方向和击球的准确性做好准备。在实际比赛过程中，有时运动员会利用支撑脚的站位方向迷惑对手，形成隐蔽性传球。

④ 支撑腿的支撑：支撑脚着地时膝关节微屈，缓冲身体冲力控制身体平衡。支撑脚形成稳定的支撑点，以维持身体平衡和保证踢球腿顺利摆动和准确发力。在踢球腿前摆击球时，支撑腿膝、踝关节要积极蹬伸，以保证充分发挥踢球脚的击球力量。

3. 踢球腿的摆动

踢球腿摆动是指踢球腿击球前的摆动过程。

（1）踢球腿摆动的作用。

① 产生击球的动力，是踢球力量的主要来源。

② 踢球腿的摆动动作直接影响踢球的力量、击球的速度、球运行的方向和距离。

（2）摆动腿摆动的要求。

① 踢球腿摆动分为前摆和后摆：当支撑脚踏步站位时，摆动腿蹬地，顺势后摆，小腿后屈与大腿在膝关节处弯曲折叠，形成一定的夹角。在支撑脚着地的同时以髋关节为轴，大腿带动小腿由后向前摆。当膝关节摆到接近球的上方时，小腿做爆发式加速前摆，以最快的速度击球。

② 不同的摆腿幅度：根据踢球的力量、速度的需要，运动员在踢球时要选择使用不同的摆腿方式。如果需要踢速度快、距离远、力量大的球，则需要充分后

摆，加大摆幅。后摆时膝关节弯曲，大小腿折叠。前摆时以髋关节为轴，大腿带动小腿由后向前加速前摆，这样可以增加踢球腿的摆动速度，最大程度地发挥肌肉力量。这种大幅度摆动踢球方式踢出的球，球速快、力量大、距离远，一般用于大力射门、远距离的长传球。如果需要踢力量小、速度慢、距离短的球时，则减小后摆幅度，主要利用大腿带动小腿的快速前摆和送髋完成摆动踢球，以达到快速、突然、隐蔽的效果，一般用于力量小、速度慢、中短距离的快速传球和射门。

4. 脚触球

脚触球是踢球技术的核心，是决定出球质量的关键。它包括触球脚的部位、触球的部位和触球动作等因素。

（1）脚触球的作用。

① 将摆腿的力量作用到球上。

② 踢球脚通过不同的触球部位影响出球的准确性和力量、方向、旋转、轨迹等。如踢球的中后部，会踢出平直球；踢球的下部，会踢出高远球；踢球的侧部，会踢出旋转球等。

（2）脚触球的要求。

① 触球脚的部位：主要的脚触球部位有脚背正面、脚背内侧、脚背外侧、脚内侧、脚尖等。不同的踢球部位有不同的特点。例如，脚背正面踢球力量大，但触球部位较窄，不易控制，适合力量大、速度快，但对精准度要求低的球，如大力射门；脚内侧传球触球面积大，易控制，但出球速度慢、力量小，适合准确性要求高的传球，如精准的渗透性传球。

② 触球部位：指踢球时踢球脚与球的接触位置，如球的后中部、后中下部、后侧部等。用踢球脚击球的不同部位，决定了球的运行方向、力量、速度、旋转等出球效果。如脚击球的后中部，力量通过球心，可以踢出低平直线球；脚击球的后中下部可以踢出高远球；脚击球的侧部，力量不通过球心，可以踢出旋转的弧线球。

③ 触球动作：指脚触球时的脚形控制和用力情况。击球时脚形固定是保证踢球质量的关键，可确保作用力准确地作用于球体，使出球准确有力。

5. 踢球的随前动作

随前动作是指踢球后的一段随球移动的过程。踢球随前动作的作用是可以使身体重心向前移动，有利于控制出球方向方和充分发挥踢球力量；维持踢球后的身体平衡，并衔接后续的行动，如传球后的移动、射门后的补射等。

（二）踢球技术的力学分析

在踢球过程中，踢球的作用力是否通过球的中心，会形成不同的出球轨迹、速度、力量、旋转，影响踢球的效果。

当踢球的作用力通过球的中心时，球被踢出时的方向和踢球的作用力方向一致。被踢出的球会在击球外力、空气的阻力和球本身的重力等的作用下飞向目标。

在现代足球比赛中，旋转球在运行过程中轨迹发生弯曲的特征被高度重视，成为传球和射门绕过防守屏障，进行战术配合或直接射门的重要手段。比赛中常见的弧线球有抽踢的前旋球、搓踢的回旋过顶球以及侧旋球（内旋或外旋球）、侧回旋球和侧前旋球等。

对于旋转球，可以根据力的平移法则来认识，即偏离球心的作用力 F 将产生使球旋转的力矩 M 与平移的力 F'（图 3-2-8）。

根据力学原理：旋转力矩 M=作用力（F）×力臂（L）。由此可以看出，球旋转的强弱主要取决于作用力的大小以及力臂的长短。所谓力臂是指球心与作用力方向的垂直距离（图 3-2-9）。在最佳角度的限度内以及在作用力不变的条件下，力臂越长，则旋转力越大，反之越小。

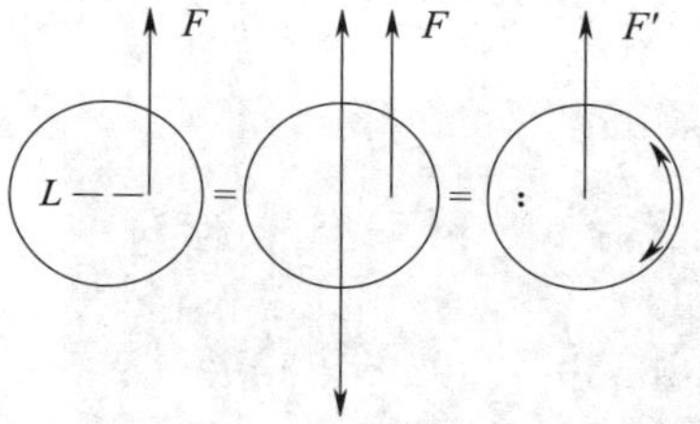

图 3-2-8　力的平移法则

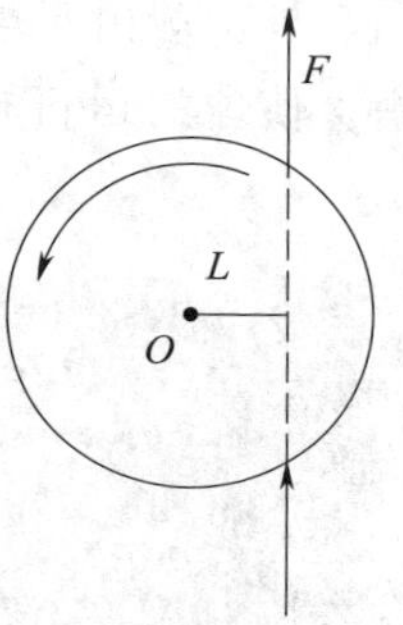

图 3-2-9　力臂

旋转球在空中运行时，会带动球体周围的空气随球体表面转动形成环流，并对球体产生不同的压力，而导致球体周围产生相应的气压差异。压力的大小遵循伯努利定律：“流速越快，压力越小；流速越慢，压力越大”（图 3-2-10）。

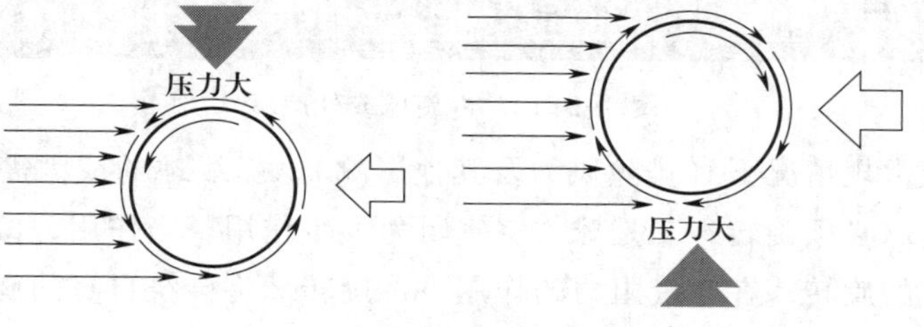

图 3-2-10　伯努利定律示意图

如前旋球在运行中，球体上沿的气流因逆空气阻力导致流速减慢，而下沿的气流则与迎面气流方向一致而加快流速，因而产生上沿大，下沿小的压力差。在球运行初期，由于速度较快，压力差对球的影响不明显，随着球前移的速度减慢，而球的旋转变化不大时，压力差便对球体产生作用。从球的运行轨迹上可以看出，球的运行轨迹前半程弧度小，后半程弧度大，球的前移距离缩短，球的下落速度加快（图 3-2-11）。

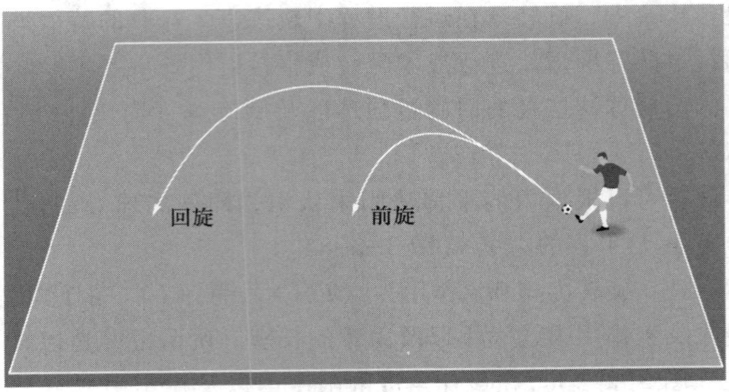

图 3-2-11　空气压力差对球旋转方向的影响

同理，内、外旋球由于球体周围的气流是环绕其纵轴运动的，球体两侧空气流速度的不平衡，使球的运行轨迹向压力小的一侧弯曲，从而形成内旋球或外旋球（图 3-2-12）。

图 3-2-12　内旋球或外旋球

总之，在常规情况下（排除风力及其他影响），弧线球的成因需要具备两个基本条件：一是球必须旋转；二是球与空气阻力发生作用。当作用力偏离球心时，球便会产生相应的旋转，在空气阻力的作用下，旋转球将会绕自身的旋转轴旋转，并由压力大向压力小的一侧产生一定距离的弧形位移，形成弧线球。

在足球运动实践中，运动员可以通过反复练习，不断调整踢球力量，作用力方向、击球点等，来体会不同的踢球技术方法对弧线球运行轨迹影响的变化特点和规律。

（三）踢球技术动作方法

1. 脚内侧踢球

脚内侧踢球是用脚内侧部位（足跖趾关节、足舟骨、足跟骨等形成平面）踢球的方法。其特点是触球的面积大，出球准确，平稳，是比赛中运用最多的传球技术。但由于踢球腿的大腿需要外旋、屈膝外展，所以摆腿的摆速与摆幅都受到了限制，因此踢球力量小、球速慢、距离近。一般多用于中、短距离传球和对准确性要求高的传球。

（1）脚内侧踢地滚球。直线助跑，最后一步稍大。支撑脚站在球侧平行位置，距球 10~15 厘米处，足跟着地过渡到全脚掌支撑，脚尖指向出球方向。支撑腿膝关节微曲，保持身体平衡。当支撑脚落地时，踢球腿屈膝外旋，以髋关节为轴，大腿带动小腿，由后向前做爆发式的摆动。踢球脚的脚内侧与出球方向垂直，踝关节背曲（勾起）锁紧，脚尖翘起，脚底与地面平行，用脚内侧击球的后中部。踢球后身体跟随移动，髋关节向前送（图 3-2-13）。

图 3-2-13　脚内侧踢地滚球

（2）脚内侧踢空中球。根据来球速度和运行轨迹及时移动到位。支撑腿膝关节微曲，控制身体重心，保持身体平衡。踢球腿大腿屈膝外展，抬至来球高度，大腿带动小腿由后向前摆动。踢球脚在脚击球前向外侧翻转，脚尖翘起，踝关节锁紧，用脚内侧击球的后中部，使球水平飞出，如需踢高远球，则击球点在球的后下部。踢球后身体跟随移动，髋关节向前送（图 3-2-14）。

图 3-2-14　脚内侧踢空中球

（3）脚内侧踢反弹球。脚内侧踢反弹球的技术动作和脚内侧踢地滚球相似。运动员要注意观察来球的轨迹、速度，判断落点的位置和反弹角度，及时移动到位。当球刚落地，即将弹起的一瞬间，踢球腿大腿带动小腿，爆发式前摆，用脚内侧部位击球的后中上部，将球踢向目标方向。

2. 脚背正面踢球

脚背正面踢球摆动幅度大，因而踢球力量大、球速快，但相对脚内侧踢球，触球部位窄，踢球准确性比较难掌握。一般用于踢定位球、长距离的高远球和大力射门。脚背正面踢球可以踢出速度快、力量大的直线球，也用来抽击向前旋转快速下坠的弧线球。

（1）脚背正面踢地滚球。直线助跑，最后一步稍大。支撑脚积极着地支撑，站在球侧平行位置，距球约 10 厘米，用足跟着地过渡到全脚掌支撑，脚尖指向出球方向，支撑腿膝关节微屈，保持身体平衡。当助跑最后一步，支撑脚向前迈步时，摆动腿顺势后摆，小腿后屈与大腿在膝关节处弯曲折叠，形成一定的夹角。当支撑脚落地时，踢球腿以髋关节为轴，大腿带动小腿由后向前摆动。当膝关节摆至接近球的正上方时，小腿做爆发式的摆动。踝关节最大限度背伸（脚背绷直），脚趾下扣，以脚背正面击球的后中部。击球后，踢球腿随球前摆，随前落地支撑（图 3-2-15）。

图 3-2-15　脚背正面踢地滚球

（2）脚背正面踢正面凌空球（半高球）。观察来球，移动选择踢球位置。身体正对出球方向，支撑脚脚尖指向出球方向，支撑脚位于击球点后大约半步距离，足跟着地过渡到全脚掌着地，屈膝支撑，保持身体平衡。脚背正面踢半高球时，主要依靠前摆踢球。当支撑脚落地时，踢球腿大腿顺势前抬，小腿后屈与大腿折叠形成一定的夹角。踢球腿以膝关节为轴，小腿快速摆动。当球飞至体前（一般是膝以上，髋以下高度），踢球脚踝关节最大限度背伸（脚背绷直），脚趾下扣，以脚背正面击球的后中部，使球水平飞出。如需踢高远球，则击球点在球的后下部。击球后，踢球腿随球前摆，着地以维持身体平衡（图 3-2-16）。

（3）脚背正面踢侧面凌空球。观察来球及时移动，身体侧对出球方向，支撑脚脚尖指向出球方向，足跟着地过渡到全脚掌，屈膝稳定支撑，保持身体平衡。身体向支撑脚一侧倾斜。踢球脚大腿水平外展、后伸，膝关节弯曲，大、小腿折叠。在球运行到体前适当距离时，身体向出球方向转体，大腿带动小腿由后向前做爆发式摆动。踢球脚踝关节最大限度背伸（脚背绷直），脚趾下扣，用脚背正面击球的后中部，使球水平飞出，同时身体向出球方向顺势扭转。击球后，踢球腿随球前摆，着地以维持身体平衡（图 3-2-17）。

图 3-2-16　脚背正面踢正面凌空球（半高球）

图 3-2-17　脚背正面踢侧面凌空球

（4）脚背正面踢反弹球。脚背正面踢反弹球动作环节与脚背正面踢地滚球基本相同。但要强调的是脚踢球的时机是当球刚落地即将弹起的一瞬间，踢球腿大腿带动小腿，爆发式前摆，用脚背正面击球的后中上部，将球踢向目标方向（图 3-2-18）。

（5）脚背正面凌空踢倒钩球。观察来球，及时移动到位，背向出球方向。眼睛关注来球，以踢球腿为起跳腿蹬地起跳，同时另一腿上摆，身体后仰腾空。蹬地腿在离地后迅速上摆，同时另一条腿快速向下摆动，与踢球腿做剪交动作，踢球脚脚背绷直，用脚背正面击球的后中部。踢球后双臂微屈，手掌向下，屈肘着地，然后背、腰、臀部依次滚动式缓冲着地（图 3-2-19）。

图 3-2-18　脚背正面踢反弹球

图 3-2-19　脚背正面凌空踢倒钩球

3. 脚背内侧踢球

（1）脚背内侧踢长传球（高远球）。斜线助跑，助跑方向与出球方向约成 45°角，最后一步略跨大，支撑脚足跟和脚掌外侧先着地，过渡到全脚掌，支撑脚落于球侧后方，距球 15~20 厘米，脚尖指向出球方向。支撑腿膝关节微屈支撑身体重心，上体向支撑腿一侧倾斜并稍转体。在支撑脚着地时，踢球腿以髋关节为轴，大腿带动小腿由后向前摆动，当膝关节摆至球的内侧上方时，小腿做爆发式的前摆，此时大腿略外旋，脚尖指向外侧下方，脚背固定绷直，脚的内沿贴近地面，脚背内侧击球的后中下部。踢球后身体重心随踢球腿的前摆向前移动（图 3-2-20）。

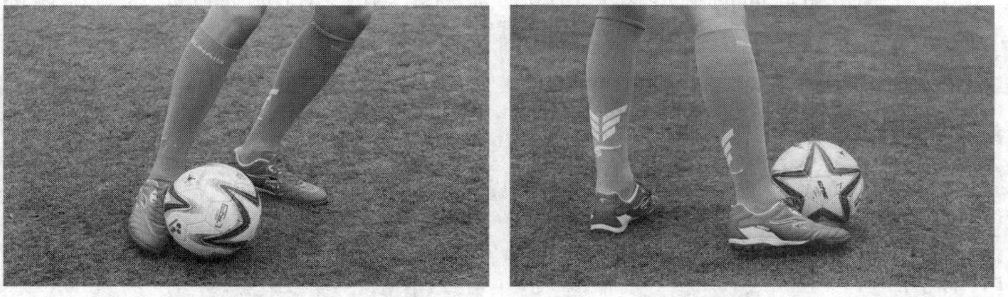

图 3-2-20　脚背内侧踢长传球（高远球）

（2）脚背内侧踢地滚球。脚背内侧踢地滚球的技术动作与脚背内侧踢高远球基本相同，只是脚背内侧踢地滚球的击球点是球的后中部，使球沿地面平行飞出。这种踢球方式力量大、速度快、距离远，腿背内侧触球面积大，较容易控制出球的准确性，一般用在传中、长距离的地滚球。

（3）脚背内侧踢反弹球。脚背内侧踢反弹球的技术动作与脚背内侧踢高远球基本相同，只是脚踢球的时机是球落地即将弹起的瞬间，踢球腿水平用力，用脚背内侧踢球的后中上部。

（4）脚背内侧削踢弧线球（香蕉球）。踢香蕉球的助跑和支撑脚站位的方法与脚背内侧踢长传球相同，支撑脚落地时，脚尖指向目标方向稍外侧（踢球脚一侧）方向，脚背内侧部位击球的后侧部，向目标方向稍外侧（踢球脚一侧）摆腿，击球的力量不通过中心点，使球极速向内旋转，沿弧线运行（图 3-2-21）。

图 3-2-21 脚背内侧削踢弧线球（香蕉球）

4. 脚背外侧踢球

脚背外侧踢球又称外脚背踢球，脚背外侧踢球是用第三、四、五跖骨部位踢球的一种方法，由于这种球踢球技术脚踝灵活性较大，摆腿方向变化较多，故其出球隐蔽性较强，常用于比赛中的快速传球、隐蔽性传球、弧线传球、射门等。

（1）脚背外侧踢地滚球。助跑、支撑脚站位及踢球脚摆动均与脚背正面踢球技术相同。但要注意的是支撑脚落于球侧稍后的位置，击球部位是脚背外侧，踢球时身体重心偏于踢球腿一侧。在踢球腿的大腿、膝关节摆到球的垂直上方的瞬间，小腿做爆发式前摆，脚踝关节绷直内收，脚趾扣紧，以脚背外侧部位击球的后中部。踢球后身体随球向前自然移动。脚背外侧踢球时，特别强调小腿的快速前摆，对小腿摆动的速度和爆发力要求较高（图 3-2-22）。

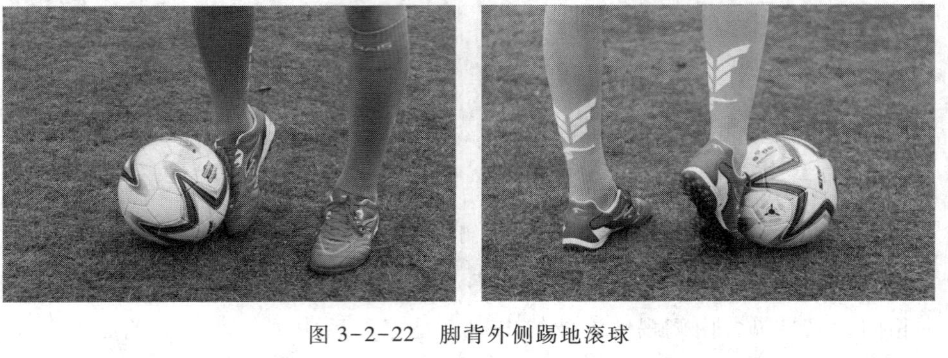

图 3-2-22 脚背外侧踢地滚球

（2）脚背外侧踢反弹球。脚背外侧踢反弹球，与脚背正面踢反弹球的方法基本相同，只是支撑脚站位略靠后，脚踢球的时机是球落地即将弹起的瞬间，踢球腿水平用力，用脚背外侧踢球的后中上部（图 3-2-23）。

（3）脚背外侧削踢弧线球。脚背外侧踢弧线球也称香蕉球，从触球脚一侧斜向助跑，支撑脚落于球侧稍后位置，脚尖指向目标方向稍向内侧（支撑脚一侧）方向，用脚背外侧部位击球的后侧部，向目标方向稍外侧（支撑脚一侧）方向摆腿，击球的力量不通过球中心点，使球极速向外旋转，沿弧线运行（图 3-2-24）。

图 3-2-23　脚背外侧踢反弹球

图 3-2-24　脚背外侧削踢弧线球

（四）踢球技术易犯错误

1. 踢定位球

（1）支撑脚位置偏后，踢球时身体后仰踢球偏高。

（2）踢球前助跑移动的最后一步太小，踢球腿后摆不足，影响摆腿发力。

（3）支撑腿落地方法不正确。支撑腿脚前掌先着地，支撑腿膝关节僵直，导致支撑不稳定，影响踢球质量。

（4）踢球腿直腿摆动，缺乏小腿摆动，踢球力量小，速度慢。

（5）踢球脚的脚形控制不好、踢球脚的部位和触球的部位不正确，影响踢球的准确性、力量、旋转和飞行轨迹。

（6）踢球以后没有顺势完成随前移动，影响踢球的发力和击球的准确性。

2. 踢地滚球

（1）支撑腿站位不当，没有根据来球的方向、速度、性能等选择支撑脚位置的提前量。

（2）没有根据来球的方向和速度合理选择助跑路线、身体角度和踢球方法。

3. 踢空中球

（1）对空中球的飞行轨迹判断不足，选位和支撑脚站位不当。

（2）击球点不正确，没有尽可能抢在高点、前点处理球。

三、接球

接球是指运动员根据比赛中需要，有目的地用身体的合理部位把运行中的球接下来，控制好，以便衔接后续行动。接球要为了后续行动服务，接球质量的好坏直接影响下一步行动能否顺利完成。比赛中来球的性质、状态不同，所以要根据不同的来球情况，选择运用不同的接球技术。

接球的主要部位有很多，常用的有脚内侧（脚弓）、脚背正面、脚背外侧、脚底、大腿、胸部、头部。

（一）接球技术动作结构

接球技术动作由以下四个环节组成。

1. 观察和移动

为了更好地完成接球动作，运动员要尽早观察来球情况，根据来球的线路、轨迹、旋转、速度等情况，迅速判断球的轨迹，及时移动，使自己处于合理的接球位置。

2. 选择接球的部位和方法

根据来球情况、对手情况、接球需要，合理地决定接球的部位（头、胸、大腿、脚）和接球的技术方法。

3. 脚触球

在实际比赛中，运动员接球行动要根据来球情况、对手情况，以及下一步的行动需要来决定触球的方法。通常使用推挡（加力）、缓冲（泄力）、变向等方法，将球接在原地或接球移动、接球转身、接球变向等，为下一步行动作好准备。

4. 接球后快速跟随移动

接球后要迅速地随球移动，抬头观察，紧密衔接下一个动作。

（二）接球技术动作方法

1. 脚内侧接球

脚内侧接球又称脚弓接球，由于脚内侧与球接触面积大，动作简单，容易掌握，是在比赛中常使用的接球技术。脚内侧接球技术可以接各种地滚球、空中球等。

（1）脚内侧接地滚球。观察来球情况，及时移动到位，降低身体重心，膝关节微屈，两臂自然张开，保持身体平衡。接球腿屈膝外转并前迎，接球脚以脚内侧部位触球，在球与脚接触的瞬间，主动回撤退让，缓冲来球力量，将球接在控制范围内，快速连接后续动作（图 3-2-25）。

图 3-2-25 脚内侧接地滚球

（2）脚内侧接空中球。观察来球情况，及时移动到位，根据来球高度和轨迹，接球脚屈膝外转上抬，用脚内侧部位对准来球，在球与脚接触的瞬间，主动回撤退让，缓冲来球力量，将球接在控制范围内，快速连接后续动作（图 3-2-26）。

（3）脚内侧接反弹球。观察来球情况，尽早判断来球的落点，及时移动到位。支撑脚站在触球点的侧后方，上体稍向接球方向倾斜。接球脚提起，踝关节背屈（脚尖勾起），当球落地即将弹起的瞬间，用脚内侧部位触压球的外侧上部，将球接在控制范围内，快速连接后续动作（图 3-2-27）。

图 3-2-26 脚内侧接空中球

图 3-2-27 脚内侧接反弹球

接球脚挡压球的位置要考虑来球的飞行轨迹。来球抛物线弧度大，落地角度较大的来球，挡压的位置应在外侧偏高的位置（靠近球顶）；若来球抛物线弧度小，落地角度较小，则挡压位置应在球的外侧偏低的位置（靠近球的中线）。

2. 脚背外侧接球

脚背外侧接球便于侧身护球，动作隐蔽性较强，在比赛中运动员经常结合假动作使用该技术，出人意料地摆脱防守。

（1）脚背外侧接地滚球。观察来球情况，及时移动到位。支撑脚在球的侧面，接球腿稍提起，膝关节和脚尖稍内转（向支撑腿一侧靠近），脚踝关节绷直内收，脚趾扣紧，用脚背外侧对准来球，在支撑脚的前侧方触球侧中部（靠近支撑脚一侧）。脚触球时，踝关节要适当紧张，并伴有一个向接球方向推送的拨球动作，将球接在控制范围，快速连接后续动作（图 3-2-28）。

图 3-2-28 脚外侧接地滚球

（2）脚背外侧接反弹球。脚背外侧接反弹技术方法与脚外侧接地滚球基本相似，当球落地即将弹起的瞬间，接球脚的脚背外侧于支撑脚前侧方挡压球侧上方部位（靠近支撑脚一侧）。在脚触球时踝关节要适当紧张，固定脚形，身体重心向接球方向倾斜移动，将球接在控制范围内，快速连接后续动作（图 3-2-29）。

3. 脚背正面接空中球

脚背正面一般被用于接飞行抛物线弧度较大的空中球，脚背正面接空中球，动作幅度小，触球面积大，比较容易控制来球。

脚背正面接空中球时，要观察来球情况，及时移动到位。支撑脚在球的侧后方，接球腿屈膝抬脚，踝关节保持适度紧张，根据来球，调整脚背正面的角度，与来球轨迹垂直，在球下落触到脚背正面的瞬间，接球脚主动向下缓冲（撤让），将球接在控制范围内，快速连接后续动作（图 3-2-30）。

图 3-2-29 脚背外侧接反弹球

图 3-2-30 脚背正面接空中球

4. 脚底接球

脚底接球又称脚掌接球，脚底接球技术动作简单，触球面积大，便于控制球，接球时可以始终将球控制在脚下，没有人球分离的瞬间，便于衔接各种动作，因此常在防守人距离较近的情况下使用，一般用来接各种地滚球和反弹球，尤其在室内五人制的比赛中，脚底接球是常用的接球方法。

（1）脚底接地滚球。观察来球情况，及时移动到位。接球腿屈膝前迎，脚跟离地，脚尖翘起，脚掌与地面形成一个适当的夹角，用前脚掌触压球的侧上方，将球接在控制范围内，快速连接后续行动。一般可以连接不同方向的拖、拉滚球（图 3-2-31）。

（2）脚底接反弹球。脚底接反弹球技术与接地滚球技术基本相同，区别在于接球的时机是在球落地即将弹起的瞬间，用前脚掌触压球的侧上方，将球接在控制范围内，快速连接后续行动（图 3-2-32）。

图 3-2-31 脚底接地滚球

图 3-2-32 脚底接反弹球

5. 大腿接球

大腿接球技术简单，接球面积大，易控制，一般可以用来接抛物线较大的空中球和腰部高度的低平球。

（1）大腿接高空球。观察来球情况，及时移动到位。当球下落时，接球腿主动提前屈膝上抬大腿，上迎来球，用大腿中段接球，在接球的瞬间大腿肌肉放松，主动下撤（退让）缓冲来球力量，将球接在控制范围内，快速连接后续动作（图 3-2-33）。

（2）大腿接低平球。大腿接低平球技术基本与接高空球技术相同，区别在于来球飞行的轨迹不同，接球腿要调整接触球的角度，主动提前屈膝前迎来球，用大腿中段接球，在接球的瞬间大腿肌肉放松，主动后撤（退让）缓冲来球力量，将球接在控制范围内，快速连接后续动作（图 3-2-34）。

图 3-2-33　大腿接高空球

图 3-2-34　大腿接低平球

6. 胸部接球

由于胸部接球部位较高，加之胸部面积大，肌肉较丰满，易于掌握，是接高球的一种好方法，胸部接球包括挺胸式和缩胸式两种方式。

（1）胸部接高空球（挺胸式）。一般用于接高于头部的下落球。接球时首先要观察来球情况，及时移动到位。面对来球，收下颌，两臂自然张开，保持身体平衡，当球运行到与胸部接触的瞬间，上体稍向后仰，呈反弓状，用胸骨或两侧胸大肌上部触球的后中下部，将球接在控制范围内，快速连接后续动作（图 3-2-35）。

（2）胸部接低平球（缩胸式）。一般用于接胸部高度的平直球，接球时首先要观察来球飞行轨迹，及时移动到位。面对来球，收下颌，两臂自然张开保持身体平衡，当球接近时主动挺胸迎球，在球与胸部接触瞬间，回缩胸部，以胸骨或两侧胸大肌上部触球的后中部，将球接在控制范围内，快速连接后续行动。如果想要向两侧接球，则在接球时向接球方向转动上体，以改变球的方向（图 3-2-36）。

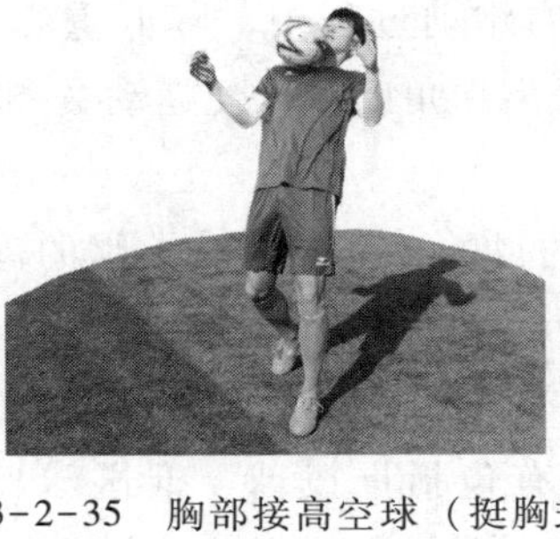

图 3-2-35　胸部接高空球（挺胸式）

图 3-2-36　胸部接低平球（缩胸式）

（三）接球技术易犯错误

1. 接地滚球

（1）对来球轨迹判断错误，移动不到位，影响接球质量。

（2）接球脚抬脚过高或过低，造成漏球或接球时触球部位不当。

（3）接球时接球脚的脚型和脚与球的接触面控制不好。

（4）缓冲接球时没有合适的缓冲退让动作，接球变向时没有控制好接球脚的角度。

（5）接球后重心后置，没有随球行动。

2. 接反弹球

（1）接球前没有准确判断来球的轨迹、速度、落点，导致漏球或接球不好。

（2）挡压球的时间过早或过晚，触球部位不正确，影响接球的质量。

3. 接空中球

（1）接球前没有准确判断来球的轨迹、速度、落点，导致漏球或接球不好。

（2）接球时接球脚的脚形和脚与球的接触面控制不好。

（3）缓冲球接球时没有根据来球情况进行合理的缓冲退让动作；接球变向时没有控制好接球脚的角度。

四、运球

运球是指运动员以脚用连续推、拨、踩、滚球等方式控制球，使球随人移动。运球技术是运控球、运球过人、快速运球跑、突破对手等技战术行动的基础。

运动员要根据不同的比赛需要合理选择不同的运球技术方法，常用的运球技术包括脚内侧运球、脚背正背运球、脚背外侧运球、脚掌运球，以及扣、拉、踩、拨滚等技术动作。

（一）运球技术动作结构分析

一个完整的运球技术动作通常是由脚触球前的跑动、脚触球、触球后的衔接动作三个环节构成。

1. 脚触球前的跑动

（1）选择运球方法。根据运球的目的和比赛场景来选择运球的方法。

（2）调整人与球的距离。运动员在触球前的跑动过程中，降低重心，调整好步频、步幅和动作节奏，保持好人和球之间的距离和角度，以便运动员能够灵活地运球变向、变速、变节奏。

（3）触球前支撑脚落地的位置。根据运球的目的，选择好支撑脚的落地位置，一般是球的侧后方，为后续的运球做好准备。

2. 脚触球

（1）选择好触球的方式。主要的触球方式有包括推拨球、推送球、踩滚球、拖拉球、挑球等，运动员应根据不同的运球目的，选择合适的触球方式。

（2）控制好触球的力度。控制好触球力度和球运行的速度，触球脚以柔和的方式触球，支撑腿发力与触球动作相结合，做到人球结合，始终保持人对球的有效控制。

（3）控制好触球部位。选择合适的触球脚部位以及球的部位，控制好球的运行方向。

（4）控制好触球脚的形状。脚触球时踝关节要适度紧张，保证合适的触球脚的姿态。

3. 触球后的衔接动作

（1）运球脚触球后落地支撑。触球后支撑脚落地的位置对后续动作的衔接非常重要，只有良好的支撑，才能保持后续动作顺利进行。

（2）保持运球人身体姿势和平衡。在快速多变的运球过程中，运动员要根据需要不断地切换运球脚和支撑脚，调整身体重心和身体平衡，以应对复杂的比赛场景和对手的压力。

（二）运球技术动作方法

1. 脚内侧运球

脚内侧运球需要运球脚屈膝外展，运球速度较慢，运球脚触球面积大，便于控制球。脚内侧运球一般多用于向两侧横向运控球和在对手的压迫时护球等。

脚内侧运球时，注意抬眼观察周围和球的情况。支撑脚落于球的侧方，以不妨碍球的运行为宜，膝关节微屈，降低重心，保持身体平衡。上体前倾并向运球脚一侧稍转体（侧身运球），运球腿提起，屈膝外转，踝关节锁死，脚背背屈（勾脚尖），用脚内侧部位推送球的后中部。触球后，运球脚与支撑脚快速完成身体重心的切换，衔接后续动作（图 3-2-37）。

图 3-2-37 脚内侧运球

2. 脚背运球

脚背运球是在足球比赛中常用的运球技术。在比赛中，运动员要根据比赛场景的变化，不断变速、变向等，所以在运球时会频繁地运用脚背正面、脚背内侧、脚背外侧等部位相结合来推拨球，控制球的运行方向。由于脚背运球时技术动作与正常的跑步动作相似，容易发挥出运球速度，所以多用于快速直线运球跑、运球加速突破、快速变向等行动。

（1）脚背正面运球。运球时上体稍向前倾，两臂如正常跑步一样摆动，抬眼观察，控制步幅。支撑脚位于球的侧后方约半步的距离，运球腿在向前迈步的过程中提膝前送，膝关节弯曲，踝关节背曲（绷脚背），用脚背正面向前推拨球的后中部，触球后顺势落地，运球脚与支撑脚快速完成身体重心的切换，衔接后续动作（图 3-2-38）。

（2）脚背内侧运球。技术动作与脚背正面运球相似，区别是触球时脚背绷直外展，用脚背内侧触球，多在向内侧（支撑脚一侧）变向运球时使用。

（3）脚背外侧运球。技术动作与脚背正面运球相似，区别在于触球脚脚背绷直内收，用脚背外侧触球。由于脚背外侧运球触球面积大，易控制球，较多地用于直线运球、向外侧（触球脚一侧）和变向运球（图 3-2-39）。

图 3-2-38 脚背正面运球

图 3-2-39 脚背外侧运球

3. 脚底运球（搓滚球）

脚底运球（搓滚球）的运球速度慢，但容易控制，球始终处于运球人的控制范围内，几乎没有人球分离的瞬间，动作简单，幅度小，方便连接不同的变化，因此适用于在小空间里面对手压迫防守时的运控球和护球。

脚底运球时，注意抬眼观察，扩大视野，观察周围和球的情况。支撑脚落于球的侧方，与球保持半步距离，以不妨碍球的运行为宜，膝关节弯曲，降低重心，保持身体平衡。运球腿上抬，屈膝外转，踝关节背屈（勾起），用脚前掌触球的上部，由后向前或由左向右（或相反方向）做搓滚球动作。运球脚滚球后顺势落地，运球脚与支撑脚快速完成身体重心的切换，衔接后续行动（图 3-2-40）。

图 3-2-40 脚底运球

4. 运球变向和转身

在足球比赛中，我们习惯把变向角度较小的运球横向左右变向称为运球变向，把变向角度较大的运球纵向前后转身称为运球转身。比赛中运动员经常使用个人运球变向和转身技术，以达到控制球权、摆脱对手、突破防守的目的。

（1）扣、拨球变向。扣球变向是指运动员在运球过程中用脚背内侧或脚背外侧扣、拨球的外侧中部或内侧中部改变球运行方向的技术动作。

（2）踩拖球变向。踩拖球变向是用脚底部位踩拖球的上部，改变球运行方向的动作。向支撑脚方向踩拖称为向内踩拖，向支撑脚对侧踩拖称为向外踩拖。踩拖球变向技术使用较多的是在支撑脚前的 V 形踩拖和在支撑脚后的 L 形踩拖。

（3）运球转身。主要的运球转身技术包括内侧扣球、外侧扣球、踩球转身、跨球转身、胯下扣球（克鲁伊夫转身）。在运球转身时，支撑脚的落位要避开球的运行路线，身体位置和支撑脚脚尖尽可能指向（或侧向）转身方向，以便快速转身。脚触球的部位（脚内侧、脚外侧、脚底）和触球的部位要准确，触球后的衔接动作要快速顺畅。

（三）运球技术的运用

运球是足球比赛中常用的进攻技术。运动员根据不同的场景合理地使用各种运球技术，以应对对手的防守，完成进攻目的。根据行动的运用场景和特点，运球在比赛中的运用可以分为运控球、快速运球跑、运球突破三种方式。

1. 运控球

运控球是在足球比赛中，经常出现运动员面对防守人近距离的防守压迫，在没有较好的传球线路和配合的机会时，需要控球运动员通过运用各种运球技术（变向、变速、假动作、护球等）来保持控球权，应对防守压迫，尽力创造传球、配合、摆脱、突破对手的机会。运控球技术是足球运动员必须熟练掌握的基本组合技术，是各种运球技术的综合运用，是运动员保护控球权、创造进攻机会、控制比赛节奏的重要手段。

在运控球时要注意始终有保护球的概念，尽可能用远离防守人的远端脚控球，保持观察，选择合理的运球路线，通过及时的变速、变向、结合假动作摆脱对手的防守，寻找好的传球、配合的机会（图 3-2-41）。

图 3-2-41　运控球

2. 快速运球跑

快速运球跑是在足球比赛中，当进攻方向有较开阔的空间可以快速运球推进时，运动员及时快速运球跑，迅速推进，形成突破或打乱对手防守线，创造有利的进攻机会。

快速运球跑是比赛中非常有效的个人进攻方式，使用此技术时，既要保持很快的运球速度，也要保证人对球的控制和应对防守压力，及时变化（变速、变向），对运动员的跑动速度、运球技术、力量控制、动作节奏、观察应变等能力都有很高的要求。

3. 运球突破

运球突破是在足球比赛中，运动员通过多个运球动作的组合，主动地通过变速、变向、假动作等方法，越过防守运动员或突破防守线，形成射门、传中、传球配合等有利的进攻局面。运球突破可以在瞬时打破攻守平衡，是打破密集防守、打破紧逼压迫，创造进攻机会的犀利武器，也是吸引对手防守注意力，为队友创造机会有效手段（图 3-2-42）。

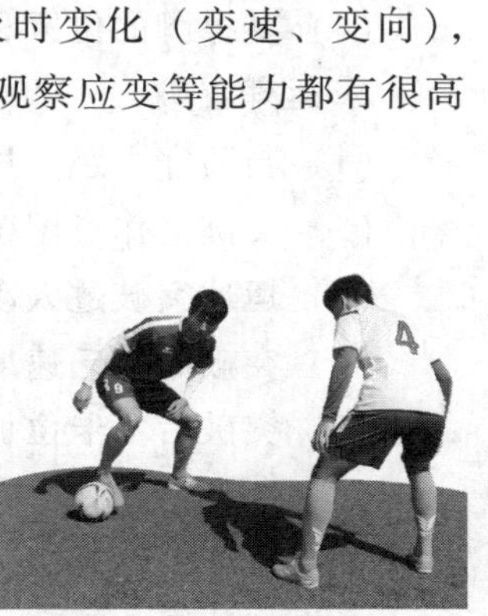

图 3-2-42　运球突破

（1）运球突破的过程。

① 运球接近防守运动员：在运球接近防守运动员时要降低重心，以小步快频的方式控制好球，根据场地的情况，有目的地通过运球调动对手，诱使防守运动员离开有利的防守位置，创造突破空间，造成防守人重心偏移，打乱防守人步伐，创造有利的突破机会。

② 实施突破：采用真假、虚实相结合的运球动作，利用对手的失误或主动创

造机会过人。过人时要保持好与防守人之间的距离，一般在 1.5~2 米，不要进入防守人的防守控制范围。有目的地用各种技术动作，运球变向、变速、变节奏、假动作欺骗等，试图击败对手，创造突破空间，占据有利的突破路线。实施过人行动时，要做到假动作逼真，真动作突然，果断加速越过对手的防守。

③ 越过防守后的衔接动作：超过防守运动员后要尽可能向对手球门、罚球区域或纵深方向推进，创造好的射门、传中、传球机会。因此，越过防守运动员后要尽快卡位加速，利用身体抢占有利身位和推进路线，应对防守队员的追抢。

（2）运球突破的方法。运球突破的方法很多，高水平的运动员会利用自身的特点和优势，使用不同的方法运球突破。一方面及时利用防守人的防守错误（时机、位置、角度）突破，另一方面主动地通过运球调动防守人移动，结合各种假动作诱骗对手犯错，利用速度差、时间差、方向差创造突破机会。

足球比赛经常使用的运球突破方式有：① 利用速度强行加速过人；② 利用身体的掩护强行过人；③ 利用变速、变向运球过人；④ 利用假动作过人；⑤ 利用穿裆过人；⑥ 利用人球分路过人。

（四）运球技术易犯错误

1. 运球

（1）低头看球，不注意观察四周的情况。

（2）身体僵硬、重心高、动作不协调。

（3）触球脚的脚形、部位和接触球的部位控制不好。

（4）支撑脚的位置和配合不好，无法连续地处理球。

2. 运球突破

（1）与防守人距离过近，进入防守人的防守控制范围，被对手抢断。

（2）突破动作意图明显，被防守人识破。

（3）运球突破过人动作缺乏变化，犹豫不决，行动不果断。

（4）突破时缺乏速度变化，加速不果断。

（5）突破后不卡位加速，变有利为不利。

五、抢球和断截球

抢球和断截球是指运动员在规则允许的范围内，使用身体的合理部位将对手控制的球通过主动抢球和断球行动，抢夺或破坏掉对手的控球。

（一）抢球和断截球技术动作结构分析

1. 选位和准备

观察对手情况，及时移动，快速进入防守位置。防守位置要保持在控球队员、防守队员、本方球门中点三者形成的连线上，通常情况下是占据内线，让出外线。这一环节虽短暂，但它是成功实施抢球和断截球的先决条件。在选位和准备的过程中，运动员可以通过有目的的站位，主动封闭持球人一侧的空间，迫使持球人向不利的方向移动。

2. 实施行动

实施抢球或断球行动的时机非常重要，时机不当会造成抢球和断截球行动的失败。抢球的时机是持球人在运球过程中，控球脚加速推拨球，球与人分离的瞬间，此时持球人和球处于短暂的“人球脱离”状态，持球人无法及时改变球的运行线路，防守人可以果断实施抢球行动。

断截球的时机是进攻方相互传球时，在持球人将球传出后，还未被同伴接到球之前，防守人抢先出击，截断传球或将球踢给同伴。断截球的关键在于防守运动员对对方持球人的传球时间、传球目标、路线、力量、落点的预先判断是否准确，防守运动员的出击位置、自信心和身体能力也是成功与否的重要因素。

3. 在实施抢球和断截球后的衔接动作

在实施抢球和断截球后，迅速调整身体重心平衡，使身体处于可以连续实施防守的状态。如果防守成功，则迅速由守转攻，发动进攻；如果防守没有成功则继续进行后续的防守行动。

（二）抢球和断截球技术动作方法

1. 快速压迫

快速压迫是个人防守行动的前奏，是非常重要的无球防守技术。当防守对象即将得球，或者运球接近时，防守人快速向持球人移动。当接球人即将得到球时，或持球人运球接近至3~5米时，防守人要控制速度，占据有利的防守位置，根据对手的情况，尽可能进入压迫位置，一般是距持球人两臂距离。此时防守运动员两脚前后站立，屈膝降低身体重心，脚前掌着地，保持身体平衡，注意力集中，关注对手行动，处于进可攻，退可守的侍机状态。如果对手将球控制得很好，没有明显失误，防守人要保持压迫姿势，耐心观察对手行动。防守人可以通过有目的的站位，切断持球人一侧的传球和运球路线（一般是内线），向边路或小空间区域驱赶持球人，为下一步的防守行动作好准备（图3-2-43）。

图 3-2-43　快速压迫

2. 正面跨步抢球

防守人面对持球人，两脚前后开立，两膝微屈，脚前掌着地，身体重心下降并置于两脚间。注意观察持球人情况，当持球人与抢球者的距离缩小至可以直接抢球的距离时，当持球人的脚推拨球后，即将落地或刚落地支撑时（人球分离时），抢球人后脚用力蹬地，前脚跨步向前，用前脚内侧堵截球。抢球脚触球时，踝关节紧张，保持用力，另一只脚迅速上步，快速衔接后续行动。正面跨步抢球时还可以判断好时机，跨步向前，用脚尖快速捅球，将持球人控制的球捅给队友或者破坏掉（图3-2-44）。

3. 侧面跨步抢球

防守人与持球人平行跑动或从后面追抢成平行位时，当持球人脚触球后，即将落地或刚落地支撑时（人球分离时），防守人外侧脚用力蹬地，同时内侧脚跨步前伸，用脚背外侧或用脚尖踢球，将球踢给队友，或者破坏掉。随后另一只脚迅速跟上，快速衔接后续行动。侧面跨步抢球时要敢于主动利用身体挤撞对手，抢占有利的身位（图 3-2-45）。

图 3-2-44　正面跨步抢球

图 3-2-45　侧面跨步抢球

4. 合理冲撞抢球

当防守人和持球人平行追球时，防守人降低重心，靠近持球人一侧的手臂屈肘紧贴躯干，主动用外侧脚用力蹬地，用肘关节以上肩关节以下的部位适度冲撞持球人的同样部位，使持球人失去有利的控球位置和身体平衡，用内侧脚乘机夺球并控制住（图 3-2-46）。

图 3-2-46　合理冲撞抢球

5. 铲球

铲球是以倒地失去身体平衡为代价，延伸身体长度，扩大防守面积，是在关键时刻抢球、破坏、封堵、救险的有效防守技术手段。铲球通常是在比赛防守行动中最后的选择，必须十分谨慎地使用，因为一旦铲球失败，将会使本队在短暂时间内减少一名防守队员，造成以少防多的被动局面。

铲球技术一般可以分为同侧脚铲球和异侧球铲球。主要的铲球部位有脚底、脚尖、脚背外侧、脚内侧等。在实战中铲球行动还包括铲断、铲控、铲传、铲堵、铲射等。

铲球时运动员要注意：要具有勇气和胆量；准确判断距离和铲球时机；使用正确的倒地技术和自我保护意识；铲球失误要迅速起身继续防守；不要轻易犯规。

（1）异侧脚铲球（外侧脚）。防守人用异侧脚铲球时，根据对方持球人的行动、球速和距离等因素，判断好铲球时机和行动位置。当持球人脚触球后，即将落地或刚落地支撑时（人球分离时），防守人同侧脚（内侧脚）用力蹬地，身体向前跃出，身体后仰，贴近地面，异侧脚（外侧脚）沿地面向前滑出，用脚底部位铲球。脚触球后，顺势以小腿外侧、大腿外侧、臀部、上身依次着地，身体向铲球脚一侧快速翻转并起身，尽快恢复身体重心，处于衔接下一步行动的有利状态和位置

（图 3-2-47）。

（2）同侧脚铲球（内侧脚）。防守人用同侧脚铲球时，根据对方持球人的行动、球速和距离等因素，判断好铲球时机和行动位置。当持球人脚触球后，即将落地或刚落地支撑时（人球分离时），防守人异侧脚（外侧脚）用力蹬地，身体向前跃出，身体后仰，贴近地面，同侧脚（内侧脚）沿地面向前滑出的同时向外摆踢，用脚背外侧将球踢出，或用脚尖向外捅球。脚触球后，顺势以小腿外侧、大腿外侧、臀部、上身依次着地，身体向持球人一侧快速翻滚并起身，尽快恢复身体重心，让自己处于衔接下一步行动的有利状态和位置（图 3-2-48）。

图 3-2-47　异侧脚铲球

图 3-2-48　同侧脚铲球

（三）抢球和断截球技术易犯错误

（1）快速压迫的时机把握不好，当对手有可能得球前没有快速压迫，当对手即将得球时没有减速站位。

（2）压迫站位时，重心太高，不利于移动；压迫站位没有主动封闭一侧线路。

（3）抢球时伸脚抢球时机不正确，贸然出脚。

（4）抢球动作不合理，造成犯规。

（5）抢球时重心靠后，不能及时跟进连续防守。

（6）合理冲撞时，肘关节张开形成推人犯规；冲撞对方的部位不正确；躯干过于放松，冲撞时机不正确，不是外侧脚发力。

（7）铲球时出脚铲球时机不当，贸然出脚或者犹豫不决。

（8）铲球时动作不当，造成犯规。

（9）铲球动作不协调，影响下一个动作的衔接。

（10）着地动作不正确造成铲球者受伤。

六、头顶球

头顶球是指运动员有目的地用前额部位将球击向预定目标的技术动作。在足球比赛中，头顶球技术在空中球争顶、传球、射门、拦截和抢断等方面发挥着重要的作用。头顶球的能力好坏，对比赛双方争夺罚球区附近关键区域的制空权尤为重要，它既是创造进攻机会，完成射门得分的致命武器，也是防守对方进攻的重要手段，往往会成为影响比赛结果的关键因素。

主要的头顶球技术有原地头顶球、跳起头顶球和鱼跃头顶球三种。

（一）头顶球技术动作结构分析

头顶球的动作结构是由移动选位、身体摆动、头触球、触球后的身体平衡4个环节构成。

1. 移动选位

在头顶球技术中，对球的判断非常重要。头顶球时首先是运动员观察、判断空中来球的飞行速度、轨迹。根据头顶球的目的、自身的能力和对手的情况选择击球点的位置，及时移动到位，保持好身体的姿势，为后续的起跳、发力顶球等动作做好准备。

2. 身体摆动

身体摆动是头顶球力量的主要来源，分为后摆（背弓）和前摆两个部分，根据来球情况和顶球的方向，身体摆动还分为正面摆动和侧面摆动。

当运动员移动到位时，躯干向后伸（后仰），形成“背弓”的准备姿势。在前摆击球时要注意两眼要注视来球，下颌收紧，两臂自然张开保持身体平衡。前摆时要掌握好发力时机，以使头触球的位置在身体重心垂直线的略后方（即身体处于垂直站立状态前的瞬间），支撑脚蹬地发力要充分，屈体收腹动作要快速有力。

3. 头触球

头触球是运动员以头的前额部位（正面或侧面）击球的动作。这个过程将力量作用于球上，决定着击球的质量和效果。在这个过程中要注意触球时机、触球部位、触球发力等因素。

（1）触球时机。头顶球的最佳触球时机是在头部摆至身体垂直位前的瞬间，此时头部的摆动速度最快，力量最大，身体重心平衡，利于对球的控制。在垂直位以后或以前较远的位置顶球，都无法将摆动力量顺利地作用于球上，无法控制好顶球的效果和质量（图3-2-49）。

（2）触球部位。触球部位是指顶球时前额正面或侧面与球的接触部位，直接影响顶球的准确性和力量。头部的前额是指眉毛以上，发际线以下，两个太阳穴以内的部位。前额侧面是指以人体正中线为基准线，将前额分为左右两个侧面。在触球时要根据来球情况和出球目标方向，决定使用前额与球接触的部位、角度、速度等，以保证顶球的出球方向和用力角度（图3-2-50）。

图3-2-49　最佳触球时机

正额头顶球　　侧额头顶球

图3-2-50　头触球部位

（3）触球发力。头部顶球时要保持颈部的适度紧张，控制好头部的位置，身体发力时，要快速、协调、顺畅地将下肢、腰腹的摆动力由下而上地传达到球上。常见的有向前顶送、向两侧摆动、向后蹭等发力动作。

4. 触球后的身体平衡

完成头顶球后，运动员通过调整步法、躯干及上肢动作来保持身体重心的稳定和平衡，以便衔接后续行动。

（二）头顶球技术动作方法

1. 原地头顶球

（1）原地前额正面头顶球。运动员身体正对来球方向，注意观察，判断来球的运行速度、轨迹，及时移动到位。两脚左右或前后开立，约与肩同宽，膝关节微屈，重心置于两脚之间的支撑面上或后脚上。上体后仰挺胸展腹，两臂自然张开，下颌收紧。当球将要运行到运动员身体垂直于地面的位置时，两脚用力蹬地，身体重心快速由后向前移动，迅速收腹屈体，爆发式地向前摆动身体，用前额击球的后中部，击球后身体随球前摆，保持平衡（图 3-2-51）。

图 3-2-51　原地头顶球

（2）原地前额侧面头顶球。运动员身体侧对出球方向，注意观察来球，及时移动到位。两脚前后开立，与出球方向同侧的脚在前，膝关节微屈，重心落在后脚上，身体向侧后方后仰并转体，两臂自然张开，下颌收紧。当球运行至身体前上方时，后脚向击球方向用力蹬伸，上体快速向出球方向摆转，同时颈部侧甩发力，用前额侧面击球的侧后中部，击球后身体随球前摆，保持平衡（图 3-2-52）。

图 3-2-52　原地前额侧面头顶球

2. 跳起头顶球

（1）跳起前额正面头顶球。运动员起跳前，注意观察判断空中球的轨迹、速度和顶球位置。起跳前两膝屈曲，重心下降，然后在球飞行至身前相应距离时蹬地起跳（单脚起跳或双脚起跳），同时两臂自然摆臂，在身体上升阶段，挺胸展腹，收下颌，两臂自然张开保持身体平衡，两眼注视来球，身体成背弓至起跳最高点。当球将要运行到运动员身体垂直于地面的位置时，迅速收腹，爆发式地向前摆动身体，用前额击球的后中部，顶球后身体随球前摆，两腿落地，屈膝缓冲，保持平衡（图 3-2-53）。

图 3-2-53　跳起头顶球

（2）原地跳起前额侧面头顶球。移动选位与前额正面头顶球相同。当球飞行至身前相应距离时，蹬地起跳（单脚起跳或双脚起跳），单脚起跳时用出球方向同侧脚起跳。在起跳的上升阶段，上体向出球方向相反方向侧摆及转体，在身体达到最高点时，上体全力快速向出球方向转摆，颈部扭摆甩头，顶击球的瞬间，颈部肌肉保持紧张，用前额侧面触击来球的外侧中部，顶球后身体随球前摆，两腿落地，屈膝缓冲，保持平衡。

3. 鱼跃头顶球

当运动员面对离身体较远的空中来球，来不及正常移动到位，必须牺牲自身身体平衡，缩小与来球的距离，往往会使用鱼跃前冲顶球的方式来抢点顶球，如防守抢险、抢点射门等情况。

（1）前额正面鱼跃头顶球。根据来球判断球的飞行路线，助跑移动选择顶球位置，以单脚或双脚蹬地，使身体以水平状态向前跃出，同时两臂微屈前伸，手掌向下，头部抬起，眼睛注视来球，利用身体向前跃出的冲力，用前额正面顶球。顶球后，两手先着地，接着以胸，腹、大腿依次缓冲着地（图 3-2-54）。

图 3-2-54　前额正面鱼跃头顶球

（2）前额侧面鱼跃头顶球。身体侧对出球方向，助跑准备阶段和前额正面鱼跃头顶球相同，在飞跃的过程中身体主动向出球方向相反方向侧摆并转体，当球飞至身前时，上体全力快速向出球方向转摆，颈部扭摆甩头。顶击球的瞬间，颈部肌肉保持紧张，用前额侧面触击来球的外侧中部（出球方向的相对方向），顶球后，两手先着地，接着以胸、腹、大腿依次缓冲着地。

4. 向后蹭顶球

向后蹭顶球分为原地向后蹭顶球和跳起向后蹭顶球。触球前的准备动作与前额正面、侧面的顶球动作基本相同，主要区别是触球时头向后扬，用前额正面或侧面顶球的下部，顺着来球的力量，将球向身体后方蹭出。

（三）头顶球技术易犯错误

（1）心里害怕，头顶球时闭眼、低头、缩脖，造成顶球部位不对。

（2）对球的运行速度、轨迹判断不准确，不能正确地选择顶球和起跳的位置。

（3）顶球的时机不好，过早或过晚地顶球，影响顶球效果。

（4）顶球发力不协调，屈体收腹发力动作效果差。

（5）跳起顶球时，身体在空中时身体平衡和协调控制不好，影响头顶球的准确性和发力效果。

七、掷界外球

掷界外球是指在足球比赛中，球出边线后，发球队员按规则用双手掷球的方式将球直接掷入场地以恢复比赛的方法。掷界外球时，掷球队员必须面对出球方向。双手持球从头后经头顶用一个连续动作将球掷入场内，双脚或单脚可以踩在边线外或边线上，但不得完全越过边线进入场内。任何一只脚在掷球过程中都不得全部离开地面。

掷界外球分为原地掷界外球和助跑掷界外球。规则规定在掷界外球时没有越位犯规，可对前场进攻形成有利的局面。如今的高水平足球比赛中经常出现在前场边路利用远距离大力掷界外球，将球掷入对手罚球区，造成有效的进攻机会。

（一）掷界外球技术动作结构分析

1. 持球后摆

两手持球，屈肘将球置于头后，面对场内出球方向，双脚前后或左右开立，膝关节弯曲，上体向后呈反弓状，重心移到后脚上（左右开立时，重心在两脚之间）。

2. 前摆掷球

持球前摆掷球时，后脚（前后站立）或双脚（左右站立）用力蹬地，两腿迅速蹬伸，躯干快速摆动，同时两臂协同用力急速前摆，当球摆到头顶上方时，用力将球掷入场内，掷球时任何一只脚都不得全部离地或踏入场内。

（二）掷界外球技术动作方法

1. 原地掷界外球

面对出球方向，两脚前后或左右开立，每只脚均应有一部分站立在边线上或边线外。膝关节弯曲，上体后仰成背弓，重心移到后脚上（左右开立时，重心在两脚间），两手自然张开，持球的侧后部，屈肘将球置于头后。掷球时，支撑脚用力蹬地，重心由后脚移到前脚，收腹屈体，两臂同时加速前摆，由头后至头前，以一个连贯的动作将球掷出，掷球时任何一只脚都不得全部离地或踏入场内（图 3-2-55）。

2. 助跑掷界外球

双手持球，在助跑迈出最后一步时，上体后仰成背弓，同时将球上举至头后，掷球时的动作与原地掷界外球动作相同。掷球时任何一只脚都不得全部离地或踏入场内。

图 3-2-55　原地掷界外球

（三）掷界外球技术易犯错误

（1）掷界外球时，双脚或单脚离地，造成犯规。

（2）掷球时用力方式不对，在大力掷球时，以单手用力向前掷球造成犯规。

（3）掷球出手动作不连贯，前摆掷球过程中持球动作有停顿，不是用一个连贯掷球的动作将球掷出。

（4）在掷近距离界外球时，球没有从头后经头上掷出。

（5）在改变掷球方向时，转体掷球，身体没有正对出球方向。

第三节　足球技术练习方法

联邦德国队世界杯冠军教练绍恩曾说过："足球运动最重要的，起决定性的部分是技术。"足球基本技术训练是足球训练中的重要内容，尤其对青少年运动员来说更是重中之重。当今的足球技术训练包括技术学习阶段、技能提高阶段、位置职能阶段、实战运用阶段。在训练过程中要考虑到练习方式、区域、要求、技术动作、练习次数、练习人员、练习器材等诸多因素。所有的技术训练内容、方法、要求都是以比赛为中心，从比赛的需求出发，以比赛的要求设计和实施，让运动员学习和提高比赛所需要的实用技术。

一、足球技术练习概述

（一）足球技术练习的步骤

1. 技术学习阶段

技术学习阶段是指在某项技术学习的开始阶段，主要是通过不同的练习方法以提高练习者技术动作方法的规范性和熟练性。这一阶段较少有战术意识活动的因素，练习者主要是追求技术动作本身的完成质量。

2. 技能提高阶段

技能提高阶段是指在技术学习阶段基础上，由单纯的技术学习过程向技术使用过程过渡。重点是提高运动员根据比赛场景，自主观察、判断、决策、选择并合理高效使用技术的能力。这一阶段的训练是让运动员在与比赛相似的场景中，在有对手的压力和队友的配合的条件下合理运用技术。

3. 位置职能阶段

位置职能阶段是指在前两个练习阶段的基础上，重点提高应对不同的比赛场景和对手压力情况下，不同位置运动员的技术运用能力。例如，前锋在门前的射门所使用的各种射门技术，中场运动员在组织进攻时使用的各种传球技术，运动员在不同的区域进行个人突破和运控球技术等。

4. 实战运用阶段

实战运用阶段是指在实战比赛条件下，提高使用技术、技能的各方面能力，也是技术学习过程中的最高阶段，任何技术都要在实战中运用，发挥其功能，运动员只有在实战中合理有效地使用各种技术，发挥技术功能，才能够说明运动员的技术水平真正提高了。

（二）足球技术练习构成要素

1. 练习方式

足球技术教学训练应根据教学训练目的和其他相关要求来合理地选择练习方式。比如，一般在新学技术的初学阶段，宜多采用相对静态、慢速度的练习方式，在复习提高阶段，宜多采用活动状态、快速的练习方式。

2. 练习场地和区域

练习场地和区域是技术训练中非常重要的影响因素，通过对练习场地、得分区域等方面的安排，可以模拟比赛中不同场区的场景和压力。改变练习场地和区域大小还可以提高或降低练习难度和运动员的运动负荷。选择合适的练习场地和区域还可以保证训练过程安全，避免相互干扰。

3. 练习要求

练习要求是技术训练中达到训练目的、提高运动员技术水平的关键要素，如提高完成技术的动作速度、技术规格、技术难度等。但是技术要求要符合运动员的现实水平，要求过低不能帮助队员提高，要求过高则运动员无法完成，并会破坏运动员的自信心。

4. 动作组合

在足球技术训练过程中，经常将不同的技术动作方法以不同的方式串联起来练习，特别是在运球过人、接球摆脱、接传球、接球突破射门等技术训练过程中。

5. 练习次数

技术水平的提高必须经过大量的重复练习，在高质量的数量积累基础上，由量变到质变，使运动员形成正确的动作记忆，提高完成技术动作的熟练性和规范性。

6. 练习人数

技术训练中每个练习的人数变化与人员组合也是保证教学训练质量的重要方

面。一般在技术练习中以 4~6 人为一个练习小组为宜，确定人员分组还要考虑到训练内容的特点，考虑到练习强度和间歇的因素。合适的练习人数可以保证运动员练习的重复次数、练习密度和训练质量。

7. 练习对手

在足球技术训练中设置练习对手，通过调整对手的人数、限制要求等内容来模拟比赛中的真实场景，为技术训练提供多种实战对抗的基本场景和压力。

8. 练习器材

为了达到训练目的，提高训练效果，可以使用各种训练器材设置练习场地、划定练习区域、设置得分目标、增加练习难度。如使用标志盘划分出不同的练习场地、限制线和得分区域或使用人形障碍物提高运球练习的难度等。

二、足球技术训练方法案例

（一）建立和提高球感练习

球感是运动员的身体有效部位对球的触感，也是人体与球保持良好的距离、平衡、稳定、协调关系的一种感觉和能力。这种感觉和能力越灵敏、越精细，就越有利于运动员控制和驾驭足球。

建立球感是学习踢足球的第一步，球感练习的方法多样、形式丰富，自由发挥的空间很大。进行球感练习的主要方法有各种颠球、运控球、球感游戏等。

1. 一人一球原地颠球练习

原地颠球

（1）手抛球颠球练习。初学时，练习者手持球自抛自颠，从每次抛球颠一次到慢慢增加颠球的次数，目的是学习各部位颠球的正确基本技术动作。

（2）颠球—落地—颠球练习。当练习者具备初步颠球基础后，就尽量不用手来控制球，用各有效部位颠球一次或几次后，让球落地，然后再继续颠球。练习时要求练习者主动移动，积极调整人与球的距离，培养良好的调整人球关系的能力。

（3）连续颠高球。练习者连续用力将球颠高，正脚背、脚内侧、脚外侧、大腿、头等部位均适合颠高球。在颠球过程中要求练习者体会主动发力的感觉，寻找合适的触球位置。

（4）高低变换颠球。练习者在颠球的过程中，颠一次高球接着颠一次低球。要求练习者体会用力大小的不同，用积极、快频率的脚步根据球的情况不断调整身体位置，提高练习者对触球力量的控制能力和判断、调整、移动的能力。

2. 在移动中颠球

在具备一定的球感和颠球能力后，按照教练员设置的路线和要求，在走动中或跑动中颠球，进一步提高练习者控制球的能力。

移动中颠球

（1）不同路线的移动颠球练习。练习者根据要求边颠球边按直线、折返、圆圈、“8”字形、三角形、方形等图形路线移动。在练习中教练可以要求练习者以走、跑动等不同的形式进行练习，提高练习的难度。

（2）颠球绕障碍物、越过障碍物。绕杆颠球、绕障碍物颠球、颠球挑过障碍物，这些练习能够提高运动员在不同情况下控制球的能力，练习者可根据自己的需要，通过不同的触球方法来驾驭足球，体会不同的触球感觉。

3. 多部位颠球

（1）多部位连续颠球练习。练习者将几个部位组合起来进行颠球练习，可进一步提高对球的控制能力。练习时一般将邻近的部位组合起来，如正脚背—脚内侧—大腿—脚外侧，头—胸部—大腿—正脚背，头—肩部等。练习时着重培养练习者技术动作的熟练性、准确性和身体的协调性。

多部位颠球

（2）12 部位颠球练习。12 个部位颠球对练习者的球感和协调性要求很高。颠球的部位包括左、右脚背正面，左、右脚内侧，左、右脚外侧，左、右大腿，左、右肩部，胸部，头部。

4. 多人颠传球练习

在练习者具备一定的颠球技术能力后，可由单人练习变为多人练习。这时的颠球练习中包含了一定的传接空中球技术的成分，从单纯的“玩耍”球向实用的应用技术过渡。练习时 3～4 名练习者围成一圈，相互进行不同部位的颠传球练习；还可以在中间安排一名防守人，进行空中球传抢游戏。

多人颠球

5. 网式足球、藤球、足排球游戏

以网球、藤球、排球的比赛方式来进行颠球比赛。游戏可以安排单打或多人进行，以游戏的方式进行技术练习的效果和娱乐性都较好。

网式足球

6. 运控球球感练习

运控球练习是建立和提高球感的重要手段，主要方法有各种“拨、推、拉、踩、拖、揉、挑”动作以及这些动作的各种组合。这些运控球动作是下一步练习实战运控球技术的基础。运控球练习的动作越熟练，技术完成的协调性和连贯性越好，对球的控制能力越强，越有利于实战技术的学习与提高。

运控球练习

（二）运球技术训练

超强的个人运控球和突破能力能够让最先进的防守战术形同虚设，在瞬间打破局部的攻守平衡，造成对手防守体系的一连串漏洞。高水平运动员超强的运球能力是球队克敌制胜的法宝，是打破对手密集防守的有效手段。

1. 直线运球练习

（1）练习目的。学习脚背正面、脚背外侧直线运球技术。

（2）练习组织。如图 3-3-1 所示，4～6 人一组，每人一球，在 20 米×10 米的区域内进行练习。

（3）练习方法。根据教练的要求做脚背正面、脚背外侧、脚内侧等直线运球技术练习。

（4）指导要点。① 注意力集中，用脚背轻柔地触球；② 注意触球脚的脚形、触球部位和技术动作的规范性；③ 注意观察。

直线运球

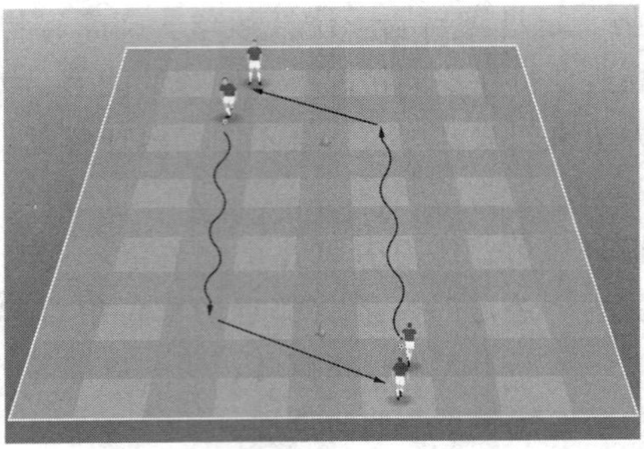

图 3-3-1 直线运球

2. 曲线运球练习

(1) 练习目的。学习脚背正面、脚背外侧、脚内侧等基本的曲线运球技术。

(2) 练习组织。如图 3-3-2 所示，3~5 人一组，每人一球。在 20 米×20 米区域内设置标志物。

曲线运球练习

图 3-3-2 曲线运球

(3) 练习方法。根据教练的要求做脚背正面、脚背外侧、脚内侧等曲线运球技术练习。

(4) 指导要点。① 注意力集中，控制好球；② 注意触球的部位、位置及技术动作的规范性；③ 注意控球脚和支撑脚的配合；④ 注意身体的协调性及抬头观察。

3. 运球过小门练习

(1) 练习目的。提高脚背正面、脚背外侧以及脚内侧运球等基本的运球技术。

(2) 练习组织。如图 3-3-3 所示，8 名运动员同时练习，每人一球。在 20 米长宽的区域内，用红、黄、蓝三种颜色的标志桶设置小门。小门的数量要比练习人数多 1~2 个。

(3) 练习方法。练习者每人一球，根据教练指令通过不同颜色的球门，如红黄蓝、黄蓝红等。单位时间内过小门数量多的为胜者。运球过门的方式有“8”字运球、运球折返、运球绕圈等。

运球过小门

图 3-3-3　运球过小门

（4）指导要点。① 注意力集中，降低重心；② 支撑脚和控球脚配合，控制好球；③ 注意触球脚的脚形、触球部位和技术动作的规范性；④ 抬头观察，快速寻找相应颜色的小球门。

4. 运球转身练习

（1）练习目的。学习运球转身技术练习。

（2）练习组织。如图 3-3-4 所示，8~12 人同时练习。练习者分成 4 组，距中间的目标区域 5 米。

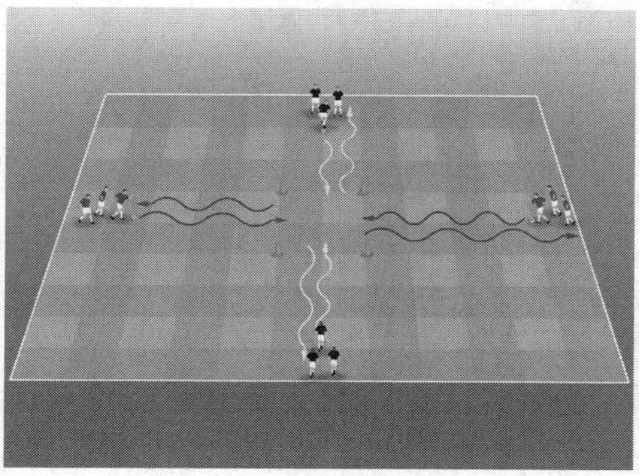

运球转身

图 3-3-4　运球转身

（3）练习方法。① 运动员运球转身；② 转身技术包括脚内侧扣球转身、脚外侧扣球转身、脚底踩球转身、跨球转身、胯下扣球转身（克鲁伊夫转身）。

（4）指导要点。① 降低重心，身体的协调动作；② 注意正确的支撑脚的位置；③ 正确的技术动作；④ 转身后快速衔接后续动作。

5. 有防守的运球转身练习

（1）练习目的。提高运球转身技术的熟练性。

（2）练习组织。如图 3-3-5 所示，三人一组练习，每人一球，标志盘间距 5 米。

有防守的运球转身

图 3-3-5 有防守的运球转身

（3）练习方法。进攻队（蓝队）每人一球，向对面标志物运球，并做转身。防守队（红队）在另一面，给进攻队（蓝队）施加压力。当技术掌握后，增加行动速度。

（4）指导要点。① 正确地完成技术动作，注意转身动作时触球脚的部位、脚形；② 注意降低重心、正确的支撑脚的位置以及身体的协调动作；③ 根据防守人的行动，注意正确的转身时机；④ 转身后，快速衔接后续动作。

6. 转身攻小门练习

（1）练习目的。提高运球转身的能力。

（2）练习组织。如图 3-3-6 所示，8～10 人同时练习。在 30 米×20 米的场地内，两端设置球门。

转身攻小门

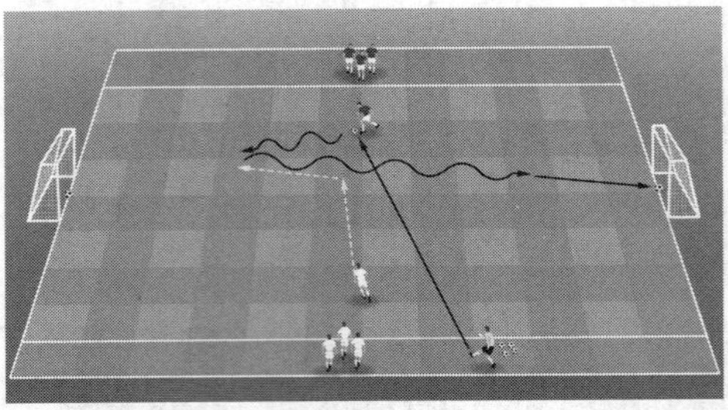

图 3-3-6 转身攻小门

（3）练习方法。进攻队运球，可以进攻两端任何一个小门，击中球门内的球为得分。另一队防守，如得球则快速反攻。教练记录两队的得分。

（4）指导要点。① 根据防守人的行动选择正确的运球转身动作、时机、方向以及控球脚；② 主动利用运球方向和假动作欺骗对手；③ 丢球后立刻反抢。

7. 一对一护球练习

（1）练习目的。学习护球技术。

（2）练习组织。如图 3-3-7 所示，8 人同时练习，练习使用 15 米×15 米的练习区域。

图 3-3-7　一对一护球

一对一护球技能练习

（3）练习方法。练习者两人一组，在场区内进行护球练习。防守方只贴身紧逼，不伸脚抢球。练习 1~2 分钟后，交换控球和防守。

（4）指导要点。① 进攻队员用身体将防守队员和球隔开，用远端脚控球；② 进攻队员侧身站位，利用手臂扩大护球距离；③ 练习者支撑腿弯曲，降低身体重心；④ 注意抬头观察。

8. 一对一传接护球练习

（1）练习目的。在实战情景下提高护球技能。

（2）练习组织。如图 3-3-8 所示，8 人同时练习，场地大小为 20 米×20 米。

图 3-3-8　一对一传接护球

一对一传接护球练习

（3）练习方法。练习者在场区内进行一对一攻守对抗。场内队员接球后不能回传。控球队员接场地一端的队员传球，将球传给另一端的队员得 1 分。练习 1~2 分钟后，场内和场外队员互换，交替进行练习。

（4）练习的扩展。如图 3-3-9 所示，在场内进行二对二对抗，进攻方运动员接场地一端的队友传球，将球传给另一端的队友为得 1 分。练习时进攻队员应设法在复杂的场景中合理使用护球技术，保护控球权，创造进攻机会。

（5）指导要点。① 观察队友和对手的位置；② 注意正确的护球技术要领；③ 在没有好的传球，运球、配合机会时，用身体护球，保护控球权；④ 通过护球、运球、假动作、变向等行动摆脱防守创造传球机会；⑤ 主动呼应，积极沟通。

图 3-3-9　二对二对抗

9. 快速运球跑射门练习

（1）练习目的。提高快速运球跑的技术能力。

（2）练习组织。如图 3-3-10 所示，10～12 人练习，两名守门员。使用 40 米×15 米的区域进行练习。设置两个球门，在距球门 10～15 米处设置射门限制线。

快速运球跑射门练习

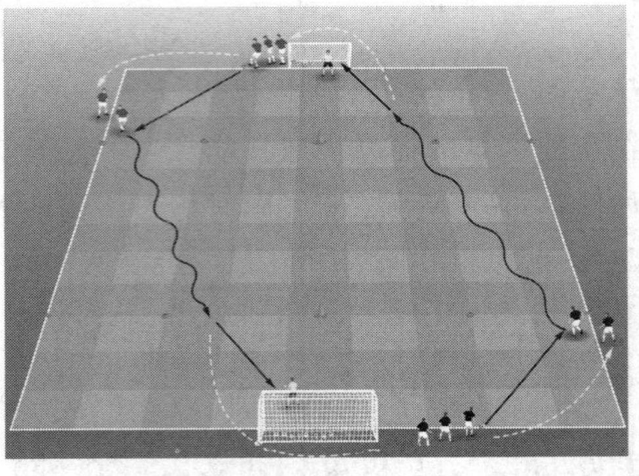

图 3-3-10　快速运球跑射门

（3）练习方法。练习队员接队友传球后，快速运球进入射门限制线后射门。设置练习时间，例如，要求练习队员从接球到射门在 4 秒内完成，教练在练习队员接球后大声呼叫时间，增加队员快速运球的压力。

（4）练习的扩展。如图 3-3-11 所示，要求射门队员完成射门后立刻变为防守队员回追，进攻队员接队友传球后快速运球射门，让进攻队员在防守队员回追的压力下完成快速运球射门练习。

（5）指导要点。① 接球就是快速运球跑的开始，要掌控好接球的方向和力量；② 注意正确的运球跑技术动作以及触球部位和触球脚形；③ 注意合适的推拨球力量，保证人球结合；④ 注意合适的运球跑节奏；⑤ 注意抬头观察；⑥ 在有防守回追的情况下根据回追运动员的情况选择运球路线；⑦ 尽可能用远离防守人的脚运球，选择好运球路线，将防守人卡在身后。

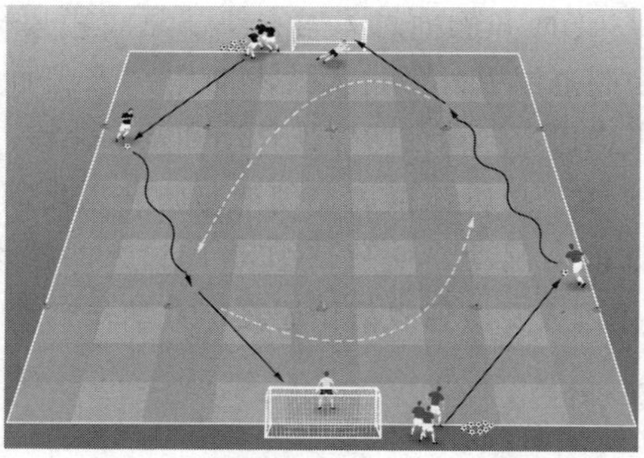

图 3-3-11　快速运球跑射门扩展练习

10. 一对一过人技术练习

在比赛过程中的运球过人，主要发生在中前场区域，主要有正面一对一过人，侧面一对一过人，背身一对一过人三种形式。

（1）练习目的。学习运球一对一过人技术。

（2）练习组织。4~6 人一组，每人一球，位于标志桶的两侧约 5 米位置。以标志桶为假想敌，做正面、侧面、背身一对一运球过人练习。

（3）练习方法。练习者做正面一对一（图 3-3-12）、侧面一对一（图 3-3-13）、背身一对一运球过人技术练习（图 3-3-14）。

图 3-3-12　正面一对一过人

图 3-3-13　侧面一对一过人

一对一运球过人技术练习

图 3-3-14　背身一对一过人

（4）指导要点。① 正面和侧面过人时，要注意在距离标志桶 1.5～2 米的距离，在防守人的防守控制范围以外做过人技术动作；② 侧面过人时要主动向标志桶一侧的空间运球，模拟通过运球使防守人移动和重心偏移，创造变向加速突破的机会；③ 背身过人时，首先要突然摆脱，创造与防守人之间的控球空间，并尽可能侧向进攻方向，接球前做假动作欺敌；④ 运球过人的技术动作要熟练，变向、变速要突然；⑤ 假动作过人要做到假动作逼真，真动作突然；⑥ 越过标志桶后要注意卡位加速。

11. 一对一运球突破技能练习

（1）练习目的。提高运球一对一突破技能。

（2）练习组织。如图 3-3-15 所示，练习者分为攻、守两队，每队 4～6 人。在 20 米×20 米的场地两端用标志桶各设置两个 2 米宽的目标门。

一对一运球过人技能练习

图 3-3-15　正面一对一突破

（3）练习方法。进攻队员做一对一正面突破（图 3-3-15）、一对一侧向突破（图 3-3-16）、一对一背身突破（图 3-3-17），突破防守队员后运球通过目标球门为成功。如果防守人抢球成功，则反攻对面的目标球门。

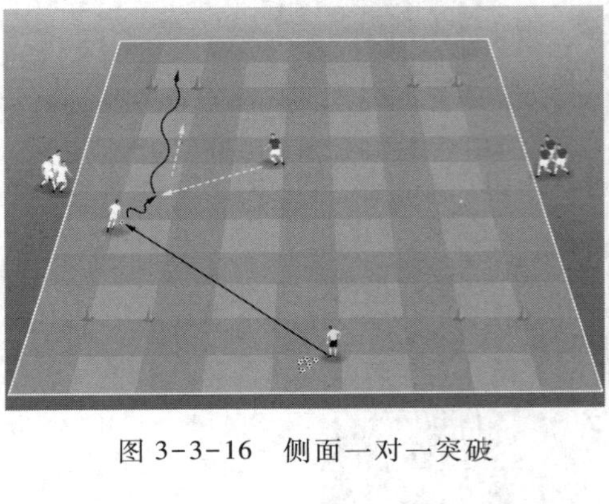

图 3-3-16　侧面一对一突破

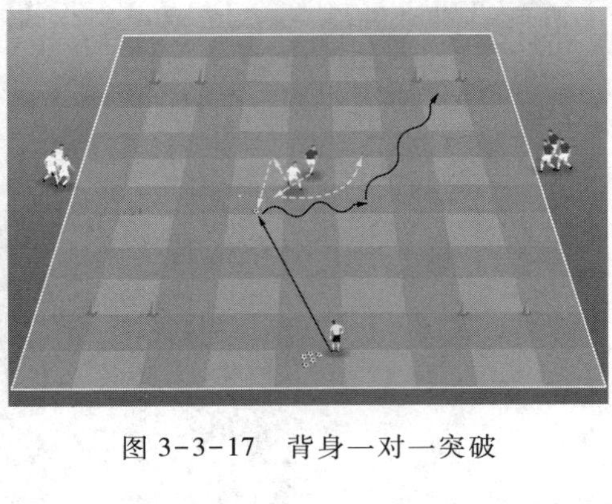

图 3-3-17　背身一对一突破

（4）指导要点。① 快速运球接近防守人，有目的地向对手身前或两侧的空间运球，诱骗对手移动，破坏重心平衡，打乱防守人的步伐节奏，使其失去防守位置，创造突破机会；② 利用变速、变向、假动作运球突破对手；③ 过人要做到假动作逼真，真动作突然；④ 越过对手后要注意卡位加速；⑤ 突破队员要根据对手行动及时应变，如突破失败，要及时反抢。

（三）传、接球技术训练

初学者的传、接球训练一般是从原地的，无对抗的简单练习开始的，目的是学习掌握基本技术动作。除此之外，所有的传、接球训练都必须从比赛的情景和要求出发，使练习者在活动中、快速、对抗及接近实战场景的情况下练习，提高各种传、接球应用技术水平。

1. 两人短距离传接球技术练习

（1）练习目的。学习原地短距离传、接球技术。

（2）练习组织。如图 3-3-18 所示，两名队员一组，一个球。在相距 10~12 米的区域内练习。

图 3-3-18　两人短距离传、接球

两人短距离传、接球技术练习

（3）练习方法。运动员两人一组在区域内进行脚内侧原地不停传球和移动中脚内侧传接球。

（4）指导要点。① 要注意正确的技术动作，特别是支撑脚站位、踢球脚脚形、脚触球的部位；② 无球时要保持脚下的积极移动；③ 传球人和接球人要注意相互沟通。

这样的练习，还可以进行脚底、脚外侧以及空中传球、接球技术的练习。

2. 接球回传及转身练习

（1）练习目的。学习在移动中短距离传接球转身技术。

（2）练习组织。如图 3-3-19 所示，三人一组，每组一个球。两端的练习者相距 15 米左右，在 10~12 米长宽的区域内进行练习。

（3）练习方法。中间的队员接两端队员的传球后回传；中间队员在中间做接球转身练习。

（4）指导要点。① 中间队员主动移动要球；② 注意正确的短距离传接球技术动作要领；③ 主动沟通，指示传球方向，向便于接球人行动的一侧传球。

接球回传、转身练习

图 3-3-19 接球回传及转身

3. 纵向短距离传接球练习

（1）练习目的。提高在移动中短距离传、接球的技术质量。

（2）练习组织。如图 3-3-20 所示，4~6 人一组，每组一个球，在相距 15~20 米的区域内练习。

纵向跑动短距离传、接球练习

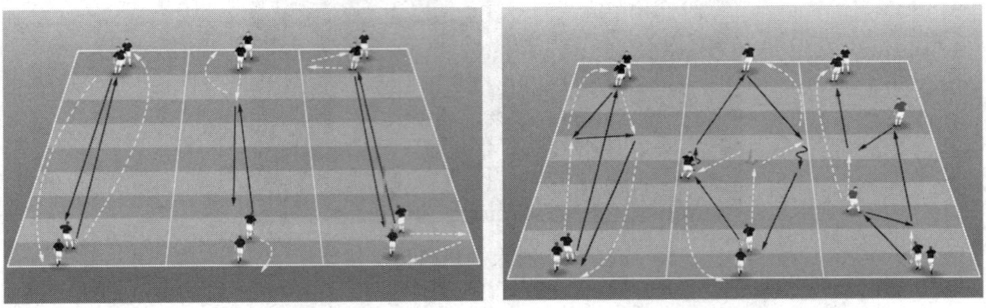

图 3-3-20 纵向短距离传、接球

（3）练习方法。队员在区域内做跑动传球练习。

（4）指导要点。① 注意正确的短距离传球技术动作要领；② 传球前主动移动，调整人与球的位置和身体角度；③ 注意传球的目标、力量、时机；④ 传球后衔接后续的移动，为下一个行动做准备；⑤ 传球人和接球人要主动呼叫，注意相互沟通。

4. 横向短距离传跑练习

（1）练习目的。提高队员在横向移动中的传接球质量。

（2）练习组织。如图 3-3-21 所示，两人一组，每组一个球，在 15 米×30 米的区域内练习。

（3）练习方法。两人一组在区域内传球跑练习。

（4）指导要点。① 注意正确的短距离传球技术动作要领，如支撑脚站位、踢球脚脚形、脚触球的部位；② 要积极主动地移动；③ 掌握好传球的目标、力量、时机；④ 传球后衔接后续的行动，为下一个行动做准备；⑤ 练习时传球人和接球人要主动呼叫，注意相互沟通。

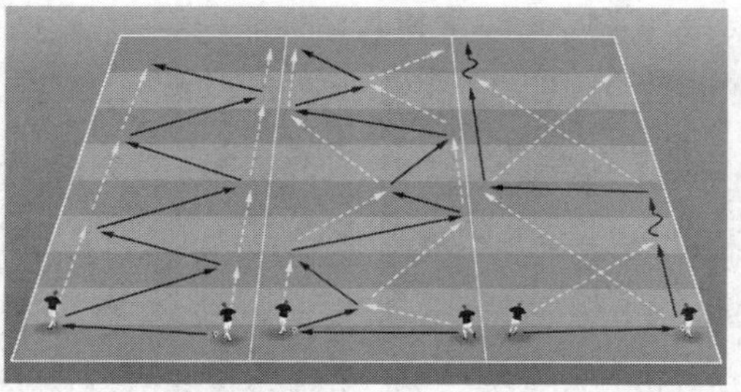

图 3-3-21 横向短距离传跑

横向短距离传跑练习

5. 区域内短距离传、接球练习

（1）练习目的。提高在移动中传、接球的技术质量。

（2）练习组织。如图 3-3-22 所示，两队练习者，每队 8～10 人，在 20 米×20 米的区域内练习。

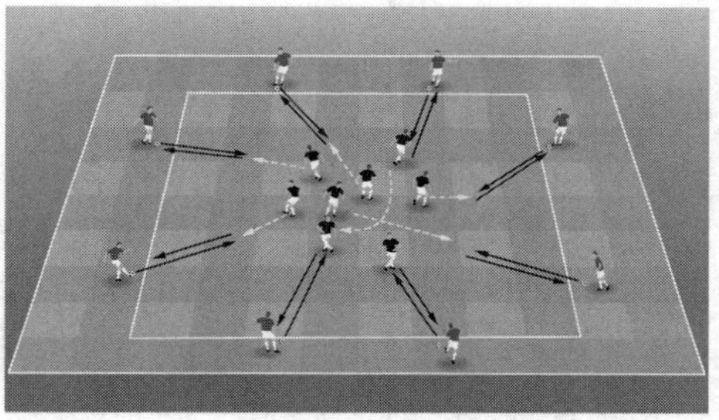

图 3-3-22 区域内短距离传、接球

区域内短距离传、接球练习

（3）练习方法。每队的一半队员在圈外，圈外的队员每人一球。圈内的队员在区域内与区域外的队员进行传、接球练习。练习内容可以包括各种短距离的传接地滚球，空中球和头球练习。

（4）指导要点。① 注意正确的短距离传球技术动作要领，如支撑脚站位、踢球脚脚形、脚触球的部位；② 要积极主动地移动；③ 掌握好传球的方向、目标、力量、时机；④ 传球人和接球人要主动呼叫，注意相互沟通。

6. 方格传球练习

（1）练习目的。提高短距离传、接球的质量。

（2）练习组织。如图 3-3-23 所示，8～12 人同时练习，分站于场地的 4 个角。练习区域长 30 米、宽 30 米，中间的标志桶间距 10～15 米。

（3）练习方法。运动员在标志桶外侧做传、接球练习：顺/逆时针方向传、接球；回传—斜传。

（4）指导要点。① 把标志桶作为假设的防守人；② 传球人要向接球人的便利脚准确传球；③ 接球人要主动拉开接应，注意接球前的观察；④ 接球时要打开身体位置和角度，便于下一步的行动；⑤ 掌握好传球的方向、目标、力量、时机；

⑥ 传球人和接球人要主动呼叫，注意相互沟通。

方格传球练习

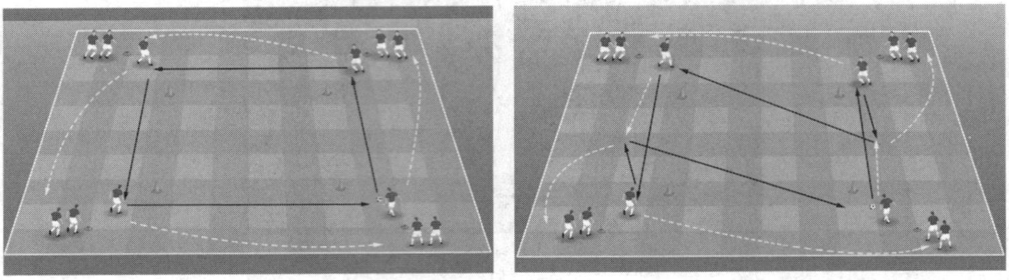

图 3-3-23 方格传球

7. 连续传、接球练习

（1）练习目的。提高连续传、接球的技术质量。

（2）练习组织。如图 3-3-24 所示，每组 6~8 人，练习位置呈“Y”字形设置，每个点相距 10 米。

连续传、接球练习

图 3-3-24 连续传、接球

（3）练习方法。队员做传、接球和不停传球、接、控球练习。

（4）指导要点。① 注意正确的短距离传球技术动作要领，如支撑脚站位、踢球脚脚形、脚触球的部位；② 要积极主动地移动；③ 掌握好传球的方向、目标、力量、时机；④ 传球人和接球人要主动呼叫，注意相互沟通。

8. 抢圈练习

（1）练习目的。提高在防守的压力下传、接、控球的能力。

（2）练习组织。如图 3-3-25 所示，根据队员情况设置练习区域大小。通常一抢三抢圈场地的长、宽为 6~8 米；二抢四抢圈场地的长、宽为 8~10 米；3 抢 5 抢圈场地的长、宽为 12~15 米。

（3）练习方法。队员在场地内进行一抢三抢圈、二抢四抢圈、三抢五抢圈练习。

（4）指导要点。① 注意抬头观察，积极移动选位，注意呈三角形、菱形站位的有效接应位置；② 注意接球时第一次触球的质量；③ 根据防守人的行动，选择合适的传、接、控球行动；④ 掌握好传球的方向、目标、力量、时机；⑤ 接球队员及时到位，接球时尽可能成开放的身体角度，便于下一步行动；⑥ 传球人和接球人要主动呼叫，注意相互沟通。

图 3-3-25 抢圈练习

抢圈练习

9. 长传球练习

（1）练习目的。学习和提高长距离传球、接过头球和低平球技术。

（2）练习组织。如图 3-3-26 所示，2~3 人一组，每组一个球。在开阔的场地区域进行练习。

图 3-3-26 长传球练习

长传球练习

（3）练习方法。队员相距 25~30 米相互传球。

（4）指导要点。① 使用脚背内侧技术，踢长距离的过头球或低平球；② 注意踢球的技术要领，特别是支撑脚站位，踢球脚的脚形、部位、击球部位、摆动脚的发力；③ 接球时注意触球部位和缓冲时机。

10. 三区域长传球练习

（1）练习目的。提高在对手防守压力下长距离传接球的能力。

（2）练习组织。如图 3-3-27 所示，9 人同时练习，分成三队，每队三人，练习场地为 50~60 米长，30 米宽的区域，分成三个区域，准备若干个足球。

（3）练习方法。① 在两端的区域内各有进攻队相互传球，中间区域内是防守队，尽可能阻止两个进攻队之间的传球；② 每次防守只能有一名防守队员进入进攻队的区域防守，另外两名防守人在中间区域中设法断球；③ 如果防守队防守成功，则与失误的进攻队交换角色，由失误的队到中间区域防守；④ 练习进展，可以允许两名防守人进入对方区域内防守。

（4）指导要点。① 注意传球和接球的质量，特别是传球准确性和接球时第 1

次触球质量；② 根据防守人的行动选择直接长传或传球给队友，创造长传球机会；③ 进攻和防守双方都要积极呼应，相互支援。

三区域长传球练习

图 3-3-27　三区域长传球

11. 两方格区域传控球练习

（1）练习目的。在防守压力下，提高局部传、接、控球能力。

（2）练习组织。如图 3-3-28 所示，10 人同时练习，其中 9 人分成 3 队，设置一名中立队员。将 20 米×10 米的场地分为两个半场，准备若干练习球和三种颜色的标志服。

两方格区域内传控球练习

图 3-3-28　两方格区域内传控球

（3）练习方法。每个半场只能有两名防守人和中立队员进入，另一名防守人在另一个半场内。在一个半场内进行二抢四练习，传球三次后，可以将球传入另一个半场，一名防守队员和中立队员快速进入另一个半场，形成二抢四。防守队如果抢到球则转变成控球队，失误的队成为防守队。

（4）指导要点。① 主动选位，积极移动，保持有效的接应位置；② 根据防守人的行动，选择合适的传、接、控球动作；③ 掌握好传球的方向、目标、力量和时机；④ 接球队员及时到位，接球时打开身位，以便于下一步行动；⑤ 尽可能创造机会，及时纵向传球；⑥ 要进行快速的攻守转换；⑦ 传球人和接球人要注意相互沟通。

12. 波浪传控练习

（1）练习目的。在比赛场景下，提高传接球、控球能力。

（2）练习组织。如图 3-3-29 所示，练习区域为长 20 米、宽 20 米的场地。练习区域内每队 4 名队员，做四对四攻守对抗，场地两端各安排一名中立目标队员。准备若干练习球和三色分队服。

图 3-3-29 波浪传控球

（3）练习方法。进攻队员从一端目标队员处得球后，传给另一端的目标队员为得 1 分。教练可以根据队员的情况限制传接球的次数，如设置两脚球限制。

（4）指导要点。① 进攻队要形成三角形或菱形的有效接应队形；② 掌握控球权，创造纵向传球机会；③ 掌握好传球的方向、目标、力量、时机；④ 接球队员及时到位，接球时打开身位，便于下一步行动；⑤ 要进行快速的攻守转换；⑥ 传球人和接球人要主动呼叫，注意相互沟通。

（四）射门技术训练

射门得分是足球比赛进攻的终极目标，也是足球训练中重要的部分。不同的射门技术有不同的特点和用途。正脚背射门力量大、速度快、射程远，但不易控制，多用在中、远距离的大力射门；脚背内、外侧射门，可以踢出快速的弧线球，在比赛中越来越多地被使用；脚内侧射门力量小、速度慢，但准确性高，常用于近距离射门和不停球直接射门；脚尖捅射常常会在抢点射门时取得意想不到的惊喜。运动员需要明确不同射门技术的特点，在训练和比赛中合理地选择和运用，提高射门得分的能力。

1. 运球射门

（1）练习目的。学习脚背正面、脚内侧等射门技术。

（2）练习组织。如图 3-3-30 所示，安排两个球门，两名守门员，练习区域大小根据训练对象情况而定，一般在长、宽均为 30 米的区域中进行。

（3）练习方法。队员运球向对面的球门快速前进，在越过最后一个标志盘后射门，然后加入对面的练习组，以此循环。练习一段时间后交换练习方向。

（4）指导要点。① 观察守门员的位置，根据守门员位置射球门的近角或远角；② 在快速运球的情况下调整好身体与球的位置，注意在踢移动球时，支撑脚站位要有一定的提前量，踢球脚大小腿协调发力、踢球脚固定脚形，击球部位准确；

③ 加强补射意识。

运球射门练习

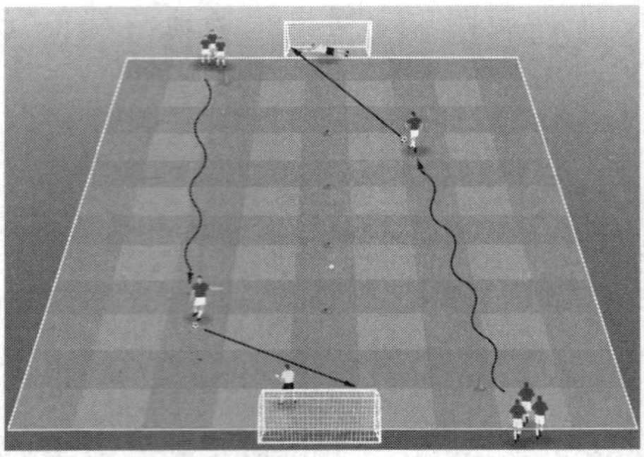

图 3-3-30　运球射门

2. 不同位置射门练习

（1）练习目的。提高不同位置射门技术的质量。

（2）练习组织。如图 3-3-31 所示一个球门，在罚球区后 10 米设置三个起点。12 人分成 3 组进行练习，一名守门员。

不同位置射门练习

图 3-3-31　不同位置射门

（3）练习方法。练习的三个队从场地左边开始依次练习，队员快速运球进入罚球区后射门。左侧队队员运球至标点处向内侧变向，用右脚脚背内侧射门。中间队队员运球至标点处可以随意向左右两侧变向射门。右侧队队员运球至标点处时向内变向，用右脚脚背内侧射门。每队一名队员完成练习后，移至下一队的位置，继续练习。

（4）指导要点。① 观察守门员和球的位置，准确地选择射门角度；② 在快速运球的情况下调整好身体与球的位置，注意支撑脚的站位，踢球脚大小腿协调发力、踢球脚固定脚形、击球部位准确；③ 加强队员的补射意识。

3. 远距离射门练习

（1）练习目的。提高远距离射门能力。

（2）练习组织。如图 3-3-32 所示，8~10 人同时练习，两名守门员。使用两个标准门球。练习使用 40 米×30 米的场地，场地中间设置中线。

（3）练习方法。两队同时开始练习，练习队员传球给前方的接应队友，接回传后远射，传球队员快速跟进，伺机补射然后到对面的队尾排队，射门队员转变为前方的接应运动员。

远距离射门练习

图 3-3-32　远距离射门

（4）指导要点。① 观察守门员和球的位置，准确地选择射门角度；② 调整好身体与球的位置，根据球的移动，支撑脚准确站位，大小腿协调发力，注意准确的击球位置和正确的脚形，向球门空当大力射门，尽可能打低平球；③ 加强补射意识。

4. 接不同方向传球射门

（1）练习目的。提高接不同方向来球射门的能力。

（2）练习组织。如图 3-3-33 所示，6~8 人同时练习，一个标准球门，一名守门员。一名练习队员，4 名不同位置的传球队员，在练习场地内设置标志桶。

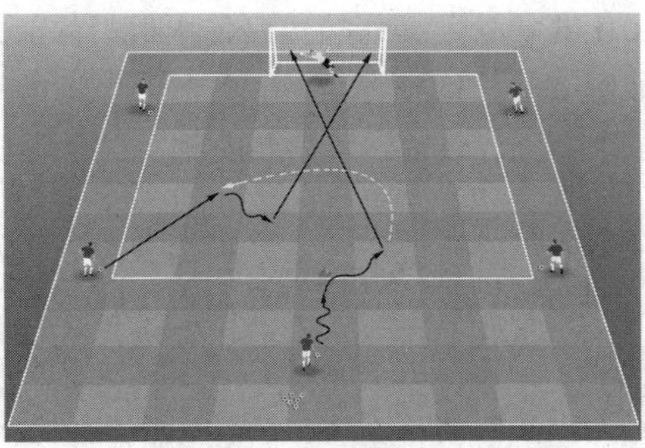

接不同方向传球射门练习

图 3-3-33　接不同方向传球射门

（3）练习方法。练习者先运球绕开练习区域外的标志桶后完成远射，再绕过练习区域里的标志桶，分别接 4 个不同位置队员的传球后射门。射门队员接球后要尽可能少做调整，尽快完成射门。

（4）指导要点。① 观察守门员的位置，准确地选择射门角度；② 尽可能直接射门；③ 注意接球时第一次触球的质量，要将球接到便于射门的位置，尽快衔接射门动作；④ 控制好射门技术动作，特别是支撑脚的位置和触球部位；⑤ 加强补射意识。

5. 接横传球射门练习

（1）练习目的。提高接传中球射门技术的质量。

（2）练习组织。如图 3-3-34 所示，6~8 人同时练习，一名守门员。在球门两侧的端线处设置两名传中队员。一个标准球门，准备若干个练习球。

接横传球射门练习

图 3-3-34　接横传球射门

（3）练习方法。射门队员移动选位，主动跑前点、后点或外围点，接传中球射门。

（4）练习的扩展。增加进攻射门人数，由 2~3 名队员在不同的位置完成射门。

（5）指导要点。① 突然起动，插前点或跑后点射门；② 注意与传球人的沟通；③ 观察守门员位置，准确地选择射门角度；④ 尽可能直接射门，控制好射门技术动作；⑤ 多人练习时，注意跑动的时机和线路；⑥ 加强补射意识。

6. 传中射门比赛

（1）练习目的。在比赛场景下提高接边路传中射门的能力。

（2）练习组织。如图 3-3-35 所示，在 40 米×30 米的场地练习，两个球门。两队各 4 名队员，两名守门员，两侧区域内各安排一名中立队员负责传中。

图 3-3-35　传中射门比赛

（3）练习方法。场内四对四比赛。鼓励利用两侧区域里的中立队员，形成传中射门。

（4）指导要点。① 保持良好的比赛队形，两侧的中立队员传中时，进攻方快速进入中路的射门位置；② 主动跑出空当，抢点射门；③ 尽可能直接射门，控制好射门技术动作；④ 注意相互沟通，提醒；⑤ 加强补射意识。

7. 综合射门比赛

(1) 练习目的。在比赛情景下提高射门能力。

(2) 练习组织。图 3-3-36 所示，使用 40 米×30 米场地进行比赛，中间有一条中线，分出前、后两个半场，两个标准球门。两队各 6 名队员，两名守门员。每队安排两名队员在对方端线的两个角落的区域。在场内进行四对四比赛。

图 3-3-36 综合射门比赛

(3) 练习方法。两队在场地内进行比赛，尽可能多地完成射门。鼓励多利用处于前场端线角落的队友，形成射门机会。比赛时尽可能创造机会利用中锋回传远射；中锋接球转身射门；接传中球射门、快速跟进射门等。在本方半场远射得 3 分，配合射门得 2 分，运突射门得 2 分，接传中球射门得 1 分。

(4) 指导要点。① 保持良好的比赛队形；② 尽可能多地创造射门机会；③ 合理选择射门的方式，控制好射门技术动作；④ 注意相互沟通，提醒；⑤ 加强补射意识。

(五) 防守技术训练

在现代足球“全攻全守，攻守平衡”的整体战术思想下，防守技术和防守能力训练越来越被人们重视。个人防守是局部和整体防守的基础，个人防守行动的质量会直接影响局部防守的成败，以至于影响到整体防守的结果。

1. 个人防守压迫练习

(1) 练习目的。学习个人防守压迫技术。

(2) 练习组织。如图 3-3-37 所示，使用 20 米×20 米的场地练习。10 名队员分为两组，每组 5 人。

(3) 练习方法。传球队员将球传给对角位置的进攻队员，防守队员迅速压上，进行一对一防守。抢得球后运球出练习区域为成功。

(4) 指导要点。① 注意压迫、延缓、驱赶、抢球；② 防守队员快速随球压上；③ 及时减速站位，控制距离；④ 注意低姿，正确的站位和防守姿势；⑤ 封闭一侧，向边线驱赶；⑥ 耐心，伺机果断出脚；⑦ 卡位抢球，得球反攻。

个人防守压迫练习

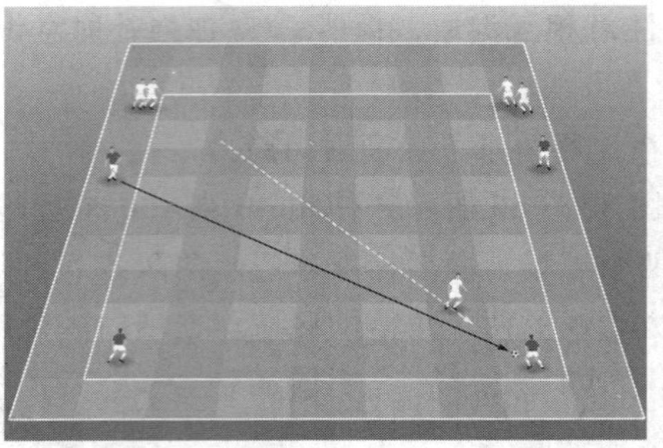

图 3-3-37 个人防守压迫练习

2. 局部压迫和封堵练习

(1) 练习目的。提高个人防守压迫技术。

(2) 练习组织。如图 3-3-38 所示，使用 20 米×20 米的场地进行，场地中间有一个中线。8 名队员分为两组，每组 4 人。场地的两端各设置两个小型球门。准备若干练习球。

局部压迫和封堵练习

图 3-3-38 局部压迫和封堵练习

(3) 练习方法。每队在场内有 3 名队员，进攻队员要将球传入对面的小型球门得分。练习开始后由场外的传球人传给对本方进攻队员，防守队员迅速压上封堵对手传小门的路线，进攻和防守方都不能越过中线行动。

(4) 指导要点。① 根据球的位置和对手的行动，快速压迫，压缩与对手之间的距离，封堵进攻队员最有威胁的传球路线。② 注意防守要及时到位，使用正确的防守姿势。③ 距离球最近的防守队员要注意观察对手行动，判断对方行动企图。④ 相邻的防守队员要相互保护。

3. 一对一防守练习

(1) 练习目的。学习提高一对一防守技术。

(2) 练习组织。如图 3-3-39 所示，与一对一进攻的练习组织相同。

(3) 练习方法。练习包括正面一对一防守（图 3-3-39）、侧面一对一防守（图 3-3-40）、背面一对一防守（图 3-3-41）。

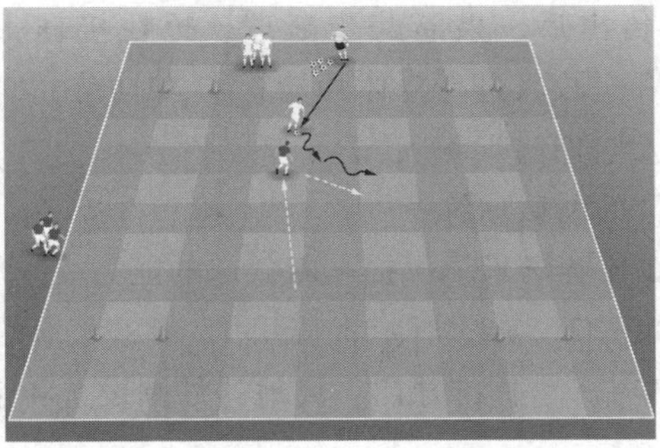

图 3-3-39 正面一对一防守

一对一防守练习

图 3-3-40 侧面一对一防守

图 3-3-41 背面一对一防守

（4）指导要点。① 防守队员快速随球压上；② 及时减速站位，控制距离，限制持球人的行动；③ 降低重心，注意正确的站位和防守姿势；④ 封闭一侧，向弱侧驱赶；⑤ 耐心，伺机果断出脚；⑥ 卡位抢球，得球反攻。

4. 断截球技术练习

（1）练习目的。学习提高一对一断截球技术。

（2）练习组织。如图 3-3-42 所示，进行三人一组一球练习。

断截球技术练习

图 3-3-42 断截球技术练习

（3）练习方法。传球人距离 10 米，传至目标接球人的有利脚（向脚下传球）。

（4）指导要点。① 注意观察，预判对手传球意图，选择断球时机；② 在机会合适时，当对手将球传出后，果断跨步断球，抢在接球人前把球断下或踢开；③ 控制好身体，敢于和进攻人进行身体冲撞；④ 如防守得球，则快速运球至传球人处；⑤ 如断球失败及时回防。

5. 三对五加守门员的断截球练习

（1）练习目的。在比赛场景下，提高断截球的能力。

（2）组织形式。如图 3-3-43 所示，使用 15 米×30 米的场地进行练习，分成两个半场，场地两端各有一个标准球门，场地的外围设置 4 个小型球门。在场地内进行三对五的比赛。

图 3-3-43　三对五加守门员的断截球练习

（3）练习方法。进攻队将球从一个方格传入另一个方格得 1 分。防守队队员在各自的半场内防守进攻队的传球。防守队队员在一个方格内不能超过两人。防守队如果抢得球权，则迅速射门。射入大门得 2 分，射入小门得 1 分。

（4）指导要点。① 积极压迫，限制进攻队员的传球线路；② 注意观察，判断对手的传球意图；③ 积极移动进入防守压迫位置；④ 冷静分析，果断决策，及时行动；⑤ 断球成功后快速射门。

（六）头顶球技术训练

头球技术好、制空能力强，将在比赛中占据很大的空中优势。根据比赛的位置和职能特点，前锋、前卫的进攻头顶球主要是以射门和传球为主，对头顶球的准确性要求高，而后卫的头顶球更多的是破坏和解围，防守头顶球一般要求将球又高又远地顶出危险区域。

在头顶球技术的训练中，无论采用何种训练安排，都需反复强调头顶球的基本技术要点，即要用前额顶球，眼睛要始终注视着球，判断好球的运行状况，把握顶球时机，上体与头部成为一个整体摆动，注意动作的连贯性。

1. 原地头顶球技术练习

（1）练习目的。学习原地头顶球技术。

（2）练习组织。如图 3-3-44 所示，进行二人一球练习。

图 3-3-44 原地头顶球技术练习

原地头顶球技术练习

(3) 练习方法。两名队员相距 3~4 米，抛球队员双手抛球，练习队员做原地头顶球练习。

(4) 练习的扩展。拉大距离练习；做移动中头顶球练习；做跳起头顶球练习。

(5) 指导要点。① 注意观察判断来球轨迹，不能闭眼；② 根据来球情况，积极调整身体位置；③ 腰腹发力前摆，头击球部位准确，击球的后中部。

2. 头顶球攻门练习

(1) 练习目的。提高头顶球射门技术。

(2) 练习组织。如图 3-3-45 所示，两队各 5~8 名队员，一名守门员，一个标准球门。

图 3-3-45 头顶球攻门练习

头顶球攻门练习

(3) 练习方法。练习队员接球门两侧队友的抛球，头顶攻门。头顶球射门后，顶球的队员与抛球的队员相互交换位置。

(4) 练习的扩展。两队比赛进球个数；增加防守干扰。

(5) 指导要点。① 顶球射门的队员要注意观察来球的飞行轨迹，选择合适的头顶球位置和时间。② 在移动的同时要注意守门员的位置，选择好射门角度和击球部位。③ 调整好步法，控制好身体，协调发力。

3. 后卫防守头顶球技术练习

(1) 练习目的。提高中后卫头球解围技术的质量。

(2) 练习组织。如图 3-3-46 所示，在罚球区附近练习，一个标准球门，一位守门员。6名队员，三人一组。

后卫防守头顶球技术练习

图 3-3-46 后卫防守头顶球技术练习

（3）练习方法。注意这是中后卫的专项头球训练。当传球队员将球传给边路的传球队员时，防守队员后撤移动选位，将传中队员手抛来的球向远离球门的区域顶出高远球。每人10个头球，然后交换练习角色。练习一段时间后，可以改为用脚传中球。

（4）指导要点。① 积极移动选位，占据门前关键位置；② 顶球前大声呼叫；③ 尽可能抢高点顶球；④ 注意起跳时间和头顶球的部位；⑤ 在前点，向远离门的方向顶出高远球；⑥ 在后点，根据来球的方向顺势后蹭；⑦ 守门员注意安全保护。

4. 二防二防守头顶球技能练习

（1）练习目的。提高中后卫头球解围技术的运用能力。

（2）练习组织。如图 3-3-47 所示，在罚球区附近练习，一个标准球门，一位守门员。8名队员分成4队进行练习。

图 3-3-47 二防二防守头顶球技能练习

（3）练习方法。边路队员接教练传球，向罚球区内传中，两名进攻队员抢点攻门。两名防守队员选位防守，尽可能抢点头球解围。每组后卫做6次防守。

（4）指导要点。① 积极移动选位，占据门前关键位置；② 顶球前大声呼叫；③ 在前点向远离门的方向顶出高远球，在后点，根据来球的方向顺势后蹭；④ 防守人注意相互沟通，明确职责，相互保护；⑤ 守门员注意安全保护。

（七）掷界外球技术训练

掷界外球是比赛中常用的恢复比赛、发动进攻的手段，威胁性很大的前场大力掷界外球传中，常常能创造出射门得分的机会。

1. 掷界外球技术练习

（1）练习目的。学习掷界外球技术。

（2）练习组织。如图 3-3-48 所示，两人一组，一个球。

掷界外球技术练习

图 3-3-48　掷界外球技术练习

（3）练习方法。发球人位于线外，向原地站立在练习区域内的队员发球，然后立刻支援接球人。

（4）练习的扩展。① 原地掷界外球技术掌握后，可以变化为加助跑的发球；② 向接球人移动空间发球；③ 增加距离，发高远球；④ 增加防守队员。

（5）指导要点。① 注意掷界外球技术的规范性，要符合规则要求；② 掷球队员与接球队员的交流与沟通；③ 注意合适的发球时机、目标、力度。

2. 一对二掷界外球练习

（1）练习目的。提高掷界外球技能。

（2）练习组织。如图 3-3-49 所示，10 人同时练习，两名守门员。使用 40 米×30 米的场地，分成两个半场，两端各有一个标准球门。练习时每个半场场内有两名进攻队员和一名防守队员，场外有两名发球队员。

图 3-3-49　一对二掷界外球练习

（3）练习方法。在半场区域内进行二对一的比赛，每次完成射门，球出界、犯规等，都由掷界外球重新开始比赛。

（4）练习的扩展。可以增加进攻和防守人数，形成二对二、三对三、四对四的比赛。

（5）指导要点。① 注意掷界外球技术的规范性，符合规则要求；② 注意掷球人与接球人的沟通与配合；③ 向接球人的脚下或跑动空间掷球。

思考与实践

1. 简述足球运动技术的内容与分类。
2. 分析现代足球运动技术的运用特征。
3. 简述现代足球运动技术的发展趋势。
4. 结合运动实践，谈一谈足球运动技术的练习步骤。
5. 简述足球运动技术练习的构成要素。
6. 请结合运动实践，选择1~2项足球基本技术设计练习方法。

第四章 足球战术

本章导读

本章主要针对足球战术理论与足球比赛的相关原则进行归纳和整理，介绍现代足球比赛的战术原则和四个重要时刻的概念，在简述足球阵型演变发展的基础上对常见足球比赛阵型的应用加以分析，对足球攻守战术原则进行总结，并介绍现代足球比赛攻守战术分类及常用的战术打法，对定位球的攻守战术进行了梳理。同时本章重点介绍个人、局部、整体攻守战术的基本方法与基础练习范例，并提出练习足球战术的基本要求。

学习目标

知识目标：正确理解足球比赛战术原则的基本含义和“四个重要时刻”的内涵，初步了解足球比赛的阵型种类和阵型应用的基本逻辑，熟悉足球攻守战术的不同分类和常用打法，理解定位球的重要性。

能力目标：学会并能够在比赛中熟练运用足球攻守战术原则，掌握个人、局部和整体攻守战术以及定位球战术练习的主要方法，并在此过程中提高个人攻守的技战术水平，培养局部攻守战术的配合能力，促进整体攻守战术意识的形成。

价值目标：体会足球攻守战术的魅力与奥妙所在，并在此过程中培养和发展团队意识，准确理解个人与团队的关系，提高组织管理与沟通协调能力，培养责任心、创造力等优良品质，以及坚忍果断、顽强拼搏的体育精神。

第一节 足球战术概述

足球比赛的攻守战术各有其运用的必循之则，但也有共性要求，教练员只有在全面掌握个性与共性的情况下，才有可能正确规划和发展队员的战术能力，从而不断提高球队的战术运用水平。

一、足球战术的概念与分类

（一）足球战术概念

足球战术是足球比赛中为了战胜对手，根据主客观的实际情况所采用的个人和集体配合手段的综合体现。比赛实践证明，成功地组织战术和巧妙地运用战术是夺取比赛胜利的重要因素，做到扬长避短才能克敌制胜。而足球战术能力是实现战术效果、影响攻守质量的前提和保证。

足球战术能力简称足球战能，是足球运动员根据比赛的真实场景，在对手给予压力与压迫的情况下，合理掌握和运用不同足球战术的能力，足球战能是足球运动员整体竞技能力的重要组成部分。在现代足球比赛中，运动员在进攻与防守的过程中，要时刻根据场上比赛的形势、观察对手与队友的情况，及时思考判断，合理准确地运用包括个人、局部、整体在内的不同足球战术。足球战术能力体现了运动员在训练和比赛中运用战术的质量、有效性、合理性以及准确性。

足球运动实践表明，运动员的技术和身体素质是有效实现战术的重要基础，良好的心理素质是完成战术的重要保证，而优良的战术素养能反作用于运动员技术和身体素质的有效发挥与表达，他们之间相互渗透、补偿、制约。片面强调某一方面的作用或依赖某一方面的优势，在现代高水平足球竞技中已很难表现出较高的战术质量与有效性，也不可能取得优异的比赛成绩。

（二）足球战术分类

足球运动是一项战术多变且复杂的运动项目，根据比赛进行情况以及攻守形势，足球战术可以分为进攻战术、防守战术、定位球战术三大部分。同时，根据运动员在场上的位置、不同场域的人数，足球战术也可以分为个人战术、局部战术、整体战术三大类（图 4-1-1）。

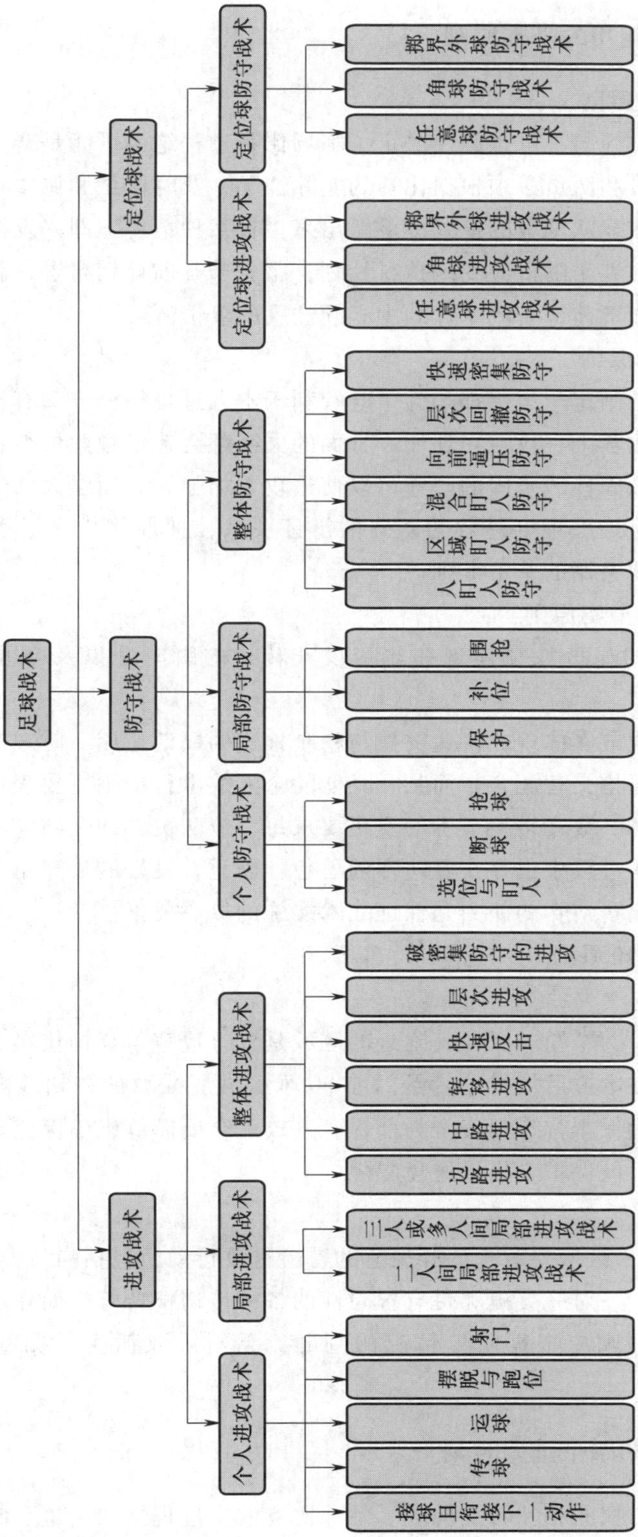

图 4-1-1 足球战术的分类

二、足球战术运用的基本原则

（一）随机应变原则

足球比赛的瞬时性与不可预测性决定了临场比赛过程绝不可能是赛前战术安排的复制，要求教练员和队员必须根据比赛的实际情况，及时修正和调整预先的战术部署。因此，允许队员从刻板的模式中跳跃出来，在某种情境下即兴发挥、创造性地表现个人才能，并善于随机应变地执行计划，服务于赛前计划布置，就成为教练员在平时战术训练和赛前部署战术计划中必须注重的事情。

（二）攻守平衡原则

任何比赛战术的制定与运用都是为了既有利于本方进攻得分，又有利于有效阻止对方破门得分。比赛中，攻、守任何一方面的失衡都会造成顾此失彼，不同程度地削减本队攻守的稳固性，坚固的防守可以使进攻更加强大，而强大的进攻又可以使防守更加稳固。正确处理好进攻与防守的辩证关系，把握住攻守平衡的比赛原则，是足球比赛必须遵循的基本准则。

（三）合理控制节奏原则

现代足球比赛的显著特征体现在比赛攻守转换的瞬时性以及空间争夺的激烈性。

一般而言，进攻节奏体现在快速突然与稳步推进的灵活运用，防守节奏则体现在制约延缓与快速逼抢交替配合，而某一具体的个人战术行动则主要表现在动作速率的变化。与此同时，攻守转换节奏的变化要求每一位队员必须在防守中就蕴藏着进攻的意识，同样在进攻中也存在着防守的思想。因此，良好的攻守角色意识以及根据比赛情况控制比赛节奏的能力是保证战术实施的核心要素。

（四）安全与冒险原则

1. 安全原则

在足球比赛中，两个罚球区及其附近的区域是双方攻守争夺的焦点。为了获得更大的攻守效益，在本方后场，尤其是门前 30 米区域所采取的一切攻守行动，都必须以最大限度地确保本方球门安全为前提。进攻配合要简练，确保控球权；防守要压缩空间，加强门前保护，尽量避免犯规。

2. 冒险原则

在对方门前 30 米区域要敢于展开快速的冒险进攻行动，包括向对方腹地快速、直接推进，敢于进行一对一突破和带有冒险性的各种传切配合等。而在本方球门可能告破的危机时刻，则应根据防守情况的判断，果断采取孤注一掷的冒险防守手段。

三、足球比赛的四个重要时刻

进攻、防守与球权的相互转换构成了足球比赛的全过程。四个重要时刻的攻守质量很大限度上决定了比赛双方取胜的概率。每一时刻球队要完成的任务和达到的目的不同，所要采取的行动策略也要随时做出及时的变化与调整。

（一）四个重要时刻的主要目的

1. 本方控球时（本方进攻时）

组织及创造射门机会，争取破门得分。

2. 失去控球权时（由攻转守时）

最接近球的队员立刻压迫，阻止对方发动有效反击。例如，阻止对方向前直接长传；所有队员设法防止对手破门得分。

3. 对方控球时（本方防守时）

扰乱对手的进攻组织；尽快重新夺回控球权；保护球门不失球。

4. 获得控球权时（由守转攻时）

快速组织有效进攻；尽快把球直接打进对方球门。

（二）四个重要时刻的要求

1. 本方控球时（本方进攻时）

（1）制造进攻宽度和纵深，拉开对手防区。

（2）向前渗透传球、跑位（首先考虑长传球）。

本方控球

（3）保持控球权，寻找进攻战机。

（4）保持合理的立体进攻队形。

2. 由攻转守时（失去控球权时）

（1）最大限度地缩小对方进攻区域快速回防、积极封堵，对对方实施干扰与限制。

由攻转守

（2）积极施加防守压力，压迫对手，尽量将其向边路挤压。

（3）保持合理的立体防守队形，及时、有效地进行防守保护与补位。

（4）收缩并严密封锁和控制门前防区。

3. 对方控球时（本方防守时）

（1）有球区域的队员迅速逼抢控球队员，防止其发动快攻或向前长传，迫使其减速、横传、回传或原地运控球。

对方控球

（2）其他防守队员迅速抢占有利的防守位置，对人盯防，限制对手的进攻活动，最大限度地减少进攻方对本方球门的威胁。

（3）严防与封堵对手射门。

（4）如果有足够的队友回防到位，应向有球区域逼压和围抢。

（5）如果没有足够的队友回防，则应采取区域盯人防守，延缓对手的进攻速度，不给对手可乘之机。

4. 由守转攻时（重获控球权时）

（1）获得球的队员首先应考虑并寻求向前传球的机会，最好、最快的方法是长传。

由守转攻

（2）远离球的队员应及时跑位要球（但应避免越位）。

（3）“拉开”以创造尽可能大的进攻空间（宽度与纵深相结合）。

（4）无球队员应通过各种积极的跑位活动（接应、牵制、插上、切入等）为持球队员提供传球机会和削弱防守队员对持球队员的注意力。

（5）避实就虚地攻击对方的防守薄弱点，突破防线射门得分。

（6）快攻不成则应保持控球权，层层推进进攻，寻找战机。

第二节　足球比赛阵型

足球比赛阵型是足球赛场上队员的位置排列、攻守力量搭配和职责分工的形式。根据本队比赛战术需要确定合理的比赛阵型，可有效地整合与优化全队的整体战术组合，充分发挥队员个人和全队的竞技潜力，有利于实现预定的战术目的。

一、比赛阵型的演变与发展

足球比赛阵型的演变与发展受诸多因素的影响。足球攻守矛盾的相互转化、足球规则的变化、运动员技战术以及身体素质等的不断提高，都是比赛阵型演变与发展的动力。

（一）“塔式”阵型（“1-2-3-5”阵型）

早期由于受到足球规则和技战术水平的制约，攻守失衡是当时足球比赛阵型呈现出的主要特点。随着足球比赛战术水平的逐步提高，场上队员的组织性日趋重要。1884 年，英国人创造了攻守人数排列基本平衡的 1-2-3-5 阵型（图 4-2-1），也称“塔式阵型”，在一定程度上改善了比赛中重攻轻守的失衡状况。

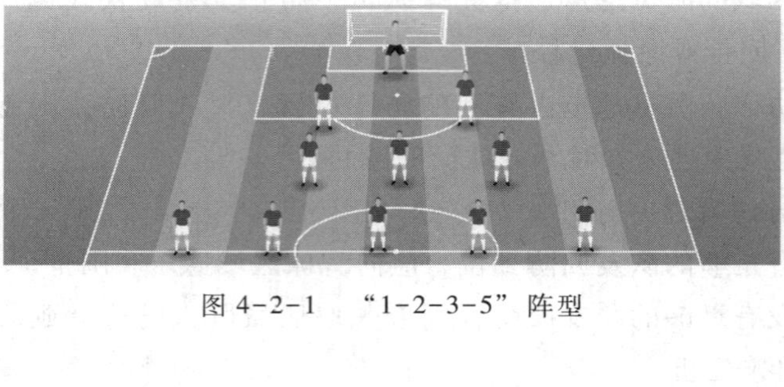

图 4-2-1　“1-2-3-5”阵型

阵型特点：

（1）中前卫的主要职能是进攻。

（2）两个边前卫参与防守，主要防范对方的两个边锋。

（二）“WM”阵型（“1-3-2-2-3”阵型）

“WM”阵型是在1925年越位规则改变后，由英格兰教练赫伯特·查普曼所创造的（图4-2-2）。这一阵型的基本思想是试图通过牢固的防守瓦解对手的进攻。此后，匈牙利在“WM”阵型的基础上首创了“四前锋”阵型，首次打破了攻守人数上的平衡。“WM”阵型的出现被誉为世界足球的第一次重大变革。

图4-2-2 “1-3-2-2-3”阵型

阵型特点：

（1）区域与盯人防守不断转换，距球门近时人盯人防守，离球门远时则松动盯人。

（2）当发动进攻时，留下中前卫和两边卫防守。

（3）两内锋稍后撤，作为进攻的重点组织者，中锋和两边锋的主要职能是射门得分。

（三）“1-4-2-4”阵型

“1-4-2-4”阵型是巴西于1958年世界杯上吸取“四前锋”打法的成功经验而创造的攻守队员位置排列极为平衡的比赛阵型，这一阵型很好地解决了防守端的弱点（图4-2-3）。这次阵型的演变被誉为世界足球的第二次重大变革。

图4-2-3 “1-4-2-4”阵型

阵型特点：

（1）攻守平衡，既保持了四前锋的进攻优势，又弥补了三后卫防守的不足。

（2）层次减少，便于锋线之间的联系，加快了进攻和防守的转换。

（3）利用边锋和边后卫的配合，控制中场。

（4）该阵型的不足之处是中场力量相对薄弱。

（四）“1-4-3-3”阵型

“1-4-3-3”阵型是1962年世界杯上巴西队针对“1-4-2-4”阵型中场人数不足进行的改良（图4-2-4）。该阵型促使中前场的攻守更加机动灵活，在20世纪七八十年代曾经风靡世界足坛，同时也是当前足坛流行的阵型之一。

图4-2-4 “1-4-3-3”阵型

阵型特点：

（1）有利于攻守力量的组织，攻守的机动性大，进攻突然，隐蔽性强。

（2）对两个边锋的要求特别高，除了加强进攻外还能压制对方的边后卫。

（3）特别强调后卫线突然插上。

（五）“1-4-4-2”阵型

“1-4-4-2”阵型是在1966年世界杯英格兰队首先使用的。当时英格兰队教练拉姆塞考虑到英格兰队缺乏世界级的优秀边锋，便撤回一名边锋队员组成“1-4-4-2”阵型，并通过比赛中“锁链式”和“混凝土式”的密集防守打法统治世界足坛16年之久（图4-2-5）。此后，“1-4-4-2”阵型风靡世界足坛并被发展、沿用至今。

图4-2-5 “1-4-4-2”阵型

阵型特点：

（1）中场和后卫队员频繁套边活动，以威胁对方球门。

（2）两内锋拉边制造宽度，中场两内前卫插入罚球区得分。

（3）利用两前锋速度快、技术好的特点，在抢断球后迅速长传发动快速反击。

（4）在防守上，主要强调队员回位和密集防守下的组织与协调配合。

（六）“1-3-4-3”阵型

“1-3-4-3”阵型是1974年世界杯上荷兰队与联邦德国队等首创“1-1-3-3-3”阵型的演变，由此揭开了崭新而丰富的全攻全守总体型打法的序幕，创造了一个全新的足球名词——4 号球员（图 4-2-6）。

图 4-2-6 “1-3-4-3”阵型

阵型特点：

（1）增加了进攻队员，使球队的进攻手段更加丰富，打法以传控为主，给对手后防线强大的压迫性。

（2）该阵型是一种重进攻轻防守的阵型，需要队员做到全攻全守。

（3）三后卫防守的区域更大，必须积极奔跑和拼抢，所以三后卫的阵型是双刃剑。

（七）“1-4-2-3-1”阵型

“1-4-2-3-1”阵型早期出现在乌克兰教练洛巴诺夫斯基执教的基辅迪纳摩队，洛巴诺夫斯基对“1-4-2-3-1”阵型的运用是速度型的防守反击，在 6 人稳固防守的同时，通过快速直传和覆盖前场所有进攻区域的 4 人，通过速度扯出空间并获得机会（图 4-2-7）。

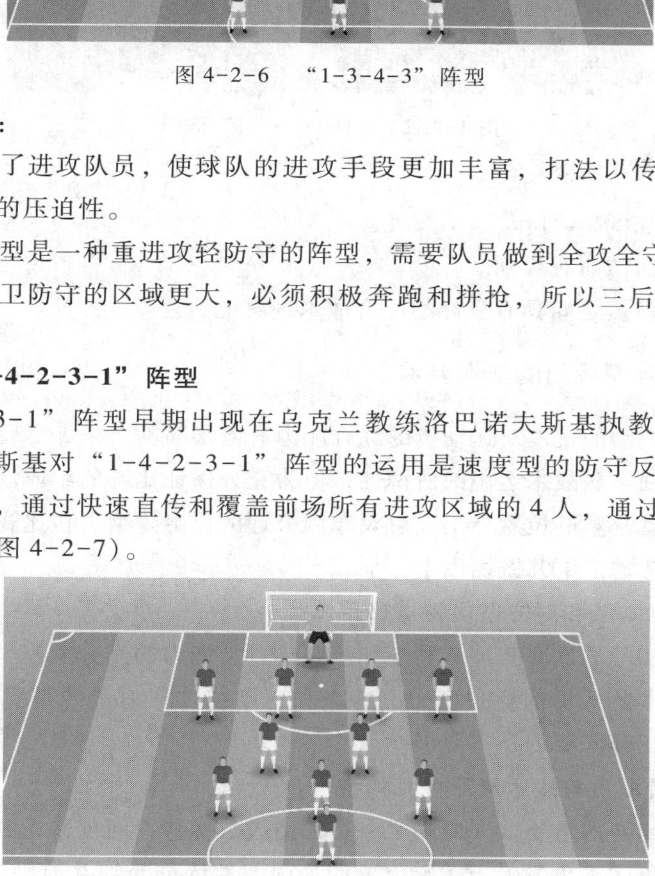

图 4-2-7 “1-4-2-3-1”阵型

阵型特点：

（1）因中后场的队员密集，具有密集型防守反击的特点。

（2）边路队员要有较好的突破能力。

（3）该阵型是一个极具隐蔽攻击和灵活攻击的阵型。

（4）四名后卫保护，双后腰攻守兼备，三名攻击型中场，单前锋支点。

（八）“1-4-1-4-1”阵型

“1-4-1-4-1”阵型的精髓是“稳固防守—快速反击”。4 名后卫与 4 名中场再加一名中场自由人，共 9 名队员组成的强大的防守网络，使得球队在防守的组织上更加快捷与高效（图 4-2-8）。

图 4-2-8 “1-4-1-4-1”阵型

阵型特点：

（1）防守强度高，阵型灵活多变。

（2）站位简洁而有规则。

（3）要求球员之间具有良好的配合战术理解能力。

二、比赛阵型应用的基本要求

当前足球运动的发展对运动员的综合能力有着很高的要求，尽管队员的整体战术修养可以增强全队战术运用的协调性，但为充分保证比赛的纪律性，任何球队在比赛中都应具备基本的位置分工，以及布局合理的比赛阵型。在比赛阵型的选择与应用上，需要考虑以下几方面因素：

（一）根据本队和对方队员特点择用阵型

符合本队实际的比赛阵型有利于球队整体竞技能力的充分发挥。在实战中，比赛阵型应根据本队队员的竞技实力、特点和三条线攻守力量的需要来配备队员人数，这是选择比赛阵型的基本要求。

（二）位置职责与战术灵活性互构统一

现代足球比赛的重要攻守原则之一是创造人数优势，而创造人数优势则要求队员必须在攻守不同态势下善于摆脱位置的局限。教练员允许并鼓励队员把握时机，超脱位置束缚，积极参与本位置区域之外的攻守活动。

（三）阵型不是战术打法的本质反映

阵型对一支球队的战术打法是有影响的，同一阵型可以表现出多种打法，战术打法主要取决于战术的临场具体运用。例如，某队的特点是守强攻弱，为了求得攻守平衡，而并非出于侧重进攻，该队同样可以采用“1-4-3-3”阵型。

（四）根据比赛发展局势以及比赛阶段来选择阵型

当在某种特殊局势下或针对不同对手的特点，可以在战术布置上对某方面相对侧重，以实现期望的目的。如本队比分领先或落后时，如何迅速应对及进行人员或阵型调整等，均需要教练员根据比赛场上的情况进行应变。此外，还应根据球队所处比赛阶段与赛制来进行阵型的选择，如小组赛与淘汰赛的阵型安排等。

总之，阵型与战术打法具有一定的联系，但两者又不是等同的统一体。这就要求教练员在选用阵型时，必须认识阵型与战术打法的区别，善于根据队员的技战术和心理等特点，确立打法，选用阵型。

第三节　足球进攻战术

足球进攻战术是比赛中为了突破对方防守，保持控球权伺机破门得分所采取的个人和集体配合方法。在比赛中，为了实现对球的控制，必须对对手、球场内特定区域以及比赛速度在时间和空间上实行全方位的控制。

一、进攻战术原则

在足球比赛中，充分创造和有效利用进攻的时空间是进攻的总体战术原则。直接渗入、制造纵深、利用宽度、创造人数优势、个人突破是进攻战术原则的具体体现。

（一）渗入：直接进攻

渗入原则

想要有效地执行这一原则，运用渗透性的纵向传球是特别重要的，其结果不是直接创造射门机会，而是为同伴获取有利形势。对方防线一旦松散，并出现可利用的进攻空当，进攻队员应立即加快进攻节奏，迅速采用各种传切配合、过人突破等技战术手段，果断地实施进攻渗透突破。相邻位置的进攻队员在扯动、传球、切入等方面的默契配合是有效实施进攻渗透的关键。

（二）深度（纵向）：形成“三角形”和“菱形”

深度原则

运用该原则要求以持球队员为中心，其他队员通过观察场上局面，选择合适的位置和方向接近持球队员，保持“三角形”或“菱形”站位，至少为其提供两条或两条以上可供选择的传球路线。应用该原则应考虑有效地创造和利用进攻的纵深空间，向前跑动、向前传球，以最快的推进速度靠近对方球门，形成攻门之势。

（三）宽度（横向）：边路进攻

宽度原则

这一原则的基本含义是指进攻队员尽可能利用场地宽度，使防守队员被迫扩大横向防守面积，从而创造便于利用的进攻空间。在不能迅速创造有效进攻纵深时，应充分利用球场宽度，有目的地将进攻向球场两侧区域发展，拉开进攻的宽度，从而使防守方被迫向两边移动防守重心，扩大其防守面积，使其防线的左右联系变松散，从而为实施纵向的渗透突破创造条件。拉开的宽度因攻守双方队员的活动及位置的情况和场区的不同而异。

移动原则

（四）移动：创造人数优势

当攻方推进至罚球区前沿时，守方会采用紧盯、换位、补位等措施进一步加强防守，这时进攻队员必须运用各种有球和无球的活动，利用已有的优势，使防守顾此失彼，防不胜防。因此，控球队员需要运用巧妙的运球并结合假动作摆脱或牵制对方，其他同伴要灵活机动地运用事先安排好的战术配合，完成插入和接应的任务。

个人突破原则

（五）突破：个人行为

足球比赛场上的情况千变万化，没有固定的比赛模式或套路，更不会出现完全一致的比赛情景。这就要求运动员在比赛中必须善于审时度势，根据比赛情况的变化，适时地采用个人行为，利用个人的突破能力打破对手的防守平衡，以达到预期的比赛目的。就战术角度而言，处于结束进攻阶段的每一位队员都应尽可能创造射门机会并伺机射门。因此，应变思维、临场经验、本能反应等战术素养和个人天赋，就成为参与进攻每一位队员的必备条件。

二、进攻战术分类

（一）个人进攻战术

个人进攻战术是指在比赛中为了战胜对手而采取的符合整体进攻目的的个人行动。个人进攻战术是构成局部和整体进攻战术的基本环节。个人进攻战术行动水平的高低直接影响着局部和整体进攻的质量。个人进攻战术包括接球且衔接下一动作、传球、运球和摆脱与跑位等。

1. 接球且衔接下一动作

接球是队员运用身体的有效部位，将运行中的球有目的地接控在所需位置上的动作方法。接球且衔接下一动作是两个动作联为一体的连贯技术。要求队员在控球的同时又做另一动作，目的是保持球的活动性，加快比赛速度，减小对方抢到球的可能性。为了保证这一动作运用的合理性和有效性，队员应掌握如下基本的原则：

（1）在接触球前，队员必须对自身所处的位置环境有清晰的了解并且对下一步如何处理球有初步的打算。

（2）如果队员身边或附近有对方逼抢，应当先做一些假动作虚晃和摆脱对手，然后再采用掩护或其他方式处理球。

（3）在接触球时，队员必须注意讲求动作的突然性和动作速度，应特别掌握好两个动作之间的有机衔接。

2. 传球

传球是指队员通过各种有效部位，将球以各种形式过渡给队友的动作方法。传球是联系任何一种战术配合的桥梁。传球的目的主要在于加快进攻速度、调动集体力量的发挥。传球的作用是难以估价的，一个球队战术上的成功，在很大程度上包含着准确而又恰如时机的传球。为使传球达到预期效果，应注意下列问题：

（1）培养提前观察的传球意识，扩大视野范围。应清楚如何传，什么时候传，传哪里最有威胁。

（2）传球的隐蔽性是达成传球战术目的的关键。暴露传球意图可能会造成传球失误或加大同伴接球的困难。

（3）恰当的传球时机可以在时间和空间上创造优势，利于同伴处理球，同时可以避免越位。

（4）传球的准确性是全队协同配合与进攻成败的关键。其体现于对不同脚法熟练且合理地运用，以及对出球方向、距离、弧度、力量和落点的控制。

3. 运球

运球是指队员在跑动中有目的地用脚连续推拨球的动作方法。运球在进攻战术中主要表现出三种功能：一是突破对手；二是控制比赛速度，选择进攻时机；三是作为推进手段。时机恰当的运球既可增加战术运用的灵活性，加大防守难度，提高战术运用成效，同时还可通过个人突破射门直接为球队的胜利作出贡献。但需注意有好的传球时机时绝不要运球，因为这样不仅影响进攻速度，而且往往贻误战机。特别是在后场，过多或不恰当的运球除有上述危害之外，还可能因运球失误直接给本方球门造成威胁。运球的一般场合可概括为：

（1）如果持球队员没有立即传球的可能，可以通过运球推进等待同伴跑位到可传球的位置再传或通过个人突破积极主动地寻求传球点。

（2）如果同伴处于越位位置时，持球队员应利用运球，给同伴摆脱越位位置提供时间。

（3）在对方罚球区附近且无更好的传球配合时机时，持球队员可运球突破防守队员射门或传中。

（4）如果在比赛将近结束且比分处于领先时，可以借助运球拖延时间，作为保持战果的一个手段。

4. 摆脱与跑位

摆脱通常是指进攻队员为避开对方队员盯防而采取的各种有目的的身体动作。摆脱的方式常有虚晃、突然起动、变向跑等。跑位是指无球队员在本队进攻中为自己创造更好的接传球、射门等机会或为同伴创造这些机会所实施的有计划、有意识、有目的的战术行动。跑位要求无球队员在本队获得控球权时，及时地根据持球同伴的位置、对方队员的布局状况和球所处的区域，摆脱对手去积极地寻求进攻空当。

跑位具有多种形式，如斜向跑位、横拉跑位、切入跑位、回撤跑位等。在跑位的庞大范畴中，需特别一提的是“换位”跑位。所谓换位，是指进攻队员为了取得更好的跑动效果，有意识地改变原有位置，投入新的比赛位置中去的一种战术行动。在当今进攻战术中，“换位”的常见形式见图 4-3-1 至图 4-3-6。

图 4-3-1　中锋与边锋换位（一）

图 4-3-2　中锋与边锋换位（二）

图 4-3-3　中锋与边锋换位（三）

图 4-3-4　边前卫与前腰换位

图 4-3-5　边前卫与边后卫换位

图 4-3-6　中锋与前腰换位

5. 射门

射门是指队员运用身体的各种合理有效部位，通过不同的形式将球打入对方球门的动作方法。射门是任何一种集体和个人进攻行动产生的动机，同时也是任何一种合理而有效的集体和个人进攻行动的所求归宿。

射门可以从不同距离和不同角度，运用各种身体部位和脚法。一般来说，下列场景可以构成良好的射门机会：

（1）当同伴传球至防守队员身后时，突然插上射门。

（2）运球突破一个防守队员后，在其他防守队员尚未封阻之前起脚射门。

（3）当同伴从一侧突破后传中时，从中路或异侧冲上包抄射门。

（4）发前场直接任意球，运用弧线球可以构成有威胁的射门。

（5）低平角球发至球门区附近时，冲上射门。

（6）发前场间接任意球时，运用蒙骗对手的简单配合，形成有威胁的射门。

（7）在同伴近距离劲射后，冲上随机补射。

只有具备强烈的射门欲望，才可能获得更多的射门机会。射门次数是射门成功率的重要前提条件，但每一位队员应认识到，次数与成功率并非存在正比关系。就射门质量的准则看，准确、突然、有力是最核心的三要素。对于每一次射门来说，每一位队员也应铭记有助于提高射门质量的几个原则：

① 能直接射门的不间接射门。

② 能快射门的不慢射门。

③ 能传球射门的不运球突破射门。

④ 能空中射门的不等落地射门。

（二）局部进攻战术

局部进攻战术是指进攻中两个或几个队员之间的配合方法，该战术是集体配合的基础。局部进攻战术的基本配合形式有传切配合、交叉掩护配合和二过一配合。

1. 二人间局部进攻战术

二人进攻战术配合是足球比赛中在局部进攻中最简洁、最常用、最有效的进攻配合方法。在球场任何一个局部区域、任何相邻的两名同队队友都可以采用。局部区域两人进攻配合能力的强弱，直接反映了全队进攻配合的质量。

（1）传切配合。传切配合是指进攻队员利用传球与切入跑位相结合的配合方法，是局部进攻战术中运用最多的方法。传切配合的形式有局部传切（图 4-3-7）和长传转移切入（图 4-3-8）。进行传切配合时应做到：

传切配合

① 长传转移切入是在一侧进攻受阻时需长传转移到另一侧时运用的，切入队员在得球后再继续展开进攻。

② 在进行传切配合时，控球队员要把握好传球的时机、控制好传球的方向和力量。

③ 跑位队员要明确切入的方位和时间，起动应突然、迅速，并利用身体掩护

好球。

图 4-3-7　传切配合

图 4-3-8　长传转移切入

交叉掩护

（2）交叉掩护配合（图 4-3-9）。交叉掩护配合是指在局部区域里，两名进攻队员在运球时进行交叉换位，以自己的身体掩护同伴越过防守队员的配合方法。在进行交叉掩护配合时应注意：

① 运球队员必须用自己的身体护住球，并挡住防守队员，将球传给同伴后，要继续向前跑动吸引开防守队员。

② 接球队员必须主动迎面跑向运球同伴，交叉距离贴近，接球后快速向前运球。

图 4-3-9　交叉掩护配合

斜传直插

（3）斜传直插配合（图 4-3-10）。斜传直插配合是指在正面面对对方队员难以突破，且本方队员前来支援接应时，将球传给队友后向前直插摆脱防守的配合形式。当防守队员身后有一定空当，防守队员距插入队员较近时，采用此配合效果较好。需要注意的是：

① 在进行配合时传球队员需注意斜传球的时机及力度。

② 接应队员在接应时应与前插队员保持距离、拉开接应角度，以便向前斜传。

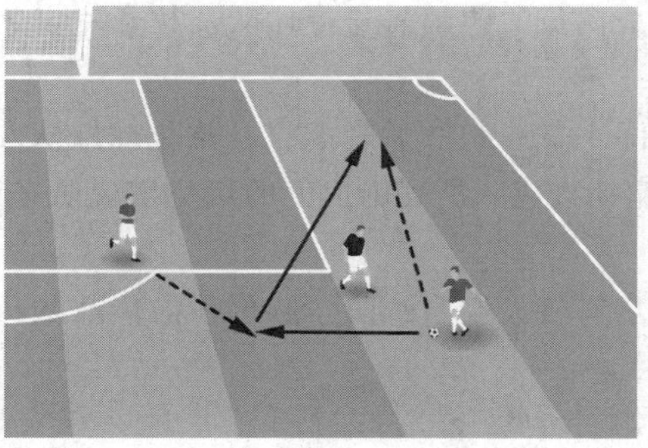

图 4-3-10　斜传直插配合

（4）直传斜插配合（图 4-3-11）。直传斜插配合是指在局部造成以多打少的局面时，通过横向的传球来调动防守队员的位置及注意力，然后快速向前传球摆脱防守的配合形式。进行直传斜插配合时应注意：

直传斜插

① 当防守队员身后有较大空当或防守队员移向接应队员时，采用此配合效果较好。

② 注意要根据防守队员身后空当的大小来选择传球的力量。

（5）斜传斜插配合（图 4-3-12）。斜传斜插配合是指在局部空间比较小、人员较为密集时，通过斜向传球来调动防守队员的位置及注意力，然后快速向斜前方传球摆脱防守的配合形式。在进行斜传斜插配合时应注意：

斜传斜插

① 当防守队员身后空隙较小或采用连续二过一时，采用此配合效果较好。

② 此种配合对传球力度及方向要求较高，要求传球的方向、力量要恰到好处。

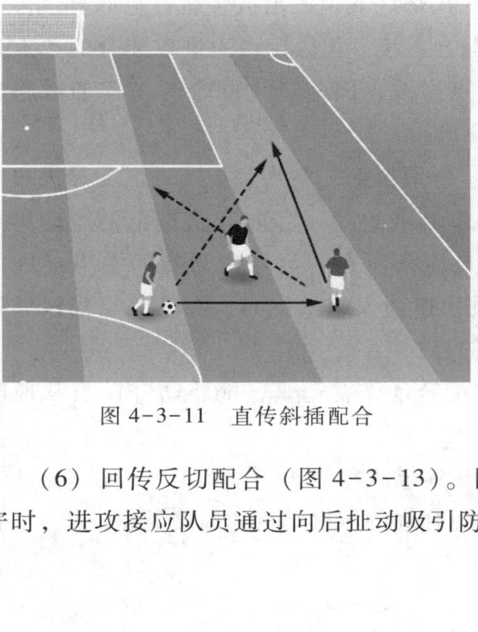

图 4-3-11　直传斜插配合

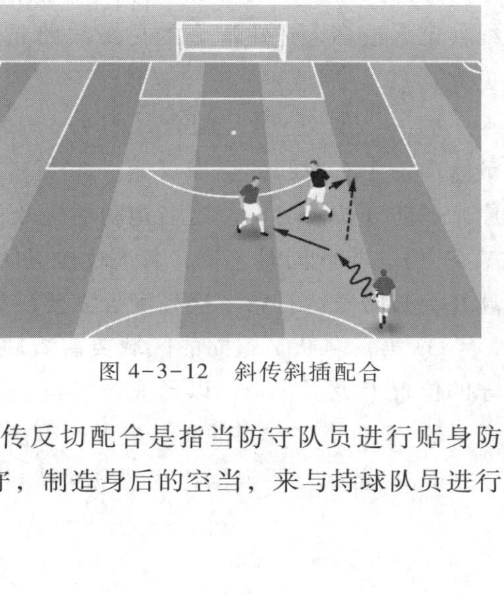

图 4-3-12　斜传斜插配合

（6）回传反切配合（图 4-3-13）。回传反切配合是指当防守队员进行贴身防守时，进攻接应队员通过向后扯动吸引防守，制造身后的空当，来与持球队员进行

回传反切

传切配合的一种配合形式。需要注意的是：

① 当接应队员与控球队员有一定的纵深距离，而且防守队员贴身逼抢时，可主动向后扯动，拉出空当时可采用此配合。

② 做此配合时接应队员的跑动需与持球队友拉开一定的角度，为持球人向前传球拉开空当。

后套配合

（7）后套配合（图 4-3-14）。后套配合是指传球给队友后迅速下插跑动，队友接球后向前传球，跑动接应队员利用速度的优势摆脱防守队员的一种配合形式。需要注意的是：

① 当防守队员身后有较大空当，防守队员移向传球队员时，采用此配合效果较好。

② 此种配合多运用于边路。

图 4-3-13　回传反切配合

图 4-3-14　后套配合

2. 三人或多人间局部进攻战术

三人或多人进攻战术配合，一般是指在局部区域由三名或多名进攻队员攻击对方防守队员（即 3 打 2 和 3 打 3）的战术配合方法。相较于两人进攻配合的单点单线，三人或多人进攻配合的传球线路是多点多线，因此进攻配合对防守的威胁也更大。

（1）“第二空当”配合（图 4-3-15）。所谓打第二空当是指当一名无球进攻队员跑向一个有威胁的空当（第一空当）并牵制或迫使一名防守队员跟随跑动离开原来的防守位置时，使这名跑动的进攻队员原来所在的区域成为新的空当（即第二空当），与此同时，第二名进攻接应队员快速插入第二空当，在第二空当区域接球并突破防守。打第二空当配合需要注意的是：

① 第一名队员跑向的区域要有威胁，配合动作要逼真，能将防守队员从原防守的位置上吸引开来，以形成新空当。

② 插向第二空当的队员应及时摆脱，迅速插入空当。

③ 三名队员要根据比赛情景保持相互间合理的位置结构和联络关系。

（2）“间接墙式”配合（图 4-3-16）。“间接墙式”配合是指在局部进攻配合时，进攻持球队员将球传给接球队员后，接球队员将球传给第三名插上队员并越过对方防线的战术配合行动。间接墙式配合需要注意的是：

① 三名进攻队员应当形成前一后二的三角形站位。

② 位置在前的无球队员要牵制住一个防守队员，使防守队员形成前后松散的位置关系。

③ 位置在后的持球队员要与另一名接应同伴抓住时机进行“间接墙式”配合越过第一个防守队员。

图 4-3-15 “第二空当”配合

图 4-3-16 “间接墙式”配合

（三）整体进攻战术

整体进攻战术是指为了完成进攻战术任务所采用的全局性的配合方法。一次完整的整体进攻由发动、推进和结束三个阶段组成。发动阶段是获得球、控制球、传球的进攻阶段；推进阶段是通过整体无球跑动和有球配合迅速展开的全面进攻阶段；结束阶段是通过传中、运球突破、传切配合等形式创造攻击对方球门的进攻阶段。依据进攻的区域，整体进攻战术可分为边路进攻、中路进攻和转移进攻；依据进攻的速度，整体进攻战术可分为快速反击、层次进攻和破密集防守的进攻。

1. 边路进攻

边路进攻一般是指进攻的最后阶段发生在前场罚球区线以外区域的进攻。边路进攻通常有两种构成形式：其一是进攻过程始终沿边路而行；其二是通过中路转移至边路。边路进攻打法的主要目的在于充分利用“宽度”原则，拉开防守面，削弱中路的防守力量，创造中路破门得分的有利战机。

（1）边路传中（图 4-3-17）。边路传中是指在平行于边线的罚球区线外侧的边路进行传中，如低平球传中、高吊球传中等。如对方已在罚球区前沿组织好防线，此时可以利用边路突破横向扯动对方的防线，利用边路传中制造射门机会。边路传中时应做到：

① 传球前提前观察队友跑位，送出精准传中。

② 边路突破时应想法坚决并有突然性，不然很容易被防守队员封堵。

③ 提前观察防守队员跑位选择合理的传中方法，防守队员速度慢可选择贴地传中，跟防队员身高低可选择过顶传中。

图 4-3-17 边路传中

（2）边路横向或斜向推进后下底回扣传中（图 4-3-18）。边路横向或斜向推进后下底回扣传中是指边路突破后沿球门线切进罚球区内，在中卫封堵之前采用低球回扣传中，由队友在中路抢点射门。低球回扣传中时应做到：

① 传球需要有一定的隐蔽性，避免被对手预判拦截。

② 提前观察队友和对手跑位，使传球不易被防守队员破坏。

③ 尽快选择处理方式避免守门员出击将球破坏。

图 4-3-18 边路横向或斜向推进后下底回扣传中

（3）边路斜向突破射门（图 4-3-19）。边路斜向突破射门是指从边路突然走内线，斜向将球运向球门，到一定距离起脚射门。边路斜向突破射门应做到：

① 射门前观察守门员站位，选择合理时机起脚射门。

② 斜向突破时要坚决，不要暴露意图让对方察觉。

③ 身体要有假动作，使防守队员不易跟防。

图 4-3-19 边路斜向突破射门

（4）边路斜线二过一或短传配合射门（图 4-3-20）。边路斜线二过一或短传配合射门是指从罚球区前角，由边路走内线，或由中路分球到边路时，切入边后卫与中后卫相结合的区域，与中锋和前卫传切配合，突破后直接射门。遇到拖后中卫封堵时，可隐蔽性回传球，创造射门机会。此类配合需要做到：

① 果断选择传球线路，不能意图太过明显，易被拦截。

② 有射门机会果断起脚，机不可失。

③ 无球队员应积极跑位拉开空间，扰乱对方防线布置，不可原地待命。

图 4-3-20　边路斜线二过一或短传配合射门

对于以上边路进攻形式的合理选择，主要依赖于队员对具体攻守战术形势的判断分析，应有利于发挥自身的特长。一般来说，在这四种形式中，边路传中运用得最为广泛。当运用传中方式时，传球队员需特别记住的是，抓住中路防守组织变动或混乱时刻传球比一味追求沉底而贻误战机的传中更重要。

2. 中路进攻

中路进攻通常是指进攻最后阶段发生在前场中间区域的进攻。中路进攻形成的渠道一般也来自中路直向推进和边中转移两种形式。

一般来说，中路进攻是一种比边路进攻更具有威胁性和直接性的进攻战术。由于中路往往防守队员密集，以致进攻有效性的难度很大，但此战术一旦成功，则比边路进攻效果更明显。中路进攻常见的形式有：

（1）运球推进中远射（图 4-3-21）。运球推进中远射是指运球突破中远距离射门，该战术应做到：

① 射门前观察守门员站位。

② 远射要具备一定的突然性，不可犹豫不决。

③ 无球队员横向跑动拉开空间并准备进行补射。

（2）个人运球突破射门（图 4-3-22）。个人运球突破射门是指利用个人娴熟的控运球技术突破后冷静射门，应做到：

① 突破时把握好距离，不易被抢断，保留进攻机会。

② 突破后观察守门员站位，选择合理的射门方式，果断起脚。

③ 射门后及时找回重心等待补射机会，补射机会非常珍贵。

图 4-3-21 运球推进中远射

图 4-3-22 个人运球突破射门

（3）局部各种二打一配合或三打二配合快速射门（图 4-3-23）。局部各种二打一配合或三打二配合快速射门是指中场突破空间小、时间短，在对方人缝中利用二过一配合或传切配合突破防守并射门。在进行类似配合时应做到：

① 传球要隐蔽，不易被对方出脚抢断。

② 接球后观察防守队员跑位，如防守队员仍然跟防下底队友，则应灵活选择合理传球路线。

③ 无球队员积极跑位拉开空间，有利于持球队员处理球时更加自如。

图 4-3-23 局部各种二打一配合或三打二配合快速射门

（4）包抄传中球射门（图 4-3-24）。包抄传中球射门是指边路队员将球传中，中路队员插上包抄射门。包抄射门时应做到：

① 传球队员提前观察队友跑位，送出较为准确的传中。

② 包抄队员应提前观察守门员和防守队员站位，选择合理空当插上。

③ 射门后及时调整身体姿态进行补射。

图 4-3-24　包抄传中球射门

（5）战机不适向两翼分球（图 4-3-25）。战机不适向两翼分球是指中路进攻受阻时，向两个边路分球，另寻进攻时机。向两翼分球时应做到：

① 边路队员拉开横向空间，制造充足的接球空当。

② 传球队员提前观察两侧，选择合适的传球方向，为下一步进攻进行铺垫。

③ 传球后及时接应，给边路队员提供更多的传球选择，让对手不易跟防。

图 4-3-25　战机不适向两翼分球

（6）任意球直接或配合射门（图 4-3-26）。任意球直接或配合射门是指在前场获得任意球时，通过任意球直接射门或者配合射门。任意球射门时应做到：

① 观察守门员和人墙位置，寻找合适的射门角度。

② 坚决执行既定的任意球战术，中途不可突然变化，打乱队友节奏。

③ 罚球区里的队友积极穿插跑位打乱对手防线布置，寻觅补射机会。

3. 转移进攻

转移进攻是指由一个区域转向另一个区域的进攻配合，一般有中路进攻受阻时转移到边路组织进攻，或边路进攻受阻时转移到中路组织进攻，或一侧边路转移到另一侧边路的进攻（图 4-3-27，图 4-3-28）。

图 4-3-26 任意球直接或配合射门

图 4-3-27 远距离转移进攻

图 4-3-28 边路转移进攻

转移进攻的特点是充分利用场地的空间和足球比赛中没有进攻时间和传球次数限制的规则，及时转移攻击点，迫使对方防线横向扯动，出现空当，从而成功突破防线。转移进攻应做到：

（1）进攻受阻时的明显标志是防守局部人数明显超过进攻局部人数，而且防守能力很强，此时应及时转移进攻方向。

（2）队员的视野要广，转移进攻点的意识和观察分析、审时度势的能力要强，这样才能及时把握转移的时机。

（3）转移进攻最好要有组织者，组织者一般应是突前前卫或拖后前卫，当局部进攻受阻时，应由组织者及时转移进攻点至防守弱侧。

（4）转移进攻时，全队思想要统一，行动要积极。特别是一侧边路进攻转移到另一侧边路进攻时，前卫、边后卫应及时插上，进攻才会收到较好的效果。

4. 快速反击（图 4-3-29 至图 4-3-31）

快速反击是指从防守中获得球权并且尽快地把球输送给处于有利位置的中、前场队员，使其在对方还没有完全组织好严密防守之前得到一次良好的射门机会。

在当今足球比赛中，快速反击的机会通常表现为：

（1）断截到对方一次不准确的传球后。

（2）抢到对方脚下控制的球后。

（3）对方进攻中犯规而被判罚任意球后。

上述机会是否能充分利用并表现出有效性，最为关键的因素在于“快”和“准”。如果一个队能抓住对方布局仍处于进攻状态时便即刻反击，并辅之准确地配合，那么这个队多半能创造出有威胁的射门机会。

图 4-3-29　任意球快速反击

图 4-3-30　任意球配合快速反击

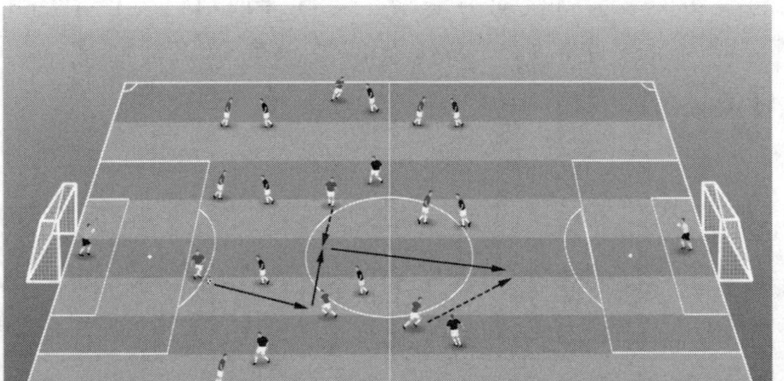

图 4-3-31　快速反击

5. 层次进攻（图 4-3-32）

层次进攻是指有组织、有步骤、层层推进的一种进攻方式，一般发生对方已组织好防守部署的情况下。

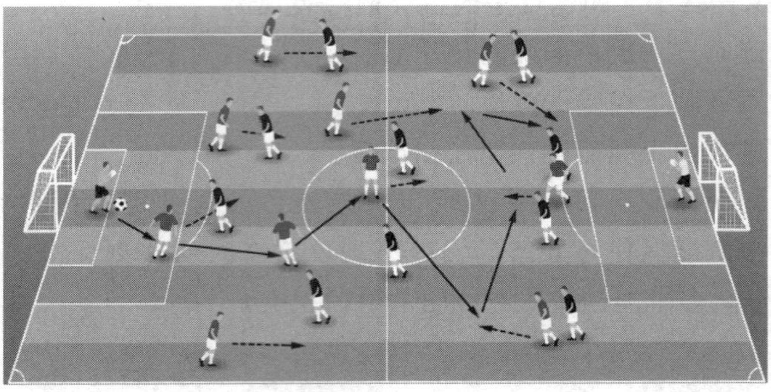

图 4-3-32　层次进攻

层次进攻是一种比快速反攻更审慎的进攻打法形式。如果速度和冒险是反击基础的话，那么层次进攻具有稳妥和准确的特征。一般来说，只有技艺高超、具有良好战术素养并能很好运用进攻宽度、渗透等五原则和善于讲究比赛节奏的球队才可在实践中充分体现出这一打法的优势。

6. 破密集防守的进攻

破密集防守的进攻是指针对对方全队收缩在后场、防守队员密集情况下的进攻配合。破密集防守的进攻方法有：

（1）拉开进攻的宽度。横向扯动拉开对方的防线，使中路出现空当。然后传中利用队伍中的高中锋创造射门机会，或者利用肋部空间进行传切配合撕扯对方防线。

（2）二过一配合。进行局部小范围内连续、快速、多变的直接二过一配合。

（3）外围传中。在场上配合受阻的情况下，采用外围高球传中，利用内线队员交叉换位和中锋队员头球直接射门或摆渡创造射门机会。

（4）运球突破。要敢于运球突破对方防线，往往在密集防守中，依仗出色的个人能力形成的成功突破会打乱对方防线，为同伴或自己创造射门机会。

（5）插上远射。外线队员利用内线队员拉出的空当及时插上，直接远射，内线队员多点包抄或补射。

第四节　足球防守战术

足球防守战术是比赛中为了阻止对方进攻和重新获得球权所采取的个人和集体

配合方法。进攻与防守是矛盾的两个方面，两者相互制约，相互促进。没有稳固的防守，再锐利的进攻也不能获得比赛胜利，而只守不攻亦不能获胜。因此，在稳固防守基础上的快速进攻已成为现代足球攻守战术的战略指导思想。

一、防守战术原则

在足球比赛中，控球权的丧失意味着本队防守的开始。成功的防守是确保本方球门稳固的重要保证，也是积极进攻的必要前提。在足球比赛中，应遵循“延缓、三角支援、整体密集、沟通等防守战术原则。

（一）延缓：压迫

最大限度地延缓对方进攻的推进速度是有效构筑本队整体防守体系的先决条件。因此，在由攻转守瞬间，有球区域的防守队员必须首先实施就地阻截干扰或封堵对方向前传球或运球推进的路线，尽可能减缓其进攻推进速度，为其他防守同伴迅速回撤、完成整体布防争取时间。阻止对方发动快速反击是防守延缓原则的核心。

（二）三角支援：保护

有球区域的防守队员就地阻截干扰或封堵对方向前传球或运球推进的路线，尽可能减缓其进攻推进速度后，仍有被对方持球队员突破的可能，这样就会打破本方防守体系的平衡。因此，本队队员应当对该队员进行三角支援，形成有效的保护，确保本方防守体系的完整性。此外，保护的队员应掌握好保护的距离与角度，与周围队员形成三角支援队形。执行该原则时，队员之间应积极沟通交流，使上抢与保护之间保持紧密联系。

（三）整体紧密：平衡

所谓整体紧密通常是指防守队员在保持合理的防守队形和位置的前提下，通过移动保持相互间紧密的防守队形，从而收缩封闭对手的控球时间，因时而宜地采取积极的反抢行动。与此同时，防守队员在人数上至少要与进攻队员保持等量，形成防守人数及力量与对方进攻力量的对等均衡。因此，良好的由攻转守角色意识和快速回防的奔跑能力，是有效运用该原则的必然要求。

（四）沟通原则：呼应

沟通是足球比赛中队员之间必不可少的行为习惯。在防守过程中，防守队员可以通过与同伴之间的积极交流保持整体阵型的移动，形成合理的防守队形，伺机解围或重新获得球权。在执行这一原则时，防守队员之间要随时保持交流呼应，必要的沟通交流有时甚至可以弥补个体防守队员的防守缺陷，从而提高整体防守的效果。

二、防守战术分类

（一）个人防守战术

个人防守战术是指为了控制对手所采用的个人战术行动。个人战术行动体现着整体战术的特征。个人战术行动是整体战术的基础，包括选位与盯人、断球和抢球等。

1. 选位与盯人

选位是指防守队员根据位置职责和临场情况，选择适当的防守位置。盯人是指在正确选位的基础上，对防守的对手实施监控或严密控制其进攻行动。

（1）防守选位时应注意（图 4-4-1）。

① 选位要及时，应先于进攻队员选择合理位置。

② 选位的基本原则是进攻队员、防守队员和本方球门中心三点成一线，并保持适当距离。

③ 选位要组成纵横交错的三角或菱形网络队形。

④ 以多防少或以少防多时，要根据具体情况和任务目的灵活选位。

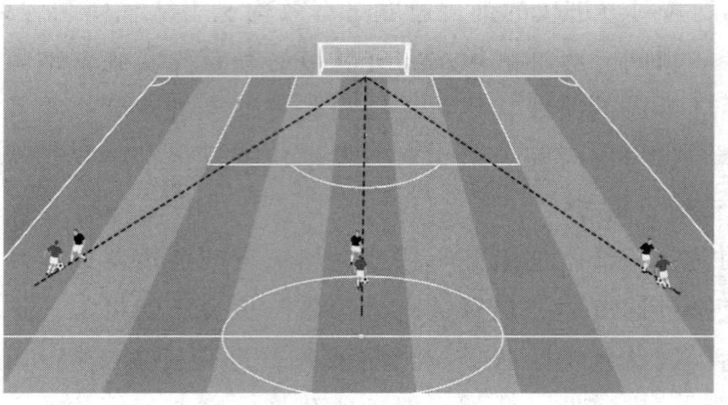

图 4-4-1　选位路线

（2）防守盯人时应注意（图 4-4-2）。

① 盯人时应兼顾球和空间情况的变化。

② 盯人应在正确选位的基础上，根据不同的场区和任务，对进攻队员实施紧逼盯人或兼顾盯人。

③ 盯人时应注意保持与进攻队员之间的距离。

图 4-4-2　盯人

2. 断球

断球是指将对方的传球从途中截下来或破坏掉的战术行为。断球是转守为攻最主动、最有效的战术行动，能在对方来不及反抢的状态下发动快速反击。

(1) 断球通常包括以下几种形式。

① 横断球：是指将进攻队员的横向传球截断的动作。

② 纵断球：是指将进攻队员的纵向传球截断的动作。

③ 封断球：是指在封堵持球队员传球时将球截断的动作。

(2) 防守断球时应注意。

① 合理选位是防守中进行有效断球的前提，防守时身体姿态应偏向有球一侧。

② 断球前应观察周围情况并对进攻队员的进攻意图做出准确判断，预测可能的传球时机与路线。

③ 断球时应把握恰当时机，先于对方队员接球前将球截断。

④ 断球后应快速衔接下一个动作，以保证将球控制到本方脚下，或者发动快速反击。

3. 抢球

抢球是指将对方控运的球抢过来或破坏掉的战术行动。抢球是重要的个人战术，是个人防守能力的重要标志。

(1) 一般来说，常见抢截场合可概括为三种形式。

① 在对手接球前断截球。

② 在对手接球的一刹那间抢断球。

③ 在对手接球后抢截。

(2) 防守抢球时应注意。

① 抢球时应站位于持球对方与本方球门的中心线，并与对方队员保持合理的距离。

② 抢球时应把握合理时机，果断、准确地上前抢球，切忌盲目上抢。

③ 抢球时应合理利用身体对抗，通过占据身体对于球的优先位置将球抢截。

(二) 局部防守战术

局部防守战术是指两个或两个以上防守队员之间的配合方法，是整体防守战术的基础。局部防守战术的基本配合形式有保护、补位和围抢。

1. 保护

保护是指给逼抢持球队员的同伴心理和行为上的支持。使其无后顾之忧，全力以赴，紧逼对手，一旦被持球队员突破，保护队员可及时补防堵住进攻路线和夺回控球权，如果逼抢队员夺得球权。保护队员可以及时接应，发动进攻。进行保护时，应注意：

(1) 保护队员与逼抢队员的距离是动态变化的，根据不同场区应有所不同。

(2) 保护队员选位要根据临场具体情况随时调整角度。

（3）保护队员选位时还应考虑双方人数的对比，从而进行合理的保护选择。

（4）保护队员还要通过语言指挥同伴抢截和选位，同时让同伴知道自己的保护位置，使防守配合更加协调、有效。

2. 补位

补位是指防守队员为弥补同伴在防守中出现的漏洞而采取的相互协助的战术配合。在比赛中，通过同伴间的相互补位，可以有效地遏制和破坏对方的进攻行动，变被动为主动。

（1）补位主要有如下几种形式。

① 当前卫或后卫队员插上进攻造成退守不及时，邻近的队员应暂时弥补其空位，以防对方利用这一空当进行快速反击（图 4-4-3）。

图 4-4-3　邻近队员补位

② 当同伴被突破后，保护队员要及时补位防守，将球夺回来或阻断其进攻路线。被突破的队员应立即后撤，选择适当位置转化为保护队员（图 4-4-4）。

③ 守门员出击时，后卫队员要及时回撤到球门线附近，弥补守门员的位置，防止守门员出击失误，对方突然射空门（图 4-4-5）。

图 4-4-4　后卫相互补位

图 4-4-5　守门员出击时的补位

（2）补位时应注意以下几点。

① 补位应迅速、及时。若防守队员有能力在回追中形成有效防守，则尽量不进行防守换位和防守补位。

② 补位时尽量发生在相邻位置队员之间，避免跨位置及多名队员进行补位，以免造成防守阵型的混乱。

③ 防守补位时应注意相互呼应、沟通默契，以快速构建完整的防守阵型。

3. 围抢

围抢是指两个以上的防守队员从多方位夹击对方的控球队员，把球抢夺回来或破坏掉的战术配合，是足球比赛中将球抢断的有效战术。

（1）根据场区划分，围抢可以分为三种形式。

① 前场围抢：是指对方在后场控球时，本方采取高压战术，对持球队员进行围抢的战术，以破坏对方进攻节奏或获得有效进攻机会。

② 中场围抢：是指在中间场区对持球队员进行围抢的战术，但该区域围抢的成功率较小，难度较大。

③ 后场围抢：是指在本方后场对持球队员进行围抢的战术。后场围抢时通常可以形成以多打少的局面，因此围抢的成功率较高。

（2）围抢的注意事项如下。

① 围抢时应保持全队思想统一，行动到位，全方位限制持球队员的出球点，以形成有效围抢。

② 就近的围抢队员，应对持球队员进行贴身逼抢，并对其传球进行有效封堵，切忌盲目上前扑抢。

（三）整体防守战术

整体防守战术是指全队所采取的防守配合。整体防守战术按形式可分为人盯人防守、区域盯人防守、混合盯人防守等。

1. 人盯人防守（图 4-4-6）

人盯人防守是一种除自由人以外，其他每位队员都有固定盯人对象的防守形

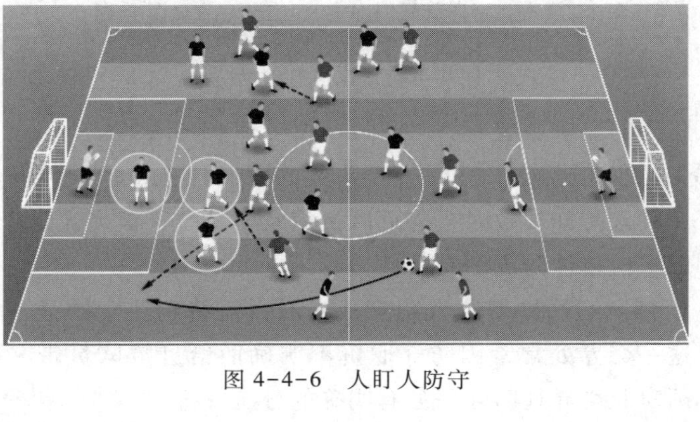

图 4-4-6　人盯人防守

式。在这种打法中，自由人的任务主要是补位和指挥，其他队员则是严密控制被盯者的各种进攻行动。这种打法的突出特点是，在全场攻守的每个时间、空间，两两对垒的情境总是使每位进攻队员始终处于压力之中。这一防守战术对防守队员的要求主要有：

（1）由于这一打法的成功在很大程度上取决于每位队员盯人任务完成的状况，一人失职常常会带来以少防多的困境，造成整体防守混乱。因此，人盯人防守打法要求每位队员必须具有较强的个人作战能力。

（2）个人作战能力是人盯人防守的重要基础，但无论队员有多么强的个人作战能力，在 90 分钟的比赛中也难免没有偶然失职之时。因此，人盯人防守尽管强调每位队员必须盯死自己的对手，但同时仍要求同伴间的协作，即在每一攻守回合中，当同伴盯人失误时，邻近队员应能根据当时战势进行灵活补位，以保全整体人盯人防守的严密性。

（3）人盯人防守始终使进攻队员行动受限，但同时对每位防守队员的体力素质也提出了极高要求，因为在全场范围，防守队员始终需不停地奔跑和争夺。

2. 区域盯人防守（图 4-4-7）

区域盯人防守的基本含义是，每位防守队员占据一定的活动区域，当进攻队员进入该防区时，区域防守队员实施严密盯人，以控制进攻队员在此区域的一切有效行动。在区域盯人防守中，也有一个自由人担负补位和指挥的作用，自由人一般由中后卫担任。

图 4-4-7　区域盯人防守

区域盯人防守的要求主要有：

（1）区域盯人防守规定了每位防守队员的明确任务，但同伴间仍需必要的协作，当某一区域盯人防守失败时，邻近队员应及时补位，被突破防守队员也应及时地与其换位，以求得整体防守的有效性。

（2）当一个球队运用区域盯人防守战术时，需特别注意的是各区域间交界处的防守。由于这一交界处常常因防守职责不明确而给进攻队员带来可乘之隙，因此，教练员必须对此交界处防守任务有明确的分工安排。

3. 混合盯人防守（图 4-4-8）

混合盯人防守是人盯人防守和区域盯人防守两种形式编织一体的防守战术，是当今足球比赛中运用较为普遍的防守形式之一。此战术的最大特点是，能根据对手情况灵活地将人盯人防守和区域盯人防守的优点充分运用，以提高全队防守的效果。

图 4-4-8　混合盯人防守

混合盯人防守的运用方式是极度灵活的，这完全取决于对方队员的特点。比如对方的进攻主要靠两前卫组织和插上，这时防守队就可以用两个前卫紧盯，其余队员采用区域盯人；又如对方进攻最有威胁的人物是中锋，混合盯人防守就可以派人紧盯此人。

混合盯人防守具有较多的有利之处，因此，目前运用此打法形式的球队也越来越多。但一个队在运用混合盯人防守时有三点须明确：

（1）紧盯对方威胁人物的队员在防守时须紧随不离此人，而当本方获得球权转为进攻时，应当敢于且善于甩开被盯者，大胆参与进攻。

（2）队伍核心队员应尽量避免执行盯人任务，即使位置对应也应避免。如果该队员是防守的组织者，将限制其进行指挥；如果该队员是进攻的威胁人物，虽然在进攻中可以自由，但或多或少会对其进攻的注意力和正常发挥进攻潜力有不良影响。

（3）在进行混合盯人防守时，应根据实际情况将盯人防守与区域盯人防守合理结合运用，成功化解对方的进攻。

4. 向前逼压防守

向前逼压防守是指丢失控球权后，不是回撤消极防守，而是立即对持球队员、对空间进行逼压，降低对方的进攻速度，迫使对手失误，将球破坏或重新获得球权。

在一场高水平的足球比赛中，双方攻守转换的次数为 300 次左右，80%～85%的控球权都是经过激烈争夺而获得的。52.5%的进球来自前场重新夺球，29.7%的进球来自中场重新夺球。大多数情况下，每场比赛所有场区都会在 3～5 秒或 3～5 次传递之间快速交换球权。另外，前场夺球进球的可能性是后场的 7 倍。

向前逼压防守应注意：

（1）由攻转守时，在中前场队员体能消耗较大的情况下，要立即就地逼抢，整个球队必须具备全攻全守的战略意识。

（2）保持紧密队形。在本队进攻时，三条线应整体及时压上，这是逼压防守在丢球后立即形成合理有效队形的基础。

（3）具备良好的体能和顽强的意志。良好的速度耐力素质对比赛中快速、频繁攻防转换的比赛节奏及攻守平衡尤为重要。

5. 层次回撤防守

层次回撤防守既不同于消极回撤防守，又不同于向前逼压防守，而是分层次、有步骤、有组织的防守方式。第一层次是在丢球后，离球最近队员立即逼抢，附近队员堵截传球路线，延缓进攻，争取回防时间；第二层次是其他队员迅速回位，既要选位盯人，又要以球为中心，按场区分主次，组成相互支持与保护的纵深防守队形和体系；第三层次是在稳固防守的基础上，变被动防守为主动争夺球权，即变防守为进攻。

6. 快速密集防守

密集防守是一种缩小防范区域，集防守主要力量于门前危险地带，而仅留一至两名队员于中场附近的防守形式。密集防守的主要防范区域是门前的倒“漏斗”。其防守打法的主要特点是，防守人数多，可乘空隙少，渗透性进攻配合较难，因此，破门的难度也相对较大。由于该防守打法使绝大多数队员居于门前，由守转攻时会影响反击的速度。因此，该防守打法一般更多地用于对手实力整体明显高于自身的球队。

快速密集防守应注意：

（1）由攻转守时，密集防守的队员必须迅速回撤，以部署和站好各自的位置。

（2）由守转攻时，持球队员应尽可能通过长传给前场队员送球，力求形成出其不意，攻其不备，以快制胜的战术效果。

第五节 足球定位球战术

足球定位球战术是指足球比赛死球时所采用的攻守战术方法，包括任意球、角球、掷界外球、球门球和中圈开球等。定位球战术在现代足球比赛中的作用和效果极为重要，已成为比赛胜负的重要因素，尤其是在势均力敌的比赛中，关键性的进球常常是定位球。

一、任意球战术

（一）任意球进攻战术

任意球是比赛破门得分的最锐利武器之一。前场任意球的重要进攻区域有罚球弧区域、罚球区角及两侧区域、罚球区内。

1. 罚球弧区域的任意球进攻

（1）直接射门。选用一名擅长左脚或一名擅长右脚的队员直接射门，根据赛场情况确定进攻方法和主罚队员。掩护队员先跑，为主罚队员做好掩护。如A队员和B队员在离球5米左右处排墙阻挡守门员视线，尽可能地使人墙散开（图4-5-1）。

（2）攻方排墙，一拨一射。队员不能直接射门时，攻方可采用排墙后一拨一射的方法避开人墙的封挡，增大射门角度。如A队员向右轻拨，守门员的左侧空当暴露，C队员用左脚射远离守门员方向的直线或弧线球，将对球门产生极大的威胁（图4-5-2）。

图4-5-1　直接射门

图4-5-2　一拨一射

2. 罚球区角及两侧区域的任意球进攻

（1）直接射门。在罚球区角获得任意球时，多数的进攻目标是近门柱。用绕过人墙的内侧弧线球或越过人墙后下落的弧线球射向守门员近门柱一侧的空当，这种球成功的可能性较大。实践证明，射向近门柱的成功率远高于射向远门柱的成功率（图4-5-3）。

（2）传球配合射门。除直接射门外，也可采用长传门前，由同伴头顶射门或先短传后中长传配合射门。主罚队员应将球传至防守队员身后而守门员又难以出击的空区（图4-5-4）。注意攻门队员插上要及时，摆脱要突然，相互应掩护。

图4-5-3　直接射门

图4-5-4　传球配合射门

3. 罚球区内的间接任意球进攻

攻方在罚球区内罚任意球的机会很少，但须做好准备，一旦出现机会，守方11名队员会退到罚球区全力防守。若在球门区附近，守方所有队员会在球门线上排墙，球射出的刹那，守方会全部向前封堵（图4-5-5）。因此，罚球时要做到：

图4-5-5　罚球区内的间接任意球进攻

（1）如果射门角度小，第一次触球可向侧后方轻传，增大同伴的射门角度。

（2）观察守门员的站位，一拨一射连接要紧凑，将球射向离守门员远的防守队员的头顶上空。

任意球进攻方式的选择，主要取决于队员特点和场上的具体形势。一般来说，在发任意球时应遵循下列几个原则：

（1）任意球机会在高水平比赛中甚为难得，组织进攻必须考虑周密，认真对待，力争成功。

（2）任意球进攻时，任何队员只要有可能就直接射门，不要进行多变且复杂的战术方法。

（3）任意球进攻过程应尽可能快速，每位队员都应尽量排除不必要的传或运球。

（4）发任意球前，场上每位队员应根据位置特点和赛前部署及时到位，做到既有计划准备，又尽可能快速。

（5）前场任意球失败后，每位队员必须迅速回位，以防因人员堆积前场，后场空虚而遭对方快速反击的威胁。

（二）任意球防守战术

当对方在中后场发任意球时，防守队员需要很好地组织和站位。如果在前场发任意球，那么必须要排墙（图4-5-6）。罚球区附近设置人墙时要注意以下几点：

（1）干扰对手罚球，争取时间，迅速组织人墙。

（2）根据罚球地点、角度确定排人墙的人数，一般为2～5人。人墙一般封球

图 4-5-6　不同角度排人墙的人数

门近角，守门员应选择最佳位置，既能观察球和罚球队员的动作，又能兼顾整个球门的防守。

（3）离罚球地点 9 米左右处排墙，不宜再近，否则当裁判员要求人墙后退至规定距离时，会影响封堵的角度而造成危险。

（4）由守门员指挥，也可由人墙最外侧第二位队员指挥，该队员离球 9 米，使近门柱、守门员、球成一条直线，以防从外侧绕过人墙的弧线球。

（5）排人墙时，最高的队员排在外侧，依次向内。队员间要紧靠，双手交叉于裆部。

（6）在球罚出后，人墙应迅速压上，有效地封堵和缩小射门角度。切忌过早散开人墙。

二、角球战术

（一）角球进攻战术

在选择采取何种角球进攻方式时，首先需考虑的是对方队员与本方队员的特点以及对方站位形式，然后根据临场情况快速做出选择。

1. 短传角球

短传角球的优点是速度快，在角球弧处能形成人数优势，缩短传中距离，提高传球的准确性和增大传球角度。一般来说，当本队队员身材不高、空中争夺球能力较弱或防守队员集中于门前区域时，最好避免直接长传球至门前。

2. 长传角球

多数长传角球是将球传至门前区域，由队友头顶、脚踢直接攻门或配合射门。一般落点有前点、中点、后点三个区域（图 4-5-7）。

（二）角球防守战术

1. 防守角球应抢占的 6 个重要位置

在角球防守的成败因素中，站位和盯人是重要的环节之一（图 4-5-8）。角球站位和盯人的一般原则是：

图 4-5-7 长传角球落点

图 4-5-8 角球防守站位

（1）守门员选位应在球门中后部，斜向站立，既能观察到罚球队员，又能兼顾罚球区内的进攻队员，做到保护球门及控制球门区。

（2）一名队员位于距角球区 9.15 米处，一方面干扰对手发近门柱的低平球，迫使对方发高球；另一方面干扰对方罚短传配合的战术角球。

（3）两个边后卫分别防近、远端门柱的射门和高球，守门员出击时，这两个边后卫应准备补门。

（4）在球门区线附近，防守前、中、后三个危险点，注意盯人盯位，控制球门区外至罚球点间的区域。

（5）在罚球点两侧区域，控制罚球点至罚球区的区域。

（6）在罚球区前沿，控制罚球区前沿区域以防再次进攻和远射，并做好伺机反击的准备。

2. 角球防守注意事项

（1）所有队员的注意力应高度集中，分工明确，各司其职，人球兼顾，切忌盯人不看球或看球不盯人。

（2）防守队员应抢占有利位置，始终处在球、对手和球门内侧之间。

（3）球门区线的三名队员要有高度，头球好，如果对方有高个队员参加进攻，守方应作相应的调整并重点盯防。

（4）在解围或危急时，须抢先触球，踢远、踢高、向两边踢，坚决贯彻安全原则。球一旦踢出，应全线快速压上，压缩对方的进攻时间和空间，并尽可能造成对方越位。

三、掷界外球战术

（一）掷界外球进攻战术

1. 界外球 3 人配合

由于在中前场进攻时，防守方通常采用紧逼盯人的方式，两人配合较难成功，需要 3 人或更多队员的配合，这时，可用一拉一接，一接一插等配合方法拉出空当（图 4-5-9）。

2. 掷长距离界外球配合

在比赛中，许多球队的队员都能掷出 20 米以上的界外球，以增强对球门的威胁。如掷球队员 A 将球掷给接应的队员 B，B 用头向后蹭传至门前，队员 C、队员 D 抢点包抄攻门（图 4-5-10）。

图 4-5-9 界外球 3 人配合

图 4-5-10 掷长距离界外球配合

（二）掷界外球防守战术

对方掷界外球时，全队要注意力集中，对可能接球的队员要紧逼盯人，同时还要相互保护，防止对方切入空当。特别要严防后场掷向门前的界外球，全队要及时回防到位，干扰队员应站在掷球队员附近，限制其掷出低、平弧度的界外球。

第六节 足球战术练习方法

足球战术运用能力是队员在比赛情境下，为战胜对手而采取各种合理、灵活、有效的个人行动或集体配合的能力。练习是战术运用能力发展的最直接有效的途径，一般足球战术教学与训练的基本步骤包括以下几个方面：① 讲解与示范优先；

②手持球或无球状态下进行练习；③非对抗状态下进行练习；④对抗状态下进行练习；⑤比赛状态下进行练习；⑥进攻与防守战术同步进行练习。下面将根据足球战术练习方法构成要素的相关理论，对较为典型的个人、局部、整体和定位球攻守战术的基础练习进行举例。

一、个人战术练习的基本方法

（一）传球与接球的基本练习方法示例

1. 两人自由传球跑位接应练习

（1）练习目的。提高队员的传球与接球能力。

（2）练习方法。两人一组，在20米×10米的方形场地内进行传球跑空位接应练习（图4-6-1）。

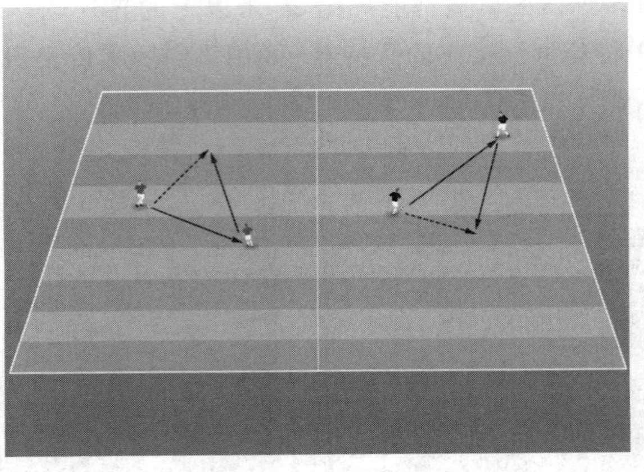

图4-6-1　两人自由传球跑位接应练习

（3）练习要求。注意传球的准确性、力量和时机；传球前要观察同伴跑动的位置；两人要随时注意呼应。

2. 二对二+2传抢练习

（1）练习目的。提高队员的传球、接球和跑动接应的能力。

（2）练习方法。在20米×10米的区域内进行二对二传抢练习，区域两侧各站一名中间人，当有一队传球成功达到10次则得一分（图4-6-2）。

（3）练习要求。注意传球的准确性，力量和时机；传球前注意观察，同伴之间要随时呼应。

（二）运球与射门的基本练习方法示例

1. 运球变向摆脱射门练习

（1）练习目的。提高队员运球与射门的能力

（2）练习方法。场地两侧各站一组队员依次进行练习，队员需运球变向摆脱标志桶后完成射门（图4-6-3）。

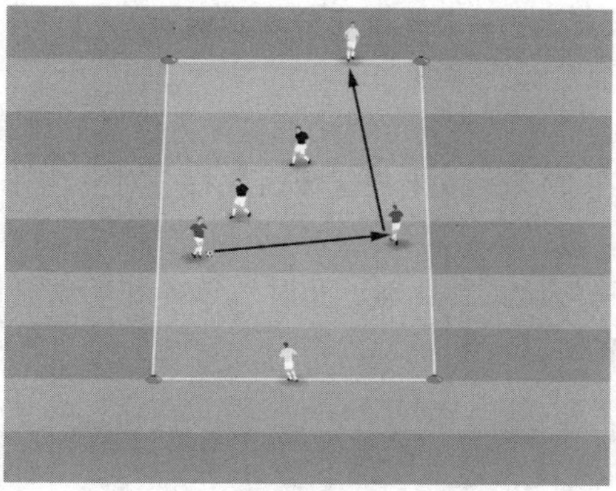

图 4-6-2　二对二+2 传抢练习

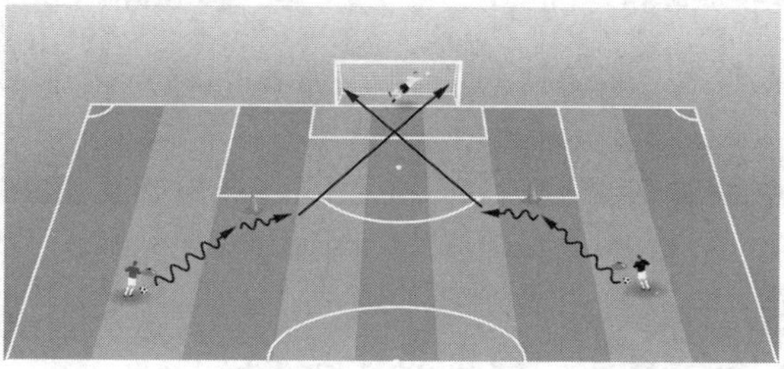

图 4-6-3　运球变向摆脱射门练习

（3）练习要求。运球时要抬头观察，注意运球节奏的变化，射门前要观察守门员的位置，随时补射，运球与射门的衔接动作要快。

2. 一对一运球突破射门练习

（1）练习目的。提高队员运控球与射门能力。

（2）练习方法。场地两侧各站一组队员依次进行练习，进攻队员运球突破或者摆脱防守队员后完成射门（图 4-6-4）。

图 4-6-4　一对一运球突破射门练习

（3）练习要求。进攻队员运球时注意观察和防守队员的距离，注意运球节奏的变化；射门前观察守门员的位置，随时补射。

（三）选位、盯人与保护的基本练习方法示例

1. 一对一攻守正面目标线练习

（1）练习目的。提高队员在防守时的选位能力以及抢球的能力。

（2）练习方法。在 20 米×20 米的区域内进行一对一攻守训练，进攻队员运球越过目标线即可得分，防守队员封堵进攻队员通往目标的路线（图 4-6-5）。

（3）练习要求。防守队员要合理、及时地选择和调整盯防的位置，迅速压迫进攻队员，为自己防守创造优势。

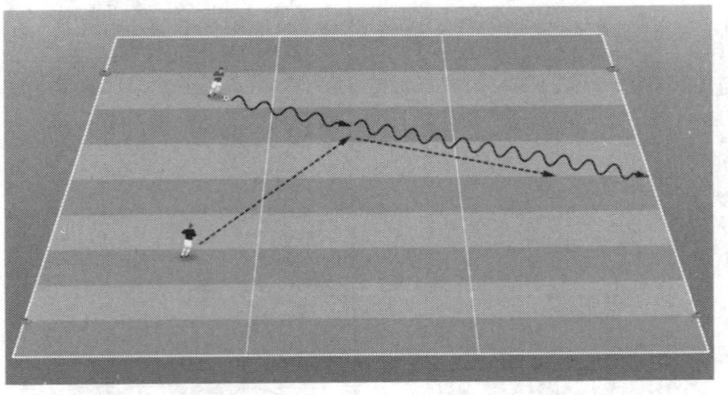

图 4-6-5 一对一攻守正面目标线练习

2. 一对一攻守多目标练习

（1）练习目的。提高队员在防守时的选位能力。

（2）练习方法。在 20 米×20 米的区域内进行一对一攻守多个目标练习，进攻队员运球越过任意一个小球门即可得分，防守队员成功抢球则攻守交换（图 4-6-6）。

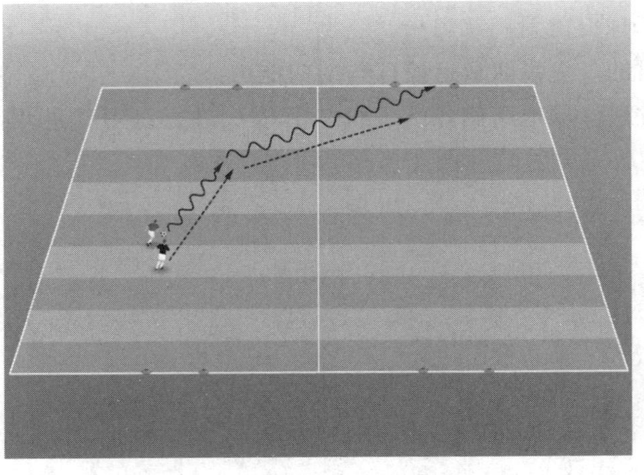

图 4-6-6 一对一攻守多目标练习

（3）练习要求。防守队员要合理地选择和调整盯防的位置，迅速压迫进攻队员，为自己防守创造优势。同时应该选择合理位置，兼顾多个球门的防守。

3. 二对二协防保护练习

（1）练习目的。提高队员在防守时的保护能力。

（2）练习方法。在 20 米×15 米的区域内进行练习。两名队员进攻射门，一名距离持球队员近的防守队员迅速压迫，另一名防守队员在合理的位置为其进行保护（图 4-6-7）。

图 4-6-7　二对二协防保护练习

（3）练习要求。离持球队员最近的防守队员应快速靠近并实施压迫，进行保护的队员在其身后选择合适的距离与位置对其进行保护，同伴之间要注意随时呼应。

4. 五对五攻守练习

（1）练习目的。提高队员在防守时的保护能力。

（2）练习方法。在 40 米×20 米的场地内进行五对五小比赛，防守队员注意压迫、保护与平衡（图 4-6-8）。

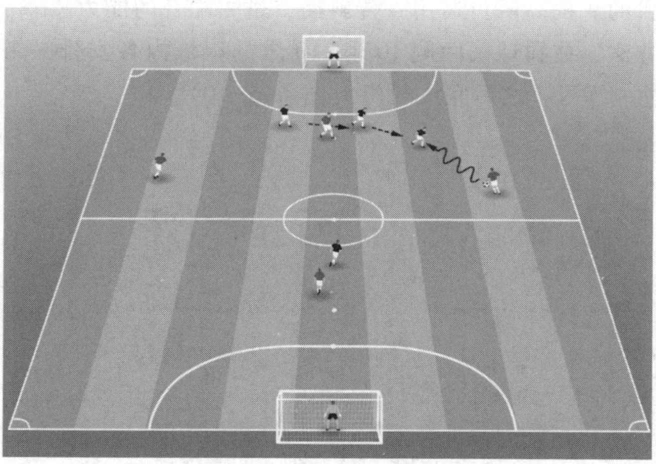

图 4-6-8　五对五攻守练习

（3）练习要求。离持球队员最近的防守队员快速靠近并实施压迫，进行保护的队员在其身后选择合适的距离与位置，远端的防守队员保持平衡，同伴之间要随时呼应。

二、局部战术练习的基本方法

(一) 局部两人进攻战术练习的基本方法

1. 斜传直插二过一练习

(1) 练习目的。提高队员运用斜传直插二过一配合的能力。

(2) 练习方法。将练习队员分成两组，在 30 米×10 米的区域内连续完成斜传直插二过一配合，进入罚球区后完成射门（图 4-6-9）。

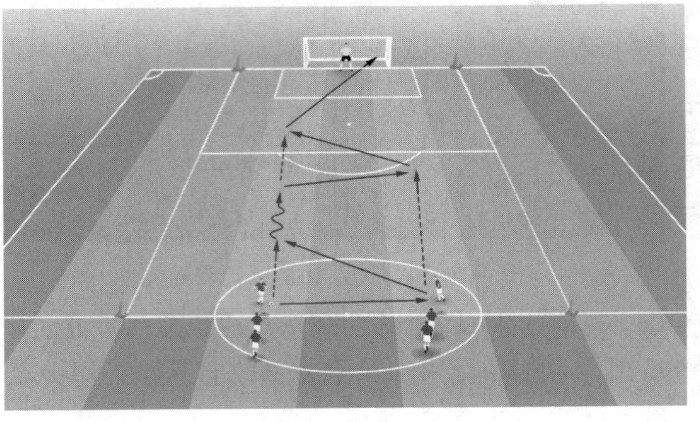

图 4-6-9 斜传直插二过一练习

(3) 练习要求。注意传球的准确性，把握传球和跑动的时机。练习中队员之间相互呼应，传球前要注意观察队友的位置，保持移动接球。

2. 直传斜插二过一练习

(1) 练习目的。提高队员运用直传斜插二过一配合的能力。

(2) 练习方法。在罚球区两侧 10 米×10 米的区域内各安排一组队员，依次进行直传斜插二过一练习，之后完成射门（图 4-6-10）。

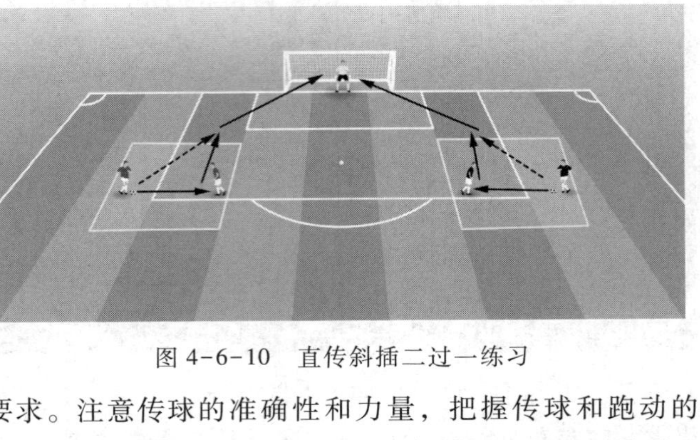

图 4-6-10 直传斜插二过一练习

(3) 练习要求。注意传球的准确性和力量，把握传球和跑动的时机。练习中队员之间相互呼应，传球前要注意观察队友的位置，保持移动接球。

3. 踢墙式二过一练习

（1）练习目的。提高队员运用踢墙式二过一配合的能力。

（2）练习方法。在 10 米×10 米的区域内进行踢墙式二过一练习，之后完成射门(图 4-6-11)。

图 4-6-11　踢墙式二过一练习

（3）练习要求。传球与接球的队员要保持一定的角度，注意传球的准确性和力量，把握传球和跑动的时机。同伴之间相互呼应，传球前要注意观察同伴的位置。

4. 回传反切二过一练习

（1）练习目的。提高队员运用回传反切配合的能力。

（2）练习方法。在 10 米×10 米的区域内各安排一组队员，依次进行回传反切二过一练习，之后完成射门（图 4-6-12）。

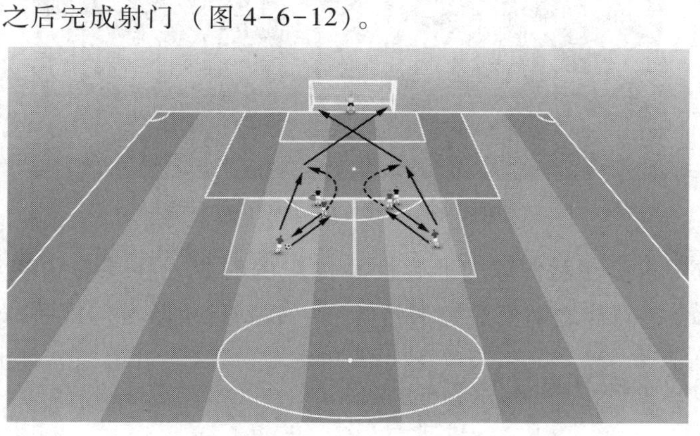

图 4-6-12　回传反切二过一练习

（3）练习要求。注意传跑结合的时机，避免越位；注意传球的准确性和力量，同伴之间保持呼应，传球前观察同伴的位置。

（二）局部三人或多人进攻战术练习的基本方法

1. 三对三四球门攻守练习

（1）练习目的。提高队员运用间接墙式配合的能力。

（2）练习方法。在 30 米×30 米的区域内进行三对三攻守练习，运球越过或将球传进小球门即可得分。球被抢断，或一次进攻结束后，攻守交换（图 4-6-13）。

图 4-6-13　三对三四球门攻守练习

（3）练习要求。注意传球的准确性和传跑的时机，练习中多运用间接踢墙式配合，同伴之间要注意保持呼应。

2. 四对四攻守练习

（1）练习目的。提高队员多人进攻配合的能力。

（2）练习方法。在 40 米×40 米的区域内进行 4 对 4 攻守练习。球被抢断，或一次进攻结束后，攻守交换（图 4-6-14）。

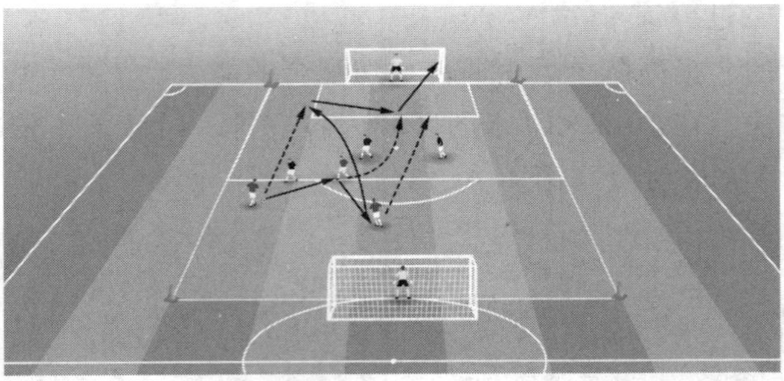

图 4-6-14　四对四攻守练习

（3）练习要求。注意传球的准确性和传跑的时机，在练习中多利用第二空当和间接墙式配合，同伴之间要注意保持呼应，鼓励进攻队员传威胁球。

三、整体战术练习的基本方法

1. 快速反击练习

（1）练习目的。提高队员运用快速反击战术的能力。

（2）练习方法。标志盘划定一个 15 米×15 米的区域。中圈内四对四，圈外各站 4 人。先由进攻队员在区域内控球，当进攻队员失去控球权防守队员控球时，防守队员将球传出圈外，需要发动快速反击，创造射门机会，完成射门得分（图 4-6-15）。

（3）练习要求。拉开宽度，多采用中、长距离的传球以及向前的传球，时间短和传球次数少是成功的关键；在前场拿球敢于运球突破，直接创造射门得分的机会。

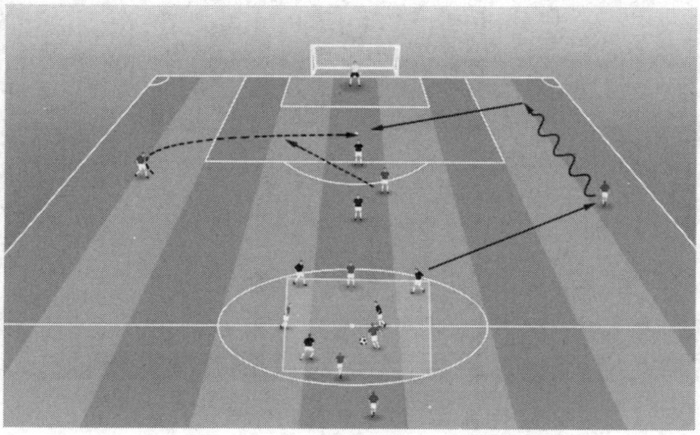

图 4-6-15 快速反击练习

2. 层次进攻练习

（1）练习目的。提高队员运用层次进攻的能力。

（2）练习方法。进攻队员和防守队员如图 4-6-16 所示站位，每次练习都由进攻方中后卫队员持球，进攻队员取得进球即可得分。防守队员将球运过中场线，并持有球权为得分。

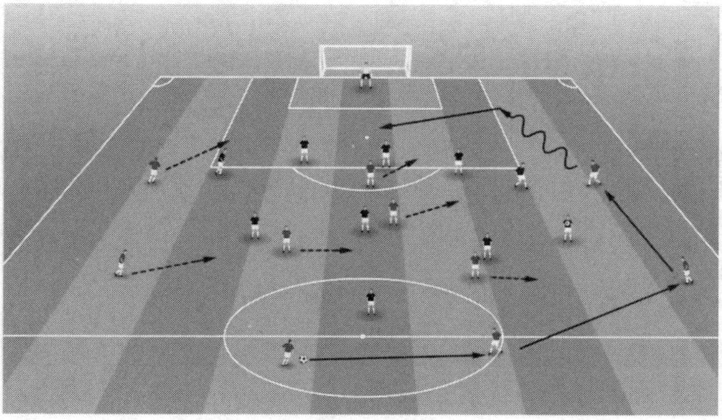

图 4-6-16 层次进攻练习

（3）练习要求。拉开宽度，保持合理的进攻队形，传球要把握时机、准确度高，在前场拿球要敢于运球突破，直接创造射门得分的机会。

3. 混合防守练习

（1）练习目的。提高队员运用混合防守战术的能力。

（2）练习方法。进攻队员和防守队员如图 4-6-17 所示站位，防守队员采用混合防守战术，进攻队员在对方半场传球 20 次及以上为得分，防守队员进球为得分。

（3）练习要求。保持合理的防守队形，面对持球队员要快速上前压迫限制，

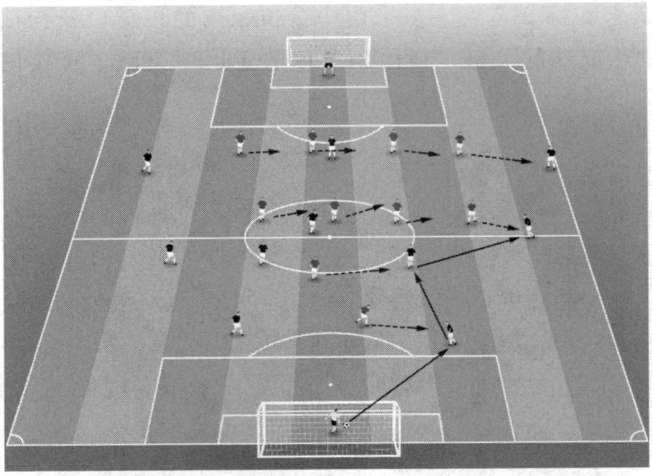

图 4-6-17　混合防守练习

以阻止对方发动有效进攻。把对手的进攻点限制在当前位置，不能轻松转移。

4. 密集防守练习

（1）练习目的。提高队员运用密集防守战术的能力。

（2）练习方法。进攻队员和防守队员如图 4-6-18 所示站位。进攻队员将防守队员压迫到本方后场组织防守。进攻队员进球为得分，防守队员将球运过中场线，并持有球权为得分。

图 4-6-18　密集防守练习

（3）练习要求。保持整体的合理防守队形，注意盯人与盯位，面对近端进攻队员持球要快速上前压迫限制，以阻止对方发动有效进攻。

四、定位球战术练习的基本方法

1. 任意球进攻练习

（1）练习目的。提高队员在任意球进攻中射门得分的能力。

（2）练习方法。进攻队员站位如图 4-6-19 所示。罚球队员将球发到右侧以吸引防守队员移动，接球队员将球传到后点，如左侧包抄队员可以射门则完成射门，若不能射门可将球顶向中路，由中路包抄队员完成射门。

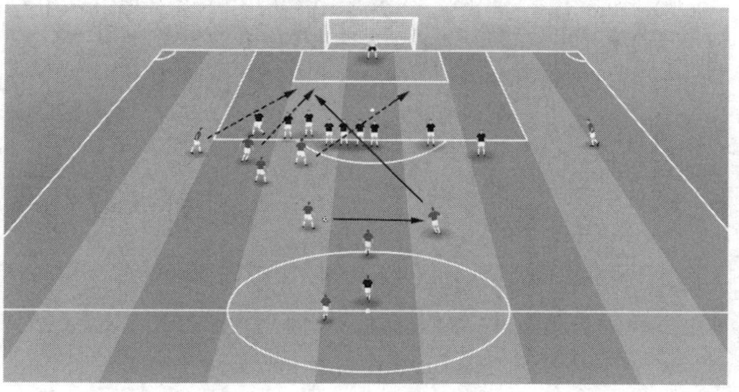

图 4-6-19 任意球进攻练习

（3）练习要求。传球队员传球准确、隐蔽性强，包抄队员要灵活跑位，以制造防守漏洞、完成射门。注意第二落点的控制，把握补射的机会。

2. 角球进攻练习

（1）练习目的。提高队员在角球进攻中制造射门得分的能力。

（2）练习方法。进攻队员站位如图 4-6-20 所示。罚球队员与同伴作墙式配合，吸引防守队员移动。之后将球传到后点，后点包抄队员可以射门则完成射门，若不能射门可将球顶向中路，由中路包抄队员完成射门。

图 4-6-20 角球进攻练习

（3）练习要求。队员传球准确，快速、隐蔽性强，注意第二落点的控制，把握补射的机会。随机应变，灵活跑位、换位，以制造防守漏洞，完成射门。

3. 任意球防守练习

（1）练习目的。提高队员防守任意球的能力。

（2）练习方法。防守队员需根据进攻队员的位置进行选位防守，当进攻队员发球后，防守队员将球解围或者踢出界即为成功（图 4-6-21）。

（3）练习要求。防守队员注意力集中，全力争抢第一落点，并且注意对第二落点的控制与解围，防守时将区域盯人防守与盯人防守相结合。

图 4-6-21 任意球防守练习

4. 角球防守练习

（1）练习目的。提高队员防守角球的能力。

（2）练习方法。防守队员需根据进攻队员的位置进行选位防守，当进攻队员发球后，防守队员将球解围或者踢出界即为成功（图 4-6-22）。

图 4-6-22 角球防守练习

（3）练习要求。防守队员注意力集中，全力争抢第一落点，并且要注意对第二落点的控制与解围。防守时将区域盯人防守与盯人防守相结合。

思考与实践

1. 说说你喜欢的球队的主要比赛阵型，并尝试分析其阵型的主要特点。

2. 由攻转守时，从个人、局部到整体应分别采取什么行动？

3. 简述攻守战术的基本原则，并结合自身比赛的实践过程写一篇短文。

4. 简述定位球攻守战术的基本分类，谈谈为什么定位球是当今足球比赛中重要的得分手段。

5. 学习足球个人、局部、整体的攻守战术，并根据不同的练习方法和要求，尝试设计一份个人与局部的攻守战术练习方法，说明练习的目的与练习的变化。

第五章 足球运动员专项体能

本章导读

体能一词在20世纪80年代中后期的各类体育报刊和文献中开始频繁出现，也是当前足球运动中使用频率很高的一个词语。对于足球运动而言，技术是基础，战术是核心，体能则是保障。传统体能指个体在进行体育活动时所展现出的基本运动能力，它包括身体形态、身体机能、运动素质；专项体能则结合了专项运动的体能特征。现代足球体能训练更强调足球训练本身，是足球技战术训练与体能负荷的结合体。足球体能隶属于足球训练的范畴，最终要通过足球技战术表现出来，它既要符合比赛的场景，还要具备体能的负荷特征。除力量房外，足球场地体能训练一般分为热身、技术、技能、比赛、强度补充、放松等环节，是在传统技战术训练课的基础上，通过场区、人员、时长、规则的变化来调整训练负荷，进而达到体能训练的目的。本章将结合足球专项体能基本特征、足球运动员体能训练的基本原则，提出足球运动员体能训练的基本方法，为足球专项体能训练提供参考。

学习目标

知识目标：了解足球体能训练的基本原理以及足球运动员体能训练的基本原则，熟悉足球体能训练的基本方法。

能力目标：掌握足球体能训练的方法，并能科学合理运用。

价值目标：通过学习足球体能基本知识和特征，培养积极思考、主动合作、沟通交流的基本素养；通过进行足球专项体能训练，培养勇于拼搏、吃苦耐劳的精神。

第一节 足球运动员体能概述

一场足球比赛通常持续 90 分钟，运动员需要在这段时间内不断进行高强度的跑动、冲刺、变向、争抢等动作，这对他们的体能提出了很高的要求。

一、足球运动员体能的定义

根据我国足球教练员和相关科研人员对体能的描述来看，“足球专项体能”应是指足球运动员在专项训练和比赛负荷下，最大限度地动员机体机能对抗疲劳的能力。“专项”是与运动员训练水平相称的比赛本身，“体能”指运动员在专项比赛中体力的表现。

二、足球运动员体能特征

从运动形式讲，足球运动是非固定周期间歇性运动项目；从供能方式讲，足球运动是以有氧代谢和无氧代谢混合供能。运用 Amisco 技术统计数据，揭示不同水平中超球员比赛中体能变化特征如下：

（1）就单次动作而言，高水平运动员动作质量较好，低水平运动员动作质量较差，即最大速度质量。

高水平：X　　　　低水平：x

（2）若保持相同的恢复时间，高水平运动员动作质量保持较好，低水平运动员动作质量下降幅度较大，即速度耐力水平。

高水平：X—X—X—X　　　　低水平：X—X—X—x

（3）在固定时间段内，若保持动作质量不变，高水平运动员完成动作的次数较多，低水平运动员需要恢复的时间较长，即无氧恢复能力。

高水平：X—X—X—X—X　　　　低水平：X—X——X———X

三、足球运动员体能训练基本原理

按照体能训练的基本理论及科学依据，体能训练应遵循如下原理：

1. 按需发展原理

运动竞赛时表现出来的“单项运动能力”“复合运动能力”“表达运动能力”是该项目体能训练的全部内容，应根据运动员项目特征需求发展相应体能能力。

2. 优先与均衡发展原理

青少年时期存在身体不同素质发展的最佳时期。体能训练应优先发展不同时期的“敏感”素质，特别是优先发展对运动成绩起决定作用的那部分身体素质。

3. 超量恢复原理（图 5-1-1）

超量恢复亦称超量补偿，是运动员训练与比赛后，能量恢复过程的阶段之一。在此阶段，机体在运动时消耗的能量及各器官、系统的机能不仅得以恢复，甚至超过原先水平。

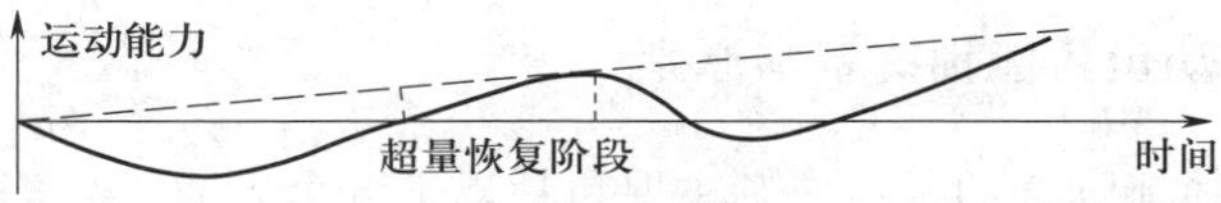

图 5-1-1 超量恢复原理示意图

4. 负荷逐级适应原理

训练负荷的过程不是笔直上升，而是有升有降起伏变化着的。其变化特点大致是：初承负荷→不甚适应→继续负荷→逐渐适应→增大负荷→又不适应，循环往复。在周期训练中，持续增加训练负荷既会对运动员身心产生难以承受的负担，又不利于运动员体能水平的保持，采用图 5-1-2 所示的阶梯式负荷增量，有利于运动员的体能适应和再提高。

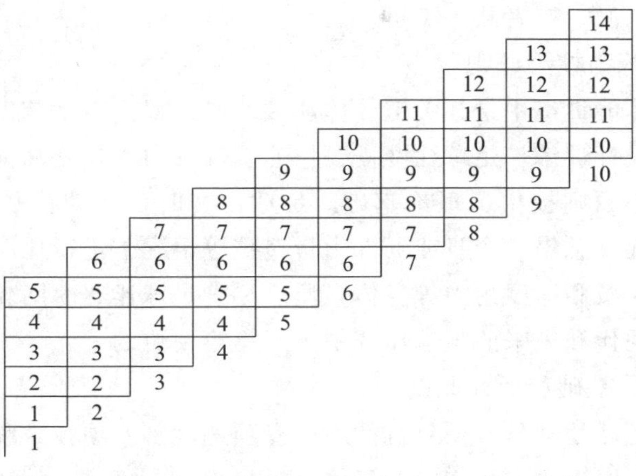

图 5-1-2 负荷逐级适应原理示意图

5. 持久性训练原理

若在较短时间内训练出较高水平，那么机能下降的速度也较快；而通过长期系统训练稳步提高到较高水平，则机能下降的速度也会变慢。可根据球队体能需求目标设置相应的训练负荷（图 5-1-3）。

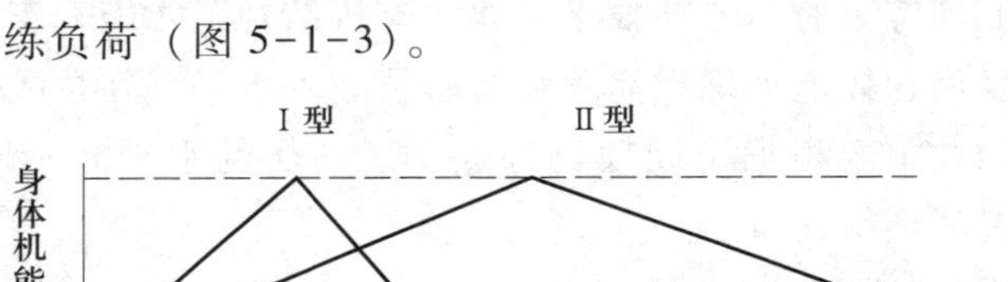

图 5-1-3 持久性原理示意图

6. 符合实战需要原理

足球体能训练要符合足球的实战需要，与技战术紧密结合。体能训练应包含身体素质训练与实战对抗比赛两方面内容。身体素质训练应包含实战的基本元素，即球、对手、规则、方向。实战对抗比赛通过改变训练区域、训练人数、训练时长和间歇时间控制训练负荷，提升体能状态。

四、足球运动员体能训练基本原则

足球运动员体能训练的基本原则主要包括以下 8 个方面：

1. 体能提高的刺激适应原则

负荷刺激与机能适应是运动员体能提高的机制。运动员应努力使自己机能系统的功能适应其所从事的运动专项的特殊要求。人体机能系统的适应程度越高，则体能水平越高。这一适应的实现，是运动员长期训练的结果。

2. 训练量与训练强度统一原则

现代足球运动员体能训练应达到“量”和“强度”同步提高，而强度是比赛负荷的核心问题。比赛实践要求运动员既能承受长时间大运动量的刺激，又要承受长时间大强度的刺激，二者缺一不可。

3. 以速度训练为核心原则

速度在足球体能训练中最为关键，体能训练必须提高专项速度，必须以专项速度为核心安排和设计训练。足球比赛需要快速、爆发力、速度耐力等体能特征，为以速度训练为核心原则提供了理论基础。足球比赛时，运动员是在短距离快速移动，突然爆发跳起、急停、全身或局部力量对抗等情况下进行比赛的，因此更应具备力量、速度、灵敏和速度耐力等身体素质。尽管足球比赛时间较长，耐力消耗较大，但是速度在现代和未来的足球比赛中永远是第一位的。

4. 力量训练是基础和保证原则

力量素质是足球运动员专项对抗能力、专项速度、专项技术掌握与完善的基础和保证。足球竞赛中进攻与防守中的身体接触、推拉、抢位、加速与拼抢，以及防守与攻击的有效性都取决于力量素质。

5. 体能训练与技战术训练相结合原则

体能训练是为技战术的运用与发挥服务的。不同的球类运动项目应有不同的体能训练特色，体能训练只有与专项技术、战术有机结合，才能真正达到体能训练的目的。实践需要我们在体能训练中完善和检验技战术水平，在技战术训练中发展和巩固体能状态。为此，要根据运动项目特点、运动员的水平和不同训练阶段的任务，合理安排两者的训练比重。

6. 体能训练的计划性和系统性原则

体能训练是一个长期的训练过程，需要循序渐进，有计划、有系统地安排进行。体能训练不能搞突击，不可能一劳永逸。只有科学地、扎扎实实地按计划、按系统地进行全年和多年体能训练，才能切实提高运动员的体能水平。

7. 体能训练的动机性原则

体育运动的魅力之一就是具有鲜明的挑战性和趣味性，并使身心融于一体。从乐趣变成今后的职业生涯，训练动机就是最主要的一个方面。如果体能训练安排枯燥无味，过多剥夺了运动员的自由或者对运动员提出了过高的要求，那么它就可能降低运动员训练的激情，导致体能训练动机下降。教练员只有设法使单调无味的训练富于趣味性，满足运动员追求个性发展的需要，才能更有效地激发运动员的训练动机。

8. 体能训练的自我约束和可逆性原则

在设计和实施体能训练计划中，人的因素或心理上的变化是至关重要的。球员要做好长时间训练的准备，训练时间会持续数月甚至数年。当进行长时间训练时，球员会产生厌倦反应，这就要求球员有相应的自我约束力。自我约束力在训练中也占有举足轻重的地位。可逆性是指身体素质的逆向变化。如果球员对身体训练确实产生厌倦并有意逃避，那么身体素质水平迟早会降低。

五、足球运动员运动素质发展规律

所谓“敏感期”，就是发展某种能力的最有效的时期（图 5-1-4）。

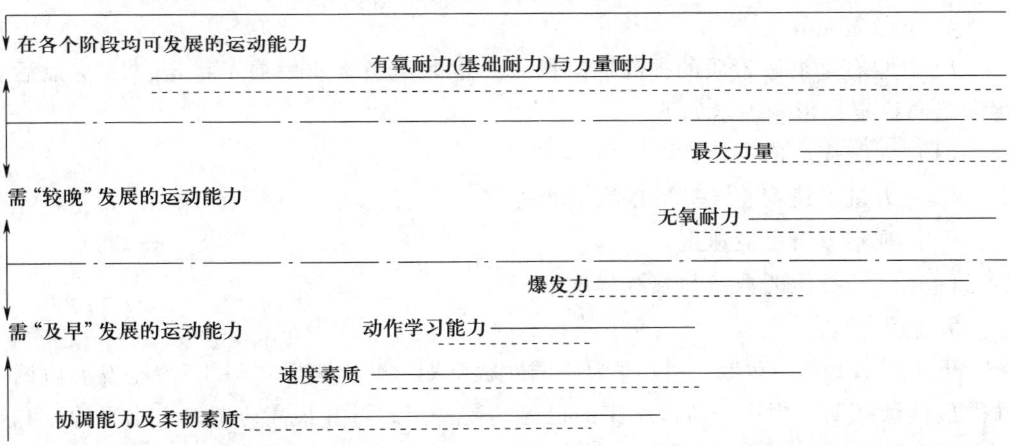

男 ♂	学龄前			少年期前期			少年期后期			青春期前期		青春期后期				
女 ♀							少年期后期		青春期前期		青春期后期					
年龄	4	5	6	7	8	9	10	11	12	13	14	15	16	17	18	19

图 5-1-4 儿童青少年运动素质发展生理敏感期

儿童青少年体能各项素质训练阶段如下：

1. 速度素质

反应速度的训练主要安排在 7~12 岁；动作速度的训练主要安排在 10~13 岁；位移速度的训练主要安排在 18~20 岁。

训练必须全力以赴进行，练习时间要少于 10 秒，休息时间必须足够长（1~3

分钟)，训练间歇比一般为 1：10~1：15，保证下一次练习前可得到充分恢复。

（1）由于速度组成的不同，速度能力只有通过运用能发展运动性和反应性两种能力的搭配良好的综合训练才能提高。

（2）快速运动距离不能多于 20 米，但要注意，仅靠快速跑来发展速度不是理想的练习形式。

（3）速度练习在技术上要有难度（具有挑战性）。

（4）每次快速跑要附有快速的连接内容（以使练习符合实战需要）。

（5）速度训练应在训练课的开始阶段进行，此时球员体能充沛。

（6）球员必须在充分热身后进行。

（7）速度训练应在近似比赛环境下进行。

2. 力量素质

爆发力训练一般在 12~18 岁间发展，16 岁前重点发展动作频率，16 岁后可通过最大力量有效提升爆发力，力量耐力可贯穿于儿童青少年训练的全过程。

3. 耐力素质

有氧耐力训练同力量耐力训练相似，可贯穿于儿童青少年训练的全过程。基于儿童青少年心肺功能发育不健全的特点，儿童青少年时期不宜过早进行高强度无氧耐力训练。

4. 灵敏素质

12 岁左右是灵敏素质的提高期，13~14 岁时灵敏素质发展不稳定，15 岁以后逐渐趋向稳定。影响因素如下：

（1）大脑皮质的灵活性。

（2）力量、速度、柔韧等素质的水平。

（3）观察力与反应速度。

（4）运动技能的数量与熟练程度。

5. 协调性

男生 5~12 岁、女生 5~11 岁为协调性敏感期。研究表明：6~12 岁是发展协调性的最佳敏感期，到这个阶段结束时已经达到甚至超过其最高协调能力水平的3/4。这一时期协调性的训练原则如下：

（1）注重空间准确性，控制身体位置。

（2）注重时间节奏感，控制运动节奏。

（3）注重平衡力的训练。

（4）注重上下肢协调配合能力。

（5）这一时期的质量比数量更重要，要强调动作质量。

6. 柔韧素质

10~12 岁是柔韧素质的敏感期。这一年龄段柔韧素质的训练注意事项如下：

（1）训练前要充分做好准备活动，要使身体微微发热出汗。

（2）柔韧素质练习时动作幅度要由小到大逐渐加大。

（3）柔韧练习应当以静力练习为首，逐渐过渡到动力性练习。

（4）髋、膝、踝3个关节是最重要的，要注意结合这3个关节的活动轴与关节结构特点，并首先发展。

（5）每个拉伸动作应当保持一定的持续时间，一般为20秒左右。

（6）准备活动时的柔韧练习每次静力拉伸的持续时间为5~6秒，至少要重复拉伸5~6次，整理活动时的拉伸练习每次持续时间则应在20秒左右。

第二节　足球运动员体能训练长期发展模型

基于人体生长发育特点、阶段发展特点和足球训练特征构建的足球运动员体能训练长期发展模型，可以为特定的发展阶段制订相应的训练内容、方法手段提供借鉴和指导，对提高训练科学化水平、运动员长期培养发展、创造更多优异运动成绩具有重要意义。

一、体能竞技表现金字塔发展模型

竞技表现金字塔发展模式最底层为基本动作模式，基本动作模式是人体动作的基本单位，上一层是基本动作技能，基本动作技能是所有身体活动和体育运动的基础，其余依次是基本运动技能、专项运动技能、技能表现、竞技运动表现，最上层为实现目标（图5-2-1）。

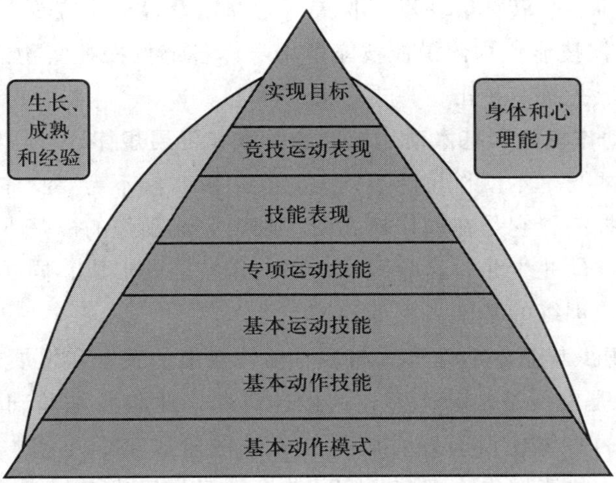

图5-2-1　体能竞技运动表现金字塔发展模型（John Liu. 2015）

（一）基本动作模式

1. 概念

基本动作模式也称为固有动作模式或先天动作模式，指人体先天性本能动作的基本单位。基本动作模式的建立优先于基本动作技能的形成，通过人体与生俱来的基础动作模式作为动作的雏形来锻炼和提高基本动作技能。

2. 分类

基本动作模式包括翻滚、爬、蹲、弓步、屈身、推、拉、上举、扭转和步态等。

（二）基本动作技能

1. 概念

基本动作技能指专门涉及身体不同部位动作的协调组合。基本动作技能的形成包括大肌肉活动技能和小肌肉活动技能，而我们最常说的基本动作技能的发展多指早期的大肌肉活动技能的发展。基本动作技能是所有身体活动和体育运动的基础，是未来发展运动技能的基石。

2. 分类

基本动作技能包括身体移动技能、身体稳定平衡技能和物体操控技能三大类。

（1）身体移动技能。身体移动技能又称位移性技能，是指通过各种形式产生身体位置移动的运动技能，包括走、跑、爬、翻滚、并步、滑步、蹦跳、单腿跳、跨越等，每一种技能又可分为前、后、左、右、上、下等不同方向的移动。

（2）身体稳定平衡技能。身体稳定平衡技能也称为非移动技能，指保持身体稳定和平衡的技能，发展平衡能力有利于提高运动器官的功能和前庭器官的机能，改善中枢神经系统对肌肉组织和内脏器官的调节功能，提高适应外界环境的能力和自我保护的能力。发展平衡能力可以通过静态平衡活动和动态平衡活动来进行，包括站立、坐位、旋转、转体、扭动、伸展、弯曲以及轻推反应等。

（3）物体操控技能。物体操控技能指用身体各部位操控实物的能力，包括接、传、踢、运、顶、投掷、拍击、挥击、抓、蹬等。

（三）基本动作模式和基本动作技能的关联和发展规律

基本动作模式与基本动作技能不同，它在很多时候不需要身体的移动、身体的平衡和对物体的控制，它是在动作模式的基础上完成动作的。基本动作模式的状态是否正常，不仅在幼儿少儿时影响我们基本动作技能的形成，同样也是后期提升运动技能、进行体能训练的基础（图 5-2-2）。

（四）儿童青少年基本动作模式与基本动作技能的关联和发展规律

一般 0~3 岁是发展基础动作模式的最佳时期，此阶段是基础动作模式的建立阶段，因为儿童的身体还没有发育到足够成熟的阶段来学习基本动作技能；3~8 岁为儿童基本动作技能形成阶段，此阶段儿童的身体已准备好学习基本动作技能；基本生活和运动技能形成阶段为 8~13 岁；培养青少年专项运动技能的年龄段为

13~18 岁。在儿童青少年身心发展过程中，7~11 岁为最佳教学期，10~11 岁为弥补/纠正期（图 5-2-3）。

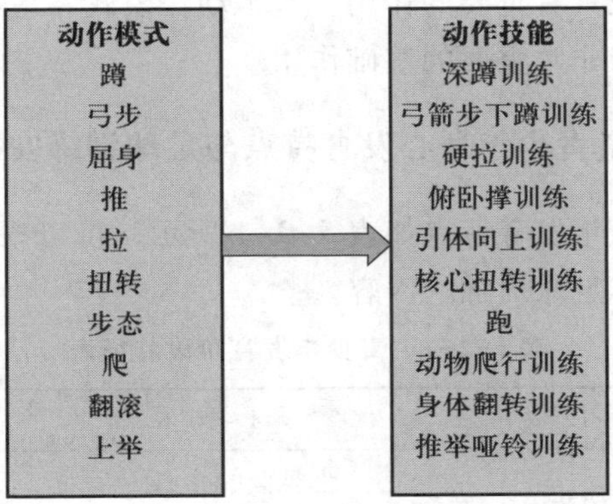

图 5-2-2　动作模式与动作技能关联图

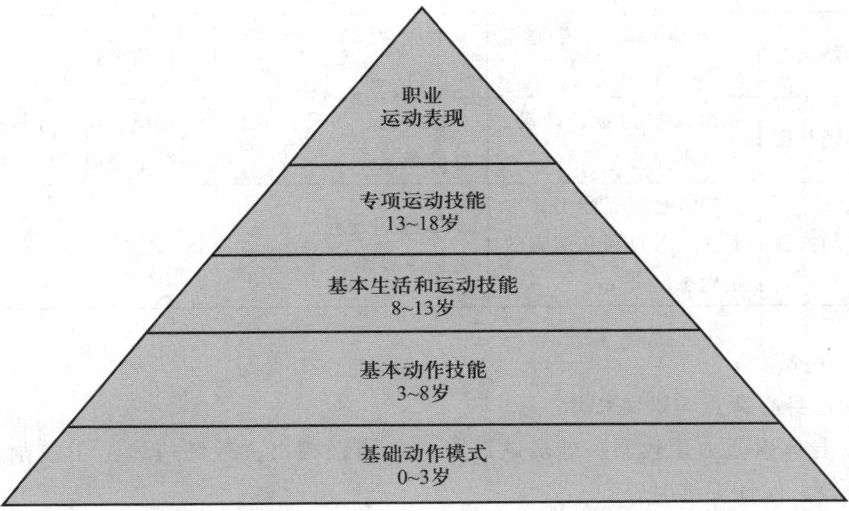

图 5-2-3　儿童青少年生长发育阶段图

3 岁前为基础动作模式建立期；3~13 岁为基本动作技能从形成到发展巩固的最佳时期；9 岁之前不要让孩子仅参与单一项目的体育活动，应尽可能多地为他们提供参与多项运动的机会，以培养其多方面的动作技能；6~10 岁是对孩子进行指导、干预、协助引导形成最佳基本动作技能的最佳时期；10~13 岁为进一步弥补和纠正孩子基本动作技能的最后时期，对接下来进行专项的运动技能训练，以及后期提升职业的运动表现具有重要的作用。基本动作模式和基本动作技能在专项运动技能形成的过程中起着非常重要的基础作用。

二、各年龄段儿童青少年身心发育特点与足球训练安排

各年龄段儿童青少年发育特点如表 5-2-1 所示，可以根据不同年龄阶段特点，进一步细化儿童青少年足球训练的内容。

表 5-2-1　青少年发育阶段特征表

年龄段	6~12 岁	11~16 岁	15~19 岁
身体特点	性器官的生长、发育较慢、脊柱柔软	性器官的生长、发育开始加快，细小的体毛，四肢长	开始进入性成熟期，浓密卷曲的体毛，肌肉有力
运动特点	敏捷性好，接受能力强	敏捷性降低，能忍受压力	模仿力强
社会心理特征	初露权力欲，冲动，人格不完善	情绪化、易怒、不能忍受嘲讽	逆反心理，容易沉迷于一些不健康的外界刺激
应培养的方面	70%的全面能力，多面性，对权利和健康的正确态度	单纯的速度、耐力、力量等素质	

1. 6~8 岁

(1) 身心特点与训练提示。

① 身体素质力量较弱→球员缺乏自信，错误频出，教练应多给予鼓励，不要过多指导，保证训练时长。

② 缺乏注意力和集中力→训练时间不宜过长，且注意提升训练的多样性和趣味性。

③ 极强的模仿能力（视觉记忆）→少说多做，尽可能多做正确的动作示范。

④ 热爱足球运动，为自我而战→多结合个人能力设计训练内容。

⑤ 得到快乐的欲望→结合游戏和比赛，享受足球的快乐。

(2) 训练内容。

① 强调基本技术。

② 初学者级别的练习方法。

③ 组织小范围的比赛，如四对四、五对五。

④ 练习和比赛交替进行。

⑤ 分组和分队实力平均。

2. 9~10 岁

(1) 身心特点与训练提示。

① 耐力和速度力量有所增加，更好的协调性→强调身体训练的重要性。

② 更好的视觉记忆→示范结合讲解进行。

③ 充足的自信→激发球员创造力。

④ 分析的能力→启发引导，激发球员思维辨析能力。

⑤ 学习和发掘的欲望→激发球员求知欲。

⑥ 团队精神，团队意识→由个人训练向小组训练侧重。

(2) 训练内容。

① 实战技术（技能训练），技术与思维决策的有效结合。

② 队伍的基本构成 1-1-2-1，强调阵型和空间的概念。

③ 加强速度、灵敏、反应、协调性训练。

④ 组织小范围的比赛，如五对五、八对八。

⑤ 比赛与练习相互交替。

⑥ 分组和分队实力平均。

3. 11~12 岁

(1) 身心特点与训练提示。

① 较大的生理变化，更好的平衡和协调能力→重点加强身体素质提升。

② 更好的视觉和听觉记忆→示范结合讲解纠正错误。

③ 批判思想、分析的能力→技术训练重点发展球员思维决策能力。

④ 较高的注意力→适当增加训练负荷。

⑤ 求知的欲望→启发引导，激发球员求知欲。

⑥ 对抗能力的提高→增加技能训练比重。

⑦ 团队精神→建立整体和空间概念。

(2) 训练内容。

① 速度、灵敏、协调和反应。

② 实战技能，注重局部区域小组攻防技战术能力。

③ 基本队伍构成：1-3-3-1。

④ 比赛基本原则和跑位演练。

⑤ 场上空间的控制。

⑥ 组织小场地比赛，如五对五、八对八。

⑦ 鼓励队员的创造性。

⑧ 个人的主动性。

第三节　足球运动员速度训练

一、速度素质概述

速度素质是十分重要的运动素质。德国的盖·施莫林斯基提出：速度素质是指在神经系统和肌肉组织运动过程的可变性的基础上，以一定的速度完成动作的能力。我国的过家兴教授提出，速度素质是人体快速完成动作的能力和动作反应时间的总称，也可理解为人体（或身体的某部分）进行快速运动的能力。

（一）速度素质概念

速度素质是指人体或人体某部位快速运动的能力，也就是人体或人体某一部位快速做出运动反应、快速完成动作、快速移动的能力。速度素质分为反应速度、动作速度、位移速度。

1. 反应速度

反应速度是指人体对各种信号刺激（如声、光、触等）的快速反应能力。足球运动员的反应速度体现在运动员通过视觉、听觉等接受同伴、对手、场地、比赛的变化给予的刺激，经过瞬时复杂的思维判断，迅速做出最佳选择的过程，它是连接技术动作，完成战术意图的保证。

2. 动作速度

动作速度是指人体或人体某一部分快速完成某一动作的能力。足球运动员的动作速度包括有球动作速度和无球动作速度。它与足球运动的专项技术有着很大的相关性。有球动作包括传球、运球、过人以及射门等，它需要有很好的球感作为基础。无球动作包括卡位、伸脚断球及铲球等。

3. 位移速度

位移速度是指单位时间内人体移动的距离。位移速度在足球运动训练比赛中经常用到，主要表现在足球运动员加速起动时和突然变向时的速度及直线运动时的位移速度。

（二）一般与专项速度素质

1. 一般速度素质

一般速度素质指运动员在无球情况下快速奔跑的能力。

2. 专项速度素质

专项速度素质是指足球比赛实战所需要的快速起动、反应、动作、急停、转身、跳跃、直线跑、曲线跑、后退跑等的能力。

（三）速度素质的特征

足球运动属于技能主导类同场对抗性项目，是多元动作结构的变异组合。这就决定了足球运动员在场上的活动方式是灵活多变的，主要是根据比赛中球以及对方队员的位置和意图的不断变化，结合本队特定战术的需要，在场上不断改变跑动的方向、距离、路线及节奏。

（四）速度素质训练的方法设计原则

速度素质训练主要依据比赛中球以及对方队员的位置和意图，结合本队特定战术的需要，在场上不断改变跑动的方向、距离、路线及节奏，同时运动员还要完成接球、传球、运球过人、射门及拼抢、铲球等技术动作。速度练习必须注意每次跑动的时间和恢复间歇的时间。训练时应结合 ATP-CP（磷酸原系统）供能特点，符合足球比赛基本原则，进行有方向性、竞争性的大强度负荷训练，训练时间不超过 10 秒，训练持续时间为 6~10 秒最佳，重复次数以不降低强度为原则，一般为4~5 次，间歇时间为 1∶10 以上。

二、足球运动员速度素质训练方法

（一）一般速度训练

一般速度训练旨在发展队员的基础速度。由于这种性质的速度具有广泛意义，因此其训练方式也相对多样，这里简举几例：

（1）起动跑。

① 训练目的：发展队员的反应和起动速度。

② 训练方法：队员站在一条线后，可分为几组，教练员站在离线 20 米处，队员听哨声或手势后迅速起动冲刺跑。

（2）下坡跑。

① 训练目的：发展队员的动作频率。

② 训练方法：教练员根据队员具体情况，选择不同角度的下坡，让队员做下坡跑。

（3）弧线跑。

① 训练目的：发展队员摆脱对手的快跑能力。

② 训练方法：在长度大约 20 米的区间内，设置不同距离间隔和不规则方向的标志杆或锥体，让队员以尽可能快的速度做绕杆弧线跑。

（4）坐、卧、跳起动跑。

① 训练目的：发展队员各种姿势下起动快跑能力。

② 训练方法：根据队员比赛中可能出现的各种动作姿势，如绊摔后的卧倒、被铲时的跳起等，设置起动跑姿势，让队员听信号后尽快起动跑。

（二）专项速度训练

专项速度练习侧重发展的是与场上速度形式联系较密的速度素质，是促进队员一般速度向专项速度迁移的一种练习形式。这里结合比赛中常见的场景，介绍一个速度运用形式示例（图 5-3-1）：

图 5-3-1 专项速度训练示意图

速度训练

名称：专项速度训练

场区：带有一个标准球门的半场

参加人数：16 人（最少 4 人最多 22 人）加一个守门员

训练时间：20 分钟（每次练习时间 5~6 秒，每次间歇时间 90 秒）

训练方法：队员成对练习，练习可以从场地的不同位置开始；两个队员站在一个传球人前面，传球人向球门方向踢球，在球被踢出后队员立即开始冲刺；先获得球的队员尽力射门，这个队员成为前锋，而另一名练习队员成为后卫。

指导要点：竭尽全力去获得球权；教练员应鼓励控球队员直接向球门跑动并完成射门；通过变化传球的位置，可使队员在整个练习中集中注意力。

（三）速度素质训练注意事项

速度训练的效果不仅仅是由重视程度和练习多少所决定的，它需要考虑一系列因素的作用。一般来说，教练员在各种形式的速度训练中，需注意下列问题：

（1）要求队员以尽可能快的速度完成规定的跑动距离。

（2）速度练习应安排在队员身体状态良好，精神振奋的情况下进行，这有助于队员全力以赴进行速度训练。

（3）速度练习的场地必须平整，练习前队员必须做好充分的准备活动，以防造成摔伤、扭伤或拉伤等。

（4）要求队员在奔跑中保持正确的动作姿势和合理的呼吸。动作协调有利于减缓协同肌用力与拮抗肌抗阻之间的矛盾；呼吸合理有助于提高心血管呼吸系统机能。

（5）速度练习必须注意每次跑的时间和恢复间歇。由于速度是以非乳酸供能为主，一般来说，每次跑的时间不应超过 10 秒，每次跑之间应有避免乳酸积累的适宜恢复时间。

（6）在专项速度练习中，除了需要考虑上述一般因素外，设计出与比赛中速度运用方式紧密相连的方法是特别重要的。在此，教练员须明确：

① 由于项目有别，足球运动员所需速度与其他项目队员所需速度具有差异性，专项速度练习方法应尽可能反映足球比赛中的特定形式。

② 由于场上位置及其职能不同，足球运动员不同位置间的速度形式也有所不同，练习方法应考虑位置的特殊性。

③ 由于比赛中速度表现形式体现在有球和无球两个方面，专项速度练习也应包含着两种形式的安排。

④ 由于足球比赛中速度运用具有随机性和突然性特征，速度练习方法应始终伴有发展反应时的因素。

⑤ 由于比赛中需要速度的场合多半有对手干扰，因此，速度练习应逐步有意识地包含干扰这一因素。

⑥ 由于专项速度练习的重点在于速度，因此尽管练习内容中可能含有技术、战术意识等因素，但必须把主要注意力置于提高速度上。

(7) 在侧重发展速度的训练阶段，为了提高训练效率，除了需注意速度练习的自身因素之外，教练员也应考虑到与速度相关的其他因素的发展，即适当有针对性地安排一些力量、柔韧等辅助性练习。

(8) 在对少年儿童进行速度训练时，由于其大脑神经过程的灵活性高，同时其力量发展程度低，应特别注意提高他们的步频。据有关研究表明，10~12 岁是少儿速度提高最快的阶段。因此，对于这个年龄段的小足球队员，速度的练习应适当增加比重。

第四节　足球运动员耐力训练

一、耐力素质概述

耐力素质是指机体在一定时间内保持特定强度负荷或动作质量的能力。“一定时间”是指不同专项对运动时间的规定性。保持特定运动强度或动作质量是耐力水平的体现。耐力水平的提高表现为更长时间保持特定强度或动作质量，或在一定时间内承受更高运动强度的能力。足球运动员要在竞赛全过程保持特定的运动强度或动作质量，就必须具备良好的耐力素质。

按人体的生理系统分类，耐力素质可分为肌肉耐力和心血管耐力。肌肉耐力也称为力量耐力。心血管耐力又分为有氧耐力和无氧耐力。由于下节有针对力量训练的介绍，本节重点对有氧耐力和无氧耐力进行系统的阐述。

二、足球运动员有氧耐力训练

有氧耐力训练是活动能量主要来自有氧代谢的训练。有氧耐力训练属于长距离耐久力的训练，又称“心肺功能训练”。它是通过连续不断和反复多次的活动，并在一定时间内，以一定的速度和训练强度，完成一定的运动量，使心率逐步提高到规定的最高和最低安全心跳范围内的一种训练手段。

(一) 有氧耐力概述

1. 有氧耐力概念

有氧耐力即有氧供能运动强度下较长时间进行工作的能力。

2. 有氧耐力训练分类

有氧耐力训练包括三个方面，即最大有氧功训练、有氧中强度训练、有氧恢复性训练。

3. 影响有氧耐力的因素

运动时体内贮存的糖、脂肪类能源能否进行有氧供能，关键在于供应肌细胞氧的能力，所以，有氧耐力水平的高或低主要是由队员的最大摄氧量决定的。最大摄氧量包含着吸进氧、运输氧和利用氧三个方面，一般来说，它又受到下述几个因素影响：

(1) 肺通气量。肺通气量越大，吸入体内的氧越多。

(2) 呼吸深度。呼吸深度大，吸进肺内的新鲜空气多，气体交换后进入体内的氧量也就更多。

(3) 肺泡氧弥散。运动中深吸气引起肺泡膜变薄，肺毛细血管大量开放，肺泡与静脉血间氧分压增大，促进肺泡氧弥散于血液。

(4) 红细胞含量。血液中红细胞是完成氧运输任务的，当机体红细胞数多时，输氧能力就强。

(5) 心排血量。心排血量越大，流经肺泡的血量越多，输氧能力也越强。心排血量主要是由心肌收缩力和心室腔容积的大小所决定的。

(6) 肌肉内毛细血管网开放数量。肌肉内毛细血管网开放数量多，有利于血液提供更多的氧供给肌肉。

(7) 肌纤维机能。如果肌纤维有氧代谢能力强，肌肉组织在运动中利用氧的能力就强。

4. 有氧耐力训练方法设计原则

有氧耐力训练的宗旨是发展运动员有氧供能系统，为了取得期望的效果，这一训练有两个问题需特别考虑：

(1) 训练时间。不同训练时间机体参与供能的系统不同。据研究，10 秒内的大强度运动主要是非乳酸无氧供能；10 秒~3 分钟内的大强度运动主要由无氧酵解供能；3 分钟以上的活动才主要是有氧供能。因此，为保证训练形式确实发展有氧供能能力，应注意掌握好练习时间的长短。

（2）活动强度。较长的练习时间决定了有氧耐力训练不可能以大强度活动。但强度过小又不可能充分动员人体的呼吸循环机能，有效地发展有氧耐力。为此，有氧耐力练习中的强度掌握是特别重要的又一因素。对于适宜的强度，目前以“无氧阈”为标准，即以有氧供能开始大量动用无氧供能的临界点为强度指标，通常用血乳酸含量达到4 毫摩尔/升来表示；有些运动生理学家也认为每分钟心率以不低于 150 次作为基本强度标准。如图 5-4-1 所示，心率低于 140 次/分，为有氧恢复性训练；心率在 140～170 次/分，为有氧中强度训练；心率在 170～190 次/分之间，为最大有氧功训练。

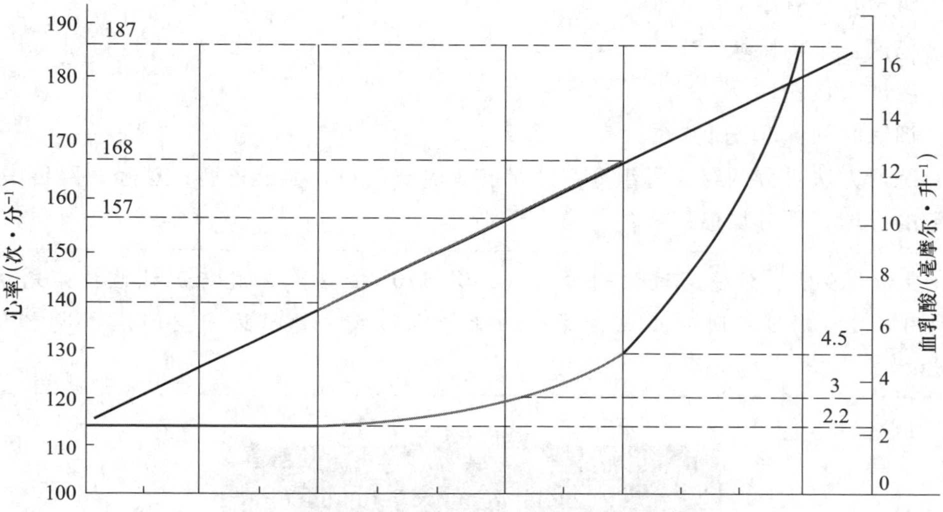

图 5-4-1　血乳酸与心率变化关联图

（二）足球运动员有氧耐力训练方法

1. 最大有氧功训练（图 5-4-2）

名称：有氧高强度训练

场区：30 米×40 米场地

最大有氧功训练

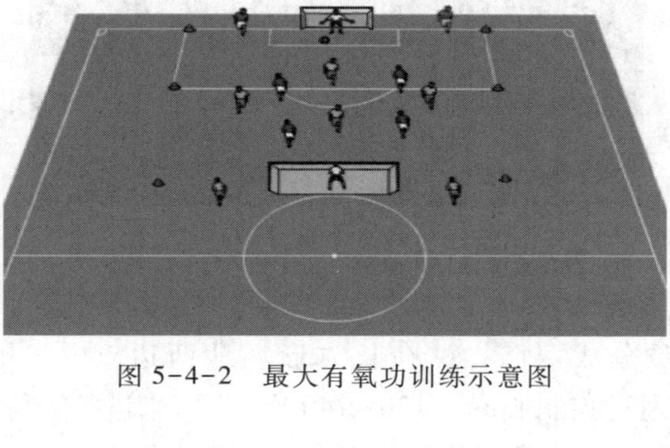

图 5-4-2　最大有氧功训练示意图

参加人数：12 人（四对四+4）

训练时间：4 分钟

间歇时间：2 分钟

练习方法：利用球场的宽度形成三次触球；进攻方所有球员都过半场线时，进球有效，合理利用越位规则。

> 指导要点：注意通过控制心率（170～180 次/分）来进行训练监控，利用队友的支援来扩大对手的防守范围。

2. 有氧中强度训练（图 5-4-3）

有氧中强度训练

名称：有氧中强度训练

场区：半场区域

参加人数：18 人

训练时间：20 分钟

练习方法：分两组，每组 8 名队员和 1 名守门员，实战比赛；球经边路传中而导致的进球，得分加倍。

> 指导要点：注意通过控制心率（140～170 次/分）来进行训练监控；充分利用宽度，通过不同的角度传球；切断传球路线，封闭防守空间，寻找空当进攻。

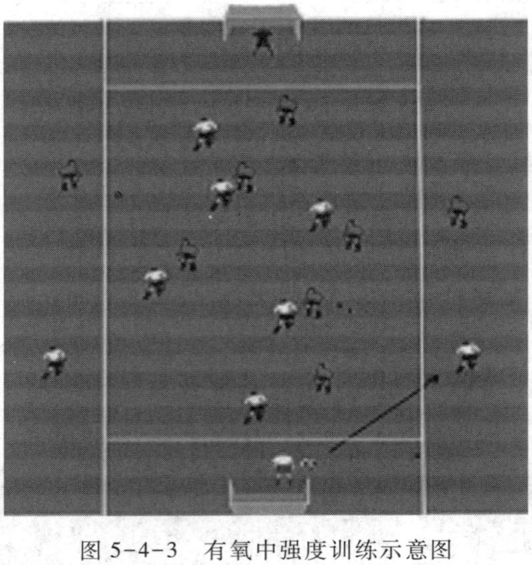

图 5-4-3　有氧中强度训练示意图

3. 有氧恢复性训练

有氧恢复性训练

网式足球：队员分成两队，站在长方形场地两边，中间隔着一定高度的网（图 5-4-4）。注意通过控制心率（120～140 次/分）来进行训练监控；传球队员注意观察空当，利用时间差，预测传球的方向，快速执行。

图 5-4-4　有氧恢复性训练——网式足球示意图

三、足球运动员无氧耐力训练

无氧耐力是指机体在缺氧状态下，长时间对肌肉收缩供能的工作能力。提高无氧耐力常采用短时间、最大用力和短暂休息的重复运动的方法进行训练。可采用持续剧烈的 1 分钟运动形式，如快速的间歇跑、重复跑、400 米跑以及对抗性的球类比赛等。

（一）无氧耐力概述

1. 无氧耐力概念

耐力是指人体长时间进行肌肉工作的能力或称为对抗疲劳的能力。

无氧耐力也叫速度耐力，指机体以无氧代谢为主要供能形式，坚持较长时间工作的能力。

2. 无氧耐力训练分类

无氧耐力训练分为生成性乳酸训练和维持性乳酸训练两种。

（1）生成性乳酸训练。机体生成性乳酸一般是在 10~40 秒内进行的，是最大强度的 60%~100%，间歇时间为 1：5 以内，生成性乳酸训练可以改进在相对较短时间内极限运动的能力和提高反复进行剧烈运动的能力，是短时间的运动，需要较长的恢复时间，接下来是恢复性活动，一般在训练开始阶段或训练最后阶段进行。

（2）维持性乳酸训练。维持性乳酸一般训练时间范围为 10~90 秒，但主要集中在 40~90 秒，是最大强度的 30%~100%，间歇时间为 1：1。实战对抗比赛中，考虑到队员训练中的强度和间歇等因素，训练时长最长可至 3 分钟。维持性乳酸训练是为了提高维持高强度运动的能力和提高反复进行高强度的能力，需要较长的运动时间，很短的恢复时间。接下来是恢复活动，一般在训练最后阶段进行。

3. 影响无氧状态下耐力素质的因素

（1）肌糖原含量。据有关研究表明，肌糖原约三分之一可用于无氧磷酸供能。肌糖原含量越多，无氧耐力也就越高。

（2）乳酸脱氢酶活性。这种酶参与无氧酵解过程，活性越大，越有助于无氧供能。

（3）缓冲乳酸物质的含量。肌肉产生的乳酸进入血液后，缓冲物质可以中和血液的酸性物质，使血液酸碱度改变较小。这种缓冲物质主要表现为碳酸氢钠和碳酸酐酶，如果这两种物质含量多且活性大，将会提高缓冲能力，从而改善无氧耐力。

(4) 脑细胞耐受乳酸能力。血液酸度大会影响脑细胞的工作能力，促使疲劳产生，当脑细胞耐受乳酸能力强时，会提高无氧耐力。

(5) 有氧能力。有氧能力是无氧耐力的基础，它可以最快地消除无氧过程中积累的乳酸并能有效提高肌肉中肌糖原的贮藏量，而肌糖原含量直接与无氧耐力有关。

(二) 足球运动员无氧耐力训练方法

生成性乳酸训练

1. 生成性乳酸训练（图 5-4-5）

名称：生成性乳酸训练

场区：半场区域

参加人数：7 人（1 名守门员）

训练时间：20 分钟

练习方法：边路 A 队员过标志盘后，下底接中场传球传中；然后 A 队员跑向中路接另一侧传中球，形成攻门，然后迅速跑回中线，训练结束；中路 B 队员传球到边路后，到门前抢点射门，然后迅速回撤绕过标志盘，接中场教练员的传球后完成射门，再迅速跑回中线，训练结束；队员训练时长为 20~30 秒。

指导要点：要求全速完成训练，积极性恢复，抢点要准确。

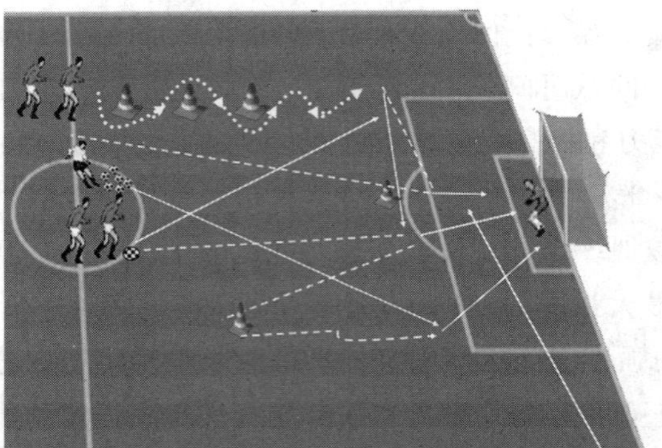

图 5-4-5 生成性乳酸训练示意图

维持性乳酸训练

2. 维持性乳酸训练（图 5-4-6）

名称：维持性乳酸训练

场区：30 米×40 米区域的场地

参加人数：6 人

训练时间：25 分钟

练习方法：三对三小场地比赛；所有队员过半场进球有效；练习 3 分钟，间歇 2 分钟，完成 4 组。

指导要点：队员积极跑动，注意观察，合理跑位，采用积极性恢复。

图 5-4-6　维持性乳酸训练示意图

（三）无氧耐力训练注意事项

无氧耐力训练的主要目的是发展运动员氧供应不足情况下的供能能力。围绕这一目的的实现，无氧耐力训练有几点需注意：

（1）无氧耐力训练必须保证运动员机体在活动中有高乳酸值产生，为此，大强度和必要的持续时间是必不可少的。一般而言，每次活动的持续时间应在 10 秒以上，1 分钟以内；如果时间过短，则主要发展的是磷酸原供能系统；时间过长，则因强度降低而形成以有氧耐力训练为主。

（2）间歇训练法是当今足坛普遍用以发展无氧耐力的有效方法。在运用这一方法时，掌握合理的间歇时间，是保证训练效果的决定性因素。当间歇时间过长时，血乳酸值会随休息时间加长而减少，致使其主要发展速度素质。因此，根据队员训练水平状况安排适当的间歇，保证机体始终处于高乳酸值状态，是无氧耐力训练目的实现的根本保证。

（3）随着运动员无氧耐力素质的改善，为不断提高训练水平，教练员应及时调整训练方法。比如不变间歇时间，加长练习时间，或不变练习时间，缩短间歇时间等。

（4）无氧耐力训练是一种大强度活动，为此，一是运动员在练习前应做好充分的准备活动；二是运动员在间歇期应采用积极性休息方式，以免因突然停止大强度活动后造成血液回流困难，导致头脑昏厥。

间歇训练法用于无氧耐力训练，是以产生高乳酸值为基本准则的。任何一种间歇训练方式，只要能满足这一基本准则的要求，都可在实践中采用。在足球运动员无氧耐力的间歇训练方式中，可以设计跑道练习形式，如 400 米间歇重复跑，以侧重于一般素质的发展，也可结合比赛场上的某些技战术行动，如采用边卫、前卫等快速运球或冲刺到前场传中或射门，然后迅速回位作为一个快跑段来安排间歇训练，以侧重于专项素质的提高。总之，发展无氧耐力的间歇训练方式是多种多样的。教练员可在训练实践中因情所需，设计出多种既能改善无氧耐力又富有趣味的练习。

少儿球员在耐力训练中，有氧供能应是主要形式，但无氧耐力也应安排适当的比重。近来有关研究认为，由于少儿阶段最大氧脉搏显著提高，心容量接近成年水平，有氧耐力也提高，此时可以进行一定的紧张耐力性工作。但为了避免无氧耐力训练损害机体健康，影响未来发展，在训练中应做到：坚持循序渐进；因人而异，量力而行；加强医务监督。

第五节　足球运动员力量训练

力量素质是人体进行体育运动的基本素质之一，是获得运动技能和取得优异运动成绩的基础，同时也是促进其他身体素质发展的重要因素。

力量素质是指人的机体或机体的某一部分肌肉工作（收缩和舒张）时克服内外阻力的能力。影响力量素质的生理因素包括肌肉横断面、肌纤维类型、肌肉代谢能力、肌肉的初长度、各肌肉间的协调活动程度、骨杠杆的机械效率、神经过程的灵活性。

一、足球运动员上肢力量训练方法

1. 上肢力量训练方法（自重）：推

上肢力量训练——俯卧撑（推）

重叠俯卧撑：下面队员保持俯卧撑姿势，上面队员做俯卧撑，或上、下两队员同时做俯卧撑（图 5-5-1）。上面队员为自重，下面队员为负重。

图 5-5-1　重叠俯卧撑

2. 上肢力量训练方法（自重）：拉

上肢力量训练——上臂拉

拉起比劲：两人面对坐下，两脚相抵，两双手拉紧。然后两人同时用力向后拉，将对方拉起者为胜。

3. 上肢力量训练方法（负重）：推

平板卧推：平躺在卧推凳上，双脚自然放在地上。调整身体的前后位置，使眼睛位于卧推架上杠铃的正下方。握距比肩稍宽，从卧推架上取下杠铃。慢速下放杠铃，直到上臂与地面平行为止。然后推起杠铃回到起始姿势，如此重复（图 5-5-2）。

图 5-5-2　平板卧推

4. 上肢力量训练方法（负重）：拉

高翻：双脚站立，两脚间距略大于肩宽，两脚脚趾略指向外侧；下蹲，以封闭式前握握住杠铃。双手间距应略大于肩宽，双膝向外，肘部完全伸展（图 5-5-3）。

5. 上肢专项训练方法

将队员分为两人一组，相对站立并相距一定距离互掷实心球。要求掷球者在保持正确的掷界外球动作的同时，尽可能掷远。实心球重量在 3 千克左右（图 5-5-4）。

图 5-5-3　高翻

图 5-5-4　掷实心球

二、足球运动员下肢力量训练方法

1. 下肢力量训练方法（自重）

（1）连续弹跳力训练。在起跳前通过膝关节的弯曲和轻微的下蹲可以跳得更高。落地后立刻进行另一次起跳，在落地后脚跟不着地的情况下再马上起跳是很重要的，这是一般弹跳能力训练的有效方法。应当注意的是此种训练方法不适合青少年，并且在运用时要小心谨慎。

下肢力量训练（深蹲）

重复次数：15~20 次；组数：3~5；休息时间：每次训练间隙休息 30~60 秒，每组之间休息 4~6 分钟。

（2）系列跳跃。此种训练的目的在于通过进行一系列的连续跳跃而不是单独一次爆发性跳跃来增强弹跳力。起跳可以是一只脚也可以是双脚，跳跃可以是越过一个障碍物也可以是一系列障碍物，可以向前跳也可以是向两侧跳。

（3）跳深（离心）。从不同的高度跳下，落地时两臂自然后摆，膝关节微屈，然后迅速跳起（图 5-5-5）。

图 5-5-5 跳深

(4) 争抢一般力量。

① 互推：两个标志杆相距 10 米，两个队员站在中间，一个队员试图把另一个队员推过其中的一个标志杆。两个队员可以面对面或者背对背做这个练习。

② 坐蹲：两个队员背对背由站立逐渐下降到蹲的位置，在这个位置上保持几秒，然后再站起来，进行多次重复的练习。

2. 下肢力量训练方法（负重）

下肢力量训练（垂直跳）

(1) 垂直跳。运动员置杠铃于肩上，然后尽可能快速地向上跳，在落地时要求脚尖触地，缓冲落地时的力量（图 5-5-6）。

(2) 交叉腿跳。运动员置杠铃于肩上，然后做前后交叉腿跳。要求在做这一动作时必须前膝弯曲，使膝面在前足的前面，起跳动作应体现出爆发性特征（图 5-5-7）。

图 5-5-6 垂直跳

图 5-5-7 交叉腿跳

(3) 背后提铃起。运动员双手握杠铃于身后，脚跟垫一块大约 2.5 厘米厚的木板或杠铃片，做蹲下和站起动作。要求练习者在完成这一动作时手臂始终伸直，腰挺直，站立动作应有爆发性（图 5-5-8）。

图 5-5-8 背后提铃起

3. 下肢专项训练方法

(1) 专项弹跳力训练。

① 头顶吊带球：吊带球是一个球悬挂在绳子上，

球的高度可以被随意调整，运动员必须在跑动中起跳去用力头顶球，而且起跳必须是单脚。球的高度可以逐渐增加来迫使运动员跳得更高，同时必须是持续用头顶球（技巧性）。

② 顶传中球：防守队员和进攻队员必须配对进行，一名进攻球员将球传中，另一名进攻队员努力地起跳去碰到球并把球顶进球门，防守队员必须尽力阻止进攻队员，把球顶出去或者至少要跳起来去争顶球。

（2）专项争抢力量训练。当另一名运动员想传球或者射门时，防守者会尽力去封堵球，这就是抢截球。抢截者必须确切地知道什么时候去做动作，否则就可能会犯规，甚至可能使自己或者对手受伤，因此，时机的选择是至关重要的。比赛中这方面的训练是从支撑开始的，练习会使运动员知道放松和支撑身体之间的不同，以及后者的不足之处。实施抢截球时重点不是在使用力量上，而是应注意发展对各种肌肉在什么时候必须紧张的感觉上，当这方面有所提高时，才能将重点逐渐转移到力量上。

① 冲刺中的肩部冲撞：两名队员紧挨着站立，在 10~15 米处有两个标志杆，两标志杆之间大约相距 25 厘米。教练员发出信号后两队员冲向标志杆，先把脚放在两标志杆之间的队员获胜，在冲刺的过程中两个队员可以用肩膀冲撞对方以获得有利的位置。

② 空中争抢时的肩部冲撞：两名队员侧滑步相向运动，然后起跳到空中用肩膀给对方一个推力。这个练习是训练运动员能够掌握在恰当的时候如何利用身体与对手进行空中的冲撞。

三、足球运动员核心力量训练方法

1. 核心力量训练方法（静态）

（1）正向平板支撑。俯卧肘撑，注意身体保持在一条直线上，双腿并拢伸直，注意腰部挺直（图 5-5-9）。

（2）侧向平板支撑。一只手弯曲支撑，另一只手臂上举，身体保持在一条直线上，双腿并拢伸直，注意腰部挺直（图 5-5-10）。

核心力量训练——平板支撑

核心力量训练——侧向支撑

图 5-5-9 正向平板支撑

图 5-5-10 侧向平板支撑

核心力量训练——背桥

(3) 背桥。平躺在地面上，双手平放在身体两侧或放在胸口处，双脚尽量靠近臀部，膝盖并拢。双脚用力下压，背部、臀部、大腿后侧发力，将身体向上拱起，使髋部离开地面。只依靠肩部和脚支撑身体，大腿和躯干保持在一条直线上，也可做单腿支撑（图 5-5-11）。

图 5-5-11　背桥

2. 核心力量训练方法（动态）

(1) 负重仰卧起坐。练习者双手置杠铃片于头后，呈仰卧姿势，然后坐起。在做这一动作时，要求练习者膝盖不得弯曲。脚固定于某一物体上或由同伴压住（图 5-5-12）。

(2) 杠铃体前屈。练习者置杠铃于肩上，然后体前屈。在做这一动作时，要求练习者脚站稳，腿伸直，腰背紧张，头抬起，直到背与地面接近水平时才恢复直立姿势，直立动作应有爆发性特征（图 5-5-13）。

图 5-5-12　负重仰卧起坐

图 5-5-13　杠铃体前屈

3. 核心力量专项训练方法（合理冲撞）

(1) 一人运球，另一人贴身跟随冲撞持球者，要求持球者稳住重心（图 5-5-14）。

(2) 两人一组，教练或其中一队员抛球至前方 3~5 米空中处，两人同时争顶并在其间运用合理冲撞（图 5-5-15）。

图 5-5-14　合理冲撞

图 5-5-15　争顶合理冲撞

四、力量训练注意事项

（1）力量训练中肌肉、关节、韧带等组织器官承受负荷很大，为避免造成损伤，训练前必须充分做好准备活动。

（2）力量训练应避免在身体疲劳、精神倦怠的状态下进行。这既易于引起损伤，也影响力量训练的效果。

（3）力量训练必须有针对性。一是表现在练习部位的选择必须结合足球动作特点；二是表现在利用阻抗练习发展某部位或肌群的力量时，确实使阻抗施加于该肌群。为了做到此点，教练员深入分析技术动作和练习结构，找出需要发展的肌肉以及设计出相应的练习方法，是安排力量训练并获得良好效果中的重要环节。

（4）某部位的爆发性力量与该部位的基础力量是密切相关的。在提高基础力量的训练中，必须注意保持较大的负荷。一般认为，强度在最大负荷的 80%或更高能显著发展基础力量。

（5）在进行爆发性力量训练时，最大负荷的选择必须是运动员能够按照动作要领，并且不明显降低动作速度的条件下完成动作为前提依据。这一负荷练习的时间，同样也应以不明显降低动作速度为基础准则。

（6）力量的增长来源于受力刺激，当运动员对某一负荷的刺激有了适应后，必须及时调整负荷量，施加新的刺激量以促进力量的不断发展。

（7）在发展肌肉力量，特别是爆发性肌肉力量时，应注意适宜的组间间歇，以免造成疲劳积累或因疲劳而影响动作速度。

（8）力量练习次数必须考虑到训练计划任务和年龄特点来安排。一般认为，每一至两日进行一次力量训练，增长效果较好；每两周训练一次，基本保持原增长水平。如果训练计划要求某阶段侧重发展力量，则练习次数应增加；如果队员年龄正处力量敏感期，练习次数也应增加。

（9）力量练习方式的选择应注意与场上动作特点相联系。一般原则是以静力练习发展静力性力量，以动力练习发展动力性力量。

（10）足球运动中的各个动作都是多部位共同用力的结果。在力量练习时，需侧重腿部力量的发展，但颈部、上肢、腰腹等其他部位也绝不可忽视，以免造成肌肉力量发展不均衡。

（11）练习者练习力量时应避免与旁人说话，应保持自然呼吸，练习前不要做快的呼吸。

（12）在力量练习后，尤其是大负荷练习后，应注意做好肌肉的放松活动。研究证实，力量练习后的放松活动不仅能改善神经过程的协调性，而且速度性力量也会显著提高。

（13）力量训练考虑年龄特点是特别重要的。这种考虑一是涉及敏感期问题，如腿部弹跳力的敏感期在 7～14 岁，握力的敏感期在 14～16 岁，背力的敏感期在

15 岁，在训练安排上就应考虑到这一特点；二是涉及所给予的负荷和身体可能承受的负荷之间的关系。对于少儿球员来说，虽然各阶段都可进行力量练习，但由于身高快速增长，肌肉主要随着骨骼纵向发展，因此，这一阶段宜多采用轻负荷的快速力量练习，如克服自身体重的蛙跳、轻器械的快速挺举以及弹力带力量练习等。

第六节 足球运动员协调性、灵敏性及柔韧性训练

一、协调性训练

（一）协调性概念

协调性并非一种单纯的运动素质，它与运动员有机体各器官系统的功能、各运动素质、心理品质和个性特征以及技能储备等联系密切，是各种能力的综合表现。协调能力是运动技能的基础能力。

影响协调性的因素有以下几个方面：

1. 运动觉

所谓运动觉是指运动对身体某部分的运动精确调整和控制的能力。在运动中主要表现为带控球、精确传球和控球时的球感。

2. 空间判断能力

空间判断能力是指从时间和空间上适应球场情况或移动物体的能力。

3. 平衡能力

平衡能力是指保持身体重心以及在失去重心时恢复正常姿势的能力。

4. 综合反应能力

综合反应能力是指对信号作出快速反应的能力。如守门员对近距离射门的反应。

5. 节奏感

节奏感是掌握和适应外界和本身原有节奏的能力。如带控球时的假动作。

6. 其他运动素质的发展水平

速度、力量、耐力、柔韧性等与协调能力的发展也有着密切的关系。

7. 其他影响协调能力的因素

遗传、运动技能的储备、运动员个性心理特征。

（二）足球运动员协调性训练方法

1. 无球的协调性练习

无球的协调性活动包括步法练习、侧手翻、滚翻和跳起。协调性训练特别能帮

助提高膝部高抬和踝关节的伸展性。在整个协调性训练过程中，头部一定要保持平稳，两臂必须配合好后蹬，两肩（包括上半身的其他部分）必须平稳，必须以前脚掌蹬地。

（1）后踢跑。队员从 A 点跑到 B 点（约 20 米），每一步都做用力后踢，频率要快，上体要略向前倾。针对不同能力的队员，可以要求他们每三步做一个左腿或右腿的、短促而具有爆发力的后踢。注意：头部与上体必须保持平稳，两臂前摆要有力，必须注意前脚掌着地。后踢跑之后，必须紧跟膝部高抬的练习，最好做全高或半高的单足跳练习。

（2）单足跳。单足跳可以同时练习膝部高抬与后踢。全高的单足跳要求大腿抬至水平，半高的单足跳要求大腿至少抬至与地面成 45°。队员从 A 点到 B 点（约 20 米）连续做左腿或右腿的半高抬单足跳。这是一个颇有技术难度的练习，所以要在进行了一定量的练习并使队员掌握了半高抬的单足跳后，再进行全高抬的单足跳练习。

（3）单足跳与前摆。高抬膝部的目的在于使小腿增加前伸机会。因此，可以通过“单足跳+前摆”的练习来发展这种能力。运动员向前做全高抬的单足跳，每次大腿高抬后，小腿积极下压做前伸。这是训练方法中一个提高步幅的非常有效的方法。在障碍物的帮助下，运动员最终可以真正做到强有力高抬膝部进行冲刺。

（4）绳梯训练（图 5-6-1）。采用绳梯进行各种动作的组合练习。绳梯训练可提高队员的协调性和灵敏性。

无球协调性训练

（5）弹簧走。队员从 A 点到 B 点（约 20 米），做大量短距离的“弹簧步”，尽量伸展其踝关节。整个训练过程中一定要保持用前脚掌着地。

（6）综合训练。以上训练方法的目的都是为了提高运动员的冲刺能力。起初，每次训练都要集中于技术的某一个方面，当这些方面被逐个掌握之后，队员就应进入一种综合训练之中了。可采用如下组合：后腿踢跑—半高抬单足跳—全高抬单足跳—跨跳—冲刺。另外，前面提到单足跳、单足跳与前摆、绳梯训练和弹簧走的练习方法再辅以冲刺跑，也可以作为冲刺跑的综合训练组合。

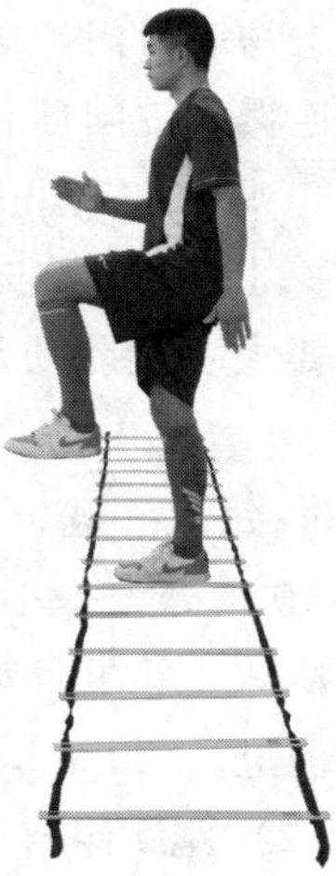

图 5-6-1 绳梯训练

2. 结合球的协调性练习

（1）各种形式的颠球练习。

① 将球颠高，队员从球下走过，并转身继续颠球。

② 第一次将球颠起的高度过头，第二次颠球的高度不得过腰，循环进行，左右脚连续颠球。

③ 两名运动员同时颠球，两名队员呼应后，同时将球颠高，击掌后，再继续颠球。

④ 两名运动员同时颠球，两名队员呼应后，同时将球颠高，交换球，用同伴的球继续颠球。

⑤ 两名运动员同时颠球，两名队员呼应后，一名队员将球以地滚球的方式传给另一名队员，另一名队员则以空中球的方式将球回传给第一名队员，然后继续颠球。

（2）手抛球传球。使用 10 米×10 米的场地，4 人一组；3 人之间手抛球传球，同伴用身体合法部位接球后，用手接球（也可以直接将球回传给同伴），另外一名队员为防守队员，可以干扰队员接球。球落地或出界后，接球队员与防守队员交换角色。

有球协调性训练

总之，练习的方法是多种多样的，教练员可以根据训练目的，有计划地选择与设计不同的训练方法发展队员的协调能力。

3. 结合球的游戏

（1）走跑组合。

① 每人一球，颠球向前走，听到哨音后将球向前踢出，然后快速跑追球，控制住球后继续向前颠球走。要求：颠球部位不限，向前踢出球力量不宜太大，以加速跑后能追上球为宜。

② 每人一球，颠球绕过若干标志物，在距离最后标志物 10 米处设一小门，绕过标志物后射门。球若进门可慢跑捡球，球若不进则加速跑捡球。要求：颠球动作协调连贯，中间球若落地，则在原地继续颠 5 次球后才能继续前进。

③ 每人一球，双脚交替踩球向前绕过若干标志物，在距离最后标志物 10 米处设一小门，绕过标志物后射门。球若进门可慢跑捡球，球若不进则加速跑捡球。要求：动作协调连贯，中间若控球失误，则在原地继续踩 5 次球后才能继续前进。

④ 每人一球，双脚内侧连续左右击拨球向前绕过若干标志物，在距离最后标志物 10 米处设一小门，绕过标志物后射门。球若进门可慢跑捡球，球若不进则加速跑捡球。要求：动作协调连贯，中间控球失误，则在原地继续击拨 5 次球后才能继续前进。

（2）跑跳组合。每人一球，在规定范围内可用任意部位颠球，听到哨音后将球踢向空中，同时判断球的落点起跳，在最高点用手将球控制住，然后继续颠球。要求：教练员通过哨音间隔控制训练强度。还可要求队员随球跳动两次，在第二落点用手控制球。

（3）翻越障碍。将队员们分为人数相等的若干队，每队有与人数相等的球。每队队员之间相距 3 米，双手扶膝成山羊。在队伍前 15 米设一标志物，将每队所有球放置此处。听到开始哨音后，队尾队员依次跳过本组山羊，加速跑到标志物处将一个球运回自己开始位置。待每名队员都有球后，最后一名运球回来的队员继续跳过每个山羊，将第一名队员运回的球再运回标志处。依次进行，先将所有球运回原处的队伍获胜。要求：队员成山羊后注意在起跳队员跳时一定用手来撑住，以确保安全。运球部位可根据训练内容变化。

（4）单脚踢球比赛。使用 20 米×20 米的场地，进行五对五比赛。在规定场地内进行比赛，设两个 1.5 米宽的小门。队员只能单脚着地跳着踢球，若比赛过程中双脚着地，则罚站 30 秒。球出界由对方踢界外球恢复比赛。要求：控制身体平衡。教练员要注意在比赛进行一段时间后要让队员变换支撑腿。

二、灵敏性训练

（一）灵敏性概念

灵敏性是指在各种突然变换的条件下，运动员能够迅速、准确、协调地改变身体运动的空间位置和运动方向，以适应变化着的外界环境的能力。灵敏性是人的运动技能、神经反应和各种身体素质的综合表现。通常是指运动员在各种复杂的情境下，随机应变，高度自如地迅速变化体位，转换动作，以适应动作需求的能力。灵敏性训练在注重加速能力的同时，更加注重减速能力，一般分为程序化灵敏训练（又称结构性灵敏训练和封闭性灵敏训练）和随机灵敏训练（又称非结构性灵敏训练和开放性灵敏训练）。程序化灵敏训练指按照既定程序完成一套或一系列灵敏素质练习；随机灵敏训练则是在对手干扰下随机决策进行灵敏训练。灵敏性作为综合素质的体现，是一种极为复杂的身体素质。通常认为，灵敏性主要受下列因素影响：

1. 大脑皮质的灵活性

在现代足球比赛中，场上情境难以预料，变幻莫测是最突出的特点之一。在这样的背景下，运动员能够准确而协调地对各种情境做出正确的动作反应，巧妙地把握好动作、时间空间的选择，大脑皮质兴奋与抑制迅速且灵活的转化能力等，显然是灵敏素质的重要条件之一。

2. 力量、速度、柔韧等诸多因素的能力

灵敏性动作是多个素质因素融为一体的综合体现。比如在虚晃摆脱动作中，运动员不仅需要控制身体动作幅度的力量，急停起动的速度，而且也需要身体各关节部位有一定的柔韧性。因此，灵敏素质能力离不开其他素质水平的影响。

3. 观察力与反应速度

灵敏性高水平地表现于足球比赛之中，随机应变是灵敏性动作的显著特点之一。为此，观察力与反应速度也就成为极有意义的因素。倘若运动员有良好的观察力和反应速度，必然有助于其及时而有准备地采取相应动作。

4. 运动技能的数量和熟练程度

足球运动赛场灵敏性动作常常是无规则且由若干个动作技能所构成的。运动技能具有迁移性，倘若运动员动作技能多且熟练程度高，必然会增强大脑皮质的灵活性，同时使灵敏动作表现形式增多，也更为协调和适应场上多情境的需求。

（二）足球运动员灵敏性训练方法

灵敏性反映于比赛之中，形式繁多，特别是在激烈对抗的情境中，就更难作简单的归类。由此，灵敏性训练的形式与内容也就相对更多了。在进行灵敏性训练时，作为一般原则，每周应安排灵敏性训练 2~3 次，每次 10~20 分钟，训练应该安排在热身后进行。在运动员掌握了动作技能后，逐步增加动作的速度和强度，要求运动员在更快的速度中完成动作；在到达这一阶段后，教练员应注意练习的时间一般在 2~10 秒，间歇时间在 1：6~10（强度越大，间歇时间越长）。这里仅示例几种足球运动员灵敏性练习方法。

速度灵敏训练

程序化灵敏

1. 程序化灵敏（又称封闭性灵敏）（图 5-6-2）

名称：程序化灵敏训练

场区：30 米×40 米区域

参加人数：16 人

训练时间：20 分钟

练习方法：

（1）在练习区域内设置跑、跳、翻滚，以及结合球的训练内容。

（2）队员根据已设置好的内容进行相应的训练。

（3）后期可通过互相追逐加大难度。

指导要点：动作速度要快，注意力集中，动作准确，上下肢配合一致。

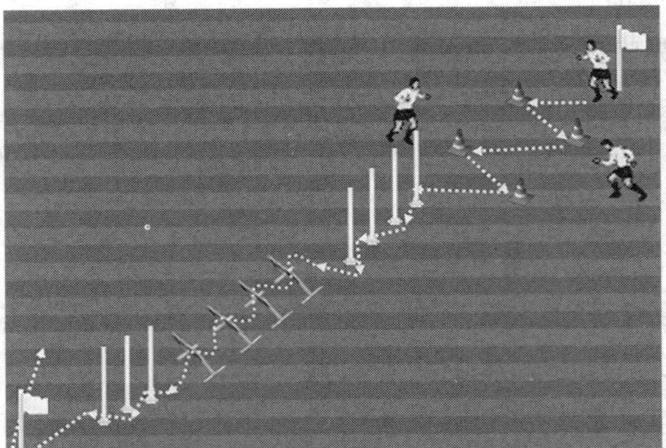

图 5-6-2　程序化灵敏训练示意图

随机灵敏训练

2. 随机灵敏（又称开放性灵敏）（图 5-6-3）

名称：随机灵敏训练

场区：30 米×40 米区域

参加人数：16 人

训练时间：20 分钟

练习方法：外围队员持球 2~3 个；圈内队员无球；外围队员用手抛球方式，

将球扔向圈内队员；被球触及的队员离场；一段时间后两组交换；后期可用脚击打圈内队员，要求必须地面球有效。

指导要点：队员积极跑动躲闪；注意观察；合理跑位；传球队员相互呼应。

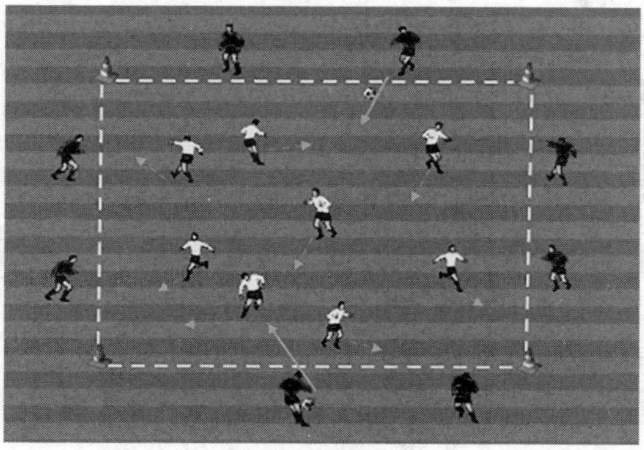

图 5-6-3　随机灵敏训练示意图

（三）注意事项

灵敏性训练效果受许多因素的制约，作为教练员在安排灵敏性训练中需注意下列问题：

（1）灵敏性训练的效果与身心状态有密切联系，由于疲劳对力量、反应速度、运动速度等都有不良的影响，特别是疲劳会使动作失去协调性，故灵敏性训练应避免在疲劳的状况下进行。

（2）灵敏性训练应注意动作多样化，尽可能结合比赛中各种动作的灵敏性特征来设计，并应在训练环境中力求体现比赛中灵敏素质运用时的背景条件。

（3）灵敏素质与爆发性力量、速度、柔韧等其他素质能力紧密相连，在侧重发展灵敏素质阶段，必须有针对性地安排这些辅助性训练。

（4）为更好地发展灵敏素质，应设法使队员消除机体过多的脂肪类物质。过大的体重会降低肌肉收缩速度，加大惯性，因而也会削弱灵敏性。

（5）灵敏性训练方法应力求富有趣味性、竞争性，应使队员高度注意动作的质量，讲求及时、准确、时间空间的掌握。

（6）灵敏素质在决定一名队员动作协调性与效果以及发展潜能上具有重大意义。为此，这一素质在少儿早期就应给予格外的关注。实践证明，倘若一名队员早期缺乏严格的灵敏性训练，他在未来的动作发展上，很难表现出动作的自如与协调。

三、柔韧性训练

（一）柔韧性概念

柔韧性是指人体关节活动幅度以及关节韧带、肌腱、肌肉、皮肤和其他组织的弹性和伸展能力，即关节和关节系统的活动范围。柔韧性根据不同的活动方式可分为动力性柔韧和静力性柔韧。动作过程中包括关节运动的称为动力性柔韧；动作过程中不包括一定关节运动的形式称为静力性柔韧。需要指出的是，柔韧性是针对特定的关节而言的，也可以说，某一关节的柔韧性好并不能保证其他关节的柔韧性也好。

柔韧性的好坏，主要受三个因素的影响：

（1）关节的骨结构。

（2）关节周围组织的体积。

（3）跨过关节的韧带、肌腱、肌肉和皮肤的伸展性。

此外，柔韧性也受神经系统对肌肉调节能力的影响。当运动中肌肉的拮抗肌与主动肌、协同肌之间达到协调的配合时，动作的幅度将会增大。

（二）足球运动员柔韧性训练方法

拉伸练习是发展柔韧性的有效方法。拉伸方式主要包括动力性拉伸、静力性拉伸和弹性拉伸。为使身体充分伸展必须进行热身，但是那种把拉伸看作是热身的概念是一种错误的认识。热身过程只是可以包含一定的动力性拉伸和静力性拉伸动作。

1. 动力性拉伸

动力性拉伸影响动力性柔韧，而静力性拉伸对静力性柔韧起作用（在一定程度上也影响动力性柔韧）。动态拉伸是依靠 10～20 秒的突然停顿，肌肉可以被拉伸，有可能引起肌肉的收缩反应，突然停顿的目的是强制肌肉更多地做一些平常不能做到的伸展运动，但容易造成肌肉损伤（图 5-6-4）。

2. 静力性拉伸

静力性拉伸会引起肌肉疲劳、降低协调性，最终导致运动能力下降。同时，由于静力性拉伸的活动度小，具有一定的降低兴奋性的作用。因此，静力性拉伸最好作为放松练习的一部分。具体采用何种牵拉也要考虑到训练课的要求、运动员肌肉损伤等因素（过分地拉伸会增加损伤的程度）（图 5-6-5）。

图 5-6-4　动力性拉伸

图 5-6-5　静力性拉伸

3. 弹性拉伸

弹性拉伸是介于动态拉伸和静态拉伸之间的一种拉伸方式，也有人将其归入动态拉伸的一种。弹性拉伸通过在最大幅度范围内不断地震颤，提高肌肉拉伸效果，它既能保持肌肉拉伸的大幅度，又能不降低肌肉的弹性和兴奋性，是热身中很有效的一种拉伸方式。

4. 颈部拉伸练习

（1）保持身体平衡，双手置于臀部。

（2）低头，头部右侧向肩膀移动。在头部返回原位之前，保持 10 秒。

（3）头部后仰，脸朝上。在头部返回原位之前，保持 10 秒。

（4）头部朝肩膀另一侧移动在头部返回原位之前，保持 10 秒。

（5）头部前倾，下颌靠近胸部。

上述每种头部运动保持拉伸姿势 10 秒，重复两次。

5. 双臂和肩部伸展练习

（1）保持身体直立或坐立姿势，在身体周围留出足够的练习空间。

（2）双臂向上伸展，一只手握紧肘部。

（3）肘部慢慢下拉，让未抓握肘部的手在肩胛骨之间移动。

（4）保持该姿势 10 秒。

6. 体侧伸展练习

（1）保持身体直立姿势，两脚之间的距离略比肩宽。

（2）一只手臂越过头顶向上伸展成芭蕾姿势，另一只手臂自然下垂。

（3）腰部向两侧弯曲，保持身体的伸展姿势。

（4）身体向一侧弯曲，保持 10 秒，放松，再向另一侧弯曲，重复两次。

7. 背部下方伸展练习

（1）躯干伸展练习。由于足球运动员经常发生背部下方疼痛的情况，所以这里把背部下方伸展练习也包括在内：

① 身体成俯卧姿势，双手之间的距离和肩部同宽，双手领先肩部。

② 双臂伸直，尽量向下推动腰部。

③ 保持该伸展姿势 10~15 秒，放松，再重复。

（2）大腿后部肌肉群和肌腱伸展练习。

① 从坐立姿势开始，双膝并拢，贴近胸部。

② 当膝关节向上伸展时，身体围绕脊柱向后、向前滚动 3~4 次。

③ 在最后一次向后滚动时，增加滚动冲量，使双腿完全伸直，脚趾触及地面。

④ 双手支撑背部下方，尽量把髋部向上和向后推。

⑤ 伸展练习后，慢慢还原身体。

⑥ 在每个连续动作中，允许 20~30 秒的间歇。在整个练习中，呼吸要均匀。重复练习两次。

(3) 髋部屈肌和臀部伸展练习。

① 从仰卧姿势开始，双手抱紧一条腿的膝关节。

② 腿部抬起，双手抱紧膝关节并朝胸部拉，保持 10 秒。

③ 滚动身体，伸展腿仍然与地面接触，弯曲腿和地面成直角。

④ 身体慢慢从原位置转回，使背部与地面接触，面部向上，身体及下肢朝另外的方向转动。

⑤ 保持此姿势 10 秒，重复练习两次，每条腿间歇 20 秒。

(4) 腹部伸展练习。

① 从坐立姿势开始，双脚并拢（双手抓紧双脚），肘部置于膝关节内侧。

② 慢慢向前倾斜，双手拉紧双脚，同时下压膝关节。

③ 保持伸展姿势 10 秒，放松，再重复。

(5) 腘绳肌伸展练习。

① 从坐立姿势开始，膝关节伸直。

② 朝前压上体，眼向前看，保持背部挺直。上体前伸，双手尽量抓脚趾（如步行，可抓住腿部下侧），然后抱紧小腿。

③ 保持伸展姿势 10 秒，放松，重复两次以上（总共 30 秒）。

(6) 股四头肌伸展练习。

① 一条腿支撑站直，另外一条腿向后抬起，膝关节指向地面，用同侧手抓住抬起的脚踝。在两人练习或对抗某物体如墙或球门立柱时，保持该姿势的平衡。

② 慢慢向上拉动脚部，同时大腿向前伸展。

③ 保持伸展姿势 10 秒，放松，换另外一条腿，重复两次。

(7) 小腿伸展练习。

① 与支撑体重的物体保持一定距离（例如墙面）。

② 靠墙支撑体重，双臂弯曲，弯曲前腿，保持后腿伸直，用脚跟站稳。

③ 髋关节慢慢朝墙移动，保持背部正直，拉紧小腿上部肌肉，即比目鱼肌。

④ 保持此姿势 10 秒，放松，换另一条腿，重复两次。

(8) 跟腱伸展练习。

① 靠墙斜向站立（高于腰部），开始时，如同小腿伸展练习，但上体保持较低的角度。

② 臀部降低，膝关节略微弯曲，保持脚跟与地面接触。

③ 保持伸展姿势 10 秒，放松，换另一条腿，重复练习两次。

(9) 踝关节伸展练习。

① 从坐立姿势开始，一条腿伸直，另一条腿略微弯曲，双臂支撑背部。

② 有意识地足屈（脚尖前指），随后转动脚部（在空中用脚尖画圆）。

③ 有意识地足伸（脚尖向后上指）。

④ 保持足屈和足伸 5 秒（持续 15 秒），放松换另一条腿，重复两次。

（三）柔韧性训练注意事项

在柔韧性训练中，教练员通常应注意下列问题：

（1）柔韧性练习应坚持由轻至重的原则，逐渐给肌肉、韧带等组织增加刺激，以防造成开始练习时就用力过猛，出现拉伤。

（2）柔韧性练习应注意全面性，踝、膝、髋、腰、肩、颈等部位都应安排练习，使足球运动动作所涉及的各个部位都得到发展。

（3）柔韧性在足球运动中所占比重不大，故专门训练可安排在准备活动和整理活动期间进行。这既可训练柔韧性，同时对实现准备活动目的和缓解疲劳也有积极的意义。

（4）柔韧性练习内容应尽可能联系比赛中对柔韧性要求较高的技术动作为一体进行练习。

（5）年龄越小，柔韧性越好。为此，有关柔韧性的练习，一是在此阶段不可放松，二是应利用这一特点，充分发展与柔韧性联系紧密的技术动作。

思考与实践

1. 什么是足球运动员的专项体能？
2. 简述足球运动员专项体能的基本特征。
3. 简述足球运动员专项体能训练的基本原则。
4. 简述无氧耐力训练的分类及训练要点。
5. 简述影响协调性的因素。
6. 简述灵敏性训练的分类及训练要点。

第六章 足球运动员心理能力

本章导读

心理能力作为足球运动员竞技能力的重要组成部分，在当今足球运动竞争愈发激烈的情况下显得尤为重要。本章结合现代足球训练和竞赛特征、足球运动员心理发展特点以及足球运动员心理训练的意义和原则，阐述足球运动员心理训练的基本内容、方法、干预手段以及足球比赛的心理调整方法。

学习目标

知识目标：正确认识足球运动员心理训练的重要性，理解足球运动员心理训练的基本知识。

能力目标：掌握足球运动员心理训练的基本内容、方法与手段，并能根据训练任务对足球运动员心理训练进行合理有序的组织设计。

价值目标：提高足球运动员对自身情绪控制的能力，在消解和控制自身不良情绪的同时保持积极的心理状态。

第一节　足球运动员心理能力概述

足球运动员心理训练是塑造足球运动员专项心理素质、个性心理品质和比赛心理特质的系统过程。足球运动员心理训练需要坚持一定的价值导向和基本原则，为足球运动员心理训练提供基础性的任务导向和科学性的规范要求。

一、足球运动心理能力定义

足球运动员心理能力即指足球运动员与训练竞赛有关的个性心理特征，以及他们依据训练竞赛的需要把握和调整心理过程的能力，是足球运动员竞技能力的重要组成部分。足球运动是一项需要高度专注、耐力和心理抗压能力的运动，足球运动员的心理能力对于其运动表现和比赛成绩起着至关重要的作用，能够帮助运动员在关键时刻保持镇定、专注和自信。足球运动员的心里能力主要包括认知能力、情绪控制能力、自我激励能力和应对压力能力等方面。

二、足球运动员心理特点

足球运动员的心理特点是指运动员从事足球运动实践中的心理活动特点。它是由竞技运动的一般特点和足球运动的专门特点以及足球运动中多种主、客观条件向足球运动员提出的各种心理学要求构成。

（一）高度的自我激励和竞争意识

足球运动本身具有的功利性与对抗性常常激发足球运动员产生强烈的求胜欲望和自我挑战精神，激励其在训练或比赛中保持高昂斗志，追求卓越成绩。

（二）良好的压力管理能力

受运动项目特点影响，足球运动员相较于其他项目运动员而言，需要承受更长时间、更广泛空间、更密集人员等多方面压力影响。能够有效地应对比赛中的压力和紧张情绪，保持冷静和专注是影响足球比赛走势的重要因素之一。

（三）强大的心理韧性和恢复能力

足球比赛具有高度的不确定性，受各个环节的影响，比赛局势千变万化，需要足球运动员在比赛中具有面对挫折和失败时能够自我控制并实施情绪调节，迅速调整心态、恢复信心，从中吸取教训。

（四）高度的专注力和注意力控制

保持专注对于足球运动员来说至关重要，尤其是在高强度复杂比赛中，对于每个比赛细节的处理都需要运动员保持高度的注意力，克服外界干扰，迅速作出决策，完成战术要求。

（五）团队合作和沟通能力

团队合作和沟通能力在足球运动中至关重要，足球运动员在比赛中是否具有较好的战术理解和执行能力、个人位置感和空间意识、情绪管控和心态管理、球员领导力和影响力等多方面能力，都建立在是否具有团队沟通合作能力前提基础上。

三、足球运动员心理训练的意义和原则

（一）足球运动员心理训练的意义

足球运动员的心理训练是采用特殊的方法和手段使足球运动员学会调节和控制自己的心理状态，进而调节和控制自己运动行为的过程。该过程一定程度上与足球运动员个体智能相互影响，并作用于足球运动员的技战术发展中。从运动训练学角度来看，我国学者田麦久认为运动员的心理能力与体能、技战术能力及运动智能是相互依存、相互制约、相互促进的关系。良好的个性品质和必要的心理技能可以有效地促进运动员体能、技战术的提高，同时也是运动员在比赛中正常或超常发挥的前提和保证。

现代足球运动发展以激烈的对抗和快速的攻防转换为基本特征，对于足球运动员竞技能力的提升提出了关键的三大要素：一是足球技战术能力，即以有效且高效的方式进行竞赛的能力；二是意志技能，即克服疲劳并在高疲劳和一定乳酸浓度下保持竞赛节奏；三是压力调节能力，即在比赛中对抗压力环境和调控自身心理的能力。因此，开展足球运动员心理训练具有重要的发展意义和积极作用。

（二）足球运动员心理训练的原则

1. 健康保障原则

足球运动员心理训练的主要内容是内部心理，这种训练必须有利于足球运动员身心健康发展和运动技战术水平的提高。在进行心理训练时，需要注意规避心理敏感内容，避免心理训练给足球运动员带来身心痛苦和损伤。例如，不能采用“削弱动机”的办法克服赛前紧张，更不能以讥讽的言行激发足球运动员的斗志。因此，心理训练必须维护足球运动员的身心健康和人格尊严，要从关心、爱护、发展其技战术水平的立场出发，促进其身心健康发展。

2. 自觉训练原则

不同于体能与技战术练习，能够有清晰直观的可操作、可测量评价标准，心理训练不易通过一定的评价标准去测量训练效果，其训练目标也在很大程度上需要依靠足球运动员自身的主观意志活动才能达成。在心理训练过程中，足球运动员积极主动的心理训练心态，对心理训练有正向的促进作用。反之，消极被动的心理训练心态，对心理训练有反向的阻碍作用。

3. 区别对待原则

开展心理训练，必须以足球运动员个体身心发展特征为核心依据，要根据足球

运动员个性心理潜力，弥补心理缺欠，促使个性心理的均衡发展。在确定心理训练内容、手段和方法时，必须考虑足球运动员现有的个性心理基础和发展空间。在进行心理训练时，应结合足球运动员不同场上位置的具体竞赛职责，充分发展足球运动员的个性心理品质和专项心理素质，以满足其训练和比赛的需要。

4. 结合实践原则

心理训练的实践性主要体现在两个方面：一是训练内容的实践性，训练内容要贴近实际场景，促进心理训练的积极内化。二是训练手段与方法的实践性，开展心理训练切勿单纯依靠文字理论灌输，应更多融入具体训练与实际比赛当中进行。

5. 系统持续原则

足球运动员技战术能力的形成具有长期性和阶段性，其心理技能的形成同样如此，足球运动员的心理调控能力需通过长期学习、训练得以掌握和提高。心理训练目标的实现，必须立足于持之以恒的训练基础之上，才能对足球运动员的心理产生系统持续的训练刺激。

四、足球运动员心理训练基本内容

依据心理训练内容和专项竞赛需要的关系划分，以及依据心理训练目标与训练及比赛的关系划分，可以将足球运动员心理训练内容划分为一般心理训练、专项心理训练、日常心理训练和比赛周期内心理训练。

（一）一般心理训练和专项心理训练

依据足球运动员心理训练内容与足球专项竞赛需要的关系，可将足球运动员心理训练划分为一般心理训练和专项心理训练。一般心理训练主要发展足球运动普遍性的心理特质，即适应于参加足球训练与比赛的基础心理，形成健康向上、沉稳果断的心理过程。而专项心理训练则聚焦足球项目的专项竞赛需要，发展足球运动员与足球竞赛相关的特殊性心理特质，特别是在高水平竞赛当中培养个性心理以及特定的心理过程。例如，守门员专项心理训练重点培养守门员果断、沉稳、注意力高度集中等心理，而前锋则着重勇敢、兴奋、积极判断等专项心理训练。足球运动竞赛当中，每个足球运动员位置不同，职责也不同，其所发展的心理内容也在一定程度上存在差异。

（二）日常心理训练和比赛周期内心理训练

依据训练和比赛的关系，可将足球运动员心理训练划分为日常心理训练和比赛周期内心理训练。日常心理训练主要任务是改善足球运动员的心理习惯。这一类型的心理训练要根据足球运动员年龄、训练年限以及竞技水平发展阶段，安排不同内容、不同比例的一般性专项心理训练。而比赛周期内心理训练又细分为赛前、赛中、赛后心理训练。日常心理训练主要任务是改善足球运动员的个性心理特征，保证其心理稳定性。而比赛周期内心理训练则偏重于调整足球运动员心理过程，使其尽快进入竞赛状态。

足球运动员赛前的心理活动较体能、技战术能力等竞技能力而言更加活跃，此时的心理状态对足球运动员的竞赛能力具有极大影响。因此，赛前心理训练主要任务是激发足球运动员参赛动机，但要注意控制其激活水平，增强足球运动员参赛自信心，建立稳定而又灵活的参赛思维程序及参赛行为过程。

比赛过程中，比赛环境与条件不断变化，会给足球运动员自身心理施加大小不一的压力。而足球相较于其他比赛项目具有更多的观赛观众、更宽阔的环境、更多的参赛人数、更不确定的比赛结果。因此，在比赛过程中要加强足球运动员的心理控制，使其保持稳定心理情绪，确保足球运动员正常技战术水平的发挥。

比赛后的心理训练与赛后恢复任务相符合，主要偏重于消除足球运动员心理疲劳，并激发足球运动员新的参训、参赛动机，这对于职业足球运动员长周期的联赛任务至关重要。同时，在该周期当中，要积极引导足球运动员辩证看待自身的得与失，避免心浮气躁和心灰意冷等不良情绪的产生。

第二节　足球运动员心理训练方法

根据实际训练和竞赛需要，足球运动员的心理训练方法可划分为基础心理训练方法、专项心理训练方法和克服不良情绪的方法。

一、足球运动员基础心理训练方法

（一）激发动机的方法

激发训练动机，要注重结合足球运动员的个人特点，做到区别对待。针对足球运动员的个人特点，合理地制订训练计划，提高训练效果，让足球运动员获得自我实现，从而激发其训练动机。在训练中，应运用多种手段来激发足球运动员的训练动机，积极吸取科研新成果与运动训练过程相结合，对足球运动员的训练作出科学指导。对于足球运动员的动机激发可以从以下方面考虑：

（1）注重足球运动员的全面发展，让足球运动员知道体育人不只是提高运动成绩，还要注重道德素质和文化水平的提高，做到知行合一。

（2）在运动训练过程中，教练员对足球运动员起着直接的引导作用。所以教练员要注意自己的榜样作用，多向足球运动员传递正能量，以身作则，做一名行为规范得体的好教练。

（二）培养竞技意志的方法

竞技意志是指足球运动员参加训练与比赛的意志决心，其能够调节足球运动员参赛情绪的发生与强度，有些竞技意志水平高的足球运动员往往比竞技意志水平较低的足球运动员能够更有效地进行训练与比赛。对于足球运动员的竞技意志培养可以从以下方面考虑：

（1）增强足球运动员勇于挑战的自信心。锻炼足球运动员敢于挑战、不怕失败的精神。并且要求他们时刻集中注意力，不受外界干扰。平时通过一些名人传记或是有益的励志成功事迹，塑造足球运动员的成功决心和自信心。

（2）加强对足球运动员的心理支持。对足球运动员在训练和比赛当中的成功行为进行激励和潜在的心理暗示，对失败行为进行及时的心理安慰和鼓励，改善足球运动员的心理韧性，增强他们的竞技意志。

（三）培养思维和决策的方法

思维和决策能力是足球运动员的核心心理能力。提高足球运动员的思维和决策能力是一个长期的过程，是一种经验的综合反应，可分为直接习得和间接习得两个方面。直接习得指通过在训练和比赛中不断实践获得临场处理问题的能力；间接习得则是通过观看比赛录像以及相关文献获得启发，吸取经验和教训的过程。

通常我们可以将思维能力划分为个人思维能力和集体思维能力。

（1）个人思维能力又是个人战术意识，是足球运动员战术思维的基础。在进行训练初期，可以设计带有简单战术背景的配合行动进行训练。并在训练过程中要体现战术背景和一些简单的问题。练习内容包括二过一、个人紧逼和协防行为练习等。

（2）集体思维能力是足球运动员间完成默契战术配合的基础，是通过有目的、长期的训练养成的。在设计练习内容的过程中要注意强调目标的一致性和任务的协同性；在组织训练的过程中要明确战术目的、统一行为原则，通过反复训练进行磨合和战术讨论等方法让足球运动员养成统一的战术意识和配合思维。如进行整体进攻（防守）战术配合练习等。

二、足球运动员专项心理训练方法

（一）感知觉能力

足球专项感知觉是与足球运动高度关联的感知环境变化和自身动作相关信息，并据此进行决策和行动的重要心理能力。通常从以下几个方面提升足球运动员的专项感知觉能力。

1. 提升时间知觉

足球运动员准确的时间知觉是不断训练和比赛的结果。在训练内容的设计上可以通过改变人与球的距离、人与人的距离、踢球的力量来不断提升足球运动员的时间知觉能力，练习内容包括节奏变化练习、三人配合射门练习等。

节奏变化练习

（1）节奏变化练习。

场地：罚球区及罚球弧附近

器材：足球若干，标志桶若干

练习方法：罚球区两侧队员运球绕过标志物，而后将球传至中路，中路队员包抄射门。

练习要求：中路射门队员在远离球门的区域内先慢速跑动，观察带球队友的跑动速度和传球时机，在前面两个区域内突然加速射门，做到球到人到。

变化：传球路线可以选择左路、右路或者两侧交替进行。传球方式可以是地滚球或者高空球。

心理要求：注意观察队友的跑动和传球，体会跑动节奏的变化，把握射门的时机。

三人配合射门练习

（2）三人配合射门练习。

场地：足球场半场

器材：标志桶及标志盘若干，足球若干

练习方法：队员从中圈带球出发，将球传至罚球区弧顶接应队员处，接应队员回传球，中圈队员向前跟进，将球传至边路，边路队员前插，完成传中，另一侧队员包抄抢点射门。

练习要求：包抄射门队员要观察中圈队员的传球动作，注意前插时机，传球后快速移动，迅速向前，注意节奏的变化以及速度的变化。

变化：由中圈队员进行决策（传球方向），也可从边路进行练习，中路队员快速向前。

心理要求：① 持球队员对无球队员的跑动速度作出预判并进行合理决策，选择合适的传球力度和传球方向；② 无球队员观察有球队员的行动速度，对自身接应速度变化进行合理决策。

2. 提升空间知觉

足球运动员高质量地完成技术动作离不开良好的空间知觉，其具体表现为处理人与足球之间的关系（合理的触球点），准确地判断自身和同伴在场上的空间位置。空间知觉能力的训练可以通过要求和限制队员的活动的区域、位置、路线等空间要素等进行设计。练习方法包括固定位置传抢练习、抓尾巴游戏等。

固定位置传抢练习

（1）固定位置传抢练习。

场地：12 米×12 米见方的足球场地

器材：标志盘若干，足球若干

练习方法：将场地划分为 6 米×6 米的 4 个区域，每个区域里一名传球队员，传球队员在自己的区域内向其他区域的队员传球，防守队员在 4 个区域的边线上防守，不能进入 4 个区域抢截球，球经过 4 个区域的传接，传球方得 1 分，如抢球被断，防守方得 1 分。

练习要求：① 防守方只能在线上左右移动拦截球；② 进攻队员不可离开自己的区域。

变化：① 增加自由的防守队员；② 限制传球队员的触球次数。

心理要求：要求传球队员和防守队员不断地观察，根据自己所在区域进行决策，选择合适的空间进行跑动。

（2）抓尾巴游戏。

抓尾巴游戏

场地：30 米×40 米见方的足球场地

器材：抓尾巴游戏道具

练习方法：进攻方队员每人腰上系一个尾巴，两名防守队员没有尾巴。防守队员努力扯掉进攻方的尾巴，进攻方队员努力带球保护自己的尾巴不被扯掉。

练习要求：① 进攻队员要注意身体的合理朝向，以便更好地观察防守队员的位置；② 进攻队员要合理规划行进路线。

变化：增加防守队员来提高游戏难度；规定时间进行游戏。

心理要求：不断观察队友和对手的位置，根据自己的位置进行合理的决策。

3. 提升速度知觉

速度知觉的提升需要在练习中强化对球的运行速度和人的跑动速度的判断与感知，可以采用各种跑位传接球练习进行，如个人传跑射门练习、往返跑传接球练习等。

（1）个人传跑射门练习。

个人传跑射门练习

场地：15 米×20 米见方的足球场地

器材：标志盘若干，足球若干，球门一个

练习方法：队员将球从起点处传出后快速跟进从标志盘左侧跑过，将球停住；再将球从两个标志盘中间传出，从另一个标志盘返回将球停住；然后再次将足球从两个标志盘中间传出，队员加速从两个标志盘之间跑过，追上球后完成射门。

练习要求：① 队员要尽可能地控制足球；② 队员尽全力完成练习。

变化：① 最后一次传球后从标志盘上跳过；② 限定时间完成练习。

心理要求：强化队员感受自身的移动速度，感受触球的力量以及判断球速。

（2）往返跑传接球练习。

往返跑传接球练习

场地：20 米×30 米见方的足球场地

器材：标志盘若干，足球若干

练习方法：两队相距 10～15 米，一队的跑动路线上放置等距的 5 个标志桶，另一队的跑动线路上放置等距的 5 个足球，听教练员口令，两队队员同时启动，进行传接球，再跑回起点，绕过标志桶，进行第二次练习，如此反复。

练习要求：队员要注意自身速度和队友的速度，以及对球速的控制。

变化：限制传球脚。

心理要求：判断球速，判断自身和队友的速度。

4. 提升球感

球感是对足球运动的专门化的知觉，是每一位优秀足球运动员的必备能力。在练习过程中可以运用多种方式对球进行控制来提升球感。例如，拨球、拉球、踩球、扣球、颠球等。

（二）知觉运动技能

足球运动中知觉运动技能主要表现为足球运动员通过视觉、触觉和本体感觉等感知足球、队友、对手等的信息，从而准确控制自身动作，保持身体平衡以及进行快速决策等。

1. 提升平衡能力

提高足球运动员的平衡能力也是预防运动损伤的手段之一。通过设计多种练习条件来打破平衡状态，形成不稳定支撑，从而达到提高足球运动员的平衡能力，如燕式平衡练习等。

2. 提升协调能力

协调能力是足球运动员适应足球场上复杂情况和合理完成动作的前提。提高足球运动员的协调能力需要增加头、躯干和肢体的多种配合模式，改变动作时间和空间要求，从而提高注意力分配能力和多肢体动作协调能力，例如，手脚并用传接球游戏等。

手脚并用传接球游戏

示例：手脚并用传接球游戏

场地：2 米×2 米见方的足球场地

器材：标志盘若干，足球若干

练习方法：两人一组，相距 3 米站立，每人各持一球。用手将球抛向对方的同时用脚接对方的球，同时进行传接球。

练习要求：① 队员在同一时间进行传接球；② 注意队员手脚的协同配合。

变化：① 改变两人之间的距离；② 在移动进行该练习。

心理要求：提高队员分配注意力的能力、手与脚的协调能力。

3. 提升灵敏能力

灵敏能力是多种运动能力的综合体现，是足球运动员对场上复杂环境的适应和进行快速决策的能力。提高足球运动员的灵敏性需要设计高频率和快速改变身体状态的练习，如无球灵敏协调训练。

无球灵敏协调训练

示例：无球灵敏协调训练

场地：10 米×10 米见方的足球场地

器材：标志盘和标志桶若干

练习方法：用标志盘摆出多组等距的训练区域，队员在区域内进行各种步伐练习。

练习要求：① 注意队员在通过不同标志物时的节奏变化；② 注意队员身体重心的变化。

变化：① 可进行有球或无球的练习；② 更改场地大小进行练习。

心理要求：提高队员分配注意力的能力、灵敏能力。

（三）足球意识

1. 提升位置意识

位置意识是培养和建立团队意识的基础。引导足球运动员学会运用空间与队友完成配合，进而学习在足球场不同区域处理球的能力。

2. 提升移动意识

移动意识是足球意识的重要内容，是足球运动员完成战术配合的前提之一。移动意识的提高基于足球运动员对场上情况的观察、思考和判断。在练习过程中可以通过引导队员通过移动实现传球、选位、接应以及防守等。

3. 提升攻防转换意识

攻防转换意识是指在比赛由攻转守或由守转攻的过程中，足球运动员对场上形势的快速决策和选择行动的能力。这种能力需要在训练和比赛中反复强化和提高。在练习过程中可通过对抗练习的设计和组织，提高队员的观察、预判和组织能力。

三、足球运动员克服不良情绪的方法

（一）心理紧张

足球运动员的紧张心理多产生于大赛前，表现为球员难以适应各种比赛刺激因素的心理反应。由于足球运动参与人数众多，观众数量庞大，其竞赛环境和条件相较于其他运动项目更为复杂，对于足球运动员赛前、赛中的紧张心理具有极大影响。

足球运动员训练当中常用的克服心理紧张的方法如下：

1. 想象放松

足球运动员通过在大脑当中回忆或创造使自身放松愉悦的情景，使得身体得到放松的体验，缓解当下的紧张状态。

2. 主动暗示放松

首先由教练员指导队员依次放松身体的各个肌肉群，同时增强呼吸，在适当指导之后，让队员自己独立完成放松练习。在放松开始阶段需要花费较长时间才能达到放松效果，伴随放松次数的增加，放松时间逐渐缩小。进行放松时，主动使用暗示语或录音带。

3. 排尿调节放松

足球运动员在面临重大比赛前，常因情绪的过分紧张，出现尿频现象。大脑皮层抑制过程减弱，兴奋过度，容易导致大脑皮层下中枢和神经系统调节作用减弱。在这一情况下，可以适当安排运动员排尿，缓解生理紧张状态，实现心理放松的目的。

（二）心理胆怯

心理胆怯是足球运动员面对强队或青少年运动员首次面对重大比赛时经常出现的一种心理状态，这种不良心理状态会使运动员大脑皮层的控制系统陷入混乱状态，打乱神经系统的控制，影响正常竞技水平的发挥。

改善足球运动员心理胆怯状态的方法主要有：

1. 增加比赛经验

在足球训练课当中注意足球运动员比赛环节的参与和心理疏导，或者在相关比赛任务当中，引导足球运动员正视比赛的各种挑战，进行语言上的激励，提高运动员的比赛参与度，增强足球运动员的比赛体验，由此改善足球运动员应对比赛挑战时的心理过程。

2. 优势引导

在重大比赛的赛前或者赛中，教练员要实时关注队员的心理状态。特别是在青少年足球运动员的初次大赛当中，对于青少年足球运动员的心理胆怯，教练员可以通过对队员特长的强调和鼓励，增强队员的自信心，实现克服胆怯心理的效果。

（三）心理焦虑

足球运动员的心理焦虑是指运动员在训练与比赛中对当前现状，或者是所预计的结果对自尊心有潜在威胁的情境所具有的担忧倾向。足球运动员适当的焦虑可以激起其改变自身竞训状态的紧迫感，进一步谋求达到竞训目标。但如果过于低估自身的竞技能力，过于担忧潜在的威胁，产生过度的心理焦虑状态，则不利于运动员的技战术水平发挥。

在足球训练当中对运动员的心理焦虑疏导可以采用以下内容：

1. 引导队员关注比赛过程

教练员应积极引导队员把思想集中于比赛过程，少考虑比赛的结果，结合一些放松训练方法，消除队员焦虑情绪。

2. 赛前演练

教练员根据比赛任务和要求，合理安排赛前的比赛技战术演练，调整队员的参赛状态，集中思想到比赛当中，让队员在完成技战术之前将整个技战术使用时的思想状态按照程序体验一遍，转移队员的焦虑来源。

（四）注意力分散

注意力是指运动员的心理活动对一定事物指向地集中。足球比赛对运动员注意力的要求较高，足球运动员对比赛发展形势的注意和分析，关系着他们是否能快速适应场上的发展变化。

在足球训练当中，改善运动员注意力分散的基本方法有以下几个方面：

1. 培养专注度

教练员在训练当中要加强培养队员不被其他念头或事物干扰所分心的能力，使队员对自身的参训和竞赛任务具有强烈愿望和浓厚兴趣。在参加比赛时，要引导队员不要过多地想比赛结果，而应把注意力集中在比赛的过程上。

2. 听觉和视觉训练

给予队员注意力的指向目标，使队员通过听觉和视觉器官进行注意力集中训练。如在嘈杂的环境中，让队员辨别钟表走时发出的嘀嗒声并记录听见的次数，以 10 分钟为限。这种方法可迫使队员注意力集中。或者让队员集中注意力看一个目标，然后闭眼努力回忆这个目标形象，多做几次，直至目标在头脑里清晰地再现为止。

足球运动员心理品质简易测试方法

第三节 足球运动员比赛心理调整

足球运动员的比赛心理调整划分为赛前心理准备、赛中心理控制和赛后心理恢复，针对不同调整阶段，要采用不同的心理训练设计。

一、赛前心理准备

即使足球运动员拥有良好的心理素质及自我心理调控能力，临赛前其心理状态仍会出现某些（不利于比赛的）适应性变化，例如，由于训练状况不佳而出现的自信心波动，以及由于比赛压力而导致的焦虑情绪等。这些都使得赛前的心理准备训练显得至关重要。赛前心理训练的主要目标是，确保心理技能的运用能够与足球运动员的赛前准备及促进比赛发挥的需要相结合，重点放在热身赛中指导足球运动员尝试运用各种心理技能及调控策略，并对其效果进行评估。

（一）兴趣和动机的赛前阶段心理准备训练

兴趣和动机是足球运动员进行训练活动的内部动力，运动技术水平发挥得好坏，与动机水平有直接关系。有了强烈的动机，才能勇于克服一切内外困难，挖掘内在潜力，争取比赛的胜利。但动机不是凭空产生的，它主要来源于对自身客观力量的估计，一个能正确估计客观形势并能发挥自身潜力的人，会具有强烈的运动动机。足球运动员只有在刻苦的训练课中体会到了兴趣，才会强化后续的训练行为，形成参与刻苦训练的内部动机，继而形成主动性和经常性的训练行为，在掌握训练内容、参与足球竞赛的过程中实现健全人格的塑造和意志品质的锤炼。训练的核心是围绕竞争和对抗而产生的个体战术、体能和心理能力等全面的提升。因此，在开展足球运动员赛前训练的心理准备活动时，培养足球运动员的训练兴趣和参赛动机的最佳方法是保持训练活动的趣味性和竞争性。

（二）专项感知觉训练

良好的专项感知觉是运动技能的重要基础，也是高水平运动能力的重要体现。足球运动作为同场对抗的集体球类项目，足球运动员在比赛中需要对球、队友和对手的位置、移动方向、移动速度等做出及时的观察和准确的判断，从而做出合理的决策和行动。足球运动员的专项感知觉包括良好的注意和观察能力，这是及时获取有效信息的前提；准确的时间知觉、空间知觉和速度知觉，是足球运动员获得球、控制球，完成跑动配合、射门以及进行有效防守的基础心理能力，形成高度精确的专项化知觉，即球感。在以传接球、控制球和射门为核心的技能形成过程中，足球运动员要对球的性质、运行规律以及对球的控制达到相对精准的程度，以适应比赛场上身体对抗的复杂情景。

（三）知觉运动技能训练

知觉运动技能是动作学习与控制领域中的重要概念，是指个体根据环境和对手动作呈现的线索进行反应的能力。在同场对抗的球类运动项目中，知觉运动技能是足球运动员运动能力的重要方面，也是在基础训练阶段应该优先发展的能力。弗莱什曼经过大量研究提出了知觉运动能力的类别，包括多肢体协调性、控制精确性、反应定向、反应时、速度控制等。知觉运动能力有别于力量、速度、耐力、柔韧等一般身体素质，它需要更多的注意、感知觉和思维等心理过程的参与，是足球运动员精准完成动作、做出合理决策、适应比赛环境的重要基础。

（四）足球意识的培养

足球意识培养的主要内容可以分为区域和位置意识、移动意识、动作准备意识、攻防转换意识、冒险意识等。

区域和位置意识训练是足球运动训练基础阶段的重要内容，是建立分工配合以及团队意识的基础。建立区域和位置意识是个循序渐进的过程，需要教练员在设计训练和组织练习过程中通过明确位置、限定活动区域等方式引导足球运动员学会利用空间与同伴配合完成任务，以及在球场不同区域处理球的方式。

移动意识是个人战术素养的重要体现，是足球意识的重要内容，是完成技术和战术配合的重要基础。如何移动、向哪里移动取决于足球运动员对场上情况的观察、思考和判断。培养移动意识可以用练习设计引导足球运动员通过移动实现传球、选位、接应以及防守等。

动作准备意识是较好完成技术动作的前提。在移动中选好位置，做好脚步调整或身体姿态的准备也需要练习。

攻防转换意识是比赛由守转攻或由攻转守的过程中，足球运动员对场上形势的快速知觉、判断和选择行动的能力。这种能力需要在训练和比赛中反复强化和提升。通过对抗练习的设计和组织可以产生自然的攻守转换过程，提高足球运动员观察、预判和组织行动的能力。

冒险意识就是进攻队员通过观察和果断决策，创造性地运用传球、运球来突破防守，获得进攻机会的意识。

（五）思维与决策训练

思维是人脑对现实事物间接和概括的加工形式，它通过内隐或外显的动作或语言形式表现出来。思维是在脑内对客观事件的关系和联系进行多层加工，揭露事物的内在联系和本质特征的活动，是认知的高级形式。足球是同场对抗类的开放性运动项目，其运动情境的复杂性要求足球运动员时刻处于积极的思维状态中，快速加工感知觉信息，从而做出合理的决策和行动。思维和决策能力是足球运动员的核心心理能力，是足球运动员对足球项目本质特征和比赛情境的深刻认识及快速加工过程，是足球运动员运动能力的重要方面。足球比赛情境中充满了大量的思维和决策过程，足球运动员每一次攻守行动的选择和变化就是一次思维和决策的过程。足球运动员搜集何种情境信息，如何加工并做出准确的预测与正确的决策行动会通过行为表现出来，体现了足球运动员的思维和决策水平。足球运动员的个人战术行动的合理性以及球队的配合默契程度都是思维和决策能力的体现。

（六）自信心和目标设置

自信心是指个体对自身成功应对特定情境能力的评估，是持续克服困难和良好运动表现的能量源泉。自信心受多种因素的影响，如社会评价、认知水平、自我暗示和归因方式等。培养队员的自信心要从内外两个方面入手：一方面要合理设置任务难度，让队员在训练和比赛过程中获得更多的成功体验；另一方面教师或教练员要关注队员的表现并提供积极的评价和反馈。合理目标设置是根据有效推动行为的原则设置合理目标的过程，是对将要达到的最后结果进行的规划，关系到动机的方向、强度以及实现目标的概率。它可分为长期与短期目标、具体与模糊目标、任务定向与自我定向等。正确的目标设置是行为的重要推动和指导力量，学会目标设置是教练员和足球运动员必须掌握的心理技能。在足球教学和训练中，为足球运动员设置合理的任务定向有助于自信心的培养。

（七）对比赛条件的心理适应

足球运动员赛前在技术、战略、战术上进行了心理准备，从主观上起到了激发足球运动员的战斗情绪，以最佳的心理状态去参赛的作用。同时，我们不能忽略足球运动员对客观条件的心理适应。首先，足球运动员必须从心理上不受比赛性质、规模的限制及场地、天气、灯光、设备的影响，排除外界各种不利因素的干扰。其次，足球运动员对待观众要有一定的魅力和气质，谦虚有礼，以高超的技术、独树一帜的风格赢得观众的赞赏和支持，对待裁判要遵从裁决，表现出良好的体育道德修养和风尚。全队上下在赛前要善于分析恶性心理气氛所造成的不良影响，对不利于参赛的各种情绪状态要及时发现，并进行克制和调节。制止来自同队队员及亲朋好友、观众、裁判的不良心理的感染、传播、扩散，同时调节自己的心理状态，促进积极因素的扩散，以保证健康的集体心理状态。

二、赛中心理控制

比赛阶段的心理训练，主要目的是使足球运动员能够运用平时训练及赛前准备过程中所掌握的心理技能，调整自己的心理状态，尽可能促使流畅的状态或高峰体验的出现，进而确保在比赛中能够发挥最佳水平。引起足球运动员在比赛过程中心理波动的因素有很多，主要为：比分变化，不太适应进攻和防守的多变战术，不适应裁判判罚尺度，不适应对抗激烈，身体接触多的比赛，以及受外界干扰等。

（一）充分认识自己的能力，控制适宜的比赛期望值

自信心是自我认识的基础，是获得成功的重要条件。足球运动员具备了自信心，不仅能产生积极的志向，激励自己完成预定的目标，而且还能避免一些外在因素影响造成的心理障碍，增强足球运动员的勇气和决心。为了认识自己的能力，使自己控制适宜的期望值，足球运动员可以采取自己提出问题进行自我认识的心理调控手段。通过自问自答，可以帮助足球运动员认识和体验正确与不良的两种心理状态，养成良好的思维方式，创造最佳的心理环境，达到控制适宜的比赛期望值的目的。

（二）主动转移不利因素，尽量把注意力调节在比赛的有效范围内

在临近比赛时，特别是比赛的前两天，由于足球运动员的兴奋度过高，往往会表现出许多莫名其妙的担忧、紧张、烦躁和不安。为了避免出现这些现象，要让足球运动员尽快改变自己的注意指向：一方面可以做些与比赛无关的事情主动转移注意力；另一方面可以闭目养神，与队友进行交谈，回忆一些美好的训练和比赛经历。特别是可以借鉴以往比赛中成功的经验，把注意力尽量集中在与比赛过程有关的事情上，而不是比赛的结果。

（三）运用技战术的心理准备

足球运动员赛前的心理和生理状态主要有准备状态、起赛热症和起赛冷淡三种，这些不同类型的比赛运动情绪与赛前技战术的心理准备密切相关。技战术的心理准备直接影响足球运动员的运动情绪，而不同的运动情绪可以分别在不同的足球运动员身上表现出来，也可以在一个人身上不同时刻表现出来。

足球比赛中要运用何种战略、战术和技术，赛前足球运动员要在心理上做好充分的准备，这种心理准备主要表现在以下几个方面：

第一，为了有效地使用各种战略、战术，先要做到赛前摸底，广泛收集信息，了解对方的打法、特点、技战术风格、比赛风格，对对方战术意图进行推断和预测，同时提出己方战略、战术对策，做到知己知彼，从容应对。

第二，根据比赛中准备使用的战术方案做战术思维模式性训练。如准备采用“防守反击”战术，要对此种战术的整个过程、配合方法、要求原则，可能出现的各种变化及个人的防区、位置、防守职责、出击时机等，在脑中进行回忆、思维、联想。而且战术思维的模式应具备多样性，以备应变选用。

第三，足球运动员通过全队战术的准备后，要及时对场上所用技战术建立内在表象或想象演习，留下痕迹效应，形成运动性心理技巧，并结合一定的实践，以便赛场上灵活运用。

第四，根据战术需要，足球运动员在赛前模拟自己和本队在各方面都处于劣势地位的虚拟表现，给对方以假象，使其形成错觉，产生麻痹心理，从而使其轻敌无备。另一种是在诸方面显示自己和本队的优势，在战术上重视对方，在战略上蔑视对手，表现出大将风度，给对方在心理上造成极大压力。

（四）思维与决策准备

思维与决策的训练内容主要包括个人思维、集体思维和决策训练三方面的内容。个人思维训练也是个人战术意识训练，是足球运动员战术思维训练的基础。进行个人思维训练时，教练员可以设计带有战术背景的简单配合进行训练。集体思维训练是指在集体球类项目中全队或部分队员在共同的目标指导下，对同一比赛情景产生相同概括反应的过程。集体思维是队员之间完成默契配合的基础，是通过有目的的、长期的训练形成的。在训练设计上，要注意任务的协同性和集体性；在组织训练过程中，需要通过明确战术目的、统一行动原则、反复训练磨合、进行战术讨论等方法不断形成球队及队员间的统一认识和配合思维。

三、赛后心理恢复

足球运动员赛后心理变化的特点主要表现在足球运动员对动作技能认知结构上的变化、赛后结果对足球运动员自信心及竞赛动机的影响，以及竞赛后足球运动员情绪上的变化等。足球运动员赛后心理变化的特点主要表现为动作技能动力定型、竞赛情绪、自信心、竞赛动机水平等方面的变化。为了消除赛后心理变化的负面影响和促进足球运动员赛后心理优势能力的形成，有针对性地对足球运动员进行科学化的心理训练，是推进足球运动员竞赛和训练一体化、科学化进程，进一步挖掘足球运动员潜力，提高运动队成绩的重要举措。

赛后心理训练经常被一些教练员和运动训练学工作者所忽视，这是一种认知上的误区。比赛结束后，无论胜负，足球运动员的心理常会出现较大幅度的波动，因此同样需要通过心理训练加以调整。这一阶段心理训练的主要任务是保证赛后足球运动员身心状态的快速恢复，防止倦怠状态的出现。发挥不够理想或出现严重失误的足球运动员，更加需要借助心理疏导与心理支持防止其自信心下降。

思考与实践

1. 足球运动员心理训练的重要性是什么？

2. 足球运动员心理训练的基本内容有哪些？

3. 足球运动员心理训练的基本方法有哪些？

4. 设计一个心理训练计划，帮助足球运动员识别和调整他们的赛前心理状态，以便在赛前达到最佳的准备状态。

第七章 守门员技术与战术

本章导读

守门员具有区别于其他球员的位置职能和竞技能力结构。本章根据守门员的位置特点，介绍守门员位置的能力要求，重点介绍守门员基本技、战术的原理与方法。

学习目标

知识目标：了解守门员位置职责，学习守门员基本技战术理论知识。

能力目标：熟悉守门员基本技术动作及防守原则，掌握守门员技战术的练习方法。

价值目标：提高学生的体育素养及思想认知水平，根据守门员位置特点，培养其责任感、团队意识和勇敢顽强的拼搏精神。

第一节　守门员位置职能概述

守门员是足球比赛场上队员的位置名称，是唯一受规则允许在本方罚球区内可以用手触球的队员，其主要职责是阻止对方进球得分。

一、防守为主

守门员与其他队员具有不同的位置特点，其重点职责是防守。比赛中，守门员主要是在本方球门区和罚球区内，通过自身技战术能力阻止对手进球。

二、位置特殊

在现代足球比赛中，守门员除保护好己方球门外，还要敢于出击到禁区外，弥补球队的后场空当，减轻后卫球员的防守压力。

三、全面发展

守门员除了具备传统的球门区防守能力之外，还要在防守中起到后卫的作用，以及具备从后场发起快速反击的进攻能力。因此，守门员必须要在技术能力、战术能力、身体能力、心智能力和社交能力等方面全面发展。

第二节　守门员技术

守门员不仅要具备优秀的身体素质、稳定的心理素质、灵活的战术意识，更重要的是要熟练掌握和运用守门员技术。

守门员技术可分为无球技术和有球技术（图 7-2-1）。

一、无球技术

（一）准备姿势

准备姿势是守门员进行防守前的身体姿态，是做好移动和扑接球动作的前提。比赛中提前做好准备姿势，便于守门员灵活衔接随后的技术动作。

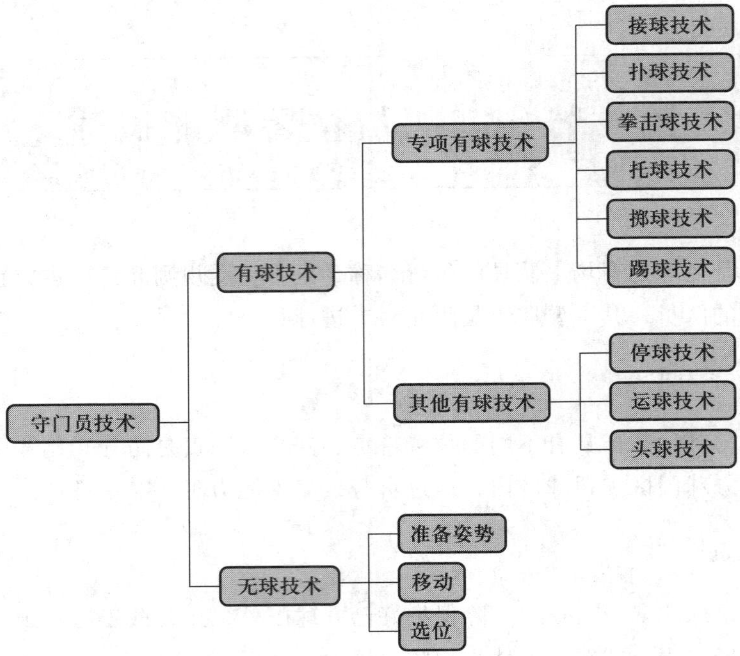

图 7-2-1　守门员技术

1. 常规比赛的准备姿势

（1）两腿开立，脚跟稍抬起，上体前倾，身体重心落在脚前掌上。

（2）两腿开立，屈膝稍内扣，略微屈肘，双手自然张开置于体侧，手心向下，双眼目视来球（图 7-2-2）。

2. 一对一的准备姿势

（1）两脚开立与肩同宽，脚跟稍抬起，上体前倾，身体重心落在脚前掌上。

（2）两腿屈膝稍内扣，双手张开置于身体两侧，接近地面，手心向前（图 7-2-3）。

图 7-2-2　常规比赛的准备姿势

图 7-2-3　一对一的准备姿势

（二）移动

移动是守门员根据比赛中球和对手位置的变化随时调整自己位置的手段，是为了更好地拦截对方传球和射门的重要技术。

1. 滑步移动

（1）动作方法。

① 身体保持准备姿势，当向一侧移动时，异侧脚向移动方向蹬地，同时同侧脚稍离地面向移动方向滑步，异侧脚快速跟上。

② 动作过程中降低重心，减少上下起伏，双眼目视前方。

（2）练习方法。

① 原地小步跑，听口令后快速做滑步移动到指定位置。

② 滑步移动后接球。

2. 交叉滑步移动

（1）动作方法。

① 身体保持准备姿势，当向一侧移动时，身体先向该侧倾斜，屈膝，同时异侧脚用力蹬地，并向移动方向的侧前方跨出一步成交叉步。

② 随后同侧脚向移动方向快速移步，同侧脚与异侧脚交替蹬地跃起。

③ 移动时，身体重心放在移动方向的同侧脚上，双眼目视前方。

（2）练习方法。

① 原地小步跑，听口令后快速做交叉步移动到指定位置。

② 听口令快速交叉步接球。

3. 3/4 后退滑步移动

（1）动作方法。

① 守门员面向来球方向，双眼注视来球。

② 双脚前脚掌着地，重心落在前脚掌上，结合侧滑步和交叉步进行移动。

（2）练习方法。

① 原地小步跑，听口令后快速后撤步到指定位置。

② 听口令快速后撤步接球。

二、有球技术

守门员的有球技术包括接球、扑球、拳击球、托球、掷球和踢球等技术动作。

（一）接球技术

接球是守门员技术中最为常见的技术，其特点为简单、容易掌握、运用范围广、稳定性高。接球分为接地滚球、接低平球、接反弹球及跳起接高球。

1. 接地滚球

（1）动作方法。

① 直腿式接地滚球。面对来球方向，双眼注视来球，两腿开立，膝稍屈，脚尖正对来球方向；上体前倾，并肘前迎，双手掌心向上对正来球，双手小指相靠近，手指微屈，整个手型呈“圆勺形”；在手指触球瞬间，手指、手腕适当用力，屈肘屈腕，随球后引缓冲，两臂靠近，两肘向内收，将球抱于胸前（图 7-2-4）。

直腿式接地滚球

图 7-2-4 直腿式接地滚球

② 跪姿接地滚球。身体保持准备姿势，双腿开立，一侧腿屈膝支撑站立，另一侧腿屈膝并以膝关节内侧接近地面或触及地面；跪撑腿膝关节靠近屈膝腿的脚跟部位。上体前倾，手掌前迎，正对来球，两手小指靠近，五指分开，两手臂下垂微屈，整个手型呈“圆勺形”；在手触球瞬间，手指、手腕适当用力，屈肘屈腕随球后引缓冲，两臂靠近，两肘向内收，将球抱于胸前（图 7-2-5）。

跪姿接地滚球

图 7-2-5 跪姿接地滚球

③ 前卧式接地滚球。身体保持准备姿势，面向来球方向，重心降低，身体前倾；两手小指靠近，五指分开，手臂自然微屈下垂，整个手型呈“圆勺形”；在手指触球瞬间，手指、手腕适当用力，两臂靠近，两肘向内收，将球抱于胸前，随球前卧倒地，用小臂前侧和球接触地面，将球压在身下（图 7-2-6）。

前卧式接地滚球

图 7-2-6 前卧式接地滚球

（2）练习方法。

① 原地接地滚球练习。

② 两个标志盘作为球门，左右移动接地滚球（以标志盘为标志点）。

2. 接低平球

（1）动作方法。

① 来球高度为胸腹位置时。身体保持准备姿势，目视来球，双手五指张开，拇指微屈，双手拇指与食指呈“W”形；手心向前，双手前迎；触球瞬间，随球后撤缓冲，十指发力接球于胸前（图 7-2-7）。

接低平球（胸部高度）

图 7-2-7 接低平球（胸部高度）

② 来球高度为膝关节位置时。身体保持准备姿势，双眼目视来球，双手五指张开，手心向上，小指相对呈“圆勺形”；伸臂微屈，两肘向内收，双手前迎，触球一瞬间，手指手腕依次发力，屈肘后撤缓冲，将球抱紧收入怀中（图 7-2-8）。

接低平球（膝关节高度）

图 7-2-8 接低平球（膝关节高度）

（2）练习方法。

① 原地接低平球练习。

② 结合标志盘移动通过标志盘后接低平球（左右滑步、正面侧面移动）。

3. 接反弹球

（1）动作方法。

身体保持准备姿势，判断来球落点与身体的距离，根据来球反弹落点高低采用接低平球技术。

（2）练习方法。

① 原地接反弹球练习。

② 远距离射门接反弹球练习。

4. 跳起接高球

（1）动作方法。

① 单脚跳起接高球。身体保持准备姿势，根据球飞行的路线，结合滑步与交叉步移动选择起跳时机；起跳腿最后一步弯曲，向上发力蹬地，非起跳脚大腿抬平，保护腹部；双臂伸直引球，十指张开，手心向上，两拇指相对呈“W”形，接球后缓冲，屈臂将球抱入怀中（图 7-2-9）。

② 双脚跳起接高球。身体保持准备姿势，根据球飞行的路线，结合滑步与交叉步移动选择起跳时机，起跳腿弯曲，向上发力蹬地；双臂伸直引球，十指张开，手心向上，两拇指相对呈“W”形，接球后缓冲，屈臂将球收入怀中（图 7-2-10）。

单脚跳起接高球

双脚跳起接高球

图 7-2-9　单脚跳起接高球

图 7-2-10　双脚跳起接高球

（2）练习方法。

① 原地起跳接高球练习。

② 横向移动摸标志盘，跳起接高球练习。

（二）扑球技术

扑球是守门员最为重要的技术，也是守门员技术中极具观赏性的动作。扑球是在守门员无法移动到位时，利用倒地完成扑球的动作方法。扑球分为扑地面球和扑平高球。

1. 扑地面球

（1）动作方法。

① 身体保持准备姿势，屈膝，重心降低，目视来球。

② 身体朝来球方向侧倾，异侧腿蹬地发力，双手尽量靠近地面伸出。

③ 触球瞬间，运用手指、手掌扑球，同侧手挡在球后方，异侧手压在球的上方，小腿、大腿、臀部及肘外侧依次着地（图 7-2-11）。

扑地面球

图 7-2-11 扑地面球

（2）练习方法。

① 左右连续扑地面球。

② 背向持球人，听口令转身扑地面球。

2. 扑平高球

（1）动作方法。

① 身体保持准备姿势，重心降低，目视来球。

② 身体向来球方向侧倾，同侧腿向侧面或者侧前方迈出一小步，蹬地发力，身体在空中充分伸展，双手快速伸出，用“W”形手法将球接住。

③ 落地时用球做缓冲，肘关节外侧、肩外侧、体侧、下肢依次着地，接团身或侧身滚动将球抱起（图 7-2-12）。

扑平高球

图 7-2-12 扑平高球

（2）练习方法。

① 原地左右扑半高球练习。

② 跳跃障碍触碰标志盘后折返，跃过障碍扑球。

（三）拳击球技术

拳击球技术是当门前争抢人数较多时，守门员避免接球脱手所采用的技术，通常用于拦截传中球。拳击球又分为单拳击球和双拳击球。

1. 单拳击球

（1）动作方法。

① 准确判断来球运行的路线及落点，及时移动到位保持准备姿势。

② 起跳过程中，击球臂位于头部斜上侧，屈肘握拳，身体稍侧转，起跳至最高点时，身体快速回转，以肘带肩用力出拳，用拳面将球击出（图 7-2-13）。

单拳击球

图 7-2-13　单拳击球

（2）练习方法。

① 原地单拳击球。

② 人墙干扰单拳击球。

2. 双拳击球

（1）动作方法。

① 准确判断来球运行的路线及落点，及时移动到位保持准备姿势。

② 在跳起上升阶段，双手握拳屈肘于胸前。

③ 两拳并拢，拳心相对，在身体跳至最高点时，双拳迎球伸臂将球击出（图 7-2-14）。

双拳击球

图 7-2-14　双拳击球

（2）练习方法。

① 原地双拳击球。

② 人墙干扰双拳击球。

（四）托球技术

托球是守门员无法完成扑接球或拳击球技术时而采用的技术动作，主要包括单手托球、双手托球。

1. 单手托球（地滚球）

（1）动作方法。

① 判断来球运行路线，及时移动到位保持准备姿势。

② 目视来球，异侧脚发力，随后同侧脚向斜前方迈出，身体重心逐渐移动到同侧脚时蹬地发力。

③ 在触球瞬间，伸直同侧手臂，并利用手掌和手指托球（图 7-2-15）。

图 7-2-15　单手托球（地滚球）

单手托球（地滚球）

（2）练习方法。

① 连续单手托地滚球。

② 左右移动触碰标志盘接单手托地滚球。

2. 单手托球（高球）

（1）动作方法。

① 身体保持准备姿势，重心降低，目视来球。身体向来球的方向侧倾，同侧腿向侧面或者侧前方迈出半步，快速蹬地发力，身体在空中充分伸展。

② 在触球瞬间，单手快速伸出，五指微张，用掌根或五指将球托出。

③ 落地时肘关节外侧、肩外侧、体侧、臀、腿外侧依次着地，并迅速团身或侧身滚动（图 7-2-16）。

图 7-2-16　单手托球（高球）

单手托球（高球）

（2）练习方法。

① 连续单手托高球练习。

② 跳跃障碍触碰标志盘后折返，跃过障碍托球。

3. 双手托球

（1）动作方法。

① 身体保持准备姿势，重心降低，目视来球。同侧腿向侧面或者侧前方迈出

半步，快速蹬地发力，身体在空中充分伸展。

② 触球瞬间，双手快速伸出，十指微张，利用手掌和手指将球托出。

③ 落地时肘关节外侧、肩外侧、体侧、臀、腿外侧依次着地，并迅速团身或侧身滚动（图 7-2-17）。

双手托球（高球）

图 7-2-17　双手托球（高球）

（2）练习方法。

① 连续双手托高球练习。

② 守门员向两侧移动，用双手将球托出。

（五）掷球技术

掷球是守门员组织进攻的重要手段。掷球包括掷地滚球和单手肩上掷球。手掷球在发动进攻时更为准确，优秀守门员手掷球距离可以达 40~50 米。

1. 手掷地滚球

（1）动作方法。

① 双手抱球，两脚前后开立。

② 身体重心降低，向前跨步，上身稍前倾，持球手臂伸直后摆。

③ 掷球时，持球手臂从后向前摆动，球从指尖送出（图 7-2-18）。

手掷地滚球

图 7-2-18　手掷地滚球

（2）练习方法。

① 连续手掷球练习。

② 守门员扑接射门后持球，根据口令将球沿地面掷进左侧或右侧的小球门。

2. 单手肩上掷球

（1）动作方法。

① 两脚前后开立，双手持球于胸前。

② 向前跨步，后腿蹬地，腰部随之拧转蓄力。

③ 持球的手臂从后向前快速摆动，将球从肩上掷出（图 7-2-19）。

单手肩上掷球

图 7-2-19 单手肩上掷球

（2）练习方法。

① 单手肩上掷球练习。

② 守门员扑接射门后持球，根据口令将球掷向左或右侧的标志杆。

（六）踢球技术

1. 踢正面手抛球

（1）动作方法。

① 双手或单手持球，将球向体前抛起至腰腹高度。

② 当球下落时，支撑脚落于球的侧后方，踢球腿自然折叠后摆。

③ 大腿带动小腿加速前摆，用脚背正面踢球的下后方，将球向空中沿 45°角踢出（图 7-2-20）。

踢正面手抛球

图 7-2-20 踢正面手抛球

（2）练习方法。

① 连续踢正面手抛球练习。

② 守门员扑接射门后持球，根据口令将球踢向左或右侧的标志杆。

2. 踢侧面手抛球

（1）动作方法。

① 双手或单手持球，将球向身体侧前方抛起，与腰部同高。

② 当球下落时，支撑脚落于球的侧后方，踢球腿自然折叠后摆。

③ 身体向支撑腿侧倾，大腿带动小腿，用脚背正面踢球的后下方，将球向空

中沿 45°角踢出（图 7-2-21）。

踢侧面手抛球

图 7-2-21 踢侧面手抛球

（2）练习方法。

① 连续踢侧面手抛球练习。

② 守门员扑接射门后持球，根据口令将球踢向左或右侧的标志杆。

3. 踢反弹球

（1）动作方法。

① 双手或单手持球，将球向体前稍稍抛起，与腰部同高。

② 当球下落，支撑脚位于球的侧后方，踢球腿自然折叠后摆。

③ 当球反弹后，大腿带动小腿，用脚背正面踢球的后下方，将球向空中沿 45°角踢出（图 7-2-22）。

踢反弹球

图 7-2-22 踢反弹球

（2）练习方法。

① 连续踢反弹球练习。

② 守门员扑接射门后持球，根据口令将球踢向左或右侧的标志盘。

4. 发球门球

（1）动作方法。

① 短距离踢地滚球，运用脚背或脚内侧踢地滚球。

② 长距离踢高远球，运用脚背内侧踢高球（图 7-2-23）。

（2）练习方法。

① 连续踢门球练习，踢球距离由近至远。

② 守门员迅速摆球，根据口令将球踢向左或右侧的标志杆。

发球门球

图 7-2-23　发球门球

三、其他技术

高水平的守门员不仅要掌握守门员专项技术，还要具备包括停球、运球、头顶球等其他有球技术。

第三节　守门员战术

现代足球比赛中，守门员既是防守的组织者，也是进攻的发动者，在球队攻防体系中扮演着重要的角色。守门员的战术主要分为防守战术和进攻战术。

一、守门员防守战术

选位是守门员的重要防守战术之一。在比赛中，优秀的守门员会根据足球的运行状态来进行合理的选位，守门员选位可以分为以下几种方式：

1. 界外球选位

（1）距离本方罚球区较近的界外球。守门员一般位于球门区附近，正对来球的轨迹进行判断并选位（图 7-3-1）。

（2）距离本方罚球区较远的界外球。守门员根据界外球的位置以及后防线的位置选择站位，与后卫线保持合理的距离（图 7-3-2）。

图 7-3-1　界外球选位（近）

图 7-3-2　界外球选位（远）

2. 角球选位

（1）内旋球。守门员靠近球门线，保护己方球门，防止对手直接破门得分（图 7-3-3）。

（2）外旋球。守门员选位应稍靠门线外侧，在保护球门的同时可以根据球的运行路线出击（图 7-3-4）。

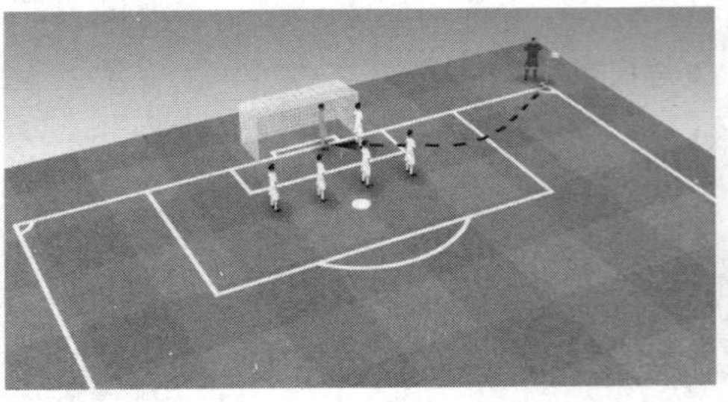

图 7-3-3 角球选位（内旋球）

图 7-3-4 角球选位（外旋球）

（3）战术角球。守门员要在保护球门的前提下，根据对方战术角球的变化进行合理的选位。

3. 任意球选位

罚任意球时守门员根据对手是否可以直接射门进行选位。

（1）侧面直接任意球。当对手可以直接射门时，守门员站位靠近远门柱，近门柱空间的防守由防守人墙进行保护；当对手选择传中时，守门员要根据球的运行轨迹合理选位，并根据变化随时做出选择（图 7-3-5）。

（2）正面直接任意球。当对手可以直接射门时，守门员要根据球的位置合理布置人墙，同时根据人墙防守区域，选择另一侧站位（图 7-3-6）。

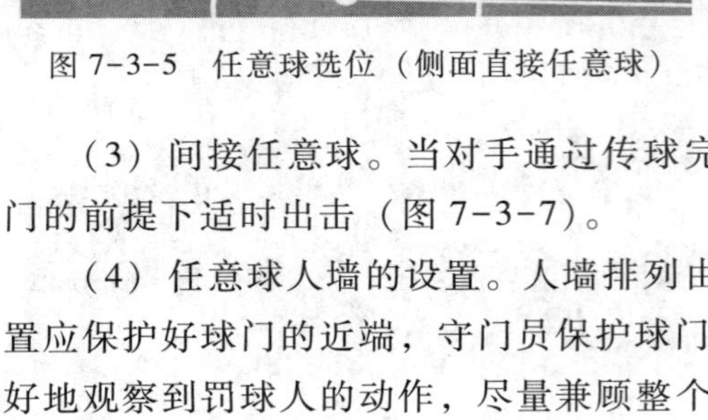

图 7-3-5 任意球选位（侧面直接任意球）

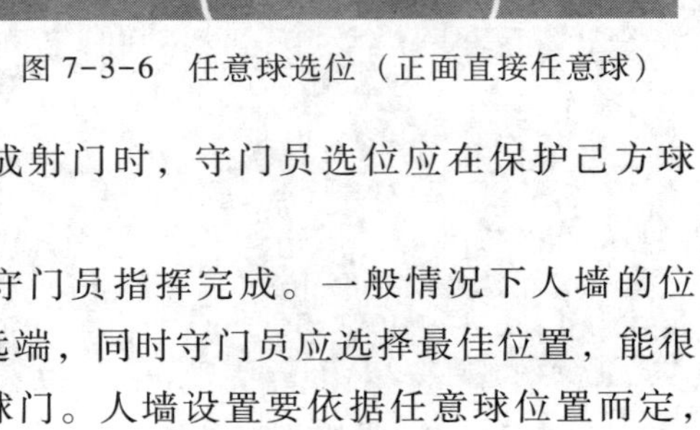

图 7-3-6 任意球选位（正面直接任意球）

（3）间接任意球。当对手通过传球完成射门时，守门员选位应在保护己方球门的前提下适时出击（图 7-3-7）。

（4）任意球人墙的设置。人墙排列由守门员指挥完成。一般情况下人墙的位置应保护好球门的近端，守门员保护球门远端，同时守门员应选择最佳位置，能很好地观察到罚球人的动作，尽量兼顾整个球门。人墙设置要依据任意球位置而定，在比较危险的区域人墙人数要多，一般为 2~5 人。当距离球门较远时，一般只需安排1~2名队员进行人墙站位，当距离球门较近可以直接进行射门时，则需要安排多人参与人墙（图7-3-8至图7-3-10）。

图7-3-7　任意球选位（间接任意球）

图7-3-8　任意球人墙设置（2人）

图7-3-9　任意球人墙设置（3人）

图7-3-10　任意球人墙设置（5人）

二、守门员进攻战术

随着现代足球攻防节奏的加快，守门员的位置职能也随之变化，守门员除了做好防守职责外还需参与球队的整体进攻。

守门员发动进攻具有以下特点：

（1）当对方全线压上时，守门员应发动快速反击。

（2）比赛处于阵地战时，守门员应指挥队友积极跑动并接应。

（3）当本方进攻时，守门员应与后卫线保持合理的距离，压缩对手的进攻空间。

在特殊情况下，守门员进攻战术可以参与角球的门前抢点，主罚任意球、球点球等。

思考与实践

1. 守门员职责可分为哪三大类？
2. 守门员技术包含哪些内容？
3. 守门员定位球防守战术中如何安排人墙？

第八章 足球训练

本章导读

足球训练具有稳定的程序结构和多样的内容方法，科学地计划与组织足球训练关系着足球运动员竞技能力的系统发展。本章介绍足球训练的方法、负荷和足球训练课的具体内容以及足球训练计划安排。

学习目标

知识目标：了解足球训练课的内容确定、方法设计和负荷调控的基本要求。

能力目标：掌握设计足球训练课的基本方法，促进足球训练高效有序进行。

价值目标：提高思想认知水平，增强足球训练的科学实践素养，培养精益求精的工作意识。

第一节 足球训练概述

足球训练是围绕特定足球训练目标对足球训练各要素所做出的合理安排，它反映了足球训练系统各要素之间的相互关系和相互作用。

一、足球训练特点

（一）身心塑造一致性

足球训练强调足球运动员身心塑造的一致性，这意味着训练内容不仅关注足球运动员体能和技术提升，还重视足球运动员心理素质培养，足球训练需设计一系列身心并重的训练内容，如通过足球游戏和模拟比赛提高足球运动员的团队协作能力、比赛意识和抗压能力。同时，训练过程穿插介绍运动心理学知识，帮助足球运动员建立正确的比赛心态，实现身心健康全面发展。

（二）空间变化多样性

足球运动是一项需要足球运动员在广阔场地上进行移动和配合的运动，因此足球训练在空间变化上具有多样性。足球训练涵盖从个人技术练习到小组战术配合，再到全队攻防演练等多个层面的训练内容。在场地布局上，设计不同大小的练习区域，以适应不同训练需求和目标。此外，通过引入动态变化训练场景，如变换球门位置、调整场地大小等，可以增强足球运动员的适应能力和空间感知能力。

（三）内容衔接有序性

足球训练在内容设置上注重衔接有序性，从基础技术训练到战术配合，再到比赛实战演练，足球训练形成一个循序渐进、逐步深入的训练体系。在每个训练阶段，明确训练目标、训练方法和训练要求，确保足球运动员能够按照既定的训练计划有序进行训练。同时，足球训练注重训练内容的连贯性和系统性，确保足球运动员在掌握基础技术的基础上，能够逐步掌握更高级别的战术配合和比赛技巧。

（四）人员配置合理性

足球训练考虑人员配置的合理性，包括教练员的配备、足球运动员的分组等方面。在足球训练过程中，明确教练员职责，提供针对不同年龄和水平足球运动员的训练方法和指导原则。在足球运动员分组上，根据他们的技术水平、身体素质和位置特点等因素进行合理搭配，以提高训练效果。

（五）训练评价直观性

足球训练具有训练评价的直观性特点。教练员通过设计科学合理的评价体系和指标，如技术评分、战术配合成功率、比赛表现等，以便对足球运动员的训练成果进行客观评价。同时，现代足球训练开始引入一些先进的训练评估工具和技术手段，如视频分析、数据统计等，以提高评价的准确性和直观性。

二、足球训练任务

（一）提升技能水平

足球训练的首要任务是提升足球运动员的技能水平，其中包括传球、射门、控球、盘带等基本技术动作的掌握和精进。根据现代足球技术要求，足球训练应强调技术的实用性和目的性，确保足球运动员在比赛中能够高效、准确地运用各项技术。例如，传球训练应涵盖短传、长传、弧线球等多种技巧，以提高传球的准确性和实用性。

（二）强化专项素质

足球比赛对足球运动员的身体素质要求极高，因此足球训练的重要任务之一是强化足球运动员身体素质，包括力量训练、速度训练、耐力训练、灵敏度和协调性训练等方面。通过举重、俯卧撑等练习增强肌肉力量；采用冲刺跑、变速跑等方式提高爆发力和移动速度；以长跑、间歇训练等方式提高持久力和体能水平，利用灵敏圈、平衡垫等工具提高足球运动员灵敏度和协调性。

（三）培养战术意识

足球训练着重培养足球运动员的战术意识和团队协作能力，使他们能够在比赛中准确理解教练战术意图，并与其他队员形成默契配合，训练内容包括了位置感与跑位、团队配合与传导、进攻与组织、防守与抢断等方面的战术训练，通过反复演练和实践，提高足球运动员在比赛中的应变能力和执行力。

（四）心理素质建设

足球比赛不仅考验足球运动员身体素质和技术水平，还考验他们的心理素质。足球训练关注足球运动员心理素质建设，帮助他们保持良好心态和积极训练态度。训练过程中注重培养其自信心和比赛心理，提高在比赛中的应变能力和抗压能力。

三、足球训练基本原则

足球训练的基本原则是基于足球运动员身心发展特点和现代足球发展需要而遵循的一般准则，这些基本原则应该贯穿于每次训练课和整个训练阶段。

（一）比赛需要原则

比赛需要原则是指依据当今足球比赛发展的需要，科学地划分训练阶段，合理安排训练内容、方法、手段和负荷等因素，以提高运动员竞技能力和运动成绩的训练原则。

比赛需要是足球训练的出发点，也是落脚点。一切训练内容、方法和手段的选择以及训练负荷与节奏的安排都应围绕着成功比赛的需要而组织实施。因此，准确地认识当今足球比赛的需要，是我们实施这一切的重要前提，也是制订训练计划的重要依据。

1. 进攻

（1）转移。让对手移动，你就能在球场上找到可以被利用的空间，实现这一目标的方法之一就是转移。转移的关键是尝试将球传向具有人数优势的一侧，形成一对一或二对一的局面。实现转移进攻有很多方法，作为整体而言，有效实施转移应考虑以下三个因素：

① 为传球的球员创造出足够的空间和时间，这样他才能在不受压力的情况下准确地转移。

② 球员在另一侧接球前也应该利用宽度为自己创造空间。

③ 其他支援进攻的球员应该时刻关注转移的发生，并通过快速的移动和支援在转移的区域创造人数优势。

（2）第三人的移动配合。突破对方防线最有效的方法之一是快速的传接配合。虽然两名球员之间的配合可以渗透对方，但第三名球员的参与更容易打破组织严密的防守。对于防守方而言，第三人的移动是很难预判的。当第三人在适当的时机找到接球的空当时，他就为球队打破对方防线的传球创造了时间和空间机会。第三人移动配合可以分为以下四个环节：① 第一人的起始传球；② 第二人的回做球；③ 第三人的无球跑动；④ 最后一传。

2. 由攻转守

（1）丢球时的反应。在足球运动中，争夺球权是比赛的关键。然而，随着比赛节奏和强度的逐步增加，球队在失去球权后以最快速度赢回球权的趋势也越来越明显，以下是球队在丢球时夺回球权需要考虑的关键因素：

① 侵略性和强度。失去控球权的球员应立即做出反应，并试图立即赢回球权，球员反应的速度和防守的方式决定了球队夺回控球权的机会。

② 预判。实施丢球反抢的一个关键因素是预判，预判失去球权的位置，预判对手可能在哪里出球，同时意识到在整体反抢时队友之间的配合。

③ 气势。采用侵略性的反抢方式可以为全队定下基调，逼迫对手让对手处于被动，不让他们建立自己的进攻，增加迅速夺回球权的机会，并在抢回球权的情况下保持本方进攻的连续性。

（2）在前场重获球权。这是一种高压策略，包括在由攻转守过程中的反抢，以尽可能快地赢回球权。虽然丢球反抢可以发生在球场上的任何地方，但在靠近对方球门的位置反抢，更有利于获得球权后的进攻得分。实施这个过程需要关注两个因素：

① 控球时的防守平衡。提前的准备是实施前场丢球反抢的重要因素，为了能够正确地对球施压，球员必须在失去球权之前处于正确的位置上，这需要他们注意力集中，以及具备从进攻到防守的快速思维转换能力。防守的平衡是赢回球权的关键，如果队员之间没有形成很好的阵型，相互之间距离太远，对手就很容易利用这个空当进行反击。

② 丢球时快速和有组织的防守。对于任何一支球队来说，重获球权的另一个关键因素是球员的反应。丢球反抢必须迅速而有组织，良好的组织是至关重要的。离球最近球员的快速反应可能会形成反抢，但其他队员的防守行为也必不可少。球队需要以一种相互配合的方式来封闭空间，并持续施加压力直到赢得球权。否则，如果一个球队没有正确组织，队员们没有协同配合，他们就很容易被对方反击。

3. 防守

（1）前场高压。在进攻三区，前场高压是一个很好赢得球权的战术，也可以作为一种有效限制对手后场组织进攻的方式。前场高压需要团队协作和充分的体能保障，如果高压过程中团队没有组织，缺乏协调，或者以个人而不是整体实施，这可能会导致空当被对手利用。实施高压的三个关键因素如下：

① 阵型。从门将到前锋，拥有一个完整的阵型是球队使用高压战术的关键。防守组织要求球队小组和防线之间有合适的距离，球队必须保持紧密的队形，以免让对手通过向前传球突破防线。

② 设置陷阱以获得球权。设置陷阱就是诱导对方按照本方预设的方式进攻，从而使本方获得球权。如果一支球队能够利用他们的阵型和结构将对方引导到本方有利的位置，那么就可以设置陷阱来夺回球权。

③ 强度。如果一支球队想要在进攻三区获得球权，没有强度的压迫是毫无意义的。选择压迫时机是关键，因为一支球队很难在整场比赛都实施压迫。为了保证强度，需要有球员来决定何时以及如何施压是非常重要的。当前场压迫发生时，每个球员都要知道压迫的时机、实施压迫的细节以及自己球队的组织情况。

（2）布阵防守。“进攻赢得比赛，防守赢得冠军”。密集的防守往往会给对方的进攻制造很大的难度，也为本方获得球权创造有利条件。实施密集防守的关键因素包括：

① 压缩空间。对于防守方而言，希望形成一个紧凑的区域，迫使对方在更狭窄的空间控球，除非有高质量的传球，否则在密集的情况下会更容易造成失误。紧凑的中路防守也会促使控球方把球转移到边路，进一步限制了对方从360°到180°的传球选择，也增加了利用边线逼抢重获球权的机会。

通常而言，防守方可以通过两种基本方式来压缩对手在场上的空间。第一种是压缩宽度，通过缩小防守球员之间横向的距离来压缩空间；第二种是压缩纵深，通过缩小防线之间的纵向距离来压缩空间。

② 保持阵型。当球向前移动时，防守队员的职责就是让对手很难渗透。其目标是保持自己的阵型，而离球最近的球员则对持球人实施压迫。防守方需要作为一个整体移动，以确保在他们的前锋线、中场线和后卫线之间没有空隙给对方渗透。

③ 施加压力。避免对手利用空间最有效的方式就是时刻关注球在哪里，给予持球队员足够的压力，并作为整体进行移动。一旦球队作为一个整体压缩了对手的可用空间，并让对手在压力下控球，就会进一步减少控球方的选择，从而获得快速反击或重获球权的机会。

4. 由守转攻

(1) 快速反击。反击是指球队重新夺回控球权后，立即以攻击对方球门为目的，利用对手后防线身后的空当所采取的快速进攻战术。快速反击可以划分为四个阶段：① 重获球权；② 使球快速向前；③ 合理的无球跑动；④ 高质量的最后一传。

按照时间顺序，第①点和第③点经常同时发生。快速反击的形成关键在于球员重获球权时的决策速度，以及他们的队友在球场上的跑动，从而为高质量的最后一传创造机会，最后形成射门并得分。

(2) 压力下控球。如今，越来越多的球队选择在失去球权后快速反抢，在足球运动员体能水平逐年提高的趋势下，赢得球权后再保持球权也变得越来越困难。对于控球方而言，即使在巨大的压力下，也应该进行有效的控球。无论对手给予的压力有多大，突破或打破对手带来的压力都能让球队摆脱困境，为自己创造机会。

随着球队丢球反抢的趋势日益增长，对立的双方越来越多地寻求通过传球来应对对手的施压。在压力下控球通常会涉及至少三种角色不同的球员，即重获球权的球员、接第一次传球的球员、无球接应的球员。

(二) 适宜负荷原则

适宜负荷原则是指根据运动员的现实可能和人体机能的训练适应规律，以及提高运动员竞技能力的需要，在训练中给予相应的负荷，以取得理想训练效果的训练原则。机体对适宜的负荷产生适应，但如若负荷过小，不能引起机体必要的应激反应；而在过度负荷作用下则会出现应激过度，导致身体疲劳或者伤病。

足球训练过程中的任何一个负荷，都包含着负荷的量和强度两个方面。前者反映着负荷对机体刺激量的大小，后者反映着负荷对机体刺激的深度。负荷的量和强度构成了负荷的整体，它们彼此依存而又相互影响，任何负荷的量都是以一定的强度为条件而存在的，任何负荷的强度又都以一定的量为其存在的必要基础。

1. 负荷量的评价指标

反映负荷量大小的指标一般为次数、时间、距离等。

（1）次数。次数是指训练中重复练习的次数。如在技术训练中完成射门、传球、运球、带球跑、头顶球等技术的次数；在小组战术中完成墙式配合、后套配合等战术的次数。

（2）时间。时间是指一个统计单位中（一种练习、一次课、一周、一年等）训练的总时间。例如，在一次训练课中每种练习的总时间或一次课的总时间。

（3）距离。距离是指运动员在训练中完成各种练习的位移距离，包括走、慢跑、低强度跑、中强度跑、高强度跑和冲刺跑等不同速度的跑动距离和总距离。

2. 负荷强度的评价指标

负荷强度的大小常常通过速度、难度、单位时间内完成的次数和压迫等予以衡量。

（1）速度。速度是指训练中运动员完成各种练习的位移速度，包括走、慢跑、低强度跑、中强度跑、高强度跑和冲刺跑等。

（2）难度。难度是指练习中运动员完成各种练习的困难程度，如在训练中防守队员的积极程度、训练中攻防双方人数和能力的优劣等。例如，在同样的练习中二对三则比三对三难度要更大一些。

（3）单位时间内完成的次数。单位时间内完成的次数是指在特定的时间内重复的次数，如在技术训练中 1 分钟内重复 30 次传球的负荷强度就高于 1 分钟内重复 15 次传球的负荷强度。

（4）压迫。压迫是指训练中进攻和防守方球员在争抢球时的对抗程度，它一般分为无压迫、间接压迫和直接压迫。间接压迫是指防守队员并不以直接抢回球权为目的，而是通过压缩与持球队员的距离以限制对方的进攻方向。直接压迫是指防守队员用直接的、有侵略性的方式封闭自己与持球队员之间的空间，从而夺回控球权。

（三）动机激励原则

动机激励原则是指通过多种方法和途径，激发运动员主动从事艰苦训练的动机和行为的训练原则。在足球训练中遵循这一原则可激发运动员更高的训练积极性和主动性，培养他们的独立思考能力、创造能力和自我调控的能力，促使他们以最大的动力，高质量、高效率地完成训练任务。

1. 成功动机是运动员参与训练的驱动力

人们都是怀着对未来成功的美好愿望参加某项活动，渴望成功的动机给人们以鼓舞和激励。在足球训练中，教练员需要针对运动员的年龄和运动能力等因素设置相应难度的训练，使运动员在训练中能通过自己的努力达到目标，从而体会成功所带来的快乐。

2. 竞争是激发运动员参训动机的有效方式

竞争是个体或群体间力图胜过或压倒对方的心理需要和行为活动。足球作为对抗性项目，本身就是一种竞争，它能让成功的一方产生更加浓厚的兴趣，争取成功的信念也更加坚定；而对于竞争中失败一方，也会刺激他们通过更多的努力在下一次的竞争中获得胜利。

3. 赞扬是保持运动员参训动机的有效手段

赞扬是指依据客观事实，对事情处理正确并且给予肯定认可的一种行为。教练员的赞扬可以向队员传达在以后重复做正确行为的强烈信号，但赞扬也需要基于具体的行动才可以产生良好的效果。

（四）趣味性原则

兴趣是个人力求接近、探索某种事物和从事某种活动的态度和倾向。兴趣作为一种意识倾向和内心需求，不是先天就有的，而是在人们需要的基础上，对某种事物的了解和反复接触后产生的，它不是靠外界强制力量形成的，而是出于个人的强烈愿望建立和发展起来的。培养儿童青少年参与足球的兴趣需要让他们在参与足球的过程中感受到游戏和乐趣。在实施训练过程中我们可以从以下几个方面考虑：

1. 结合球

对于青少年而言，相较于无球的练习，结合球的练习更能调动他们参与足球的积极性。在中国足协青训大纲中建议儿童青少年在启蒙阶段（U5）和基础阶段（U6~12）的热身活动中都应结合球。

2. 设置竞争

在练习过程中通过设置相互之间的竞争，也可以有效激发运动员的兴趣。处于竞争条件下，运动员的自尊需要和自我实现的需要更为强烈，对于练习的内容将会产生更加浓厚的兴趣。此外，竞争时运动员往往处于一种应激状态，会产生强烈的情绪体验，刺激着肾上腺体分泌激素，提高运动员参与训练的兴奋性。

3. 运用游戏

足球运动本身就是一种游戏，尤其对于青少年而言，“玩”就是他们的天性。因此，教练员可以将足球与注意力、角色扮演、情景模拟等类别的游戏相结合，增加练习的趣味性，从而激发青少年运动员的天性。

（五）区别对待原则

区别对待原则是指对于不同的运动员或不同的训练状态、不同的训练任务及不同的训练条件，都应有区别地组织安排各自相应的训练过程，选择相应的训练内容，给予相应训练负荷的训练原则。

足球训练的效应要通过运动员机体的变化予以表现，而每一名运动员的生理和心理状况、形态、发育特点、身体素质、技战术能力、智力水平和比赛位置职责等都各不相同。作为一项团队运动，球队的整体表现对比赛的成绩起着至关重要的作用，而球队个人的表现也是整体表现的重要构成因素，在比赛的某些时刻，个人的表现甚至对整体的表现起着关键的作用。

1. 正确处理训练中共性和个性的关系

足球队是一个团队，在这个团队中，所有运动员都应遵循比赛的进攻原则或防守原则，但在整体的比赛原则下运动员们又各有自己不同的特点。例如，在进攻中所有球员都应该遵循进攻原则利用宽度和纵深创造向前的机会，但每个位置的球员由于位置的不同所表现出技术的运用也不同。

2. 教练员要及时准确地掌握运动员的具体情况

教练员要从运动员的技术、战术、身体素质、机能、形态、智力和心理品质等方面了解运动员的具体情况并加以分析，必要时可在某个训练周期开始时召开全队会共同进行总结、会诊，以找出每位队员的主要问题，使本人明确，全队清楚，教练员心中有数。

第二节 足球训练方法

足球训练方法是在足球训练实践的理性经验总结上形成的足球训练的基本途径和办法。在实际足球训练过程中，训练方法设计体现教练员的业务水平，是完成训练任务的重要前提。

一、持续训练法

在足球训练当中，持续训练法经常性地同发展性、强化性间歇训练法结合应用，旨在提高足球运动员在较大强度负荷条件下完成技战术动作的能力。

二、间歇训练法

间歇训练法主要用于足球体能训练或体能和技战术结合的综合性训练。其主要运用内容体现在以下几方面。一是练习速度与速度耐力要求极高的各种连续攻防技战术练习。二是提高足球运动员在较高负荷强度条件下完成技战术配合的熟练性与稳定性的各种局部逼迫性的三对三和四对四练习，以及各种攻防战术的配合练习等。三是发展足球运动员有氧供能能力的技战术练习。

三、重复训练法

重复训练法主要用于足球训练的以下几方面。一是需要短时间内快速、爆发性地完成练习活动，尤其是中、远距离的大力传球与射门，或旨在提高单个技术或组合技术动作熟练性和技巧性的练习。二是爆发性和速度性要求较高的技术动作或组合技术动作衔接的熟练性和稳定性练习，各种有球或无球状态下的速度耐力和力量耐力练习。三是旨在提高各种技战术运用的熟练性和耐久性能力的技战术套路、连续的攻防对抗、各种组合技术的完整重复练习等。

四、比赛训练法

比赛训练法是指足球运动员在真实的比赛条件下学习、掌握和运用足球技能，全面提高足球比赛所需要的体能、技术、战术、心理、智力等竞技能力的训练方法。在重要比赛前，可以采用模拟性比赛训练方法，模拟真实比赛的对手、环境及比赛氛围等，使队员形成与重大比赛相适应的竞技状态。

五、变换训练法

变换训练法在足球训练中有两种类型：一是负荷变换训练法，想要提高身体素质的发展水平或练习活动的强度，一般采用提高练习强度、减小运动量的负荷变换形式；想要促进足球运动员学习掌握运动技术，尤其是对高难度技术，适宜采用在练习量一定的条件下，降低练习强度的负荷变换形式，而增加练习量，降低强度的负荷变换形式更有利于巩固基本技术，形成稳定的动力定型。二是内容变换训练法，根据足球比赛活动技战术动作采用及其运用条件的基本变化特点，进行训练内容的变化组合是其方法应用的核心。

六、特定条件训练法

特定条件训练法的运用主要有以下方面：一是特定规则条件练习法，即根据训练目标通过条件限定突出训练主题内容的方法。二是特定方法条件练习法，即根据训练目标通过练习方法的限定突出训练主题内容的方法。三是特定场区条件练习法，即根据训练目标对完成练习活动的内容、方法等提出特定场区要求以突出训练主题内容的方法。四是特定对抗条件练习法，即根据训练目标通过特定对抗条件的限定突出训练主题内容的练习方法。

第三节　足球训练负荷

足球训练负荷的调控关系足球运动员专项能力的习得和迁移，在训练中施加适宜的训练负荷有利于足球运动员产生积极的生物适应现象，提高足球运动员的整体性竞技能力。

一、把握足球训练的适宜负荷

（一）把握足球运动员竞技能力状态

准确诊断足球运动员现实训练水平和竞技能力状态，是确定训练负荷大小的重要依据。

（二）科学地探求负荷量度的临界值

掌握每位队员个体的负荷极限水平，以此推断球队整体极限负荷区间，能够为大负荷足球训练的有效实施提供科学的负荷依据。

（三）重视两次训练之间的负荷变化

前次训练负荷量度大小和负荷后恢复程度都直接影响到足球运动员下一次训练的负荷承受能力，这是确定训练负荷大小必须考虑的因素。

（四）处理好负荷与恢复的关系

承受训练负荷后的恢复情况会直接影响到后续练习的有效负荷能力。在做训练负荷计划时，必须考虑到各负荷练习之间和训练活动结束后及时恢复的问题。

二、与足球专项竞技需要相符合

足球比赛的负荷特点主要表现如下：

（1）总体负荷量较大，足球比赛全场时间为 90 分钟，属长时间负荷。

（2）不同负荷强度交替，主要体现在足球运动员跑动速度快慢、跑动距离长短、对抗强度强弱交替。

（3）比赛中整体攻防对不同位置足球运动员负荷要求不同。

（4）足球比赛具有间歇性完成较大负荷强度的特点。

三、遵循训练的周期性规律

足球运动员机体能力的提高、竞技状态的发展变化、训练环境和足球赛事组织都具有周期性特点。通过足球教学和训练所要发展的各种体能、技能和心理能力本身也具有特定的层次性，这对合理地确定与控制训练负荷量度产生着重要的影响。

（1）比赛准备期，训练的负荷量一般较大而强度相对较小。

（2）在保持大训练负荷量的基础上应逐步提高训练负荷强度。

（3）在赛前强化训练期，负荷量相对减小而强度较大，甚至超过比赛的负荷强度。

（4）临赛训练阶段，训练负荷量下降的趋势较为明显，但应保持与比赛接近的负荷强度水平。

（5）比赛期各次比赛间歇之间的训练负荷量相对较小，但必须保持与比赛负荷强度相适应的负荷强度水平。

（6）休整期训练的负荷量和强度都应减小，以利于足球运动员机体的有效恢复。

四、根据训练内容的负荷特点确定负荷量度

（一）技术训练

在技术动作的练习中如果是以学习掌握基础技术动作为主要目的，负荷量度应相对较小而重复次数相对较多，练习中要使足球运动员的神经系统和身体保持较为活跃的状态。

（二）战术训练

以学习和掌握基本战术动作及配合方法为主的训练一般比技术训练的负荷量与强度稍大。多次重复的战术训练可以增强足球运动员对战术的理解与实战运用能力，但重复次数过多势必会引起足球运动员的疲劳。

（三）体能训练

以发展体能为目的的负荷量与负荷强度都较大，在一定限度内将负荷量与负荷强度增加到极限可以最大程度地增强足球运动员的体能。

（四）对抗训练

在对抗条件下的技战术训练的负荷安排，总体上应接近或超过实际比赛的负荷量度，以使得足球运动员的身体能够适应真实比赛对抗环境，在比赛状态下也能将技战术合理运用。

五、循序渐进增加负荷

足球运动员机体各器官系统达到最佳机能状态需要一个渐进适应过程，训练负荷应随着训练活动的逐渐深入而渐进增加。训练负荷变化的总体趋势是从小到大，由低到高，但这种负荷量度的增加是呈波浪式或阶梯式推进的，具有较为明显的负荷节奏。

（一）热身与引导训练阶段

热身与引导阶段的训练负荷应平稳增加，负荷量是主要负荷因素，强度应较小，在引导阶段的后部分会出现负荷的小高峰，形成第一个训练负荷台阶。

（二）基本训练阶段

负荷大体上至少应呈现两个负荷台阶的变化，即训练与学习阶段的负荷量度均有明显的增强，根据不同训练内容的特点，负荷量与强度的变化相互交错，但负荷强度上升的趋势渐趋显著。运用与巩固阶段的负荷应是整个训练负荷的最高峰阶段，训练负荷量，特别是负荷强度一般应基本接近或达到比赛的负荷水平。

（三）恢复放松训练阶段

在恢复放松阶段负荷量度明显降低，负荷强度的下降最为显著，逐渐滑向负荷的低谷，向训练负荷前的身体机能水平有效过渡。但这种高低负荷的有效过渡必须

保证足够的恢复训练时间。

第四节　足球训练计划

制订球队的训练计划，对任何教练员都是一项非常重要的任务。足球运动员的培养是一项系统工程，为了实现既定目标，教练员必须按照一定程序和步骤实施训练，并使之成为总体计划的一部分。即使部分教练员拥有的良好直觉或理智对训练的成功实施有一定的作用，但如同任何形式的教育或教学一样，训练中应尽量避免偶然性。

训练计划是针对训练对象组织和实施训练的某种具体安排和基本依据，是足球训练过程预期达到的结果和标准，是训练活动的起点和归宿；训练计划是支配训练的全过程，也是明确训练任务、确定训练内容、选择训练方法、调控和评价训练过程的依据。

训练计划是对训练实践活动的预先设计，也是科学控制训练过程，实现既定训练目标最基本的依据。科学合理的训练计划可以保证运动员训练实践的系统性、渐进性和有效性，是达到预期训练效果的重要保障。

训练计划可以增强训练过程的预见性，把握好训练过程中各个阶段的平衡，为可能发生的情况做好充足的准备，保持训练的稳定性和权威性，提高训练的效率，使训练更加科学合理。

一、制订足球训练计划的理念

1. 遵循足球比赛规律

遵循足球比赛的规律是指训练必须服从比赛的需要。训练是根据比赛需要而发生的实践活动，并随比赛的发展而发展。训练成效要通过比赛来检验，比赛则需要对训练提出新的、更高的目标和要求。因此，足球训练必须贯彻“从实战出发”的训练原则，练赛结合，以赛代练，以练促赛，做到“教会、勤练、常赛”。

2. 遵循青少年身心发育规律

青少年是足球发展的未来，是中国足球发展的希望。青少年处于身体快速增长期，生长发育特征明显，身体机能与成人差异显著。因此，训练实践应服从青少年健康生长的需要，遵循其身心发育规律，训练安排应适龄、适度、适量，使青少年运动员能在生长发育的轨迹上，享受足球的快乐，享受运动的健康，享受比赛的收益。

3. 遵循运动技能形成规律

足球技能的形成是一个复杂的过程。其机理是在大脑皮层建立暂时性神经联系，即复杂、连锁、本体感受性的运动条件反射。其形成具有阶段性特征，分为泛化、分化、巩固、自动化四个阶段。因此，在青少年足球训练过程中，要根据阶段性的不同特征，运用科学的方法，让不同阶段的球员得到更加合理的指导和教育，从而稳步地提升足球技能水平。

二、制订足球训练计划遵循的基本要求

1. 坚持以人为本、全面发展

青少年足球运动能力的培养是其本人成长过程中的一个子系统。在这个子系统的培养过程中，一定要坚持以人为本，促进青少年德智体美劳全面发展。通过培养和教育，使青少年既能够成长为具有良好文化修养、人格健全，又有一定足球专业技能特长的合格社会人才。

2. 全面发展与重点提高相结合

足球运动员的竞技能力由技术、战术、体能、心智和社交五个方面组成。每个方面都由各自不同的要素构成。青少年的培养过程，要根据不同年龄阶段特点，结合敏感期的先后顺序，既注重全面发展又要抓好个人特长培养，只有这样才能培养出高质量的后备人才。

3. 传统基础理论与当代理念相结合

随着足球运动的发展，足球理念在不断更新中，因此要不断学习，善于学习，正确定位。在学习过程中，要加强传统理论和当代理念相结合，做到去伪存真、去粗求精，克服主观臆造，还原足球的真面目，把握训练真谛，领会足球先进理念，不断修正在足球认识上的偏差，以培养高质量的足球后备人才。

4. 内容丰富、方法实用、效率优先

青少年足球运动员的培养目的是培养出合格的社会人才和足球人才。在这个过程中一定要同时兼顾训练过程的教育性和专项性，有效选择训练方法，在足球训练实践中不断提高青少年球员的足球运动水平、提升体质健康水平、培养良好的思想品德。

三、制订足球训练计划的要素

（一）训练目标和任务

训练目标是完成阶段训练任务，使队员在体能、技战术、心智等方面达到预期效果的设定；训练任务是根据不同年龄段的训练比赛要求，运用多种手段，通过不同的路径使队员得到提高和进步。

（二）训练组织和实施

训练的组织和实施是执行训练计划的具体体现，是一次具体训练课完成的过程。包括课时计划的制订、场地器材的布置、训练时间的把控与调整、所有参与训练人员的协调与分工等。这个过程需要遵守足球运动发展规律、青少年的身心发育规律与足球技能形成规律。

（三）训练内容和负荷

训练内容和负荷是训练计划的核心内容，训练内容的制订要根据运动员的成长阶段发展要求来确定，包括基本技术（有球技术、无球技术）、基本战术（个人战术、小组战术、局部战术和整体战术）、比赛原则、守门员技术和战术、身体素质（一般身体素质和专项身体素质）、心理建设与社会交际能力等。运动强度与训练负荷要结合各年龄阶段的身体发展规律和训练任务要求来科学合理地控制。

（四）训练时间和对象

根据年龄段特点和比赛的要求，小学阶段每次训练不超过 90 分钟；初中、高中和大学阶段，每次训练不超过 150 分钟；每周六、周日，可作为比赛日用来检验训练质量，发现问题并为下周训练做准备。

四、足球训练计划的制订

（一）训练计划及其作用

训练计划是对实践训练活动的预先理论设计，也是科学控制训练过程、以实现既定训练目的最基本的理论文件之一。严谨而周密的训练计划，可使训练工作有条不紊地进行，是检查和总结训练工作的重要依据，也是教练员理论与客观实践相结合，逐步加深对足球训练规律的认识，积累训练经验，提高训练质量的得力工具。

训练计划是对于未来训练过程预先作出的理论设计；训练计划是为实现训练目标而选择的状态转移通路，训练计划的制订与实施，是训练过程的中心环节，贯穿于教练员与运动员的全部训练实践活动之中（图 8-4-1）。

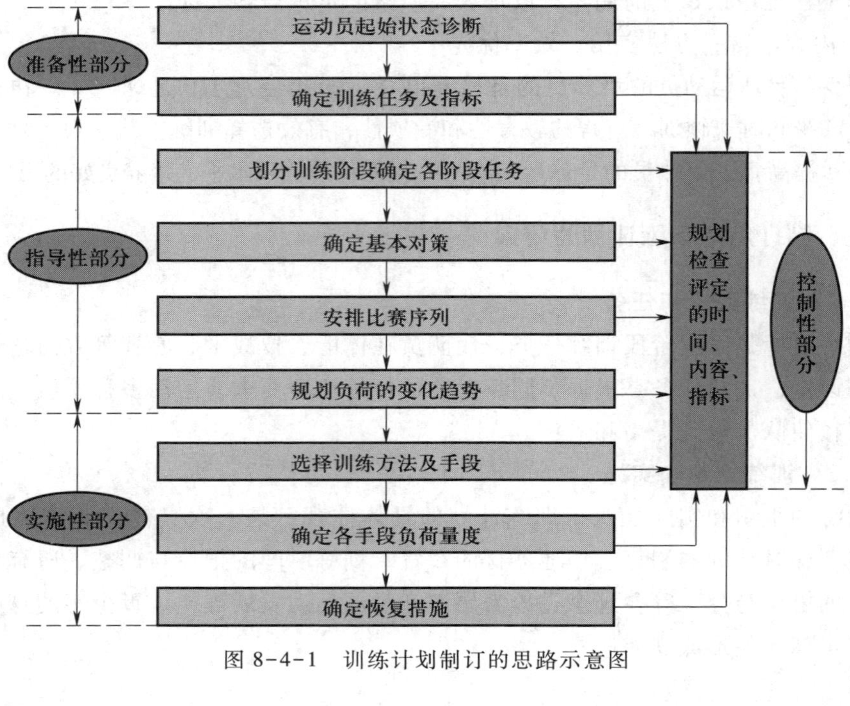

图 8-4-1　训练计划制订的思路示意图

（二）训练计划类型及其训练周期依据

按照时间持续长短，训练计划可分为多年训练计划、年度训练计划、周期训练计划、周训练计划和课训练计划等多种类型，多年训练计划、年度训练计划、周期训练计划通常是宏观的、方向性的计划，周训练计划、课训练计划通常是具体的，操作性强的计划。在由多年训练计划至课训练计划的流程中，随着持续时间由长变短，呈现出从远景到现实，从框架到具体的特点。

（三）足球训练计划的制订

1. 多年训练计划的制订

多年训练计划是指在预定多年训练的年限内（一般根据 4 年一次的全国运动会足球赛或世界杯足球锦标赛、奥运会足球赛），对球队的全面训练工作所做的长远的总体规划。制订多年训练计划有许多困难，由于在运动员成长过程中，往往会出现各种难以预测的变化，同时教练员对运动员现状分析所作出的种种推断，也只是基于当前的依据，所以，训练中各项任务、指标、手段、负荷等内容的确立，难免会与客观实践产生一定偏差，需要不断地进行修正。但不能因此而否认多年计划的必要性。训练目标是有步骤、分阶段实施的，这一实施过程的规划离不开多年训练计划，它不仅使训练过程有框架式系统性，而且也能保证训练的正确方向。

多年计划是以队员现状为基础，以推测性思维为主导而设计的总体规划。它虽属预测性方案，但也要求做到：目标科学清晰、任务明确合理、步骤与时间安排得当，能够反映出多年训练发展过程的基本思路。为尽可能使多年训练计划更加客观，教练员要具备以下能力：

（1）熟悉和了解足球发展现状及其趋势。

（2）掌握足球训练理论与足球相关理论学科的应用知识。

（3）具备较强的分析综合和推测性思维能力。

（4）深刻了解队员现有各方面的基础情况，并对其发展的可能性有正确的评估和认识。

多年计划中基本内容的安排应明确清晰，尽可能用直观、简练的文字、图表以及百分比数据，反映出计划的图景和趋向。

2. 年度训练计划的制订

年度训练计划是根据多年训练计划的进度任务和年度重大比赛任务及上一年度的训练、比赛情况制订的全年训练工作计划。全年训练计划可以根据多年训练计划的发展目标和本年度的主要比赛任务划分为几个周期。整个训练过程循环往复、周期性地进行。但各个周期不是简单的重复，后一个周期是在前一个周期基础上进行的，要求会更高，以便持续提高运动员的训练水平和比赛能力。全年训练计划也可以设计为一个周期（见表 8-4-1，通常适用于职业球队），也可以根据赛事目标设计为多个周期。

表 8-4-1 年度训练计划示例表

<table>
<tr><th colspan="4">训练分期</th></tr>
<tr><th>过渡时期</th><th colspan="2">准备时期</th><th>比赛时期</th></tr>
<tr><th>休整</th><th>基础阶段</th><th>赛前阶段</th><th>竞赛期</th></tr>
<tr><td rowspan="4">休息
休假
20~30 天
最后 15 天
积极性休息
（2~3 次训练/周）
其他体育运动
个人训练
低速跑
力量
柔韧</td><td>第一阶段
一般性体能准备
（8~14 天）</td><td>第二阶段
专项体能准备
（10~15 天）</td><td>30~35 周</td></tr>
<tr><td>周期 1
基础耐力
有氧耐力
持续训练法
一般力量
力量（小负荷）
循环力量（循环练习）
协调+柔韧
比赛（技术/战术）</td><td>周期 3
无氧非乳酸+（乳酸）
（速度耐力、冲刺耐力）
间歇训练
爆发力
低/高的跳跃
多种形式
速度
技术/战术训练
（整体练习）
赛季前热身赛（2~3 场）</td><td>2×（15~18 周）
职业队员
2×（12~15 周）
青少年队员</td></tr>
<tr><td>周期 2
专项体能准备
（10~15 天）</td><td>周期 4
结束阶段
（8~12 天）</td><td>40~65 场比赛</td></tr>
<tr><td>有氧耐力
间歇训练
高强度力量训练
高强度
跑动和协调性练习
技术/战术训练
比赛
热身赛（1~2 场）</td><td>比赛（2~3 场）
技术/战术训练
战术训练
整体战术
速度/力量
无氧速度
有氧恢复训练（1~2 次）</td><td>6~8 个小周期
（3~4 周/小周期）
微周期训练次数
（5~7 次/周）
训练目标
比赛
学习
身体周期
有氧耐力
速度/力量
有氧耐力/无氧耐力</td></tr>
</table>

训练计划的分期使年度计划成为一个连续不断的时期，且每一个时期都具有不同类型的活动。对于青少年球队教练来说，年度训练计划也遵循上述相同的分期，但训练活动的组织安排不只是针对团队表现，不论团队在整个赛季所取得的结果如

何，训练计划必须优先考虑的事情仍是制订的训练目标、技术目标、结合技战术的目标或心理和体能目标。

年度训练计划通常为 2~3 个大周期，根据年度训练计划时间的长短，每一个周期 4~6 个月，以下为一个周期训练计划的安排示例：

（1）准备期。整体来看，这是确保运动员和球队达到良好体能水平的关键时期。准备期一般在 4~10 周之间（取决于运动员水平和赛事水平），同时必须考虑生理学因素。经验表明，经过 6~10 周的训练后，训练的积极性效果日益明显。在当今足球训练领域，通常准备期持续 6~8 周。

1—2 周：主要是体能，但也要有结合球。

3—4 周：体能+足球、战术+技术、练习赛、阵型。

5—6 周：热身赛+专项身体素质、阵型，战术。

在准备期时要控制好训练负荷，开始时运动量大、强度小，随训练时间推移，运动量变小、强度变大，如果准备期分为 6 周，负荷安排的原则可参照：第一周，大量，小强度；第二周，次大量，中强度；第三周，中量，次大强度；第四周，小量，最大强度；第五周，中量，次最大强度；第六周，中小量，次大强度。

（2）竞赛期。竞赛期的持续时间取决于竞赛日程，通常为 8~10 个月，可细分为以周为单位的多个微周期。竞赛期是将一般体能和专项体能转化为比赛体能的阶段。这一阶段要求运动员达到最佳竞技能力，并尽量长时间地保持最佳竞技能力。在这个阶段，运动员的比赛欲望已被唤醒，已做好应对比赛压力和情绪的准备。在这个阶段，运动员的运动表现水平取决于在不同比赛的投入程度和个人潜力。因此，教练员训练时必须考虑运动员的个体需求。为了确保训练重点和更加有效地监控训练，可将数个微周期组合成 3~4 周的竞赛小周期。由于当今足球运动赛事频繁，运动员负担沉重（很多运动员每周至少参加两场比赛），因此有必要在小周期中安排恢复性和再生性训练方案，尤其对于年轻运动员更是如此。当运动员正处于学习提高阶段，学习小周期通常会被纳入训练计划之中。例如，主要侧重于技术方面的为期 3 周的训练周期可安排接球、控球转身和一脚触球等技术动作的训练。在这个周期中，虽然结合了体能以及与比赛相关的既定训练目标，但技术因素仍是优先考虑的事项。

（3）过渡期。在过渡期，运动员的运动表现水平会有所下降，通过这个阶段的训练，能够保证运动员在身体和心理从比赛的消耗中得到恢复。这一阶段一般持续 4~8 周，训练一般安排在赛季后。但是考虑到 2~3 周的完全停训会导致运动员一般耐力水平下降 20%~25%，最大摄氧量下降 4%~6%，以及总体力量和协调能力的下降，教练员也需要安排一定量的训练，通过积极性休息来保持运动员的体能水平。

第一阶段：7~14 天

在几天的完全休息后（取决于运动员个人情况），通过其他体育活动引导运动员进行积极性休息和恢复，如远足、自行车、游泳、网球等。

第二阶段：10~20 天

这一阶段安排专项的、个体化的训练，还有耐力训练、柔韧性和肌肉力量训练。每周进行 3~4 次训练，每次 45~60 分钟，训练强度为 60%~70%。在赛季末期，通过这一阶段的训练，也可让受伤时间较长或减量训练的运动员重新返回赛场。

3. 周训练计划的制订

周计划亦称“小周期训练计划”，即在一周内具体实施的训练计划。依据训练任务和内容的不同，可分为基本训练小周期、赛前诱导小周期、比赛小周期以及恢复小周期四种类型。周训练计划是根据一个周期或阶段训练计划对一周的训练工作做出的具体安排。周训练计划内容包括一周的训练任务、要求、次数、时间、运动量、恢复措施及每次训练课的具体内容、要求、时间、运动量与作业条件。周训练计划安排一般有两种：一种是以技术、战术训练内容为主体进行安排；另一种是以训练负荷为主体进行安排。

制订周训练计划要注意本周训练在全年、各时期、前后周训练计划所处的地位、作用及系统性。周训练计划是实施全年和各个时期训练计划的具体分支计划。它是训练周期结构体系中的小周期。周训练负荷安排应大、中、小相结合，应使负荷量和负荷强度“波浪”式变化。

周训练计划是解决具体专项训练问题和比赛中出现的专门性问题的。训练中应强调实战性、系统性，在系统中灵活变化；低水平队员的训练内容应注意全面性，手段选用应以多样化为主，在变化中保持系统性。一般应在机体状况良好的情况下安排协调、灵敏、速度、力量，以及需要高度注意的技、战术练习。在局部疲劳情况下可进行一般耐力、速度耐力和以此为主要训练目的的技战术练习。运动负荷的安排，应考虑到恢复与负荷的交替，不同负荷强度的恢复时间应有所区别，特别是比赛周的运动负荷安排，应力求使机体的超量恢复出现在比赛日。

周训练计划执行后的效果，常常未必十分明显，特别是训练水平高的运动员更是如此。这是因为周训练时间短，训练效果还不能出现累积效应。所以，教练员对周训练计划执行中的效果，应有一定的检查评定与总结，但只要不出现明显的异常现象，则不用即刻变更计划，而是在一段时间后，经过全面分析，再考虑计划是否妥当和计划的变更问题。

4. 课训练计划的制订

课训练计划是运动训练活动最基本的组织形式，是依据周训练计划制订的更细化的训练计划。依据训练任务和内容的不同，课训练可分为身体训练课、技术训练课、战术训练课、测验比赛课、综合训练课、调整训练课 5 种类型。课计划也就是通常所说的训练教案，它是训练实践中最具体的理论文件。所有一系列训练计划，最终都会在训练课教案中得到具体落实。课教案由于时间跨度短，在运动实践中，有些教练员在某些情况下往往以记忆代替计划指导实践，即不以文字形式制订计划，这是课教案中一种不被倡导的形式。依靠经验和记忆的教案纵然能使训练课进行下去，但毕竟是笼统和粗糙的，由于记忆的有限性，即使经验丰富的教练员，也难免会出现计划粗糙的状况。所以，为使每堂训练课的效益积累，保证整个训练过程的优质化，精心而严密地撰写文字教案，是每一位教练员必须做到的。

课时训练计划一般包括准备部分、基本部分和结束部分三阶段内容。准备部分也叫"热身"，其任务是使机体尽快进入工作状态，运动员主要表现为，肌肉和心肺系统状态良好，神经系统达到适宜兴奋，注意力集中，身心两方面具有承受计划负荷的最佳准备。准备活动常包含一般准备活动和专门准备活动两部分，专门准备活动应与基本部分内容有密切联系，以便使队员在熟悉专门练习内容的基础上，更有助于其完成以后的正式练习。基础部分主要是完成课教案中提出的任务及要求，它可包含技术、战术、身体素质等各方面的训练内容。任务不同，在具体的练习项目、选用手段、组织形式及运动负荷等方面也有不同的安排。结束部分的主要任务是促进机体加速恢复。为此，运动负荷在结束部分逐渐减小，以使运动员慢慢恢复至正常状态。结束部分中应有全课情况的总结和简评，有助于运动员发现问题和明确自己存在的不足之处，以便更加明确自己努力的方向。

五、不同阶段足球训练计划案例分析

（一）小学阶段

1. 年度训练计划

以某市一小学的足球队为案例，该球队的队员主要由各个年级的学生组成。年龄的跨度比较大，最小队员的年龄为 6 岁，最大队员的年龄为 12 岁。该队主要参加某市的小学组五人制联赛，该队在去年的联赛中小组没有出线，今年的目标是进入淘汰赛阶段。该队按年龄分为两个年龄段 6~10 岁和 10~12 岁年龄段，低年级的球员基本不参加该项比赛，主要以高年级的队员参加该项比赛。下面以高年级队员的训练计划作为案例分析对象（表 8-4-2）。

表 8-4-2 小学阶段年度训练计划表

月份	3	4、5	6	7、8	9、10	11
周期	准备期	比赛期	过渡期	准备期	比赛期	过渡期
训练时数和次数、训练任务	36 小时 24 课 1. 各种足球游戏	44 小时 22 课 1. 培养对足球运动的兴趣和集体主义精神及遵守纪律的良好作风	22 小时 22 课 1. 减少训练时数，降低训练量	66 小时 44 课 1. 足球游戏	44 小时 22 课 1. 保持他们的注意力和热情	22 小时 22 课 1. 放假 15 天

续表

<table>
<tr><td colspan="2">训练时数和次数、训练任务</td><td colspan="2">2. 速度、灵敏、协调
3. 颠球、控球、传球技术
4. 小型战术：一对一、二对二
5. 通过练习比赛，确定比赛队员</td><td colspan="2">2. 比赛期间保持身体技术练习
3. 比赛重点提高队员个人控球和传球能力
4. 第一阶段比赛后进行一周调整</td><td colspan="2">2. 多采用游戏换项训练</td><td colspan="2">2. 提高队员的灵敏、协调、速度及一般耐力
3. 增加对抗训练，提高传接球技术
4. 小型战术二对二、三对三、四对四</td><td colspan="2">2. 保持一定身体、技术训练
3. 提高传接技术、个人技术
4. 进一步提高个人在对抗情况下的技术
5. 第三阶段比赛后进行一周调整</td><td colspan="2">2. 采用多种项目训练进行恢复</td></tr>
<tr><td rowspan="5">各项训练的百分比</td><td>一般身体训练/%</td><td colspan="2">10</td><td colspan="2">10</td><td colspan="2">40</td><td colspan="2">10</td><td colspan="2">10</td><td colspan="2">40</td></tr>
<tr><td>专项身体训练/%</td><td colspan="2">30</td><td colspan="2">20</td><td colspan="2">20</td><td colspan="2">30</td><td colspan="2">20</td><td colspan="2">20</td></tr>
<tr><td>技术/%</td><td colspan="2">40</td><td colspan="2">35</td><td colspan="2">30</td><td colspan="2">40</td><td colspan="2">35</td><td colspan="2">30</td></tr>
<tr><td>战术/%</td><td colspan="2">15</td><td colspan="2">20</td><td colspan="2">10</td><td colspan="2">15</td><td colspan="2">20</td><td colspan="2">10</td></tr>
<tr><td>比赛</td><td colspan="2">5（4 场）</td><td colspan="2">15（12 场）</td><td colspan="2"></td><td colspan="2">5（4 场）</td><td colspan="2">15（12 场）</td><td colspan="2"></td></tr>
<tr><td rowspan="2">负荷水平</td><td>负荷量/%</td><td>90</td><td>80</td><td>60</td><td>70</td><td>60</td><td>40</td><td>90</td><td>80</td><td>90</td><td>70</td><td>60</td><td>40</td></tr>
<tr><td>负荷强度/%</td><td>40</td><td>80</td><td>90</td><td>95</td><td>90</td><td>35</td><td>40</td><td>60</td><td>80</td><td>95</td><td>90</td><td>35</td></tr>
</table>

2. 周训练计划（表 8-4-3）

表 8-4-3　小学阶段周训练计划表

		一	二	三	四	五	六	日
第×周	下午	1. 足球游戏 2. 颠球、控球练习	1. 足球游戏 2. 控球接球练习 3. 一对一、二对二	1. 控球、传接球 2. 速度、灵敏性、协调性练习	1. 速度、协调性、灵活性练习 2. 比赛	1. 控球、传接球练习 2. 三对三、四对四	比赛	休息
	负荷	中	中	中	大	小	大	小

小学阶段训练计划案例分析：① 教练员要延续孩子们训练的新鲜感和参加足球训练热情和兴趣，激发他们练习的自发性和主动性。球员的需求与期待是选择训练内容和方法最主要的依据。② 从开始学习技术起就尽可能地以比赛或近似比赛的游戏为背景，单纯的技术练习也要尽可能结合比赛的特点要求，最终回归到比赛的环境中去。③ 遵循足球运动的发展规律、运动技能形成规律和青少年身心发展规律，在小学阶段要以基本技术训练为主，用比赛来带动基础训练。④ 根据年龄的增长和心智能力的提高，在有效交流的前提下给青少年足球运动员灌输位置与整体的关系以及比赛原则和战术体系等知识。

（二）初中阶段

1. 年度训练计划

以某市一中学足球队为案例，该足球队成员主要以初二、初三的学生为主。球员的平均年龄为 14 岁，平均身高为 1.65 米，平均体重为 52 千克。这些队员经过 3~4 年的业余训练，初步掌握了传、接、带、抢等基本技术，初步学会了运用个人位置战术。

主要身体素质状况：30 米跑：4 秒 50，100 米跑：13 秒 3，立定跳远：2.30 米，3 000 米跑：11 分 40 秒。

该球队在去年的中学联赛中排名前 8，今年的目标是进入联赛前 4 强。根据联赛赛程的安排把全年训练划分为双周期（表 8-4-4）。

表 8-4-4 初中阶段年度训练计划表

月份	1、2	3、4、5	6	7、8	9、10、11	12
周期	准备期	比赛期	过渡期	准备期	比赛期	过渡期
训练时数和次数、训练任务	168 小时 96 课 1. 抓好训练作风，严格训练纪律 2. 速度、爆发力、速度耐力 3. 活动中传控、接球技术 4. 小型战术：二对一、三对二 5. 通过练习比赛，确定比赛阵容和主要战术	234 小时 156 课 1. 抓好比赛作风 2. 比赛期间保持身体技术练习 3. 比赛重点提高队员个人攻守职能和攻守原则的贯彻 4. 第一阶段比赛后进行一周调整	52 小时 26 课 1. 减少训练时数，降低训练量 2. 多采用游戏换项训练，以利调节身体、精神、消除疲劳	168 小时 96 课 1. 抓好训练质量 2. 在提高一般耐力基础上发展速度耐力 3. 发展专项速度爆发力 4. 增加对抗训练，提高传接球技术 5. 小型战术四对三、四对四 6. 改进提高已形成的攻守战术	234 小时 156 课 1. 抓好勇猛顽强战斗作风的培养 2. 保持一定身体、技术训练 3. 提高位置传接技术、个人特长技术 4. 进一步提高个人攻守职能和攻守原则的贯彻要求 5. 第三阶段比赛后进行一周调整	26 小时 13 课 1. 放假 15 天 2. 采用多种项目训练进行恢复

续表

各项训练的百分比	一般身体训练/%	15		10		40		15		10		40	
	专项身体训练/%	25		20		20		25		20		20	
	技术/%	40		35		30		40		35		30	
	战术/%	15		20		10		15		20		10	
	比赛	5（8场）		15（35场）				5（8场）		15（35场）			
负荷水平	负荷量/%	90	80	60	70	60	40	90	80	90	70	60	40
	负荷强度/%	40	80	90	95	90	35	40	60	80	95	90	35

2. 周训练计划（表 8-4-5）

表 8-4-5　初中阶段周训练计划表

		一	二	三	四	五	六	日
第×周	上午	体能训练 有氧跑	体能训练 组合力量	体能训练 柔韧、灵敏	业务学习	体能训练 慢跑、牵拉、轻力量	业务学习	恢复性训练
	下午	技战术训练 1. 二对一、二对二 2. 三对三、四对三	技战术训练 1. 二抢五 2. 位置技术	技战术训练 1. 传接球 2. 七对七分组比赛	比赛	技、战术训练 1. 传接球 2. 战术组合	比赛	休息
	负荷	中	中	中	大	小	大	小

中学阶段训练计划案例分析：① 初中阶段的训练目标是尽快完成运动员基本技能向对抗技能的转化，提高运动员在比赛中应用技术的能力。侧重在八对八等小型比赛中发展运动员的对抗技能。② 重复是完美的前提，完善技能的过程就是不断地重复改进技术动作细节的过程。③ 重视个性球员的发掘与培养，鼓励队员敢于担当，敢于突破，敢于表现自己的能力。④ 加强整体战术训练，明确位置与分工，知道位置职责与比赛战术原则。

（三）高中阶段

1. 年度训练计划

以某市一中学足球队为案例，该足球队成员主要以高一、高二的学生为主。球员的平均年龄为16岁，平均身高为1.72米，平均体重为62千克。这些队员经过3~4年的业余训练，初步掌握了传、接、带、抢等基本技术，初步学会了运用个人位置战术，大部分队员喜欢运用中短传配合。

主要身体素质状况：30米跑：4秒33，100米跑：12秒7，立定跳远：2.50米，3 000米跑：11分40秒。

该球队在去年的高中联赛中排名中游，今年的目标是进入联赛前8强。根据联赛赛程的安排把全年训练划分为双周期（表8-4-6）。

表8-4-6 高中阶段年度训练计划表

月份	1、2	3、4、5	6	7、8	9、10、11	12
周期	准备期	比赛期	过渡期	准备期	比赛期	过渡期
训练时数和次数、训练任务	168小时96课 1. 抓好训练作风，严格训练纪律 2. 速度、速度耐力、爆发力、灵敏 3. 活动中传控、接球技术 4. 小型战术：二对一、三对二	234小时156课 1. 抓好比赛作风 2. 比赛期间保持身体技术练习 3. 比赛重点提高队员个人攻守职能和攻守原则的贯彻 4. 第一阶段比赛后进行一周调整	52小时26课 1. 减少训练时数，降低训练量 2. 多采用游戏换项训练，以利调节身体、精神、消除疲劳	168小时96课 1. 抓好训练质量 2. 在提高一般耐力基础上发展速度耐力 3. 发展专项速度爆发力 4. 增加对抗训练，提高传接球技术	234小时156课 1. 抓好勇猛顽强战斗作风的培养 2. 保持一定身体、技术训练 3. 提高位置传接技术、个人特长技术 4. 进一步提高个人攻守职能和攻守原则的贯彻要求	26小时13课 1. 放假15天 2. 采用多种项目训练进行恢复

续表

<table>
<tr><td colspan="2">训练时数和次数、训练任务</td><td colspan="2">5. 通过练习比赛，确定比赛阵容和主要战术</td><td colspan="2"></td><td colspan="2"></td><td colspan="2">5. 小型战术四对四、四对二
6. 改进提高已形成的攻守战术</td><td colspan="2">5. 第三阶段比赛后进行一周调整</td><td colspan="2"></td></tr>
<tr><td rowspan="5">各项训练的百分比</td><td>一般身体训练/%</td><td colspan="2">15</td><td colspan="2">10</td><td colspan="2">40</td><td colspan="2">15</td><td colspan="2">10</td><td colspan="2">40</td></tr>
<tr><td>专项身体训练/%</td><td colspan="2">25</td><td colspan="2">20</td><td colspan="2">20</td><td colspan="2">25</td><td colspan="2">20</td><td colspan="2">20</td></tr>
<tr><td>技术/%</td><td colspan="2">40</td><td colspan="2">35</td><td colspan="2">30</td><td colspan="2">40</td><td colspan="2">35</td><td colspan="2">30</td></tr>
<tr><td>战术/%</td><td colspan="2">15</td><td colspan="2">20</td><td colspan="2">10</td><td colspan="2">15</td><td colspan="2">20</td><td colspan="2">10</td></tr>
<tr><td>比赛</td><td colspan="2">5（8场）</td><td colspan="2">15（35场）</td><td colspan="2"></td><td colspan="2">5（8场）</td><td colspan="2">15（35场）</td><td colspan="2"></td></tr>
<tr><td rowspan="2">负荷水平</td><td>负荷量/%</td><td>90</td><td>80</td><td>60</td><td>70</td><td>60</td><td>40</td><td>90</td><td>80</td><td>90</td><td>70</td><td>60</td><td>40</td></tr>
<tr><td>负荷强度/%</td><td>40</td><td>80</td><td>90</td><td>95</td><td>90</td><td>35</td><td>40</td><td>60</td><td>80</td><td>95</td><td>90</td><td>35</td></tr>
</table>

2. 周训练计划（表 8-4-7）

表 8-4-7　高中阶段周训练计划表

<table>
<tr><td></td><td></td><td>一</td><td>二</td><td>三</td><td>四</td><td>五</td><td>六</td><td>日</td></tr>
<tr><td rowspan="2">第×周</td><td>上午</td><td>体能训练
速度耐力、爆发力</td><td>体能训练
组合力量</td><td>体能训练
柔韧、灵敏</td><td>业务学习</td><td>体能训练
慢跑、牵拉、轻力量</td><td>业务学习</td><td>恢复性训练</td></tr>
<tr><td>下午</td><td>技战术训练
1. 传中射门
2. 半场比赛</td><td>技战术训练
1. 二抢五
2. 位置技术</td><td>技战术训练
1. 传接球
2. 分组比赛</td><td>比赛</td><td>技、战术训练
1. 传接球
2. 战术组合</td><td>比赛</td><td>休息</td></tr>
<tr><td></td><td>负荷</td><td>中</td><td>中</td><td>中</td><td>大</td><td>小</td><td>大</td><td>小</td></tr>
</table>

高中阶段训练计划案例分析：① 教练员组织训练是为运动员搭建一个平台，运动员可以充分展现自己的选择，教练员的职责则是引导和帮助球员做出更合理的选择。② 对于该年龄组的队员来说，让队员正确理解“比赛是目标”的含义，使球员或球队各方面的能力转化为实际比赛能力，争取每一场比赛的胜利，是该年龄组训练的目标。③ 在比赛的情景中不断完善技术细节，鼓励技术的个性特点的发挥和应用。进一步发展位置技术是该年龄组技术训练的重点。④ 通过比赛或接近比赛的环境进一步完善全队整体战术，适应球队不同的战术打法的需要，增强局部和团队战斗力。

足球教学计划制订

第五节　足球训练课

一、足球训练课基本要素

训练课的基本要素是指构成一堂训练课的基本元素，它是顺利实施训练过程并取得训练效果的重要保障，一般包含训练主题、训练方法、训练负荷和训练指导四个方面。

（一）训练主题

训练主题是训练活动所要表现的中心思想和主要内容，为训练过程指明方向，为训练结束后的反馈提供依据。通常而言，训练主题的确立可以从以下三个角度进行思考：

（1）从发展运动员竞技能力的角度确定训练主题，即依据运动员不同的年龄阶段和水平安排相应的训练主题。例如，从技战术的角度，运动员在6~12岁阶段主要以发展基本技术为主，因此，训练课的主题就可以安排相应的传球、接球、控球、射门、一对一进攻和一对一防守等基本技术。这种方式的训练课，训练主题可以是一个或多个，目的是在同一堂训练课中发展运动员更多的基本技术能力。

（2）以高水平比赛中的表现作为训练的依据确定主题，即通过学习和借鉴高水平球队或运动员在比赛中的表现，制订相应的训练计划并实施，以帮助自己球队或运动员解决比赛中出现的相类似的问题。

（3）以解决球队或运动员比赛中出现的问题为训练依据确定训练主题，将问题作为切入点，围绕着解决问题实施训练。以这种方式实施的训练课中，一般只设置一个主题，目的是针对性地解决这个问题。

（二）训练方法

在确定训练主题后，即确定需要解决的问题后，教练员需要找到解决问题的办法，即确定训练方法。足球运动是多元化的，对于某些问题可能有好几种解决的方案，因此，教练员需要通过回答以下四个问题来找到解决问题的最佳办法：

在什么时候实施解决问题的方案？原则上，与比赛中出现问题时所发生的时间一致。

在什么地方实施解决问题的方案？包含场地的大小、场地的区域、场地的形状等。

解决问题的方案与谁有关？原则上，与比赛中出现问题时所涉及的人一致。

解决问题的方案是什么？这部分主要包含练习方法和指导要点。前者是对练习方法的具体描述，它一般包含场地安排、人员安排、组织方法、限制因素、调整因素、训练负荷等，即运动员或球队在练习中具体需要做什么，练习在哪里进行，如何开始，如何结束，相互之间如何轮换，通过哪些限制因素或变化因素可以实现训练的效果，练习的组数和间歇时间如何设置；后者是教练员在训练中帮助运动员解决问题的关键因素，这有利于教练员更好地观察运动员的行为，并针对这些行为进行有效的指导。

此外，教练员在制定训练方法时还需要考虑组织形式，通常训练方法的组织形式分为三种，即固定形式、变化形式、随机形式。三种形式各有优点，但也有各自的局限性。对于教练员而言，在合适的时间对合适的球员采用合适的组织形式是帮助运动员有效提高的关键。

1. 固定形式

固定形式是指训练过程中运动员完成的练习内容是不变化的，它为运动员提供一个可预见、无对抗、压力较小的训练环境。在这种形式下，运动员可以学习新的技术动作或复习巩固学习的动作，它能使参与练习的运动员有更多重复练习的机会，以获得成就感并建立自信心。教练员也可以更好地组织练习，并在练习中更好地实施观察和指导。但这种练习形式由于只关注于某些特定的单一内容，练习相对枯燥，沟通交流比较少，所产生的训练效应也是单一的，且与足球比赛所需要的观察、分析、决策和执行等因素关系不紧密。例如，在技术训练环节，球员站在原地的相互传球就是固定形式的练习。

2. 变化形式

变化形式是指训练过程中运动员完成的练习内容是变化的，它为运动员提供一个相对不可预测的无对抗或有对抗的训练环境。在这种形式下，运动员掌握技术的熟练性和多样性能得到更有效的强化，能获得较多的身体刺激、视觉刺激和沟通交流机会，练习的重复次数也能有所保证。教练员对训练的组织、观察和指导仍能较好地实施。虽然与固定形式相比，它为运动员提供了选择，所产生的训练效应也不是单一的，但与足球比赛的相关性仍不是十分紧密。例如，在技术练习环节，球员在移动中传球就是变化的练习形式。

3. 随机形式

随机形式是指训练过程中运动员完成的练习内容是随机变化的，它为运动员提供一个不可预测的无对抗或有对抗的训练环境，它与比赛的环境相似。在这种形式下，运动员在视觉感知、观察决策、技能运用方面能得到更多的刺激，能更好地提高运动员的战术能力，与比赛密切相关。但这种练习见效慢，重复次数较少，教练员控制的难度大。例如，在技能或场景训练中，球员在特定区域内五对五传接球练习就是随机练习形式。

可见，不同的训练形式有不同的特点，其产生的训练效应也有所不同，教练员在制订训练计划时需要从观察、分析、决策、解决问题的角度和重复次数的角度进行合理的选择，如图 8-5-1 所示。在观察、分析、决策、解决问题方面，随机形式与比赛相关程度更高，变化形式居中，固定形式则较低；在练习重复次数方面，固定形式重复次数更高有利于动作学习，但不利于理解比赛，变化形式居中，随机形式重复次数较低有利于理解比赛，但不利于动作学习。

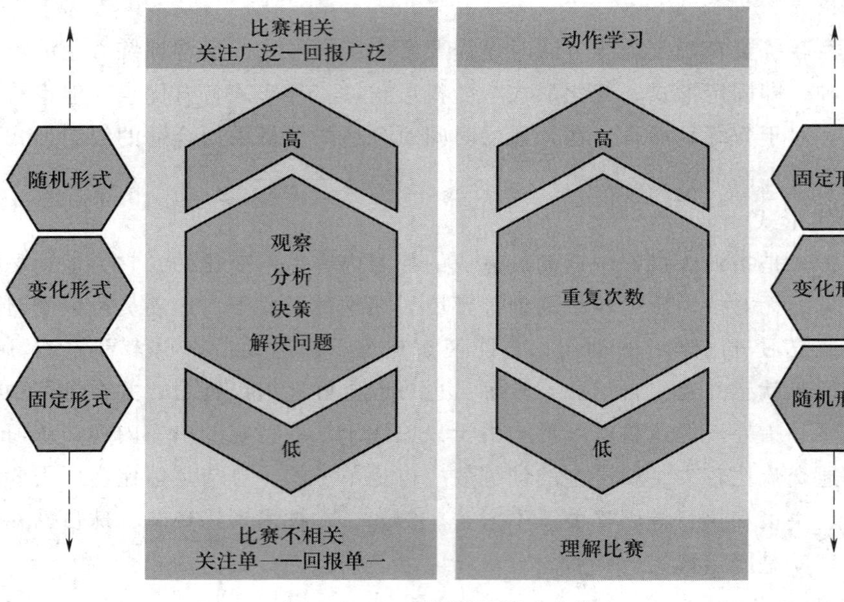

图 8-5-1 不同训练形式的特点

（三）训练负荷

作为对抗性项目，足球训练中的组织与规则对训练的负荷起着至关重要的作用；训练也离不开恢复，没有恢复，负荷只会导致运动员机体能量物质的消耗，使运动员机能下降。

1. 组织

训练中场地、人员、球以及球门等要素的组织都会对训练负荷产生直接的影响，教练员可以通过这些因素实施调控，其具体主要表现为：

场地：大小/形状/表面材质。

球员：数量/对等性。

球：数量/大小。

球门：数量/大小/摆放方向。

2. 规则

训练中的规则主要是对练习方法和限制因素进行设置以实现训练目标，这些因素的调整会对训练负荷产生很大的影响，具体主要表现为：

跑动要求：跑动速度/跑动距离。

技战术要求：各种技术动作完成要求（如触球次数/完成射门时间/得分方式/防守策略/对抗程度）。

练习时间：练习持续的时间。

练习次数：练习重复的次数。

练习组数：练习重复完成的组数。

3. 恢复

足球训练中的体能恢复同样重要，训练时可根据间歇情况影响恢复水平，进而对训练效果产生影响。

间歇性质：积极恢复/消极恢复。

间歇时间：恢复充分/恢复不充分。

（四）训练指导

训练指导在球场上占据了教练与运动员相处的大部分时间。在训练过程中，球场就像是剧院里的舞台，运动员在这里训练，并通过这个舞台展现自己。教练员则是要帮助他们学习相应的足球技能，并对学习过程中出现的错误进行纠正，从而帮助他们在舞台上更好地展现自己。教练员要想实现有效的指导，通常需要考虑以下因素：

1. 观察

训练开始后，教练员首先应该对训练的组织进行检查，看看场地的大小是否合适，人员的分组是否合理，训练方法是否能够流畅地进行，练习能否给运动员创造一个可以提升相应主题内容的环境。在确保练习能流畅地进行后，再观察运动员与训练主题相关的表现行为。

（1）观察的位置。“横看成岭侧成峰”，同样的观察对象，不同的位置和角度就能看到不同的内容。从训练的角度，教练员应关注自己观察的位置是以观察整体为主还是以观察局部为主。如果是观察整体，那他所处的位置应该能观察到练习中涉及的所有人；如果是观察局部，他可以更靠近练习的核心区域。

（2）观察的形式。教练员可以站在原地观察，也可以变换位置，或围绕着练习的场地巡视。不断地变化观察位置可以帮助教练员观察到更多的信息，并让运动员始终感觉到自己被关注。

（3）观察的内容。在练习过程中教练员有很多需要观察的内容，因此，教练员应该有清晰的思路，知道首要观察什么，次要观察什么。此外，围绕着主题相关的指导要点进行观察能帮助教练员更加关注需要解决的问题。

（4）观察的目的。观察的目的是在训练中发现运动员出现的问题，并分析出现问题的原因，为有效指导运动员提供依据。

2. 指导

（1）指导的时机。指导的目的是帮助运动员改善和提高，合理的指导时机能提高练习的效率。因此，在运动员发生错误时进行及时指导，还是在观察一段时间后，运动员重复发生相同的问题再进行指导是教练员需要考虑的问题。

（2）指导的方式。在训练过程中指导可以帮助运动员在完成动作或进行战术配合的过程中及时收到反馈的信息，并对技术动作或战术配合进行及时调整，但这对运动员接收信息和快速调整的能力有很高的要求。暂停指导能将发生错误的场景进行“封冻”，给运动员和教练员提供一个相对充分的信息交互过程，运动员可以再对发生错误的场景进行观察、分析和决策，而教练员也可以在这样的场景下给予运动员指导，但这会中断练习并减少单位时间内练习的重复次数。

（3）指导的形式。教练员在发现运动员的问题后，可以以直接告诉答案的方式指导运动员，这种指导的形式在技术训练中运用得相对较多；而在有对抗的技能训练或战术训练中，引导式提问更有利于运动员主动思考，培养运动员在相应场景中的思维能力。此外，正确、清晰的动作示范可以让指导的效率变得更高。

（4）指导的频数。练习中过多的指导会使练习断断续续，不利于训练的连续性和重复次数；但不指导或过少指导又不能给予运动员足够的有利信息。对于初学者而言，较多的指导有利于获取更多反馈信息以帮助自己提高能力；相反，对于有基础的球员而言，过多的指导反而会影响他们的自我反馈，并对教练员产生过度依赖。

二、足球训练课的设计步骤

足球训练课是提高运动员竞技能力的重要方式，是一个科学、有计划、有组织的实践过程。如图 8-5-2 所示，教练员确定训练主题和内容时，首先需要以球队或个人当前比赛或所处周期的状态为训练依据；其次，教练员需要依据出现的问题

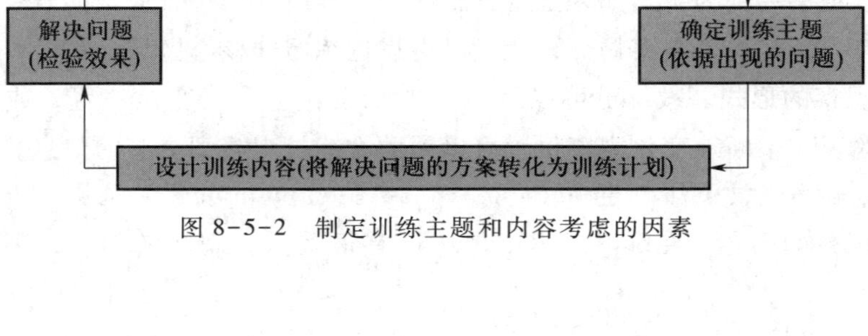

图 8-5-2　制定训练主题和内容考虑的因素

确定训练的主题，以明确需要改进和提高的方向；再次，通过设计训练内容，将解决问题的方案转化为训练计划；最后，通过实践解决问题并检验效果。按照以上方式循环重复，运动员的竞技能力则会以这种循环往复的方式螺旋式上升。

（一）寻找训练依据

训练依据是制订训练计划的前提，寻找训练依据的过程就是发现问题的过程。

通常，教练员寻找训练依据可以从借鉴高水平比赛和解决比赛中的问题两个角度进行。

1. 5W 原则

教练员要借鉴高水平比赛中的表现或解决比赛中的问题，首先要找到发生问题的场景，并从以下五个方面（5W）进行分析：

（1）何时（when）。"何时"这个问题可以通过比赛中的四个重要时刻来表达，通过对出现问题的场景进行提取，分析其发生在进攻、由攻转守、防守、由守转攻的哪一个时刻，是准确找到训练依据的前提。

（2）何地（where）。"何地"这个问题可以帮助教练员准确地找到发生问题的场区，是在边路还是在中路？是在本方的后场还是在对方的前场？是在中场的中路还是在中场的边路？这样的提问可以为后面训练方法中场地的设置提供依据。

（3）谁（who）。在分析"谁"这个问题时不单单包含的是哪一个人，也可能是小组三到四个人，也可能是整体的所有人以及他们所对应的职责位置和阵型。

（4）做了什么（what）。对于"做了什么"的分析需要尽可能准确，比如球的位置、球员的跑动路线、完成了什么样的技术、战术行为等，通过对这些行为进行准确的分析，才可以准确地发现问题。

（5）为什么（why）。对于"为什么"的分析实际上就是对出现问题的原因进行分析。准确地进行原因分析不仅有助于将比赛中的问题转化为训练时的指导要点，还有助于向运动员解释其对比赛的影响，有利于建立教练员与球员之间的互动，使设计的训练能更有效地针对比赛中出现的问题。

2. 比赛场景简化

在进行 5W 的分析基础之上，教练员需要对所选择的比赛场景进行简化，并考虑以下因素：

（1）依据做了什么（what）为中心，采用由远及近的原则进行逐步简化。

（2）在由远及近的简化中，可以考虑从横向简化（左/中/右路）和纵向简化（前/中后场）两个维度。

（3）简化的过程应当是逐步降低难度的过程。

（4）简化时可以按照对等人数减法的方式（八对八—六对六—四对四），也可以突出主题的非对等人数减法的方式（八对六—六对四—四对二）。

（二）确定训练主题

通过对训练依据的分析，找到需要学习借鉴的场景或比赛中出现的问题，教练员需要将训练的依据转化为相应的训练主题。足球比赛中出现的相同问题往往可以从多个维度去解读，在确定训练主题时，教练员可以从体能、技术、小组战术、整体战术和心理等不同维度分析比赛中出现问题的原因，并将这些原因转化为需要改进和提高的训练主题。

例如，比赛中队员在由守转攻形成反击后完成射门的效率总是不高。针对这样的问题，从体能的维度，教练员可以将训练主题设置为提高队员中场反复冲刺压迫防守，获得球权后快速由中场冲刺跑向禁区的专项速度耐力；从技术的维度，教练员可以将训练主题设置为提高队员快速带球跑后准确完成射门的能力；从小组战术的维度，教练员可以将训练主题设置为提高中前场 4~5 名队员由守转攻时快速反击配合射门得分的能力；从整体战术的维度，教练员可以将训练主题设置为提高球队整体在中场由守转攻时快速反击射门的能力；从心理的维度，教练员可以将训练主题设置为提高运动员在防守回追的压力下快速、准确完成射门得分的抗压能力。

确定训练主题举例：以视频“寻找训练依据举例”为例，从小组战术的角度，可以将训练的主题设置为提高 3 名前锋向前接球的能力。

寻找训练依据举例

（三）设计训练内容

训练内容的制订是以训练主题为核心，依据比赛场景分析，逐步实施由简单到复杂，最后回到真实比赛中的训练计划制订过程。因此，训练内容往往是由多个不同的训练方法组成，每个训练方法应考虑以下四个要求：① 训练方法是否符合真实比赛场景；② 运动员是否充分参与并获得足够的训练重复次数；③ 训练安排是否符合球队和球员的水平；④ 教练员在训练过程中的指导方式是否适合球队和运动员。依据这四个方面的要求，充分考虑训练方法所包含的场地安排、人员安排、组织方法、限制因素、变化因素、训练负荷、指导要点等因素。

1. 场地安排

场地安排是指对训练场地的组织，原则上训练场地的位置、大小与形状应与比赛场景一致。场地的大小可以以比赛场景中人均面积为依据。例如，20 名运动员所覆盖的面积为 35 米（长）×60 米（宽）= 2 100 米^2，每名运动员的平均人均面积则为 2 100 米^2÷20 人 = 105 米^2/人。因此，当我们设计五对五的训练时，可采用 105 米^2/人×10 人 = 1 050 米^2 的练习场区，再根据宽度和纵深的需要，设置 30 米（长）×35 米（宽）或 50 米（长）×21 米（宽）的场区。当然，场地大小也需要考虑运动员的水平而进行设置。

2. 人员安排

为了高效地实施训练，在训练中通常会设置分组以实现更多的练习重复次数，但在分组过程中往往会出现人数不均等的情况，因此，教练员对不均等的人数进行安排也是非常重要的。例如，总共 20 名运动员，6 人一组，分为 3 组的话就会多余出 2 名运动员。此外，教练员在分组的过程中也要考虑各组之间的能力水平，如果各组间能力水平相差太大，训练就会出现一边倒的局面，达不到训练的刺激效果。

3. 组织方法

组织方法是对运动员执行训练或练习规则的描述，它需要清晰地表达出运动员在这个训练中如何开始，如何结束以及结束后如何轮换等内容。例如，在一对一进攻的练习中，进攻队员接教练员的传球后运球突破对方球员过线后得分，球出界或得分后捡球回到本方队尾排队；防守队员获得球权后运球过对方球员身后的线得分，球出界或得分后回到本方队尾排队。

4. 限制因素

为了更好地体现训练的主题，让运动员在训练时能有更多与主题相关的场景出现，教练员可以通过对场地、人员和规则等关键因素的设置以实现训练效果。例如，在带球跑的主题训练中，限制运动员的触球次数和带球跑的时间就能有效地促使运动员使用带球跑而不是运球技术；在短传球的主题训练中，限制运动员的触球次数就能有效地促使运动员更多地使用短传球而不是运球技术。

5. 变化因素

与限制因素一样，变化因素的设置是为了更好体现训练的主题。训练是一个动态变换的过程，因此，在训练方法的设计上，教练员需要考虑如何降低难度和如何增加难度的预案，以满足训练调整的需要。通常，场地的大小、训练人数、训练规则等都是调整训练难度的因素。

6. 训练负荷

训练负荷通常包含练习的时间、练习的次数、练习的组数、间歇的方式、间歇的时间等。

7. 指导要点

指导要点是教练员帮助运动员提高的关键因素，在训练实施过程中，准确地把握不同训练主题的指导要点是保障训练效果的关键。

设计训练内容举例：训练内容安排包含技术训练、技能训练、小组训练、场景训练和比赛五个训练方法。

教案：设计训练内容举例

提高 3 名前锋向前接球的能力——技术训练

提高 3 名前锋向前接球的能力——技能训练

提高 3 名前锋向前接球的能力——小组训练

提高 3 名前锋向前接球的能力——场景训练

（四）解决问题

在制订好训练计划后，实施训练计划的过程就是解决问题并检验效果的过程。

实施训练通常包含展示、组织、讲解、示范、纠正、执行、解决问题和评估等步骤（图 8-5-3），从而将与主题相关的信息传递给运动员，并通过教练员有效的指导和运动员高效的练习以解决比赛中出现的问题。当然，一次训练课未必能够有效地解决比赛中出现的问题，这就需要教练员对训练过程进行评估，并依据存在的问题进行调整，再通过训练以达到解决问题的目的。

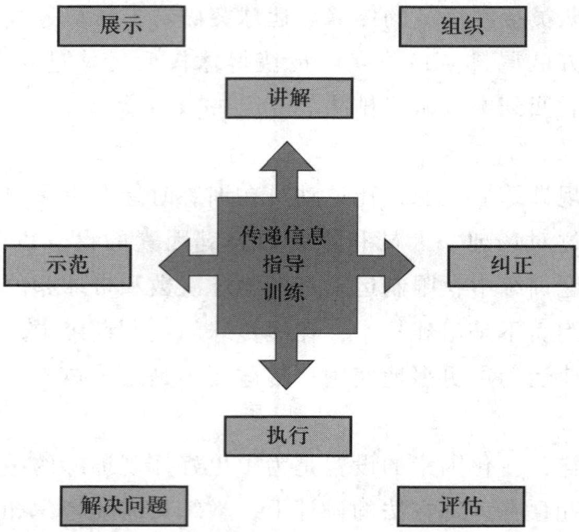

图 8-5-3　解决问题的基本行为

解决问题举例：

1. 提高球员中路传渗透球的能力

教案：提高球员中路传渗透球的能力　　技术训练　　技能训练　　比赛

2. 提高球队高位压迫时中场球员盯人防守的能力

教案：提高球队高位压迫时中场球员盯人防守的能力　　技术训练　　技能训练　　比赛

3. 提高球员中场获得球权后快速反击完成射门的能力

教案：提高球员中场获得球权后快速反击完成射门的能力　技术训练　技能训练　比赛

三、足球训练课的组织模式

训练课是提高运动员竞技能力的有效途径，但由于训练条件的多变性和训练内容的复杂性，往往导致训练课的组织存在诸多不确定性。因此，稳定的训练组织结构是实施训练的前提，是实现训练效果的保障。

（一）足球训练课组织模式分类

1. 练习模式

练习模式是指在训练中通过提取比赛真实场景进行设计，练习过程由简单到复杂，逐步回到比赛场景的训练模式。练习模式是足球训练中最常用的模式，它的优点是可以依据比赛中出现的问题进行有针对性的设计，使训练目的具有针对性；教练员也可以在这种模式下传递更多信息给运动员，对运动员进行有效的指导；此外，运动员也可以在这种模式下对出现的错误进行更多的重复练习。但它的缺点是练习不完全具备真实性，练习效果的好坏取决于训练设计的真实性。

练习模式的结构通常为：练习（包含多个难度逐渐递增的训练方法）—比赛。

2. 比赛模式

比赛模式是指直接通过比赛的方式进行训练，教练员通过在比赛中指导的方式以提高运动员的竞技能力。比赛模式的优点是练习在完全真实的场景下实施，训练效果更贴近比赛的需要。但它的缺点是练习场面比较复杂，练习过程中出现的问题比较多，且有些问题可能是与训练主题无直接相关的问题，因此，很容易让运动员对训练的主题产生混淆。

比赛模式的结构通常为：比赛—赛中指导—比赛。

3. 混合模式

混合模式是练习和比赛模式的组合，它是指在训练中先进行比赛，在比赛中找出相关练习主题，再通过练习模式由易到难地实施练习，最后再回到比赛的训练模式。它的优点是能让运动员清晰地认识到，训练是从比赛中来再回到比赛中的过程，帮助运动员更好地理解练习方法和训练主题。但它的缺点是组织起来非常复杂，实施的难度比较大。

混合模式的结构通常为：比赛—练习（包含多个难度逐渐递增的训练方法）—比赛。

（二）不同国家足球训练课组织模式举例

1. 中国足球训练课组织模式

依据中国足协青少年训练大纲，中国足球训练课在基本部分一般包含技术训练（指引阶段）、技能训练（学习阶段）、场景训练（提高阶段）、比赛（对抗阶段）等训练方法，将这些训练方法通过不同结构的组合就构成了不同的组织模式。

技术训练（指引阶段）：基于训练的主题，在没有对抗的环境下领会和掌握正确的技术动作，对时机和空间进行有效的把握。

技能训练（学习阶段）：基于训练的主题，在有对抗的环境下合理地决策运用技术，循序渐进地创造人数优势突出练习的主题。

场景训练（提高阶段）：基于训练主题，设置与比赛相类似的位置和场景，让球员在更加复杂的情况下快速观察、分析和决策。

比赛（对抗阶段）：基于训练的主题，将训练的主题融入对抗，在真实的比赛场景下合理地决策和运用技战术，基于真实的情况进行训练。

中国足球训练课组织模式举例：

（1）练习模式。提高球员在空当处接球的能力。

教案：提高球员在空当处接球的能力　　技术训练　　技能训练　　比赛

（2）比赛模式。在比赛中指导球员中场转移进攻的能力。

教案：在比赛中指导球员中场转移进攻的能力　　比赛中指导

（3）混合模式。提高球员在前场丢球后反抢并快速完成射门的能力。

教案：提高球员在前场丢球后反抢并快速完成射门的能力　　技术训练　　技能训练　　比赛

2. 英国足球训练课组织模式

英国足球训练课一般包含技术训练、波浪训练、技能训练、位置训练、情景训练、阶段训练、小场地比赛、团队训练等训练方法。

技术训练：用于提升、扩展现有技术能力的训练，此类训练与球员比赛场上的位置、角色、责任和实际情况有关。

波动训练：至少有三组球员参与的双向训练，可根据需求决定是否加入对抗；在训练分组中，确保球员能反复进行攻守练习。

技能训练：技能训练是一种对抗训练，强调技能和决策之间的联系。此种训练包含所有队员需要发展的技术、技能目标。

位置训练：位置训练是为了加深单个或小组球员对他们攻守角色、责任、技能的理解。所用场地应为实际比赛中球员所在的位置，训练包含首要位置角色和次要位置角色。

情景训练：情景训练是为了提高特定球员和球的移动方式。球员的位置和角色与他们的实际比赛中的功能相关，根据训练要求发挥相应作用，练习可以加入对抗也可在无对抗的状态下完成。

阶段训练：通过使用整个场地的宽度，长度有所减少（1/2、2/3 场地）。训练主要是以团队的形式展开进攻或防守，是发展小组、整体球队战术理解能力的理想方式。

小场地比赛：是一种通过减少参与人数，缩小场地区域，调整比赛规则而实施的比赛形式。通过小场地比赛可以锻炼球员的技战术能力，提升整个球队对比赛原则的理解。

团队训练：团队训练关注某个技战术要素，或具体到个人角色和责任的一系列技战术要素。团队训练主要是满足整个团队的需要，关注技战术部分，与位置角色和责任以及教练要求的比赛风格有关。

将这些训练方法采用不同的结构进行组织，就构成了不同的组织模式。下面通过一些示例来展示英国足球训练课的组织模式，训练的模式引自前英格兰 U21 国家队主教练、富勒姆队主教练等的示范训练课。

英国足球训练课组织模式举例：

（1）练习模式。提高球员利用人数优势进攻的能力。

（2）比赛模式。打破对手后场密集防守的能力。

（3）混合模式。提高球员转移进攻的能力。

教案：提高球员利用人数优势进攻的能力

教案：打破对手后场密集防守的能力

教案：提高球员转移进攻的能力

3. 日本足球训练课组织模式

日本足球训练课一般包含技术训练、对抗训练和比赛等几种训练方法。技术训练主要在无对抗的环境下进行练习，强调动作的规范性和重复次数。对抗训练主要是有压力情况下的训练，提高球员适应比赛对抗的决策能力，是比赛前的准备阶段。比赛则是在真实的比赛环境下进行练习，以提高球员的竞技水平。下面通过一些示例来展示日本足球在训练课的组织模式，训练的模式和方法引自日本足协 C 级教练员培训班的示范训练课。

日本足球训练课组织模式举例：

（1）练习模式。提高球员跑动接球的能力。

（2）比赛模式。在比赛中指导球员个人防守的能力。

（3）混合模式。提高球员传接球的能力。

教案：提高球员跑动接球的能力

教案：在比赛中指导球员中场转移进攻的能力

教案：提高球员传接球的能力

思考与实践

1. 足球训练的特点有哪些?
2. 足球训练的负荷如何设计?
3. 足球训练的组织方法策略有哪些?
4. 足球训练课包含哪些要素? 这些要素在训练中是如何体现的?
5. 请制订一份高中足球队训练的周计划。

第九章 青少年足球训练

本章导读

本章主要介绍青少年足球运动的发展理念、比赛理念、训练理念、执教理念。阐述足球训练理念对指导青少年运动员训练的意义，以及教练员进行训练设计的依据和思路。重点介绍青少年阶段足球教学与训练的总任务及必循原则，指出青少年足球教学与训练中应注意的问题。通过本章的学习能够树立足球训练从实际出发、实战出发的基本原则。

学习目标

知识目标：理解青少年足球训练的发展理念、比赛理念、训练理念与执教理念；了解青少年足球训练的主要任务及必循原则。

能力目标：掌握青少年足球训练的发展理念，能够将其融会贯通于运动训练实践中；掌握青少年足球训练的比赛理念，能够将其用于分析与指导比赛中；掌握青少年足球训练理念，提高训练科学化水平；掌握青少年足球训练的执教理念，具备帮助青少年运动员成长的能力；掌握青少年各阶段足球教学与训练的基本要求及注意事项。

价值目标：培养严谨的训练态度，树立科学的训练观；培养积极思考、遵守规律的习惯和分析问题与解决问题的能力。

第一节　青少年足球训练理念

对足球训练理念及其基本特征的探讨，是厘清我国足球训练基本理论问题的前提条件。中国足球协会发布的《中国足球协会青少年训练大纲（2022 年版）》为我国青少年足球训练实践统一了方向，也为青少年足球后备人才成长提供了根本性指导。

一、足球训练理念的概念

足球训练理念是指足球训练主体在长期的训练实践和理性思考的基础上，形成对足球训练诸多本质属性和规律的正确认识，进而确立相对稳定的有关足球训练方面的原理和准则。目前，国际上对足球训练理念的认识已经趋于同步，我们能够理解并在训练中把握先进理念，也就保证了正确的发展方向；反之，如果我们对训练理念的认识有偏差，就会出现训练思路错误导致训练事倍功半。

二、足球训练理念的基本特征

足球训练理念的形成是经过大量实践和对训练规律不断探索的过程，可以将足球训练理念的基本特征概括如下：

（一）足球训练理念的主观性

训练理念有其客观性的一面，同时又有很大比例的主观成分，训练理念可以侧重遵循某一个或两个规律，也可以侧重体现某一个或两个内涵，不同主体都有其各自训练理念的主观成分。

（二）足球训练理念的多样性

足球训练主体具有多样性，而且不同的国家、地区、俱乐部及学校的足球训练都会有各自不同的训练理念。由于不同类型的足球训练主体有着不同的管辖范围、训练目标、主观设想、足球传统等，训练理念必然会有差异，进而体现出足球训练理念的多样性。

（三）足球训练理念的排他性

足球训练理念虽然是经过长期实践探索而形成对足球训练规律的正确认知，但由于足球训练理念具有主观性和多样性，所以其并不完全受制于足球训练客观规律，而是在遵照足球运动客观规律的基础上体现训练主体的主观意志，足球训练主体一旦形成融入某种情感愿望和理想追求的理念，就会对其他理念产生排斥和抵制，所以足球训练理念往往具有排他性。

（四）足球训练理念的实践性

足球训练理念与足球训练实践是直接相连接的，更侧重于对具体工作实际的指导。无论是宏观层面或微观层面的理念，还是基础层面或操作层面的理念，都具有实践性和应用性。

三、足球运动员的发展理念

青少年足球是中国足球的基础工程，是竞技足球、社会足球和足球产业的源头和基础。纵观世界足球运动发达国家的成功经验，只有正确、系统、稳定、持续地发展青少年足球，才能在世界足坛中保持竞争力。为贯彻《中国足球协会青少年训练大纲（2022 年版）》（以下简称《大纲》）的理念和内容的推进，本教材依照《大纲》中青少年足球运动员的发展理念、比赛理念、训练理念、执教理念，以及《大纲》中提出的“五环”模型，简要说明了青少年足球运动员在其自身成长与发展过程中应考虑的要素。“五环”之间相互连接，相互支持。如果青少年足球运动员想要完全释放潜力，就必须重视这些影响因素。构成运动员竞技能力的技术、战术、身体、心智及社交五个要素分别对应运动员的五种能力。在青少年足球运动员竞技能力的长期培养过程中，应主要围绕技术能力、战术能力、体能、心智能力和社交能力五种能力展开。

（一）技术能力

足球运动技术是指足球运动员在比赛中常用的各种动作的总称。足球运动技术是在比赛实践中逐步发展和完善起来的，它在比赛中有着特殊的地位，是完成攻守战术配合的基础。随着现代足球攻守速度的不断加快，对抗争夺的日趋激烈，对足球运动技术提出了更高的要求，所以每位运动员要全面熟练地掌握各种足球技术。真正有效的技术训练，必须在快速、简练的对抗中，结合场上的判断和战术意识培养进行设计，并将错误减少到最低限度，使其符合现代足球运动技术的训练理念。运动员学习和掌握足球运动技术要通过泛化阶段、分化阶段、自动化阶段逐步完成，在每一个阶段的形成和发展过程中，教练员要不断地向运动员提供可感知的信息，让运动员通过有效的重复练习，学会在真实比赛情景中熟练使用足球技术。

为此，教练员要熟练掌握世界优秀职业足球运动员在比赛中表现出的快速、合理和规范的技术动作，以及娴熟的控球能力和超强的身体对抗能力，并将这些能力运用在运动员的训练指导中。现代足球运动技术正向着快速、准确、灵活的方向发展，比赛中能够快速合理地运用足球运动技术是世界足球发展的方向。那种原地、无对抗的简单技术练习形式，只适应于初学者学习掌握技术阶段或进行热身活动时使用，而不能作为训练提高阶段与结合实战阶段的主要训练手段。随着技术水平的提高，必须采用适合现代足球发展的练习方法，而且从青少年开始，就要通过特定的情景训练，逐步发展运动员观察与选择目标的意识与能力，使青少年足球运动员在活动、快速、对抗及接近实战的情况下进行技术训练，不断提高青少年足球运动员的技术运用能力和技能水平。

（二）战术能力

技术是基础，战术是取胜的主要手段，战术水平的高低直接影响球队的攻守水平。我国足球战术水平与世界足球强队之间有一定的差距，主要是因为训练时对抗不够激烈，脱离实战，所以在比赛中对手紧逼的情况下，战术水平难以发挥出来。只有以先进的战术训练理念做指导，有计划、系统地进行科学训练，遵循由易到难、循序渐进的训练原则，由无对抗、对抗、局部配合、全队战术组合到小型比赛，经过反复的训练达到全队高度的机动性，才会在比赛中做到灵活运用各种战术配合。战术能力水平比技术能力水平提高的难度要大，需要精心培养，使运动员在比赛活动中能够首先通过及时、敏锐、正确的观察，发现和感知相关信息，并识别有用的线索，然后结合足球比赛所需的专项知识和技能，分析其中的关键点，进行选择、判断并决策，从而采取合理的行动。

全队攻守的唯一目标就是争取比赛胜利，无论采用何种战术打法，战术内容都应是丰富多样和机动灵活的。比赛时，全队要能够根据比赛对手的实力、特点等采用合理的战术，做出侧重进攻或防守、开放或保守的战术部署，但一定要以攻守平衡和攻守兼备为前提。

（三）体能

青少年足球运动员的身体生长发育具有明显的年龄特点和发展规律。因此，在为青少年运动员制订培养计划时，应考虑运动的频率、强度和持续时间，以及适宜的恢复时间。教练员应遵循青少年运动员成长和发展的生理学原理，根据身体素质发展的敏感时期，科学地安排训练内容、方法和负荷，提高青少年足球运动员体能训练的效率。

青少年运动员的身体训练要充分考虑其生长发育特征。一般来说，14 岁以下的运动员不过多进行专门性的身体训练，而是以足球技术训练为主。对于青少年足球运动员的身体素质训练，教练员必须熟知身体训练的一般原则，并将此原则运用到与足球相关的训练中去。还要充分认识身体训练与技战术训练的关系，清楚青少年足球运动员的身体能力形成规律以及生理特点，并以此为基础科学安排身体素质训练。每次训练都要有明确的目标，在身体素质训练中，运动员所承担的身体负荷是不断增加的，同时此负荷不应超过运动员的生理极限，如果负荷过大，超过运动员的承受能力，会使运动员的机体遭到破坏。

（四）心智能力

青少年足球运动员除了生长和发育的生理特点，不同阶段、不同个体都具有相对明显的心理表现和个性特征。足球比赛是团队对抗的竞技性项目，要想培养青少年足球运动员适应和胜任这一项目的需要，教练员需要细致了解不同个体的不同心理特征，根据不同成长阶段的心理发展情况，耐心、有意识地教育、引导，以帮助青少年足球运动员形成健康良好的心理素质和足球智商，并培养青少年足球运动员学会适合于自己特点的心理调节技能，从而形成良好的团队协作意识和积极的思维方式，自信而创造性地表现出自己的实力。

1. 个性特征

球队是一个整体，是由不同个性品质的运动员构成的，因而足球比赛既讲整体，又讲个性，相互兼容，共荣共生。青少年足球运动员的鲜明个性特征，容易刻画比赛的烙印，可通过优化认知和情感心理帮助运动员树立积极的比赛心态。足球比赛的运动特征、位置特征，为青少年足球运动员的个性提供了展示的平台。

2. 心理调节

在足球比赛过程中，“认知—情感—行为”是影响比赛水平的一个系统。青少年足球运动员的行为受制于情绪，心理调节的作用就是对情绪进行有效调控，对心态进行积极引导，以改善青少年足球运动员的心境，提高其情绪的稳定性，把他们的注意力转向比赛。心理调节应当注重：比赛应激情绪的调节；赛前积极调动充分准备；合理定位，摆正角色；找准定向，注重过程；超越自我，体现价值；语言暗示，提升心力；对症下药，解开心结。

3. 意志品质

意志品质是青少年足球运动员必须具备的心理品质。它与运动员的动机、认识、情感密切关联，并具有鲜明的目的性、果断性、坚毅性、自控性等特性，是青少年足球运动员所必须具备的品质特性，是青少年足球运动员比赛能力的要素之一，也是球队战斗力的意志体现。

4. 注意力

高强度、快节奏的足球比赛要求青少年足球运动员能够保持最佳的注意力水平，能够全神贯注、精力集中地关注比赛的进程，关注攻守的转换，关注球的发展，关注对比赛有实际意义的各个方面，不能在比赛中任何阶段出现丝毫的懈怠。

（五）社交能力

社交能力的培养往往是青少年足球运动员发展中被低估的因素。青少年足球运动员的社交能力对其未来成长、人格完善、学业适应等至关重要，若社会适应能力不佳，则可能引发交往困扰、社交退缩、社交障碍以及网络成瘾、攻击性行为等一系列问题。所以，青少年足球运动员必须通过家庭、学校、社区和足球俱乐部学会正确的自我定位；在与同伴群体的生活环境中，培养正确处理人际关系的技巧。

1. 沟通交流

足球运动作为一项团队运动，需要青少年足球运动员在训练和比赛中不断进行沟通交流才能完成任务。在训练与比赛过程中，青少年足球运动员需要一步步感受到沟通交流的重要性，这个过程需要不断合作、不断沟通和交流，使队员之间变得越来越熟悉，越来越默契，使每位队员都能够融入团体之中，这对于一些有着社交恐惧的青少年足球运动员来说，是一种逐渐的、由浅入深的过程。要让青少年足球运动员在训练和比赛中激发自身的团队合作意识，发展人际沟通能力，丰富处理和解决问题的技能和技巧，从而全面提升社交、处事、人际关系等社会适应能力。

2. 营造氛围

教练员应帮助青少年足球运动员营造积极、向上、融洽的训练和比赛氛围，让运动员形成良好的沟通和交流能力，对他们进行正确思维观念的引导，形成健康积极向上的态度，让他们在逐渐获得信心的同时，还能够形成对自己的正确认知，敢于面对自身错误和他人的否定，在充分展现自我的同时做到尊重他人，并与球队成员团结协作，从而增强球队的整体战斗力。

四、足球比赛理念

中国国家足球队的比赛理念是：以攻势足球为主导，追求攻守平衡，崇尚更有侵略性、灵活性的战术风格，敢于控球并积极创造机会；提升团队战术合作执行能力，在攻守转换中快速高效；充分发挥中国球员在速度、灵敏方面的特点，在个人对抗中自信果敢；打造一支能征善战、作风优良、团结协作的球队。中国青少年足球比赛理念应当围绕比赛的四个重要时刻，遵守进攻原则和防守原则，做到机智灵活、拼搏争胜。

（一）比赛的四个重要时刻

在比赛理念贯彻执行过程中，要紧抓比赛的四个重要时刻和定位球特殊攻防战术。比赛的四个重要时刻如图 9-1-1 所示，包括本方控球时、由攻转守时、对方控球时和由守转攻时，每一个时刻要达到的目的是不同的，所要采取的行动策略也要随时做出变化。

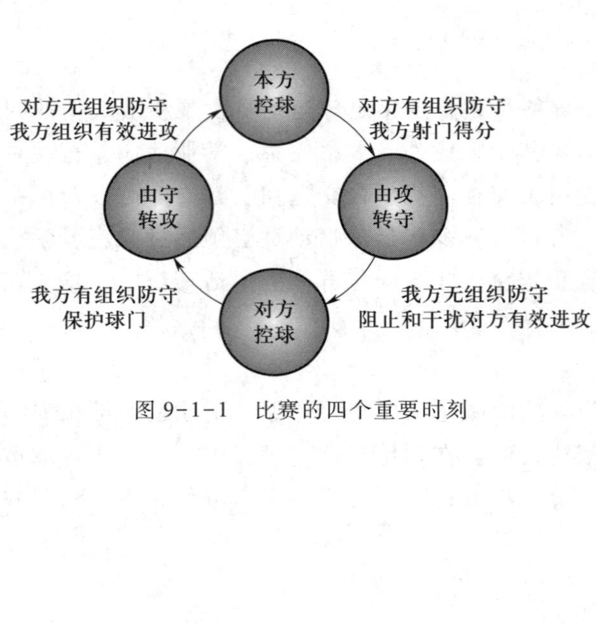

图 9-1-1 比赛的四个重要时刻

（二）进攻原则和防守原则

进攻原则和防守原则需要遵守以下要求：

（1）运动员在不同年龄段的训练和比赛中均遵守相同的进攻原则和防守原则。

（2）运动员在不同大小场地的训练和比赛中均遵守相同的进攻原则和防守原则。

（3）运动员在不同人数对抗的训练和比赛中均遵守相同的进攻原则和防守原则。

进攻原则内容如图 9-1-2 所示包括渗入、深度（纵向）、宽度（横向）、移动、突破。

防守原则内容如图 9-1-3 所示包括延缓、三角支援、整体紧密、沟通。

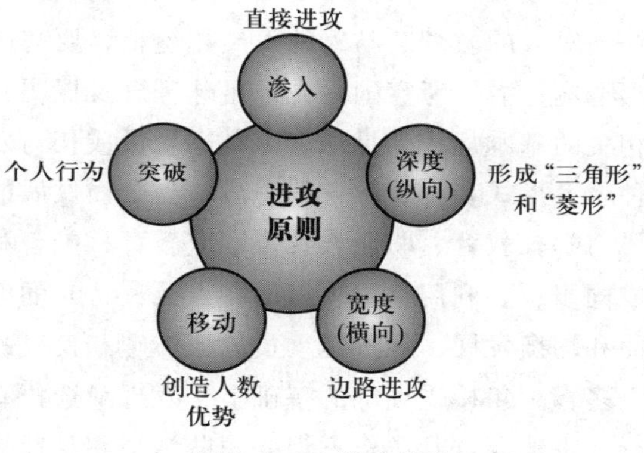

图 9-1-2　进攻原则

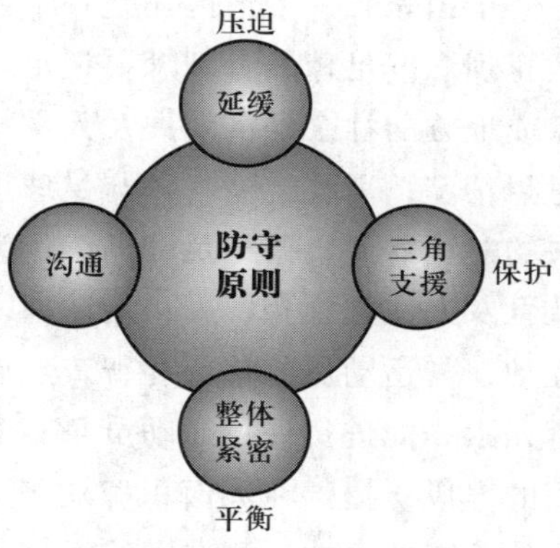

图 9-1-3　防守原则

五、足球训练理念

足球训练理念可以反映对足球训练本质和规律认识的程度，是指导青少年足球训练的重要依据，统一、明确的训练理念可以形成对青少年足球训练实践的有效指导，可以将对足球训练的认识渗透到训练实践中去，进而形成思想统一、认知一致的青少年足球训练实践体系。

（一）足球训练的基本理念

现代足球训练基本理念认为，足球训练与比赛是统一的整体，比赛是训练的延续和训练的组成部分，训练要以比赛为核心和归着点，系统的足球训练包括训练和比赛两个部分。足球训练基本理念同样包含着训练和比赛两个方面，两者表现出你中有我、我中有你、相互渗透、相互联系、相互补充的关系。足球运动员的技战术水平与身体素质必须通过常年的训练得以提高，只有日积月累的训练才能使运动员具备比赛的能力，而训练中所掌握的技战术能力要转化为比赛能力，则要通过大量的比赛来实现，因此训练与比赛是相辅相成、紧密联系的两个共同体，不能偏颇于任何一方，都必须得到充分的重视。训练方面的理念侧重于从训练学角度阐述足球训练的基本理念问题，是把比赛当作训练的一部分，是就训练和比赛全部而言的，所以其辐射范围包括了比赛过程。但从系统训练包括训练与比赛的二元构成上讲，足球比赛方面的基本理念是具有独立意义的足球训练基本理念，既支撑着足球训练基本理念整体构成的完整性，也是需要专门探讨的足球训练理念问题。

足球训练基本理念符合足球训练的一系列基本规律，是基于足球本质、足球概念及足球训练概念形成的。

（二）足球训练的教育理念

足球训练的教育理念是带有全局性和长期性的足球训练基本理念，是有一定辐射范围及需要经过长期和大范围的实践考证和科研探索，从而确立的全面推进足球训练的航标和必须遵循的基本准则。作为具有一定辐射范围的足球训练主体，不管是一个国家、一个地区还是一个系统的足球领导机构，都需要确立宏观的足球训练教育理念。足球教育理念要把足球训练与对人的教育及与人的发展相统一，要与国家或地方的社会经济发展及人文环境相适应，需要考察国际先进足球理念及探明其思想精髓，需要遵循各种与足球训练相关的基本规律。足球训练是运动员成长与发展的一种需要，要把足球训练作为一种教育形式和素质教育的手段，与全面发展的教育及人文教育相统一；足球训练还要与学校教育、职业教育及家庭教育相配合和互动，与运动员的德育和智育发展达成同步；要利用足球项目的特点及其特有的教育元素，促进每一位运动员身心的全面和均衡发展，促进运动员健康体魄和良好品质的养成；提倡在大面积群众普及和更多青少年接受训练的基础上，发现和选拔有足球天赋的人才，要在训练过程中并行并重地促进其协作意识、团队精神和足球特长的全面发展。理解以上足球训练教育理念的阐述要把握四个要点：其一，足球训练从属于全面发展的教育；其二，足球训练作为一种教育形式是辅助于智育和德育的教育；其三，青少年足球普及是足球训练的重要任务；其四，足球特长和专业人才培养是足球训练的核心和重点。

（三）足球训练的核心理念

足球训练的核心理念是在整个足球训练过程中具有统治性和主导作用的基本理念，是反映足球本质属性和体现足球训练要素，以及在训练中自始至终都要遵循的根本性的准则。我们既要学习和借鉴足球发达国家的经验与成果，也要依托我们自己对足球本质、足球训练规律及一系列重要基本概念的探索。从训练学意义上概括其实质，就是足球训练自始至终都要以比赛实战为核心和归着点，这是一切训练活动最重要的目标和最根本的理念。

遵循足球训练核心理念要把握一个基本要点，就是一切足球训练活动都不能偏离“比赛或游戏”这一反映足球本质属性的形式。足球训练的核心理念会有各种不同的阐述方法，例如，以比赛实战为核心、把比赛作为训练的导师及一切训练活动都要围绕比赛为中心等，这些阐述的实质和内涵是相同的，凡是取得成功和得到普遍认可的阐述，反映的一定是足球的本质和规律。足球训练所具有的体育属性和教育属性都从属于比赛或游戏，包括足球训练具有丰富的趣味性和诸多功能，都源于比赛或游戏。

（四）足球训练的操行理念

足球训练操行理念是指导训练过程设计及具体训练操作的基本准则，是足球训练教育理念的具体化，是执行和落实核心理念的保证，其中最重要的是要在实际训练中体现出来。足球训练的对象是由运动员个体组成的球队，所以操行理念的贯彻就是要让运动员了解理念的精神，让大家感受到教练员的愿望和追求。要把操行理念贯彻到训练过程及作用于每一位运动员，操行理念的落实需要通过具体和细致的训练设计与实施操作，是要通过无数的细节对运动员及球队施加影响。足球训练操行理念的每一条准则都有其各自的寓意，作为教练员需要领会和理解其寓意并在训练中贯彻。教练员的训练方案设计及每一步具体的训练实际操作都必须遵循足球规律和一定的科学原理，其中有四条需要始终注意把握的基本准则，即以享受足球为前提、以培养兴趣为基点、以培养竞技能力为主导、以促进青少年后备人才发展为目的。以上四条基本准则在足球训练实践中是统一和并行的关系，每一条准则的贯彻和执行，并不是孤立地体现在实际训练中，而是要把四条准则同步体现在训练过程及每一个训练环节。

六、足球执教理念

教练员在对青少年足球运动员的执教中，要确立以运动员为核心的执教方法，运动员是其一切工作的核心。教练员在执教过程中要作为一名创造者，对运动员进行积极的指导。针对青少年足球运动员的发展规律，通过各种有效的手段来提高运动员的能力，从而帮助运动员不断挑战新的高度。

（一）为足球运动员创造机会

青少年足球运动员的发展具有阶段性的特点。一是取决于其自身身心发展的阶段性，二是取决于其自身训练的阶段性。

青少年足球运动员在成长过程中主要经历四大训练阶段，即启蒙阶段、基础阶段、发展阶段和提高过渡阶段。这四个阶段为青少年足球运动员在成为职业足球运动员的最佳竞技阶段夯实了基础，做好了准备。在青少年足球运动员培养中，教练员一定要根据他们所处的不同阶段，根据他们的运动水平、队伍特点、比赛要求，确立适宜的训练目标和任务，以科学的理论指导训练，并在训练和比赛中给运动员创造机会，满足运动员展现自己、磨炼自己的需要，使运动员在自我展示与实战中发现自己的问题和不足，不断激发动机，积累自信，增加经验，使运动员能够取得最大化的训练效益。

（二）提高足球运动员能力

运动员的成长是一个长期而艰苦的过程，具有连续性和阶段性。青少年足球运动员在不同的年龄阶段会表现出不同的身体、技术、战术、心智和社交方面的特征，这就要求教练员要针对不同年龄阶段运动员的发展规律，有针对性地指导运动员发展。教练员在遵循规律进行训练的同时，还需要系统性地促进运动员身体、技术、战术、心智和社交能力的全面发展，不可偏颇，在运动员发展的不同阶段合理安排不同内容的训练比例和不同的侧重点，注重运动员不同竞技能力之间相互促进，从而使青少年足球运动员的竞技能力能够科学、系统地持续发展提高。

对每个青少年足球运动员来讲，学习的方式和方法都是不一样的，有差别的。训练的过程是有起伏的，有高潮、低潮，还有停滞不前的阶段。对大部分青少年足球运动员来讲，训练最初阶段的提高很快，但还有少部分运动员开始进步很慢，但后期却进步很快，也同样能达到一个很高的水平。根据这一特点，教练员应该知道怎样对待进步快和进步慢的运动员，在最初阶段不要忽略那些技术进步慢的运动员。

对教练员来说，要使运动员处于上升期是相对比较容易的，但帮助低潮期的运动员迅速摆脱却是很难的，这就需要教练员帮助他们找到问题所在，克服遇到的困难。运动员处于低潮期的可能原因如下：

1. 生理、心理方面的疲惫

运动员处于低潮期时，是不会告诉教练员的，这就要求教练员仔细观察，这些运动员常表现为沉默少言。

2. 停止、中断过训练（因伤病或身体等原因）

这时教练员应该告诉运动员不用担心，要让他知道伤病恢复后，运动能力很快就会提高。

3. 骄傲自满

运动员在一个阶段达到一定的水平后，目标不明确，丧失了前进的动力，使运动员进入低潮期，这种现象在青少年足球运动员中非常常见。

在青少年足球运动员的成长期，应使每名运动员明确各个训练阶段的目标和总目标，失去了目标就失去了方向。运动员的成长过程有快速期，也可能出现缓慢增长期，甚至停滞不前。影响青少年足球运动员成长的因素是多元的，个人因素、训练因素以及环境因素等都有可能影响运动员的发展和成长，教练员应根据具体情况，及时地帮助运动员走出困境，不断提高运动员的综合能力。

（三）赞扬足球运动员

要经常赞扬运动员付出的努力，只有时机恰当，及时赞扬才能取得良好的效果。赞扬时需要注意不夸全部，夸具体；不夸聪明，夸努力。要赞扬他们的具体行动：

（1）运动员的人生价值观更倾向于获得认可。

（2）没有什么是比教练员的赞扬更受他们欢迎的（或更让他们期待的）。

（3）对于处在这个时期的儿童，赞扬是激发动机最有效的手段。

(4) 赞扬是向运动员传达在以后重复做同样正确行动的强烈信息。

赞扬也要有依据，赞扬要基于具体的行动才可以产生良好的效果。

赞扬的不是结果而是过程。不仅赞扬技术也要赞扬态度。及时给予赞扬是有效果的（做出好的动作时必须马上给予赞扬，例如，“好的，做得很好!”越是年龄小的运动员越要及时给予赞扬。随着年龄的增加，可以放宽给予赞扬的时间，但是自信心较低的运动员做出和发挥好的技术时马上给予赞扬的话效果会更好）。应使用多样的赞扬方法（赞扬不仅可以用语言或表情，也可以使用小礼物）。

年龄小的运动员需要赞扬，但并非越多越好。不能让孩子在备受责备的环境中成长，但如果只是一味赞扬也会适得其反。只习惯接受赞扬的孩子，面对挫折时，对其他事物的容忍度也会相应降低。

（四）帮助足球运动员发展挑战新的高度

教练员要根据训练的需要为不同的运动员设置合理的目标，设置符合其实际水平和需要的训练目标、比赛目标、发展目标，并鼓励运动员努力达成目标挑战新的高度。目标的设置要具体，要根据运动员发展的需要做到长期、短期目标相结合，并采取适当的激励手段，帮助运动员努力完成目标，无论是在训练还是比赛中，教练员要设法丰富运动员成功的经验，通过成功的经验积累，帮助运动员建立自信心。充足的自信心是运动员在比赛中竞技水平发挥的保障，更是运动员攀登职业高峰的钥匙。教练员要通过引导、启发、传授的方式培养运动员独立解决训练、比赛以及生活中实际问题的能力，不断积累运动员的自信，使其能够以乐观向上的生活态度，从容地面对职业生涯中的各种挑战。

第二节　儿童青少年足球训练安排

一、教练员须注意把握的四个方面

（一）明确当代足球运动发展现状及趋势

在足球运动员竞技能力的培养中，基础训练的层次虽不高，但其发展目标却是和未来紧密相连的。明确当代足球运动发展现状及趋势的作用在于，它不仅使基础训练内容始终体现着未来要求，减少或避免走弯路，还对准确地选拔符合足球运动发展趋向的队员，减少人力、财力、物力等耗损具有重要意义。

（二）精心慎重选才

打好全面基础的效益，是受遗传、生活和训练三方面效应影响的。训练虽居主导地位，但倘若生活效应，特别是遗传效应条件差，运动员不具备优越的潜能，教练员纵然付出巨大努力，其训练效果也将有限。所以，在青少年训练实施之前，教练员应当全面细致地从各方面观察队员的发展条件，保证选才环节优质化。

（三）遵循青少年身心特点

青少年身心发育特点是客观存在的生物学规律，竞技体坛无数事例证实，只有根据其身体与心理的发展特点因材施教，合理训练，才可使其机体获得最深刻的改造，取得最大的教学训练效益。反之，则事倍功半，或使青少年运动员职业生涯半途夭折、未来发展平淡。为此，在完成青少年教学与训练总任务中，教练员一方面应对青少年身心发育特点有全面的掌握；另一方面，则应善于利用它进行有效的教学与训练。

（四）"训练育人""人格塑造"

对青少年足球运动员的教学与训练，不能仅为了培养优秀足球后备人才，也不能只局限于身体素质训练、技战术训练等竞技层面，重要的是应符合训练育人、人格塑造的任务要求，要培养既能掌握足球运动技能，又有体育素养的社会主义建设者和接班人。

二、教练员应特别注意避免的两个倾向

（一）急功近利

借鉴既往以及近年来青少年足球运动员的教学与训练状况，急功近利现象时而在这一阶段有所发生。急功近利的主要危害是：一切教学与训练安排围绕着出成绩或名次而设计，虽可能一时达此目的，但却因超越青少年身心发育特点和丢弃阶段任务，而使青少年运动员的未来发展受阻。

（二）年龄造假

这一倾向同样是出于注重比赛成绩的动机驱使，主要表现在招收年龄大、训练年限长、身体素质好的队员组队训练和比赛。年龄造假的危害常体现在虽眼下"以大打小"成绩可观，但教学训练效益和未来意义却无从落实。年龄造假如同使用兴奋剂一样，完全偏离了实现青少年各阶段教学与训练总任务的要求。

三、各年龄段儿童青少年足球运动员训练安排

在整个青少年足球训练过程中，依据当代足球运动趋势和青少年身心发育特点进行全面基础训练是不可改变的训练总任务。由于青少年各年龄段身心发育特点有一定差异，同时足球运动员整个成长过程对各年龄段训练要求也不同，我们依据这些不同点，将青少年教学与训练划分为四个年龄段，并就各自教学与训练重点作逐一剖析。

（一）5岁以下训练（兴趣阶段）

1. 主要任务

学龄前阶段是为以后满足足球运动各种要求创造前提的发展时期。通过大量优

秀足球运动员的自述表明，这一阶段对打下持久足球兴趣的基础，养成酷爱足球运动并适应足球运动的习惯甚为重要。

2. 身心特征

这一时期的儿童喜欢模仿他们心中的偶像，一举一动都靠兴趣来支撑。由于他们刚刚跨进足球门槛，受训练水平、认识能力等多方面条件的局限，任何枯燥单调的训练活动都会扼杀他们向往足球的积极热情。所以，对于这一阶段的儿童训练，每个旨在提高运动能力的活动都应充满趣味性，强调游戏的特点。这阶段儿童的仿效性和直觉思维活动快速发展，他们完全有能力通过视频和图片达到丰富知识的目的。

3. 训练要点

（1）在练习内容上，可以有意识地穿插安排些基本技术、身体机能方面的练习，但必须保证练习方式能激起学龄前儿童的兴奋性，使他们始终沉浸于足球运动，感受到足球运动的无穷乐趣。此阶段，应积极倡导他们观看高水平赛事和小型足球比赛。

（2）在小型比赛中，动作全面，各种场景丛生，同时竞争的趣味性又适宜于儿童活动的心理。因此，比赛是使他们形成足球兴趣、丰富比赛经验、加深对足球运动的认识和培养应变力、想象力的最好方式。教练员应绝对避免对他们的比赛行动进行过多的干涉和作出某些严格的规定。

（3）按照成人的尺度对学龄前儿童进行要求，只会适得其反、徒劳无益。同时教练员还应引导他们学会体验快乐、与人相处和遵守基本规则。

兴趣阶段训练要点

（4）对于学龄前的儿童，运动负荷是次要的，他们容易疲劳，但恢复也极快，运动负荷安排的基本原则是，不可因负荷过度而削弱他们对足球的热爱。

（二）6~12 岁训练（基础阶段）

1. 主要任务

6~12 岁可谓是夯实足球运动全面基础的时期。不少国内外专家认为，这一阶段的教学训练效益将对未来发展起决定性作用，任何一名球员，倘若没有这一阶段的精心培养，试图未来成才是不现实的。

2. 身心特征

6~12 岁少儿的肌肉主要以伴随身高迅速增长而向纵向发展，横断面小，绝对力量训练效益差。从速度耐力角度看，这一时期少儿的最大摄氧量增长较快，但速度耐力机能却未进入高效益训练期，表现在耐受血乳酸和氧债的能力差。据有关生理学研究认为，这阶段少儿的高级神经活动已经达到高度发展的水平，能够很好地分化肌肉感觉，对某些技术，掌握起来甚至比成人还容易。在技术动作的协调性上，他们比年龄大的队员还占优势。总之，他们具备了掌握各种复杂技术的身体能力。

3. 训练要点

（1）这时期少儿的技术训练在内容上必须讲究全面。对于训练手段选用及训练要求，则应在他们初步能完成动作的基础上，引导他们与比赛要求有机地联系为一体。技术练习是否能达到服务于未来比赛要求，基础训练是否与未来高水平发展保持一条直线，很大程度上取决于教练员所设计的练习手段和要求。技术训练最忌讳的是，只有舞台式的表演，而体现不出比赛中的实用特征。为了教会他们复杂的技巧，教练员必须注意练习方法的精心设计。首先要考虑少儿具体的形象思维能力，应以示范为主。根据动作难度的大小，可采用整体连贯示范或局部分解示范。讲解应结合他们的现有知识和经历，运用对比法和易于引起联想的形象语言，是讲解中的重要方法。练习中第一应注意任务必须明确具体，以便他们能正确理解和执行；第二应注意训练手段多样化和语言鼓励，这主要是因少儿时期注意力不稳定所决定的。

基础阶段训练要点

（2）这一阶段少儿的身体素质练习，首先应考虑正确的动作姿势，包括急停起动、变向转身、跑跳姿势等。与此同时，训练内容应侧重速度、速度性力量、灵敏、柔韧和一般耐力。6~12 岁少儿重点发展这些素质的主要依据来源于“敏感期”理论。这一阶段通常不倡导进行肌肉绝对力量和速度耐力的练习。这同样是其身体发育的生理特点所决定的。少儿体能训练应多结合球进行，在训练手段上同样应注重趣味性。根据少儿心理特征，6~12 岁少儿的各种身体练习仍是以强烈的兴趣为内驱力的。

（3）6~12 岁少儿在加强基本技术与身体素质发展的同时，也应安排适量的战术练习。此时期战术练习不仅已具有一定的技术和素质基础，而且战术行动对技术与素质的反作用，也有助于促使他们更渴望、更自觉和更有目的地进行技术与素质练习。这一阶段的战术练习内容主要应侧重于摆脱和紧逼、一对一攻守、运球和掩护球、局部二过一配合、保护与补位等最基础的个人和局部战术能力。在进行教学与训练中，教练员应当尽可能通过场上战术行动方式的具体演示，以促使队员理解概念，加深认识。战术训练的实质是使队员在掌握各种战术形式的过程中，发展合理支配行动的球场意识，而球场意识的核心之处，又在于随机应变能力。优秀球员随机应变的球场意识是多年训练与比赛发展而积累的，但它首先又来自早期训练的基础。所以，在 6~12 岁这一阶段的启蒙战术训练中，教练员应对队员提出要求并善于根据具体情况随时纠错扶正。另外，不要设置过多条条框框，要鼓励小队员创造性地采用战术行动。

（4）6~12 岁少儿的战术练习应重视小场地比赛的安排，这种练习形式既能够提高他们训练的兴趣和积极性，同时也更易于他们在有限空间范围内个人球技和局部配合能力的发展。同时教练员还应引导他们学会与队友、对手、教练员和裁判等进行有效沟通。

（三）13~16 岁训练（发展阶段）

1. 主要任务

经过前几年的全面基础训练，13~16 岁少年在足球竞技能力各要素上已初具一定水平。这一时期的主要任务就是巩固和发展基础训练成果，并根据其身心发育状况，扩大训练范围及深度，以达到提高足球运动水平的目的。

2. 身心特征

从身体发育的形态与机能状况看，13~16 岁少年的肌肉开始向横向发展，肌纤维变粗；长时间剧烈活动中的无氧供能也有了一定的基础。这一阶段的少年既具有协同配合的基础训练水平，也乐于自觉地依靠集体力量。集体的评价与批评，对他们的心理影响较深。

3. 训练要点

（1）13~16 岁少年的身体素质训练中，速度性素质、灵敏、协调等仍是重点内容，但随着年龄增长至 15 或 16 岁，绝对肌肉力量和速度耐力素质应逐步有系统地进行培养。这一时期的身体素质训练除应注意与比赛的需求结合之外，还应注意各个素质的练习比例。一般来说，绝对肌肉力量应有计划地发展，但比例不应太大，因为少年的肌肉与骨骺软骨的骨化成熟度还是有限的。无氧耐力训练也需要逐步加大比例。在进行强度较大的运动后，教练员应特别注意队员的放松活动，这不仅有助于尽快消除疲劳，对改善身体各器官机能的水平也是大有帮助的。

（2）技术训练仍应以巩固全面基本技术为主导思想，既重视队员技术与战术运用要求的吻合，使之更好地服务于将来的比赛，同时也要注重动作规格的巩固性。如今的足球赛场，尽管每一个动作都体现着应变特征，但首先又都是在“技术规格”的基础上演变和衍生的。随着队员全面技术的不断发展，教练员应注意在个性、身体素质、形态等细致观察的基础上，诱导和发展队员的位置和特点技术，以便为其将来形成自己的个性特征打下基础。

（3）伴随着技术与身体素质能力的迅速发展，13~16 岁少年运动员的战术训练比重应适当加大。战术练习内容可包括个人战术、局部战术和整体战术诸方面。但首先又应以个人和局部战术配合形式为重点，这是因为整体战术配合能力只有在个人和局部战术能力发展的基础上才可日臻完善。在战术练习的全过程中，教练员应突出集体配合观念的形成和随机应变创造力的发掘。战术练习必须遵循由慢至快，由消极对抗至积极争夺的原则，切不可因训练手段及要求不当损伤队员的自信心。战术练习的另一个着重点是逐步使队员对打法节奏形成正确认识。比赛节奏的掌握是很难的，但又是当代高水平比赛所必不可少的素养之一。在这一阶段战术练习中，应使队员对掌握和控制打法节奏具备基础，应有一动全动的意识。

发展阶段训练要点

（4）战术训练的本质主要是发展队员合理运用技术与素质，以取胜对手的应变意识。意识作为一种思维活动，又在很大程度上取决于智力水平的发展。所以，为提高 13~16 岁少年运动员战术练习的效益，有系统、有计划地结合战术训练过程安排智力训练是格外重要的。这一时期的少年想象力日益丰富，逻辑思维能力明显增强，所以专门的理论课也应有一定比例。一般来说，实践课中智力训练多采用对症下药，发现问题，当即分析的形式进行。这主要是提高队员从练习中观察、分析和合理采取行动的智力素养。专门理论课的智力训练，则多采用对典型战例具体、深刻地分析或根据训练进程，有计划地系统讲授这两种形式。

（5）配合战术能力发展所进行的智力训练，应使队员逐步对整体攻守原则、个人攻守原则、多种形式的局部配合、常见打法与阵型特点、比赛节奏以及战术运用合理性等基础理论，有较为完整的认识。13～16 岁少年运动员尽可能早地、全面地认识和理解这些基础理论并逐步消化于实践之中，对指导和提高其眼下训练效益和未来发展都具有重要意义。同时教练员还应引导他们发展良好的沟通能力和优秀的道德品质。

（四）17～21 岁训练（过渡时期）

1. 主要任务

这一阶段之所以称作过渡时期，是因为 17～21 岁正面临着从青少年队伍过渡到成年队伍。这一时期的重要训练任务是巩固前期已打下的全面竞技基础，为青少年自然地进入成年队伍做好精神和物质上的准备。

2. 身心特征

17～21 岁青年肌肉横向发展速度快，同时无氧供能的生物学基础也较为健全，训练时有必要进行大负荷的爆发性力量和高速奔跑耐力的安排。爆发性力量训练应注意与短距离快跑速度、灵敏素质结合进行，相互辅助。速度耐力训练应注意与一般耐力和意志品质的培养相配合。在此时期，运动员已具备较高的训练水平，但心理波动性大并由此引起的竞技水平起伏性大也是比较明显的，他们在比赛中常表现出心理需求的发展与身体能力的发展不相适应。

3. 训练要点

（1）从技术训练上看，训练条件与环境应密切与比赛要求相联系，技术上每一环节的处理都应有战术成分的要求。教练员应注意不断地变更练习环境，以使青年运动员的技术运用能力有高度的适应性和灵活性。运动员的位置特长技术及绝招技术在这一阶段应有充分表现并应进一步强化。通过战术练习和比赛发现技术上存在的问题，并随时采取有针对性的补充练习，是这一阶段技术训练的又一着眼点。教练员须时刻提醒队员的是，切不可为追求“哗众取宠、自我欣赏”而丢弃“实用性”这一技术本质。

（2）身体素质的发展在这一阶段具有重要的意义，倘若运动员在此年龄阶段还不具备优秀的身体素质基础，那么他的战术及比赛练习效果会受到限制，也将很难投入和担负更剧烈、更频繁的成人竞技任务。此时期的身体训练应有近期和远期两个目标，即不仅考虑目前技战术能力提高的需求，同时也要从服务于未来发展的角度去打好基础。身体素质不可脱离目前和未来比赛的需求而孤立地发展，同时在训练中还要注重贯彻放松原则，尽可能避免肌肉发僵，动作不协调，神经过程灵活性差的现象出现。

（3）这一阶段战术训练通常有了较好的技术与素质基础。为了更好地适应过渡期的要求，战术练习内容要逐步强调整体配合能力的发展，以整体战术练习中存在的问题，去规定和指导个人及局部战术能力的培养。战术训练中训练手段的选用及相应要求，应逐步模拟比赛条件，对抗性练习的比重应适当加大。

（4）这一阶段的比赛练习应逐渐增多，但作为向未来过渡或冲击做准备的阶段，名次不应成为主要的目标。教练员运用比赛练习的主导思想应放在：

过渡阶段训练要点

① 发展队员整体配合能力和促使其更好地掌握比赛节奏。

② 赛练结合以更好地指导训练。

③ 促使队员心理和战术行动适应比赛环境特点的需求，丰富比赛经验。

④ 要求队员灵活地将理论知识融入实践，发展其独立性、创造性。

⑤ 逐步形成本队的打法和风格。

在进行比赛练习时，教练员应注意少和弱队交锋，在这种条件下发展的能力很难在高水平角逐中展现。另一危害之处是，轻而易举取胜还会对队员产生破坏性的心理错觉，过高估计自我能力水平，以致失去更远大的奋斗目标。

（5）在这一阶段的战术训练中，教练员必须注意进一步开发队员的智力水平。教练员应利用运动员多年来的丰富实践体验，通过课中讲解、战例分析、比赛回放等手段，及时地指出运动员训练中的常见错误，发展其敏锐的观察力、灵活的思维等。另外，教练员还应对运动员进行一些必要的基础理论讲授，包括比赛心理、运动负荷与恢复的关系、自我医务监督常识等。总之，这一阶段的智力训练应全面展开，使运动员在竞技足球理论和一般运动常识上有较全面的掌握，以便更有目的、更自觉地指导训练进程。特别值得一提的是，智力开发是理论与实践的统一概念，传授知识要务必融入实践，倘若只注意为队员丰富理论知识，而忽略了他们应用知识解决实际问题能力的培养，将是没有意义的。

（6）对于心理训练，教练员可侧重于情绪状态的稳定性和渴望竞争这两方面。情绪状态稳定性的培养，不能局限于理论说教或心理疗法等狭小的范围内，许多成功的经验表明，让运动员经常在易引起情绪变化、应激力强的特殊环境下锻炼，通过他们不断地亲身经历和形成习惯，就能有助于发展良好的情绪状态，从而达到竞技水平稳定或超常发挥的目的。渴望竞争动机的形成，是过渡期必须具备的心理素养，在即将接受最高水平的挑战时，倘若没有这一欲望，即使进入成人队伍，也必将会因可能遇到的一时挫折而全线崩溃，断送多年的艰辛努力。同时由于这一时期青年社交活动的范围越来越大，就要求他们与人沟通的能力要显著提高，对于团队的认知程度要有所增加，对未来要有更清晰的目标，以及拥有较稳定的生活方式。

（7）过渡期要求训练的条件、方法手段、内容要求以及运动负荷等各方面的安排都要立足于青年运动员能够从基础训练时期自然过渡到成人竞技阶段。在此阶段的运动负荷要循序渐进，但高强度的大运动量训练也必须有足够的比例。

四、儿童青少年足球运动员训练安排注意事项

在青少年足球教学与训练中，教练员起着主导作用，教练员的知、情、意、行对青少年球员有着决定性影响。因此，教练员除具备扎实的专业知识、高尚的道德情操和良好的敬业精神外，还要重视以下十个方面的问题。

（一）教练员以身作则

青少年训练除了有提高运动水平的任务之外，也要培养他们良好的思想作风和高尚的道德品质。青少年模仿性强，特别是心目中崇拜的教练员，更是其仿效的榜样。所以，教练员在训练、比赛以至生活的各个细节，首先应注意自我严格要求，要通过自己对足球运动事业的责任感和工作态度，以及正直为人、文明作风、不畏艰苦等言谈举止，为青少年运动员作出表率，给他们留下美好的印象。其次应杜绝“锦标主义”“金牌至上”“唯成绩论”等不良倾向，坚持“立德树人”意识，更多关注青少年运动员的全面成长。

（二）处理好学习与训练的关系

16 岁以下的足球运动员，多存在着文化课学习方面的问题，即使 16 岁以上的优秀队员，也有着进一步扩充文化知识的任务。队员的文化水平，一方面是未来走上社会并胜任工作职责的条件，另一方面也是队员智力水平发展的基础之一。所以，对于青少年训练，教练员不能因关心训练而忽视他们的文化学习，更不可设法用训练去冲击他们的学习时间。教练员应当经常了解队员的学习情况并与其家长和学校保持联系，共同而合理地处理好学习与训练的关系。

（三）建立培养规划

在对青少年进行训练中，教练员不可凭一时看法或粗略考虑来安排他们的训练，这样常易导致训练的系统性受到破坏。对于每一阶段的训练，教练员都应在了解队员现有状况的前提下，有计划、有步骤地设计训练进程，并明确具体任务的检查办法。这也是科学训练与自发训练的本质区别之一。教练员只有这样，才可使早出人才、出好人才的主导思想得以体现，也才可使各阶段训练效益与整个成长过程的目标取得一致。

（四）重在打好基础

青少年足球运动员各时期的训练必须以完成相应阶段的训练任务来设计，贯穿其中的各类比赛也是如此。以追求名次为依据的练与赛安排，在青少年整个成长过程中应杜绝。为了提高青少年基础训练的效益和充分发挥“比赛是训练导师”的作用，青少年训练中应有大量的比赛，但倘若把比赛作为成绩争夺、表现实力的场所，这种比赛将会大大降低意义。评定青少年训练效益纵然有比赛成绩的成分，但最根本的评价指标是基础的扎实程度如何。

（五）坚持循序渐进原则

在训练中讲求循序渐进原则，包含着训练内容、运动负荷、选用手段、难度要

求等方面。之所以强调这一原则，一方面是训练水平的提高总是逐步渐进由低至高的；另一方面青少年身心发育的变化趋势也总是逐步成熟的。只有按此原则，青少年运动员才可顺利地接受训练安排并取得期望的效益。反之，训练难度过大，不仅会损害他们身心健康的发展，还可能破坏青少年可贵的自信心，致使他们一蹶不振。

（六）因材施教

每一年龄段青少年的训练任务及安排都有各自的特点，同一年龄段甚至一个队中，训练的安排也必须考虑个体差异。由于每位队员的接受能力、生活与环境效应、训练年限等方面存在不同，在运动实践中同龄队员训练水平的悬殊状况也是常见的。所以教练员就必须注意因人施教，区别安排。

（七）遵循身心发展规律

在青少年运动员教学中的讲解应注意简明、生动、形象，并易于引起他们旧有经历与知识的联想，示范要达到准确、优美，既留给他们深刻的印象，又能引导他们渴求掌握技战术能力的动机。练习手段的选择应注意多样化和趣味性，这既能提高他们练习的积极性，又可使他们在各种练习条件下达到运动技巧的灵活性、实用性。一般来说，青少年年龄越小，教学训练手段越应注意多样化和趣味性。

（八）意志力与自信心培养贯穿训练全过程

足球运动需要运动员顽强拼搏、不畏劳苦的坚韧毅力，这也是运动员是否能成才的重要心理素质之一。意志力必须从小着手培养，贯穿于成长过程的各阶段。教练员应通过运动负荷、练习难度、困难环境等各种训练安排的设计，诱导运动员去克服障碍，培养他们吃苦耐劳、迎难而上的精神。自信心也是青少年各阶段训练中必须培养的心理成分。自信心与意志品质的培养存在着既对立又统一的关系，从困难常易导致自信心丧失的角度看，它们之间有矛盾，但从另一角度看，两者又是统一的。如果运动员能不断地克服各种困难，其自信心也必然会随之增强。如果教练员所设置的困难是运动员在花费自身努力后能够克服的，将有助于两者协调并进。

（九）理论教学不容忽视

伴随着科学化训练的程度越来越高，以科学理论指导自身训练实践的观点，在当今国际足坛青少年训练中越来越受到高度重视。这种观点的理论依据，一方面来源于青少年有能力接受专门的理论知识，另一方面则是实践效益的证明。一般来说，青少年年龄越大，越应注重理论教学的安排。教练员在宽大的足球场内很难及时顾及每位队员的练习细节，如果运动员自身能够掌握正确的理论知识，充分发挥他们主观能动性，将会使其自觉指导实践，迅速分析和纠正不足，提高自己的训练效益。

（十）树立“健康为本”意识

在进行青少年足球教学与训练时，要将健康作为根本目标，为实现健康目标而付出努力，要根据现代健康观念的要求制订科学的教学与训练计划，综合分析青少年的实际能力和体质情况，制定出完善的健康测试标准，有针对性地对青少年展开健康干预，全面提升其身体素质。比如在足球教学与训练中，由于男女性别差异，尤其进入青春期后，女性受伤概率大以及月经出现等，要注意预防训练损伤，处理好生理期和训练的关系。教练员要通过具体工作的实施，提高青少年足球教学与训练的科学性与实用性。

思考与实践

1. 中国青少年足球比赛中遵循的比赛理念有哪些？
2. 足球训练中遵循的理念有哪些？
3. 青少年足球教练执教要从哪些方面帮助运动员？请进行详细阐述。
4. 简要阐述 6~12 岁年龄段少儿身心特征及应当如何开展足球教学与训练。
5. 在青少年足球教学与训练安排中应注意哪些问题？

第十章 女子足球训练

本章导读

从 19 世纪英国的首次女子足球比赛，到现代女子足球的蓬勃发展，女子足球已经成为全球数百万女性参与的运动。本章重点介绍女子足球训练相关内容，对女子足球训练的基本特点、基本依据和基本方法，以及女子足球运动员月经期的训练进行分析与说明。

学习目标

知识目标：了解女子足球运动员月经期的训练安排以及女子足球的基本训练特点等相关知识。

能力目标：掌握女子足球运动员训练的基本依据、训练方法和训练原理。

价值目标：培养学生参与女子足球训练的兴趣，增强其从事女子足球训练工作的基础能力。

第一节　女子足球训练概况

随着女子足球运动的快速发展，女子足球训练中的科学性和现实性较以往任何时期都显得更为突出。当前，女子足球训练能够依据相关训练理论，结合女子足球运动快速发展的现实，突出训练的周期特点和负荷特点，形成科学化的训练体系，培养了运动员技战术的全面发展，并且使女子足球比赛向着快节奏、高效率的方向发展。同时，也促进了女子足球运动体系趋向于男子足球运动体系。

一、女子足球发展趋势

目前世界女子足球运动正处于一个高速发展的阶段，伴随着国际体育运动影响力的不断扩大，女子足球运动也进入了一个全面发展的机遇期。在世界女子足球运动的大舞台上，各女子足球强国在球场上展现出了非凡的实力，使女子足球运动更加受到人们的关注。世界女子足球运动的蓬勃发展呈现出许多新的特点和趋势。

（一）向技术全面型球员发展

目前女子足球运动的发展对运动员的身体条件、技术水平、战术素养及心理素质等方面都提出了比以前更高的要求，比赛中对球队整体技战术水平的要求也显得尤为突出。随着战术的发展，技术的创新，运动员的个人技术更加全面是大势所趋。能快攻、能突破、能控球、能远射，不仅位置技术突出，且攻防技术更全面，代表了女子足球运动员个人技术发展的趋势。

（二）比赛中更注重简洁与效率

比赛中注重速度与效率是当今女子足球运动的又一个大的趋势。随着女子足球运动的不断发展，世界女子足球运动的整体水平在不断提高，各球队之间的实力差距也在逐渐缩小，比赛变得越来越激烈。这些变化都在迫使球员在比赛中去使用更为简单有效的动作来处理球，用最快捷有效的方式打破平衡。

（三）快速向成熟的男子足球体系融合

2022 年女足欧锦赛中，31 场比赛共进球 95 个，比赛中女足运动员的力量和速度明显提升，对空间的挤压能力大幅增加，传控难度越来越大，身体对抗和冲击更加频繁，在 90 分钟不间断的快速攻防转换情况下，运动员还能够保持良好的执行力。欧洲女子足球竞技水平的领先，与足球运动在当地的整体发展水平息息相关，欧洲有着世界顶级水平的五大联赛，拥有最顶尖的运动员、教练员、足球专业人才和相关的保障体系，这些有利的条件必然会促进女子足球运动发展，并能形成良性循环。

虽然“女子足球男性化”早在2007年女足世界杯举办时就被足球界提及，但随着近年来更注重力量和对抗的欧洲女子足球运动的整体崛起，男女足的技战术风格和打法趋同性越来越大。女子足球体系越来越向成熟的男子足球体系融合已逐渐成为世界女子足球发展的重大趋势。

二、女子足球训练的基本特点

近年来，女子足球运动在世界范围内蓬勃发展，比赛的激烈程度不逊于男子足球运动。虽然女子足球运动与男子足球运动的趋同性越来越强，但女子足球运动仍具有其自身的特殊性。尤其是在女子足球运动员的训练中，应立足女子足球运动的基本训练特点，在充分考虑女子足球运动员的生理、心理等方面因素的基础上，进行适宜、科学、高效的训练。

（一）比赛实际的需要

“比赛是训练的导师”，也就是说比赛实际的需要是训练的根本导向，训练服务于比赛是基本原则。女子足球训练的基本目标是提高运动员的竞技能力，而最终目的是参加比赛夺取优异的成绩。

在实际训练过程中，要以女子足球运动的竞技能力和比赛成绩的需要为出发点，坚持一切从实战出发的导向、训练服务于比赛的基本原则，遵循足球运动项目的一般规律和本质特征；科学划分训练阶段，合理安排训练内容、方法、手段和负荷；在充分考虑女子足球专项特点和比赛需求的基础上，提高运动员训练的针对性、实战性和实效性，使训练高度贴合实战，反映实战场景，以求在比赛中取得满意的成绩。

（二）训练的长期性

女子足球运动员的竞技能力是多种能力综合后的比赛能力表现，由具有不同形式和不同作用的体能、技能、战术能力、运动智能以及生理和心理能力构成。这些能力的形成与女子运动员身体机能的不断提高有关，这一提高是需要在漫长且艰苦的训练中，不断对运动员科学施加相应的训练负荷来实现的。无论从个人技术角度还是团队战术角度来看，这个过程必须具有持续性和长期性，才能保证其有效性。

（三）训练的系统性

训练的系统性是指根据运动训练结构特点、竞技状态呈现特征和重大赛事安排规律，系统持续、循序渐进地组织训练过程。因此，训练的系统性特点与长期性特点密切相关，一方面，训练的系统性要求女子足球运动员必须通过长时间、有计划的训练才有可能达到竞技运动的高峰。另一方面，又强调训练必须在遵循女性运动员身心规律的基础上，成体系、循序渐进地增加负荷，才能取得理想的训练效果。

（四）合理的运动负荷安排

女子足球运动员竞技能力的发展和提高，主要是在充分考虑女性身心特点的基础上，通过训练对运动员机体施加适度的运动负荷，使运动员的机能产生适应性变化和提高，最终产生相应的训练效应。而负荷量与负荷强度是运动负荷的构成要素，合理处理量与强度的关系是安排运动负荷的基本原则，也是保证训练有效的前提。因此，女子足球训练要根据运动员的现实情况和身体的适应规律，以及提高运动员竞技能力的需要，在训练中对女子足球运动员机体施加适宜量度的负荷刺激。这一刺激既要有利于提高运动员的竞技能力，又要有利于运动员的及时恢复，这样才能取得理想的训练效果。

三、女子足球训练的基本依据

女子足球运动员在生理、心理等方面具有一定的特殊性，想要获得高质量的训练效益，就需要发挥科学理论对女子足球训练的指导作用，依据相关理论使训练更加合理规范。

（一）竞技能力发展的敏感期

足球运动员的竞技能力是通过先天遗传和后天训练两种途径获得的。在先天遗传与后天训练以及生活环境的共同作用下，足球运动员生长发育的某一个时期生长发育速度最快，其机体对训练负荷的刺激最敏感，这一有利于竞技能力中相关因素发展的最佳时期，就是运动员竞技能力发展的敏感期。

（二）多年训练过程的阶段划分

女子足球运动员的成才需要经历长期、艰苦的训练。一名优秀的运动员从开始训练到取得优异成绩，需要 10~14 年的时间，在这个全程性多年训练过程中，每名足球运动员都要经历基础训练阶段、专项提高阶段、最佳竞技阶段、竞技保持阶段等四个阶段。

（三）女子足球运动员的生理特征

进入青春期后，男女间的生理特征会出现不同的变化，女性雌激素水平明显升高，出现第二性征。就运动能力而言，男女在运动器官、心肺系统、体脂体温等方面会出现一定的差异。

成年女子骨骼比成年男子短而细，骨密质较薄、重量轻、坚固度低；其肌肉纤细，重量占体重之比较男子小（为男子肌肉重量的 80%~90%），肌肉绝对力量为男子的 60%~80%（特别是在爆发力方面明显弱于男性）。青春期后，从身体形态来看，我国女子较为普遍的特点为上身长、下身短粗、肩窄盆宽，关节囊和韧带较男子要薄弱些，肌肉较松软。就运动员来说，虽然女子重心较低、稳定性较好，关节活动范围大、柔韧性好，但由于肌肉力量差，女子运动员的爆发力较小；女子关节韧带较薄弱，在运动中易引起关节的损伤；女子体内脂肪含量占比大于男性 10%~14%，这是女子身体灵活性较男子差的原因之一；女子体温的调节能力强于男子，运动时皮肤毛细血管开放的数量较多，通过皮肤散热能力较男子强。

在心肺系统方面，青春期后女子的血量、红细胞数、血红蛋白含量都较男子少，心脏的重量、容积、心肌收缩力等相对小于男子，心血管系统的机能比男子要弱。另外，女子相对于男子来说胸廓较小、呼吸肌较弱，所以女子的肺活量、最大通气量、最大摄氧量、最大氧债等均低于男子。由于女子心肺系统的特点，致使其血液输氧能力、呼吸循环机能水平、基础代谢率相对男子较低，其无氧耐力水平也明显低于男子，在运动中表现为奔跑能力较差，特别是在反复冲刺、快跑的次数方面。

教练员要高度重视女性运动员表现出的生理学差异。尤其是青春期阶段是男女青少年足球运动员身体发育的分水岭，对于女子足球运动员，一方面要针对性地安排预防损伤的训练，另一方面还要重视她们在体脂比、身体形态等方面的改变，避免由于青春期带来的身体改变影响训练效果，甚至影响竞技能力的发展。

第二节　女子足球训练分析

女子足球训练是以获得最佳竞技能力，并在比赛中战胜对手为目的的。其训练的对象是运动员本身，所以说提高女子足球运动员个人竞技能力是女子足球训练的关键，而运动员个人的竞技能力是由不同因素及其之间的相互作用所构成的。组成女子足球运动员竞技能力的主要因素有运动员的足球技能、足球战术能力以及运动员的体能和心理因素等。

一、女子足球技能训练

运动技能即运动员完成动作的能力，是运动员竞技能力水平的重要决定因素。在足球运动中，运动员的技能是其比赛能力的重要组成部分，是比赛中战术配合的基础，是决定战术效果的前提和保证。随着现代女子足球比赛节奏不断加快、对抗争夺日趋激烈，技术能力已经成为衡量运动员运动水平的重要指标。

（一）女子足球技能训练特点

（1）在足球训练中，在一般技术动作的学习与掌握方面男女运动员具有明显差异，在青少年时期对于足球基本技能的学习和掌握，女子运动员较男子运动员有一定的优势。

（2）实际比赛中女子运动员的速度、对抗性以及头顶球和射门能力都与男子运动员有较大的差距。

（3）由于女子运动员骨骼较纤细、骨重量较轻，骨骼抗压和抗弯能力不及男子运动员，且关节稳定性不足，运动员在比赛中运用跳跃、快速急转和强烈身体对抗技术动作时，如果技术动作不正确则易引起损伤。

（4）女子运动员脊柱的椎间盘较厚，关节囊及韧带较薄，肌肉较松软，因而各关节活动范围大，灵活性与柔韧性好。

（二）女子足球技能训练的常用方法

足球运动员的技术能力是其竞技能力的最重要组成部分，因此如何提高运动员的技术能力是足球训练中的首要任务。而在女子足球训练中，运动员技术能力训练是否成功，训练效果是否显著，在很大程度上取决于技术能力训练方法的先进性和运用的正确性。

1. 直观法与语言法

女子运动员的表象思维能力要强于抽象思维能力，语言表达与理解能力强于男性，所以在训练中采用直观法和语言训练法更有利于技术能力的形成。

2. 完整法与分解法

在女子足球运动员技术动作学习初期，对技术动作本身的学习和掌握过程中，完整和分解训练法的合理运用有助于运动员技术动作能力的快速形成。

3. 重复训练法

重复训练法是指多次重复同一练习，两次（组）练习之间安排科学合理间歇时间的练习方法，是技术动作形成和固化的有效方法。通过同一技术动作的多次练习，不断强化运动条件反射的过程，有利于运动员掌握和巩固技术动作。

4. 间歇训练法

间歇训练法是指对多次练习时的间歇时间做出严格规定，使机体处于不完全恢复状态下，反复进行练习的训练方法。在女子足球运动员技术能力训练过程中，通过严格控制间歇时间，有利于运动员在激烈对抗和复杂困难的比赛环境中稳定、巩固技术动作。

二、女子足球战术训练

（一）女子足球战术训练特点

（1）女子身心特点决定了女子足球运动员在比赛中易表现出攻强守弱、善于传控配合的战术特点。

（2）足球比赛是典型的连续高强度比赛，虽然女子足球运动员可在比赛中的一段时间内承受高强度和快节奏，但对于连续高强度的比赛，大多数运动员在未经过专门性训练的情况下是很难适应的。

（3）女子运动员的综合抽象推理能力和勇于担当的性格普遍弱于男子运动员，其思维也缺乏一定的创造性，比赛中战术思维的敏捷性与灵活性欠佳，战术意识不及男子。

（二）女子足球运动员战术训练的一般要求

1. 把握女子足球比赛规律

遵循女子足球比赛规律是女子足球战术训练的基础，是形成女子足球比赛战术观、正确制订战术训练方案和正确实施战术训练的前提条件，是比赛战术正确运用的本质规律。

2. 培养足球战术意识

由于女子足球运动员思维特点与男子运动员的不同（在对空间、时间的理解以及抽象思维方面要明显弱于男性），女子足球运动员的战术意识培养周期会更长，培养的方式与方法要更注重符合女性自身特点。

3. 培养战术的灵活运用能力

比赛中女子运动员在战术运用的创造性和灵活性方面要弱于男子足球运动员，在训练中应当把培养运动员在不同情况下战术灵活运用的能力作为重点，鼓励女子运动员的积极性和创造性发挥。

4. 处理好个人战术行为与整体战术配合的关系

就大多女子足球运动员而言，战术行为中对同伴的依赖性较强，个人的担当和承受能力弱于男子运动员。所以，在训练中应注重运动员的个人战术能力和担当能力的提高，以及战术纪律的建立，以保障实际比赛中战术完成的质量和战术运用的多样性以及个人与整体战术更合理地运用。

三、女子足球体能训练

（一）女子足球体能训练特点

足球是一项对身体素质要求很高的运动项目，属于既需要力量、速度耐力，又需要爆发力、灵敏和柔韧的运动项目。我国高水平女子足球运动员一场比赛中跑动距离超过 9 000 米，同时还要进行频繁的加速、减速、变向、跳跃和身体对抗等动作。所以，女子足球运动员的体能训练是其进行技战术训练的基础，也是运动员能力和水平的基本保障。

（1）肌肉力量作为人体各项运动能力的基础，在女子足球训练中应引起足够重视，注意做到全面性，力量训练应与速度、灵敏训练结合进行，在促进各素质独立发展的同时，也应更好地提高爆发力。由于女子肌力较差，反应时较长，在进行速度训练时，需多从发展反应能力和肌肉快速力量去提高反应速度和动作速度。针对女子下肢较短的特点，可通过发展步频来发展位移速度。

（2）因女子血液输氧能力较差，呼吸、循环机能水平及基础代谢率较低，其无氧耐力水平明显低于男子。从赛场表现来看，女子足球运动员一般奔跑能力较差，反复冲刺能力不足，快跑的次数少。因此，训练中应把发展有氧代谢和无氧代谢能力置于重要位置，在有氧耐力的基础上加强无氧耐力水平。

（3）女子体内脂肪含量较多，体脂占体重的比例较大，这是导致女子足球运动员身体灵活性差的原因之一。平时训练和生活中应注意利用小强度的有氧耐力训练和控制饮食等措施减少体脂含量，为灵敏素质发展提供良好基础。

（4）女子柔韧性较好，训练中不宜过分发展柔韧性及关节的灵活性，以免破坏关节稳定性，造成运动损伤。在进行柔韧素质训练时，需注意与力量素质并行发展。

（5）女子身体结构和肌肉力量水平与男子有一定差别，其在主要运动器官的肌力分配与平衡，以及某些技术动作的完成度（如跳跃）方面要弱于男子，以致女子运动员在主要运动器官的损伤方面要多于男子（如膝关节的前十字交叉韧带损伤）。因此在力量训练中应注意女子足球运动员的特点和特殊性，需要注意预防女子运动员特有损伤的功能性训练，以及相应的肌力平衡和核心力量的训练。

（二）女子足球体能训练的基本要求

1. 合理安排一般体能训练和专项体能训练

一般体能训练是提高专项运动所需要的身体能力的基础，而安排一般体能训练，并不意味着在运动训练过程中使身体各部位、各器官系统和各运动素质绝对均衡地得到发展与提高。正确的做法是应根据专项运动的需要和个人的具体情况，做有主有次、以主带次的计划与安排。因此，在安排一般体能训练的同时，还必须合理地安排专项体能训练，任何专项体能训练对身体都有着特殊的要求，一般体能训练是不能代替的。

2. 技术、战术、心理和智能训练有机结合

在体能训练时，要认识到女子足球运动员的竞技能力是一个完整的系统，在选择体能训练内容，确定体能训练方法和手段时应力求与专项技术动作形式、战术配合形式和心智能力有机地结合起来进行，使体能训练更加满足比赛的需要。

3. 严格贯彻区别对待原则

在女子足球运动员体能训练中，一定要严格贯彻区别对待原则，体能训练在整个训练中所占的比重，以及一般体能训练和专项体能训练比例的确定，要因人、因时而异。

4. 符合女子足球运动员身体发育特点

各种身体素质在女子足球运动员不同发育阶段的发展程度不同，训练的可塑性也不一样，训练中应根据各项身体素质训练的可能性，抓住有利时机，使该素质在适时的年龄阶段得到相应的发展，在敏感期得到较大的提高。

5. 积极采用各种恢复手段

女子运动员在承受大负荷训练课和比赛后机体恢复速度的快慢，直接影响训练和比赛的成效，国际体坛普遍认为“训练与比赛成效的50%取决于恢复”。随着现代女子足球训练和比赛负荷的增大，采用恢复训练、营养恢复、医学生物学恢复和心理恢复等，已成为女子足球训练，特别是体能训练全过程的重要环节。

（三）女子足球体能训练内容

1. 基础体能训练

基础体能训练是指在训练过程中，运用多种多样的非专项身体训练手段，增进运动员的健康，提高人体各组织、器官、系统的机能水平，促使运动员身体素质全面发展，为专项身体训练打好基础。其主要内容为结合足球运动项目的特点需要，有计划、有目的采用科学有效的方法，按比例发展不同代谢基础、功能特点的各项

运动素质，不断改善运动员的协调能力、运动速度，为足球专项运动技能的形成创造有利条件。

2. 专项体能训练

女子足球是一项需要很高体能水平的运动项目，属于既需要力量、速度、耐力，又需要爆发力、灵敏和柔韧的运动项目，对于女子足球运动员来说，专项体能的训练与提高是十分重要的，主要包括以下几个方面。

（1）专项力量。主要包括强大的绝对力量和爆发力，尤其对于女子足球运动员，要加强肌肉退让性收缩能力的训练，提高减速与制动能力，同时降低运动损伤的概率。

（2）专项速度。主要包括冲刺能力与反复冲刺能力的训练。

（3）专项灵敏。主要包括符合足球运动生物力学特征的各种急停、突然启动等节奏变化，以及变向、折返等各种改变身体空间位置和运动方向的能力。

（4）专项耐力。主要包括支撑运动员长时间运动的有氧能力和长时间快速运动的速度耐力。

四、女子足球运动员心理训练

女子足球运动员心理能力即运动员与训练竞赛有关的个性心理特征，以及依据训练竞赛的需要把握和调整心理过程的能力，是女子足球运动员竞技能力的重要组成部分。

（一）女子足球运动员心理训练特点

当前女子足球比赛的对抗越来越激烈，节奏越来越快，比赛中越来越需要运动员具备良好的心理素质。然而，女子体内雄性激素水平低，因而自信心、胆量及勇气均不如男子，常会感到身体素质差，承受大负荷训练的能力和有难度技战术的信心不足。不仅容易在激烈的比赛中处于高度焦虑状态，也容易在训练与比赛中表现出怕冒险和畏首畏尾倾向，这些情况严重影响和制约了女子足球运动员向更高竞技水平的发展。因此，在训练中需要有意识地激发女子足球运动员的竞争动机，通过设置不同对抗环境，采取各种有效手段提高她们的竞争欲和勇气。还要善于引导运动员正确对待比赛胜负，提高在挫折和不利情况下的耐受力。

（二）女子足球运动员心理训练要求

1. 预防为主，调控在先

同人类对待疾病的态度一样，最有效、最经济的方法是采用各种办法防患于未然。即在训练中，不要等到运动员出现了心理问题再去治疗、调控，而是针对可能出现的问题，事先教会运动员心理调控的方法，让她们主动地把心理状态调控到最佳水平。

2. 长期坚持，系统训练

良好的心理技能训练应该是一个长期系统的过程，即训练应在专业心理工作者的指导和帮助下，从运动员刚参与足球训练时就开始。应根据运动员的不同心理特点制订详细系统的心理技能训练计划，并严格按照计划实施。

3. 积极主动，自觉配合

心理技能训练的效果，取决于运动员的自觉性和积极性，任何心理技能训练手段的掌握和应用，都不可能脱离人的主观状态而起作用，如果失去了内部动力，产生厌烦和对立情绪，便失去了心理技能训练的意义。

4. 与运动专项相结合

研究表明，在女子足球训练过程中，单一的心理技能训练效果要显著弱于把心理技能训练与足球专业技能训练有机融合在一起的效果。所以，在实际操作中应把心理技能训练贯穿到运动员运动技能的训练和比赛情绪的控制中，使心理技能训练符合女子足球运动员的特点。

（三）女子足球运动员心理能力训练的常用方法

1. 放松训练

放松训练是以暗示语来集中注意，调节呼吸，使肌肉得到充分放松，从而调节中枢神经系统兴奋性的方法。

2. 表象训练

表象训练是在暗示语的指导下，在头脑中反复想象某种动作或运动情境，从而提高运动技能和情绪控制能力的过程。

3. 集中注意力训练

集中注意力训练是运动员约束、强制自己全神贯注于一个明确目标，不为杂念干扰而分散注意力的训练。是一个心理意愿和身体机能综合努力的结果，集中注意力训练分为一般性的注意力集中训练和结合专项的注意力集中训练。

4. 暗示训练

暗示训练也称“自我暗示训练”。是利用言语等刺激对人的心理施加影响，进而控制行为的过程。

5. 模拟训练

模拟训练的核心思想是适应，是指个体为自身的生存和发展，在生理机能或心理结构上产生改变，以便与环境保持平衡的过程。将比赛中可能出现的情况在训练中进行相应的训练设计，并进行反复的模拟训练，进而使运动员尽快适应比赛情况。

第三节　女子足球运动员月经期训练分析

现代竞技体育领域中，女子运动员月经期训练和比赛的问题已经引起了广泛的重视。许多女子运动员月经期中参加奥运会、亚运会、全国性赛事并取得优异成绩的事实证明，在科学合理的安排下，女子运动员在月经期是可以参加训练和比赛的。由于月经周期对女子足球运动员的身体和训练效果方面都存在客观的影响，因此对女子足球运动员月经期的训练进行分析与研究是很有必要的。

一、女子足球运动员月经期训练的生理心理特点

月经是卵巢分泌的激素刺激子宫内膜造成的，而卵巢激素的分泌又要受脑下垂体激素和下丘脑释放的激素控制。它们又都在大脑统一调节下有规律地运行，使女子在大约 28 天的一个月经周期中，出现一系列的身心变化。心理生理学的研究发现，女性的情绪会随着月经周期的变化产生周期性波动。通常在排卵期前后，女性会表现出积极的情绪，而在月经前期和月经期则表现出消极的情绪，有烦躁、抑郁、焦虑、易激怒等倾向。

由于月经期的影响，运动员在训练和比赛中会出现精力和情绪不够饱满、投入不足、注意力不集中等情况，表现为训练和比赛的效果不好，失误增多，甚至可能会影响比赛成绩等。这些原因都会成为困扰女子足球运动员情绪的周期性问题，使运动员月经期压力增大、心理问题增多、脾气暴躁、与人相处不愉快等，如果处理不当可能会引起队内矛盾、个人运动水平下降等问题。所以在女子运动员月经期训练中应多进行思想教育和引导，使运动员正确认识问题，形成乐观向上的态度应对问题；还应了解和关心女子足球运动员的生活习惯和心理特点，合理安排训练和比赛，使其形成正确良好的日常生活习惯和科学安全的训练及比赛规律。

二、月经期训练负荷安排

（一）一般安排

根据女子月经周期运动能力变化的一般生理规律，月经期参加适当的体育运动是有益无害的。运动能改善人体机能状态，改善盆腔内生殖器官的血液供应。运动时腹肌、盆底肌收缩与舒张交替进行，对子宫起到一定的按摩作用，有利于经血的排出，促进血液循环。月经期运动负荷安排的一般规律是从月经来潮的前一周开始，运动负荷逐渐减少，直到月经期内维持相对较小的运动负荷。月经后期运动负荷逐渐增大，月经结束后一周达到相对最大负荷，维持一段时间后，在下次月经的前一周又逐渐减小。依此类推，循环往复。

（二）个体安排

月经周期内运动能力的波动具有个体差异。一般安排很难与每名运动员月经周期运动能力的变化规律相一致。为了提高训练的科学性和严谨性，必须掌握每位运动员月经周期内运动能力变化的规律，做好个体安排。

三、月经期训练方法的调整

月经期时，可对运动员的训练进行如下调整：

(1) 运动员月经期的第 1~2 天，原则上不安排做腰腹动作、下蹲动作、快速跑等强度较大的训练。

(2) 运动员月经期第 3~5 天，安排与其他队员一起训练，但训练时间要比其他队员短、间歇休息时间长一些，避免做腰腹动作练习。

(3) 运动员月经期结束后，可以正常训练。

通过以上的形式安排训练，可较好地解决女子足球运动员月经期前后约 7 天时间的训练，既使其能跟队正常训练，又不会影响其身心健康，对整队的训练质量、水平的提高也有保证。

四、月经期训练注意事项

尽管月经期对女子运动员身体机能的影响是客观存在的，但根据运动员适应性原理，通过长期系统的训练会产生良好的适应性，使月经期对运动员竞技能力的影响逐步降低。研究表明，大多数运动员月经期反应是随着运动训练水平的提高而好转的，对优秀运动员来说，月经期参加大负荷训练和比赛是可行的，不会产生过大影响。但对训练水平较低的运动员则应重视个体的差异，不宜过多参加大负荷训练和比赛，要循序渐进，逐步适应。为了保证训练效果和运动员的身体健康，教练员在安排经期训练时必须注意：

(1) 月经期前和月经期后一周出现成绩高潮，一定程度上反映了超量恢复的规律。一般在月经期前往往安排大负荷训练，月经期开始后进行调整。在月经期的后期和月经期结束后一周就会出现机体机能的超量恢复效益。依此规律可使月经期训练变被动为主动。

(2) 月经期训练必须坚持运动负荷缓慢增大、逐步适应的原则，即运动员对某一程度的负荷适应后再加大负荷。

(3) 月经期训练必须与严格的医务监督相结合。通过建立月经周期卡片等方法，详细记录并了解运动员月经期身心反应和运动能力，以便及时调整月经期的运动训练负荷。

(4) 月经期盆腔脏器充血，子宫绵软，在做使腹内压增加的练习时，可能会造成月经血量过多，长期如此还可能引起子宫及附件移位，影响生殖机能。所以月经期训练应尽量减少增大腹压的练习和承受大重量并带有憋气的动作。

(5) 月经期训练应注意卫生，特别在阴雨天和泥泞地训练或比赛时更要注意，以防阴道感染。

(6) 女子运动员月经期常会出现心理和精神上的紧张和烦躁，对比赛失去信心和兴趣。因此，除对运动员进行思想教育外，还应向运动员讲清女子月经周期的生理特点，解除其思想顾虑。另外，还须进行必要的心理训练和调控，解除各种不良的心理因素。

思考与实践

1. 女子足球训练的基本特点有哪些？
2. 女子足球技战术训练的特点是什么？
3. 如何安排女子足球运动员月经期的训练负荷？
4. 女子足球运动员月经期训练应注意哪些事项？

第十一章 足球运动损伤

本章导读

如何有效预防和治疗足球运动损伤，是现代足球运动的重要组成部分。本章包括两节内容：第一节简要介绍足球运动常见损伤和产生原因；第二节介绍足球运动中常见损伤的处理方法。

学习目标

知识目标：了解足球运动损伤的基本知识，理解足球运动员健康的重要意义；了解足球运动损伤产生的原因。

能力目标：掌握足球运动常见损伤的处理方法；提高在足球运动实践中运用相关理论的自觉性和能力。

价值目标：正确认识足球运动与伤病的关系，培养运动损伤防护意识，树立正确的健康观。

第一节　足球运动损伤概述

在足球比赛和训练的过程中，不论是职业运动员，还是足球爱好者，享受足球运动带来的乐趣和健康的同时，也会出现各种各样的伤病问题。由于伤病等造成的运动表现下降、比赛训练时间减少、治疗费用增加等不利影响，让我们充分认识到足球运动损伤防治的重要性和必要性。随着足球竞技日趋激烈，足球医疗的重要性越发凸显，掌握一定的足球运动健康管理、伤病防治、急救措施等知识是现代足球运动工作者必须具备的基本素养。

足球运动伤害的危险因素可能潜伏在足球运动的各个方面，本节将重点阐述足球运动的常见损伤部位，以及损伤机制。

一、足球运动常见损伤简介

足球运动损伤在比赛和训练中都会发生。流行病学统计调查显示，女足运动员每 1 000 小时比赛中有 16.1 例运动损伤，每 1 000 小时训练中有 3.8 例运动损伤。而男足运动员每 1 000 小时比赛中平均有 17~51 例运动损伤，每 1 000 小时训练中有 2~6 例运动损伤，总体来说比女运动员略高。比赛中受伤的发生率远大于训练。而在损伤严重性方面，男女运动员则没有显著差异。

从受伤部位看，下肢损伤的发生率最高，为 6.8 次/1 000 小时，占总体损伤的 60%~90%；其次是躯干，达到 0.4 次/1 000 小时；上肢排名第三，达到 0.3 次/1 000 小时；头部和颈部的伤害发生率最低，为 0.2 次/1 000 小时。

在下肢损伤中，大腿 1.8 次/1 000 小时；膝盖 1.2 次/1 000 小时；脚踝 1.1 次/1 000 小时；臀部/腹股沟 0.9 次/1 000 小时；腿部下部/跟腱 0.8 次/1 000 小时；脚/脚趾 0.4 次/1 000 小时。

从损伤类型看，最常见的损伤是肌肉、肌腱损伤，为 4.6 次/1 000 小时。此外，瘀伤为 1.4 次/1 000 小时，扭伤为 0.4 次/1 000 小时，骨折和压力性损伤为 0.2 次/1 000 小时，撕裂伤为 0.05 次/1 000 小时，中枢/周围神经系统损伤为 3.1 次/1 000 小时，其他伤害为 0.6 次/1 000 小时。需要 4~7 天恢复的损伤为 1.7 次/1 000 小时；需要 8~28 天恢复的损伤为 2.0 次/1 000 小时；超过 28 天恢复的重伤为 0.8 次/1 000 小时。

综上所述，下肢损伤在足球运动中最常见，以关节扭伤、肌肉和韧带拉伤为主，伤害的严重程度各不相同。较为严重的病例需要手术治疗，例如，踝关节韧带严重撕裂、踝关节脱臼和骨折、膝关节软骨撕裂和前十字交叉韧带断裂等。

二、足球运动损伤的产生原因

足球运动是同场对抗项目，受伤概率较高。现代足球运动的比赛节奏更快，对抗更为激烈，高强度比赛和训练在一定程度上增加了运动员受伤的概率。分析足球运动损伤的原因，使用科学证据，有利于指导教练员和运动员合理科学地规划适合球队和个人的比赛与训练方案。

造成足球运动损伤的危险因素可分为内源性因素（与自身相关）和外源性因素（与环境相关）。内源性因素指个体的生物学或社会心理特征，与运动员自身相关。例如，年龄、性别、身高、体重、营养、力量以及身体结构异常、关节灵活性异常（病理性韧带松弛和肌肉紧绷）、功能不稳定、陈旧损伤、康复不足等因素。外源性因素和运动员的训练环境相关。如球场、天气情况、竞技规则、保护装备（如护腿、绷带）、鞋和地面的相对应力以及犯规动作等。

有学者对我国青少年足球运动损伤因素进行统计分析，其中生理因素导致的损伤居损伤排名之首，心理因素排名第二，技术因素排名第三，训练因素排名第四。

青少年足球运动员运动损伤的生理因素主要包括体力不支、力量不足、准备活动不充分、旧伤未痊愈、柔韧性和灵敏性不足等；心理因素主要有训练或比赛中过度兴奋或紧张、自我保护意识不足、注意力不集中或观察不到位等；技术因素主要包括技术动作不合理、对方犯规、对规则不了解、自我保护动作不合理等，其中不正当的身体接触导致的损伤约占所有损伤的 1/3；训练因素包括训练负荷过大、带伤训练或比赛以及局部疲劳过度等。

在掌握足球运动损伤特点和主要原因的基础上，需要由教练、球员、医务人员等制订足球伤害预防计划，从而为运动员创造一个安全的训练和比赛环境。

第二节　足球运动常见损伤及处理

运动损伤通常分为急性和慢性两类。急性损伤往往是受到强度较大的直接和间接外力一次性作用所造成的创伤，其特点为发病急，病程短，病理变化和症状较明显；而慢性损伤大多是由急性损伤处理不当转变而来，或是因局部长期负荷过度，使组织不断劳损，逐渐积累而成。

本节主要介绍足球运动常见的急性运动损伤及处理方法。

一、挫伤

（一）成因

挫伤是钝力直接作用于身体某部位所引起的一种闭合性损伤。挫伤多因相互间冲撞、踢抢、争顶、踢地、踩蹬或倒地时引起，挫伤常见部位主要有脚背、脚趾、小腿前胫骨、大腿前部及外侧以及头部等。

（二）症状

挫伤是皮下及深部组织遭受外力的挤压损伤而无开放创口。其症状为急性疼痛，最终可能导致肿胀和功能障碍。肌肉内或肌肉间出血的情况不同会表现出症状的差异。如果以肌肉内出血为主，肌间隔被血液充满，压力随之增高，肌肉内的血肿可能机化并钙化。如果是肌肉间的出血，血液可以通过筋膜外泄（一般向远端方向），分布在大腿前部的肌间隔之间。因此肌肉间损伤，在伤后几天，通常在损伤部位远端可以看到皮下瘀斑。

（三）处理

处理挫伤时，急性期遵循 PRICE 原则。P（Protect）保护，一旦发生伤害，要立即停止活动，保护受伤部位，避免再次受到伤害；R（Rest）休息，受伤部位禁止活动，以休息为主；I（Ice）冰敷，冰敷时常用冰水混合物，切勿将冰块直接接触皮肤，每次冰敷不要超过 20 分钟；C（Compression）加压包扎，加压可以止血减轻肿胀，减少组织液渗出；E（Elevate）抬高，将受伤部位抬高，使之高于心脏，促进血液回流，减轻肿胀。运用冷冻喷雾剂喷患处并进行加压包扎。伤害发生在大小腿处的，可外加护套，使髋关节和膝关节保持屈曲位。这种姿势利于降低损伤肌肉内的压力，帮助止血。

急性运动创伤处理

对于挫伤的伤员，教练员可根据队员身体情况以及训练或比赛表现作出是否继续运动的决定。但在比赛后或训练后，教练员应督促队员或护送其寻医就诊，由医生给出具体治疗方案。

由于足球运动对抗异常激烈，在诊断挫伤时，教练员还应注意队员挫伤有无合并症，即同时引起其他组织或器官的损伤。如大腿股四头肌挫伤时要注意股四头肌有无断裂，头部挫伤时有无伴随脑震荡，腹部挫伤时有无内脏器官的损伤等。如果队员挫伤伴有并发症，常表现为心慌气短、面色苍白、四肢发凉、挫伤部位及周围剧痛，甚至出现意识丧失等症状。当队员伤后主观反应强烈且教练员怀疑有其他组织器官损伤时，应及时送至医院诊断治疗。

二、扭伤

（一）成因

扭伤通常发生在关节韧带处，它是在间接外力作用下关节发生超常范围活动而造成的关节内外侧韧带的闭合性损伤。在足球训练或比赛中，这一损伤最易出现的部位通常在踝关节外侧韧带、膝关节内外侧韧带等处，其主要发生原因有场地不平整、技术动作错误、踩脚、冲撞等。

（二）症状

根据足球运动发展实践和运动损伤统计结果看，严重的扭伤并不多见，主要是韧带部分纤维被撕裂的轻微损伤，常表现为局部疼痛，轻微肿胀和关节活动受限等。

（三）处理

对于轻度扭伤，遵循 PRICE 原则处理，患处喷冷冻剂或进行冷敷，再用绷带加压包扎固定，抬高损伤部位。根据情况考虑是否继续训练或比赛，以及运动后继续治疗的处理办法。

当遇到肿胀较大，疼痛剧烈，关节功能出现障碍，如关节可被拉开，出现“关节松动”，队员诉说关节内有“卡住”或骨质部位有明显压痛等症状时，则应考虑是否有韧带严重撕裂、完全断裂或其他组织器官的损伤，如膝关节半月板损伤、撕脱骨折甚至骨折等，此时应将队员即时送医，由医生进行后续处理。

三、拉伤

（一）成因

在外力直接或间接作用下，肌肉会出现过度主动收缩或被动拉长，往往会产生肌肉拉伤。肌肉拉伤在足球运动中发生的主要部位通常是大腿前、后肌群和小腿三头肌，多见于起动冲刺、射门、长传、急停变向等动作中。究其原因，主要为准备活动不充分，肌肉的生理机能尚未达到适应高强度活动的需求状态，身体训练水平不够，肌肉的弹性、伸展性、肌力差，疲劳状态下肌肉机能下降，力量减弱、身体发僵，技术动作不正确以及冲撞等所致。

当队员出现肌肉拉伤时，可见重复完成动作伴有疼痛，最简易实用的判别方法为采用肌肉抗阻收缩试验，即让受伤队员做受伤肌肉的主动收缩活动，检查者对该活动施加一定阻力，在对抗过程中出现疼痛的部位即为肌肉拉伤处。

（二）症状

轻度肌肉拉伤者常有伤处疼痛、局部肿胀、压痛、肌肉紧张等症象。重者则多表现为肌肉断裂，局部肿胀明显，皮下瘀血严重，肌肉功能出现障碍，在断裂处可摸到凹陷或一端异常膨胀等症状。重度拉伤在足球运动中比较少见。

（三）处理

遵循 PRICE 原则。对于伤势是否影响训练或比赛，可由队员的自我感觉来决定。如队员感觉疼痛程度较低，可喷冷冻剂，戴护腿后继续上场；如有稍重者，除采用冷喷剂外，还需用绷带进行加压包扎、加护腿，抬高患肢防止肿胀，然后根据情况决定是否继续参赛；如果队员有行走困难或明显影响动作完成效果的情况，则应将其抬出场外，停止运动。

四、擦伤和撕裂伤

（一）成因

在足球训练或比赛中，擦伤和撕裂伤比较常见。擦伤为受外力摩擦所致，表现为皮肤组织被擦破出血或组织液渗出。足球运动中的铲球、相互冲撞后摔倒等动作都可引起擦伤。撕裂伤常见于头部，它往往是由争顶头球等动作造成的。

擦伤和撕裂伤，特别是擦伤，对训练或比赛中运动员竞技能力的影响不严重，因此，在运动实践中往往也最易被忽视。但由于这些伤口都与外界相通，容易引起出血和感染。同时任何轻微的损伤，都会对运动员造成心理影响，从而降低竞技能力。所以，当出现这类损伤时，也应及时处理治疗。

（二）症状

擦伤时皮肤表层破损，创面常附着泥沙或其他异物，会有点片状创面或少量点状出血，由于皮肤感觉神经末梢暴露，痛感明显。

（三）处理

擦伤处理时，首先要清创。由于擦伤表面常常沾有一些泥土及其他异物，所以清洗创面是防止伤口感染的关键步骤。可用淡盐水（1 升纯净水中加食盐 9 克，浓度约 0.9%），没有条件时也可用自来水边冲边用干净棉球擦洗，将泥土等灰尘洗去，否则易引起伤口感染。然后，进行止血和消毒处理。可用碘伏、酒精棉球对伤口周围进行消毒，沿伤口边缘向外擦拭，注意不要把碘伏、酒精涂抹入伤口内，否则会引起强烈的刺痛。消毒的目的是杀菌，以防伤口感染，所以消毒杀菌环节必不可少。最后进行包扎处理，用消毒纱布或清洁布块包扎伤口，小伤口也可不包扎，但都要注意保持创面清洁干燥，创面结痂前尽可能不要弄湿。

肌肉痉挛

肌肉痉挛处理

撕裂伤轻者经消毒后，用粘膏或创口贴贴敷即可上场比赛，面积大的撕裂伤则需要止血，并及时送往医院缝合伤口，并注射破伤风类药物。

五、骨折

（一）成因

水泡处理方式

骨的完整性遭到破坏称骨折。骨折是足球运动中较为严重的损伤，但其发生率很低。研究表明，足球运动中的骨折主要发生在胫骨、腓骨、髌骨、跖骨和趾骨、锁骨等部位。常见损伤原因多为直接暴力或间接暴力两种，如跖骨和趾骨（急性）骨折往往是由外力施加于脚背或脚趾导致，如踩踏、铲球或正常的高负荷跑动突然变向以及对抗与拼抢等；胫、腓骨骨折通常是由对抗条件下的剧烈暴力动作所致，如背后铲球、蹬踏等。

（二）症状

跖骨和趾骨骨折通常表现为损伤部位及周边的疼痛、肿胀，皮下迅速出血、变色或骨折导致的皮肤破裂，骨骼排列失序等情况；胫骨粗隆和胫骨骨折症状包括急性的剧烈疼痛以及骨排列不齐或骨刺穿皮肤，伴随局部迅速肿胀；疲劳性胫骨骨折往往感觉小腿疼痛，在运动量和强度增大时，疼痛明显，休息后会有好转；腓骨骨折的主要症状是伴有轻微局部疼痛，单纯腓骨骨折有局部压痛但不重，易被误诊为软组织损伤；髌骨骨折患者往往有明显外伤史，伤处局部疼痛，不能活动，有压痛，骨折后关节内大量积血，髌前皮下淤血、肿胀，严重者皮肤出现水泡，伤部肿胀畸形。

（三）处理

骨折应急处理

在足球训练和比赛中，教练员应结合队员的主观感受以及受伤时的具体情况及时考虑骨折的可能性，并应采取下列措施：

（1）跖骨和趾骨骨折较轻时，一般情况下不会出现骨移位。如果损伤情况较轻，应先固定患处，立即实施冰敷或使用冷冻喷雾剂降温，并停止剧烈运动。随后立即送医检查。

（2）发生胫、腓骨骨折后，应迅速对伤者伤情进行简单的判断，避免患处的任何不必要移动，做简单的固定，立即实施冰敷或使用冷冻喷雾剂降温，随即送医院检查确诊。固定的目的是保证运送途中减少对软组织的进一步损伤，并减少晃动带来的剧烈疼痛感。

（3）若出现开放性骨折，需要对伤口进行清创，并及时止血，立即送医。

（4）如骨折处可能在脊柱，应迅速请医务人员到场处理并且不要无故移动伤员或伤处。如果对脊柱损伤队员搬动不当，会有发生脊髓损伤的危险，可导致高位瘫痪，甚至影响呼吸造成休克或死亡。

（5）如队员骨折后伴有休克，则先抗休克，后处理骨折。抗休克的措施一般包括：伤员安静平卧，注意保暖，如有呼吸困难可行人工呼吸。具体做法是，使队员仰卧，头部后仰，把口打开并盖上一层纱布，急救者一手托起其下颌，掌根轻压环状软骨，使其压迫食管，防止空气入胃。另一手捏住其鼻子，然后深吸一口气，对准其口部吹入，吹完后松开捏鼻孔的手，如此反复进行，每分钟 16~18 次。胸外心脏按压是急救者将两手掌相重叠，放于伤员胸骨体下段及剑突部，用力下压，随后将手放松，以 60~80 次/分的频率有节律地进行。下压力度要均匀缓慢，松手要快，切忌用力过猛造成肋骨骨折。

六、关节脱位

（一）成因

关节脱位也称脱臼，是因外力作用使关节面之间失去正常连接关系的损伤形式。关节脱位可分为完全脱位和半脱位两种。前者是关节面完全脱离原来位置，后者是关节面部分错位。严重的关节脱位都伴有关节囊撕裂，关节周围韧带、肌腱及其附着组织的损伤。若伤及神经，还可引起感觉和运动障碍。在足球运动实践中，关节脱位亦不多见，发生的部位通常在肘部、肩部等，并且大多是由摔倒后不正确的落地姿势造成的。

（二）症状

1. 局部疼痛、压痛

关节脱位时，附近软组织伴有损伤，可引起严重的疼痛，并有明显的压痛。

2. 局部肿胀

由于周围软组织内血管撕裂出血，以及软组织因创伤而出现的炎症反应，在受伤后不久即出现肿胀。

3. 关节功能障碍

关节结构失常，关节周围软组织因疼痛发生痉挛，进而无法正常活动。

4. 畸形

关节脱位后，肢体的轴线有改变，与另一侧对比，不相对称。

（三）处理

当教练员通过上述症状发现队员是关节脱位时，应首先止痛，抗休克，保持受伤部位相对固定，避免移动，并立即联系就医。

足球运动中的环境伤害和急救处理

足球训练和比赛有时可能会在炎热、寒冷或雷电等环境下进行。因此，应评估环境因素可能给足球运动参与者带来的风险，进而采取必要的预防和管理措施，避免发生相关的疾病或伤害。

一、足球运动中的环境伤害和处理

（一）中暑

中暑是在暑热季节、高温或高湿环境下，由于体温调节中枢功能障碍、汗腺功能衰竭和电解质丢失过多而引起的以中枢神经或心血管功能障碍为主要表现的急性疾病。根据临床表现，中暑可分为先兆中暑、轻症中暑、重症中暑。其中重症中暑又分为热痉挛、热衰竭和热射病。热射病是最严重的中暑类型。

预防和处理运动中暑，主要采取补水降温的办法。在足球训练和比赛中，一定要补充必要的水分，还应准备含糖、含盐分的运动饮料，和水分开使用。当有先兆或轻度中暑时应立即停止运动，迅速离开高热环境，移到阴凉通风处仰卧休息，解开衣扣、腰带、敞开上衣，服用解暑片或藿香正气水，补充水分、淡盐水等。

（二）低温

在低温环境下进行足球训练和比赛应注意低体温症。低体温症发病的原因主要是因为人体内产热少，体温调节功能差，在寒冷环境中从皮肤丢失的热量过多，不能使体温保持在一定的水平上。当体温下降到 35 ℃以下时，就会发生低体温症，到 32 ℃以下会进一步加速进入危险的状态。严重的低体温症会引起意识障碍、颈项强直、血压下降、心动过缓或心律不齐，甚至死亡。

在比赛和训练时，冷、雨、风三种情况同时出现会很危险。这时，应注意防寒，需穿保温性较好的衣服，也可穿防水和防风的衣服。如被雨淋湿或出汗过多，应勤换衣物。此外，低体温的时候容易脱水，应喝温热饮料摄取水分及能量。

轻症的情况下，应尽早裹在毛毯里，做手脚的按摩，提高身体表面的温度。重症的情况下可能会出现“After-drop”的休克状态，即突然温暖体表，血管扩张，还没有变暖的低温血液会急速回到心脏，深部体温就会下降，导致血压下降，从而产生危险的休克状态。

（三）雷击

足球场面积很大，避雷设施难以顾及全场。空旷平坦的赛场，大风容易进入，流动的空气与足球场地面快速摩擦产生许多静电，而上空云层往往也带有大量电荷。云层和地面之间就构成了一个巨大的“电容器”，里面的电荷相互感应和传递，一触即发，很容易产生放电（即雷击）现象。此外，雷电往往是狂风暴雨的伴生物。降水在重力作用下与云粒子发生碰撞，结果是带正、负两种电荷的微粒逐渐分离，形成带电云层。带电云层在风的作用下，跟随气流移动，当电荷积累到一定程度，又恰好被风推移到球场上空，就极易出现放电现象。

当在室外足球活动中发现有雷击预兆时，要迅速中止活动，在判断为没有危险性之前，尽快到达安全的地方避难。为避免极端天气带来的伤害，应事先调查以下事项，并在作出决定后再进行活动。

（1）明确当天的天气（特别是大雨和雷云等）。

（2）确认避难场所。

（3）确定有中止活动决定权限的人员，以及决定中止时的联络和执行流程。

二、足球运动中的急救和处理

（一）脑震荡

暴力作用于头部会立即出现短暂的大脑功能障碍，但无明显的脑组织实质性损害称为脑震荡。

脑震荡会导致伤者神经系统上的变化，急性期症状常表现为反应功能性障碍，而不是结构性损伤。严重脑震荡会引发一系列临床综合症状。急性脑震荡的症状包括意识丧失、头痛、眩晕、视觉模糊、平衡障碍和恶心等情况。

（1）意识障碍。程度较轻而时间短暂，可以短至数秒钟或数分钟，不超过半小时。

（2）近事遗忘。清醒后对受伤当时情况及受伤经过不能回忆，但对受伤前的事情能清楚地回忆。

（3）其他症状。常有头痛、头晕、恶心、厌食、呕吐、耳鸣、失眠、畏光、注意力不集中和反应迟钝等症状。

（4）神经系统检查无阳性特征。

运动员头部受到撞击时，要弄清是单纯的撞击还是脑震荡有以下几种方法：

（1）检查意识症状。检查伤员对于周围的人的呼叫，能否清晰回应。是否伴有头痛、头晕、耳鸣、恶心等症状。

（2）确认记忆和现状认识。例如，伤员能否对当天的日期、地点、比赛、对手、比分进行明确的回答。需要注意的是向伤者询问的时候，听到运动员说“没关系”“我能做”，只是本能的回答，继续运动可能是危险的。

（3）确认平衡。闭上眼睛，两手叉腰站 20 秒，眼睛睁开，手离开腰，检查运动员是否频繁失去平衡。

如果在运动场上出现脑震荡的情况，应马上暂停比赛，对受伤运动员进行观察，并避免其身体移动。与其进行语言交流，判断其意识是否清楚。如果出现语无伦次、答非所问、重复回答，甚至是意识丧失、头痛、眩晕、视觉模糊、平衡障碍和恶心等情况，便可判定为急性脑震荡的早期症状，应及时联系就医检查。

（二）心脏骤停

心脏骤停（SCA）是导致足球运动员在赛场上猝死的主要原因，是指突发的心脏电活动异常，心脏突然停止跳动，导致有效脉搏和血压丧失。由心脏骤停导致的死亡即为心源性猝死。一旦发生心脏骤停，大脑和其他重要器官的血液灌注将会停止，如果不及时予以治疗，就会导致死亡。

对于突发心脏骤停运动员的抢救，很大程度上依赖于快速的高质量心肺复苏和除颤。高质量的心肺复苏能暂时维特血氧供应，但仅做心肺复苏无法将心室颤动转复为心脏正常节律跳动，电除颤才是转复心脏节律、治疗心室颤动的唯一手段（自动体外除颤器急救操作流程见 AED 使用操作流程视频）。

AED 使用操作流程

如果在心脏骤停 1 分钟内立刻给予高质量的心肺复苏，抢救成功率可达 90%；心脏骤停 2 分钟，成功率降至 60%；4 分钟时降至 40%；8 分钟时仅为 20%；心脏骤停达 10 分钟或以上，抢救成功率趋近于零。若运动员心脏骤停约 10 秒，将会出现意识丧失；约 1 分钟，呼吸将逐渐停止；6 分钟将出现不可逆的脑细胞死亡；8 分钟将进入植物人状态。所以抢救宜在出现脑细胞死亡前尽快介入，心脏骤停后的 4 分钟内为黄金抢救时间。

急救操作流程　　心肺复苏步骤　　随身医疗用品

思考与实践

1. 简述造成足球运动损伤的原因。
2. 简述挫伤和扭伤的症状与常见处理办法。
3. 简述小腿肌肉痉挛的常见原因和处理方法。
4. 在足球训练和比赛中如何防治中暑?
5. 简述脑震荡的检查方法和判断依据。
6. 在使用 AED 之前，需做哪些准备工作?

▶ 第十二章 足球教练员

本章导读

在足球队中，教练员的角色和职责是多方面的，他们不仅要关注球队的技战术训练，还要关心球员的个人发展和团队的整体表现。本章介绍足球教练员团队的基本工作方式和职责分工，以及足球教练员需具备的基本素质、职责和具体任务，针对教练员在训练中的执教方式、要求，指导足球比赛需要具备的能力，分析如何调节和管理自身与运动员心理，并对优秀教练员的特点与发展方式进行讨论。

学习目标

知识目标：了解足球教练员团队的基本工作方式及职责分工，熟悉足球教练员的基本素质、执教要求。

能力目标：掌握足球教练员在执教过程中的基本要求、方式与任务，以及进行心理管理与指导的内容及方法。

价值目标：认识优秀教练员的特征，以及成长过程和要求，逐步增强对优秀教练员成长方式的认同，树立成为优秀教练员的目标。

第一节　足球教练员分工与职责

在科学化和系统化的理论体系指导下，人们对现代足球的运动员成长、训练、团队管理等各环节都产生了新的认知和理解，在这些理论指导下，高水平足球队对球队建设中的各环节均进行了具体任务和相关工作人员的分化。在教练员团队中，同样根据比赛及球队成长的需要进行了职责划分，每个环节均拥有专门的教练员，以此最大限度地提高各环节的工作效率和质量，促进球队整体的发展。

一、教练员的分工

训练是协调一系列活动，并采用有针对性及系统的方法来提高运动员和队伍竞技水平的过程。教练员在球队的训练与比赛中处于主导地位，对球队的发展起着重要作用，他们既是管理者，也是教育者。教练员通过训练过程对运动员进行正确的指导、教育，最大限度地调动运动员的主观能动性，把球队凝聚成具有超强战斗力的团队，共同实现球队的发展目标。教练员是训练过程的负责人，在高水平职业队中，教练组成员主要包括主教练、助理教练（执行教练）、守门员教练、体能教练、科研及数据分析人员等，他们在日常训练及比赛过程中，根据自己的专长负责不同工作，而这一切工作的起点与核心内容，则需要与主教练进行沟通，或者是在主教练的要求指导下进行。

青少年球队的教练员必须胜任以下角色分工：他是一位教育者，一位训练师，一位指导者，一位朋友。与职业团队的教练员相比，青少年阶段的教练员更多是负责每位运动员的进步而不是球队的成绩。作为一位教育者，他必须了解年轻球员的性格，并使用教育思维进行支持，教育者可以参与青少年的个性和精神力量的发展。作为一位训练师，他必须了解现代足球运动及其发展趋势，并进行技术、战术和体能训练，使运动员能够健康成长。他必须了解学习的原则，以及确保训练课尽可能有效的方法。作为一位指导者，他必须充分意识到运动员参与竞争的重要性并提供相应的建议，但他从不优先考虑竞赛成绩因素，因为这样不利于发展年轻运动员的技能。作为一位朋友，以及运动员可以信任的人，他必须树立榜样，并为年轻运动员的心理和社会管理承担责任。为此，他必须获得及保持运动员家庭和学校的信任，否则他的工作很难做到完善。教练员的关键技能集中在促进每位年轻人的进步上，随着运动员的成长，教练员各种角色的重要性将发生变化，但是这些任务始终存在，在基础培训层面，他主要是需要成为一名教育工作者，在中级培训层面，他更多的是需要成为训练师和指导者，这一切都是为了青少年运动员的发展（图 12-1-1）。

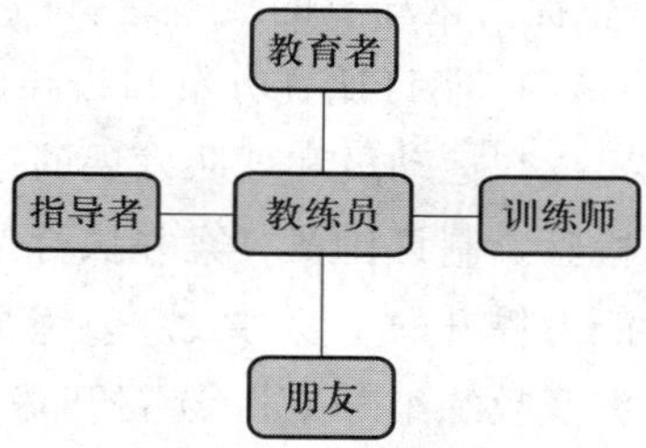

图 12-1-1 教练员的角色

二、教练员的职责

教练员要确立以运动员为核心的执教思路，运动员是其一切工作的核心。教练员在执教过程中要作为一名教育者，对运动员进行积极的指导，包括为运动员创造机会，提高运动员能力，以积极、平等的方式对待运动员，更多采用鼓励、赞扬的方式去激励运动员，认识运动员成长的现状及可能性，帮助运动员发展及挑战新的高度。

（一）总体职责

1. 制定球队的发展目标和规划

依据球队发展的总体思路制定球队的发展规划，需要重点涉及运动员的个体情况，球队的总体任务目标等。球队的目标和规划要包含短期、中期和长期发展的内容，在球队的发展中，核心部分是每一位队员的发展，这是一个长期而系统的过程。

青少年运动员的发展具有阶段性的特点，包括其自身身心发展的阶段性和作为运动员训练周期的阶段性。青少年运动员主要经历四大训练阶段，即启蒙阶段、基础阶段、发展阶段和提高过渡阶段。这四个阶段都是为球员成为高水平运动员夯实基础，做好准备。在青少年运动员培养中，教练员要根据球员所处的不同阶段，根据运动员水平、队伍特点、比赛要求，确立适宜的训练目标和任务，运用科学的理论指导训练，并在训练和比赛中为运动员创造机会，满足运动员展现自己、磨炼自己的需要，并使运动员在自我展示与实战中发现自己的问题和不足，不断激发他们的学习动机，增加经验，使运动员能够取得最大化的训练收益。教练员需要制订三方面规划内容：① 球队总体的发展规划；② 球队阶段性发展规划；③ 运动员个体的发展规划。

2. 制订球队的整体训练计划

教练员依据球队和运动员的实际情况，结合球队与运动员的长期发展规划，制订球队的训练目标和计划，目标和计划在制订时，需要遵循科学性和客观性。教练员主要需制订：① 长期训练目标和计划；② 短期训练目标和计划；③ 周训练目标和计划；④ 课时训练目标和计划；⑤ 计划的修正与调整。

3. 组织及实施训练

组织及实施训练是教练员的核心任务，其目标是全面提高球队和运动员的比赛能力。教练员需要遵循客观规律与特点，系统性地促进运动员体能、技术、战术、心智和社交能力的全面发展，在运动员的不同阶段合理地安排不同能力训练的比例和侧重点，注重各项能力之间的相互促进，保障运动员各项能力科学、系统地发展。教练员需要关注的重点：① 提高运动员的体能；② 提高运动员的技术能力；

③ 提高运动员的战术意识；④ 提高运动员的心智能；⑤ 提高运动员的交流能力。

4. 制订比赛方案和指导比赛

在运动员和球队发展的过程中，比赛是最重要的环节之一，也是对训练成效的检验。制订比赛方案并执行是教练员必须具备的基本能力，是促进教练员比赛谋略能力提升的重要方式。教练员制订比赛方案和指导比赛需要：① 研究确定比赛方案及教练组分工；② 召开赛前准备会安排比赛方案；③ 与有关运动员进行赛前交流与沟通；④ 比赛前、比赛中及比赛后的指导；⑤ 记录和整理分析有关比赛的信息资料。

5. 负责球队的管理

球队管理是球队建设的重要方面，教练员出色的管理能够有效提升球队凝聚力、整体实力和比赛表现。教练员需要通过启发、引导、传授的方式培养运动员独立解决训练、比赛、生活中实际问题的能力，同时对运动员进行思想教育，不断积累运动员的自信，使其能够以乐观向上的生活态度，从容面对各种挑战。教练员在管理过程中需要关注：① 制定球队的管理规章制度；② 球队的精神风貌建设；③ 与队员平等友好的交流；④ 对运动员进行思想教育；⑤ 球队的训练、生活、学习管理。

6. 负责对外交流与交往

教练员需要与球队之外的各相关领域建立良好的联系，通过有益的交流和沟通，为球队发展创造良好的外部环境。在对外的交流与交往中，教练员需要关注：① 与领导部门的沟通与交往；② 与赞助企业的沟通与交往；③ 与新闻媒介的沟通与交往；④ 与同行的交流与交往；⑤ 与家长、朋友的沟通与交往。

（二）具体任务

教练员在球队中起主导作用，其主要职责和任务是指导训练、指导比赛、思想教育、球队管理和对外交流等，不断提高运动员的技战术水平和道德水准，培养全面的优秀足球人才（图 12-1-2）。教练员要扮演多种角色，既要传授知识，也要

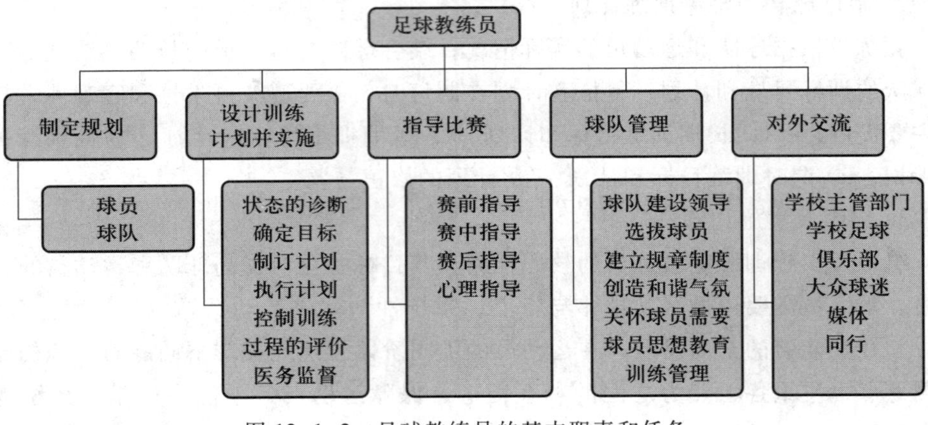

图 12-1-2　足球教练员的基本职责和任务

进行严格训练，鼓励和激发运动员的训练比赛动机，要对比赛、球队、运动员负责，还要宣传球队、公关社交，不断学习国内外先进的足球教学训练经验。因此，一支球队的教练员就是球队的舵手，他在球队中所担负的职责和任务十分重要。

1. 教练员在训练日的职责

（1）教练员要始终做到对运动员的竞技能力和训练负荷作出准确的判断，建立明确、具体的训练任务及指标，从而有效地控制训练的计划和执行。

（2）教练员要合理地制订训练计划，处理好量与强度、数量与质量的关系，同时，关注相应的恢复措施。

（3）教练员应确定实现目标的基本对策，选择合理的训练方法和手段，有效地提高运动员的竞技能力，从而提高球队的整体竞技水平。

（4）教练员要对整个训练过程实施有效的控制，高效地落实训练任务以及战术安排，提高运动员的战术执行能力和素养。

（5）教练员要对训练过程进行有计划的检查评定，通过及时、准确、客观的训练诊断来掌握训练过程的大量信息，从而进一步有效地控制训练质量。

（6）有效地进行医务监督，良好的医务监督是对训练的支持，是提高训练水平和运动成绩的重要保证。

2. 教练员在比赛日的职责

（1）礼节性地对待对方教练员及运动员。

（2）检查比赛用具、运动员装备、球及场地。

（3）赛前准备会。

（4）增强队员对比赛的信心，激发运动员的获胜欲望。

（5）赛前指导。

（6）赛中指导。

（7）比赛中场休息调整。

（8）比赛结束后总结。

第二节　足球教练员素质与执教要求

教练员在球队中处于主导地位，对球队的发展起着至关重要的作用。教练员需要通过对球队队员的正确教育与指导，以及采用不同的方法激励和帮助运动员，最大限度地提升每一名运动员的竞技能力和综合素质，同时，全面而有效地管理球队，让球队成为具有凝聚力和优秀竞技能力的团队，进而实现球队的总体发展目标。

一、足球教练员基本素质

足球教练员需要具备的基本素质随着足球运动的发展会产生一些变化，但基本上包含知识、能力、素养和人格四个方面：

（一）知识

知识方面不仅包含足球领域，还包括青少年身心发展、教育学、数据分析等相关领域的知识，主要包括以下几方面：

（1）掌握足球比赛的技术、战术、规则，足球项目的运动规律和特点。

（2）掌握青少年身心发展阶段特征，运动技能形成规律。

（3）具有教育学、运动解剖学、运动生理学、运动心理学等领域知识。

（4）掌握视频分析、数据处理等比赛分析方法。

（二）能力

教练员需要具有较为全面的处理球队、运动员发展等方面问题的能力体系，主要包括：

（1）具有良好的组织、管理训练的能力，能够针对球队所处的阶段以及比赛表现进行系统有效的训练。

（2）具有敏锐的观察及决策能力，能够有效地指导比赛，作出针对性的技战术安排或调整。

（3）具有较强的洞察力和计划性，能理性地判断和管理赛场内外的各种突发情况。

（4）具有领导球队的能力，勇于承担责任，在球队面对困难时能够做出正确的决断。

（5）了解并懂得运动员的需要，能够及时把握运动员的心理变化，并帮助他们正确地应对成功与失败。

（三）素养

教练员的工作并不是在短期之内就能取得成绩的，需要不断地进步、反思及突破自己的认知局限，这必定是长期的过程。因此，需要教练员具备一些重要的稳定的素养，包括以下几方面：

（1）具有对足球专业的敬业精神、奉献精神，愿为教练员事业投入时间和精力。

（2）具有良好的职业素养，能够有效地处理与足球训练相关的事务，具有较全面的管理、交流、拓展工作的能力。

（3）具有积极的态度及提升自我的欲望，不断学习，具有不断改进及掌握先进训练方法与手段的内在需求。

（四）人格

教练员高尚的道德品质和人格魅力会对球队的长期建设产生积极的意义，其中，最重要的是会对运动员的成长带来影响，会在潜移默化中促进运动员的发展。教练员的人格特征主要体现在以下几方面：

（1）具有教育者的道德品质，注重自身形象，善于表达，能够虚心听取不同的意见。

（2）具有高尚的人格魅力，能够将团队所有的人团结在一起，将激情传递给周围的人，为共同的目标而努力。

（3）具有很强的包容心，能够接纳运动员和团队其他人的不同，并将这些转化为球队前进的动力。

二、教练员的执教要求

教练员在执教过程中不是简单地组织运动员参与练习，传授一些知识，而是作为一位创造者，对运动员进行积极的指导，为运动员的全面发展创造机会，提高运动员的综合能力，帮助运动员在身心两方面都得到发展。

（一）训练指导

在球场上的计划、训练、指导和评估是教练员与运动员一起工作的主要内容。训练课程是球员教育过程的一部分，训练意味着无论运动员的水平或经验如何，运动员都要学习如何发展和改正自己，因为运动员总会遇到需要教育及训练的阶段（新的技术和技能、战术），这就是为什么要尽可能保持训练效率的重要性，保持高效的训练要归功于以下几方面，并且这几方面在整个训练过程中是不断循环的。

1. 训练的设计和有效的组织管理

（1）训练设计和组织管理。高效、有序的训练需要教练员在以下方面做出清晰的界定，并在训练中有效地执行（图 12-2-1）。

① 训练的目标：运动员身心发展特点，运动员发展所处阶段的需求，比赛的需求。

② 训练类型的选择：专注于技术、技战术、体能、心智、社交等。

③ 训练结构（三个阶段）。

④ 教学方法（整体的，分解的等）和训练方法的选择（持续，间歇，循环等）。

⑤ 找到训练和恢复之间的理想平衡。

⑥ 球队整体指导的同时，兼顾球员个性化发展。

⑦ 训练内容和设备的选择。

⑧ 场地的组织和准备。

⑨ 技能的评估和测试。

⑩ 整体流程的管理。

（2）训练的气氛。训练的气氛主要涉及教练的执教风格和干预方式，需要教练员通过观察、指导、建议、倾听、演示、强化等方式来创建。

（3）训练的教育目标。在每次练习和每场比赛中，运动员必须从心理和身体

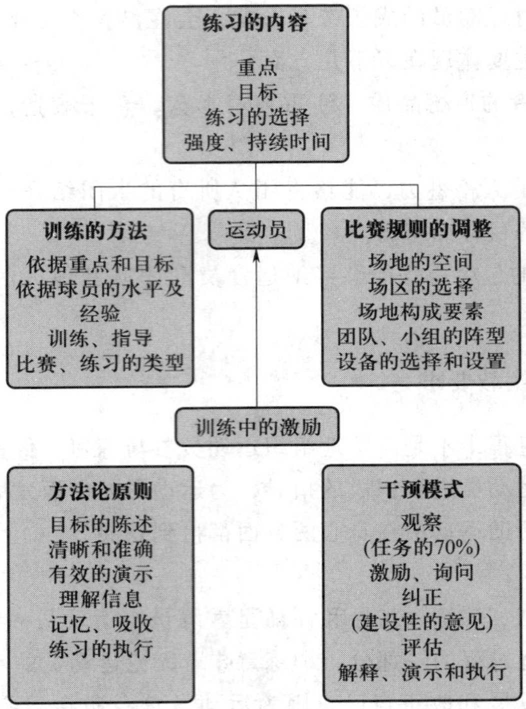

图 12-2-1　训练课的有效管理

两方面都有所收获，这也是需要教练员持续关注的内容。

2. 对重点执教内容的强调

在这个环节，教练员需要始终做到注意力集中，保持清晰的思路，重点指导选定的目标和内容（如果训练的目标是防守，教练就需要针对防守的表现进行指导），如果涉及过多的内容，会对运动员的理解和知识的内化产生影响。同时，如果观察到运动员对某一水平的练习已经表现出了良好的适应，那么就需要适时提升这一内容的练习难度，进行进阶练习，始终围绕选定的目标和内容进行，提高单位时间内的练习效果。

3. 合理地纠正

在一次训练课中，因为时间和球员理解能力方面的限制，教练员不需要同时关注太多错误，应专注于与课程内容高度相关的关键要素。在这个过程中，教练员可以在球场周围（练习的范围）移动观察，或者在场地内不干扰练习的位置进行观察。可以采用在合适的时机通过叫停进入场地内对运动员出现的问题进行纠正的方式、单独沟通的方式或其他方式进行干预和纠正。在进行干预或者纠正时，教练员需要注意沟通时的语言、手势和身体的姿态，重点围绕发生的问题，不要仅限于教练员单方面的灌输，不应过于严厉，特别是在青少年的成长期，或者是在进行心理技能训练时。训练很多时候会有重复的内容，但教练员的每次干预都需要有所设计和区别。同时，需要对整个团队或个别运动员关注的训练情况给予令人信服、公平和准确的指导性解释，积极地强化练习的效果和运动员在身心方面的收获。

4. 引导启发的指导方式

运动员的学习并不是线性的和单方面的，尤其是在青少年时期，训练的过程还是培养运动员思考方式和交流方式的重要载体。在训练课中，需要教练员更多地采用引导和“提问-回答”的方式，与运动员一同面对出现的问题，听取运动员的意见和想法，将运动员的身心同时引入到练习中来，激发运动员的学习动力和创造性思维。指导的过程并不是简单地向运动员传输教练员想法的过程，还应当是帮助运动员建立比赛思维逻辑的过程。除了场地、器材设备等物质条件，由教练员和运动员的思想、话语构建的无形的交流及沟通环境，以及与之相符的指导方式，是教学训练内容能否有效完成，目标能否实现，能否创建高效的教学训练环境的重要基础。

5. 不断激励，给予信心

在训练过程中，教练员需要富有耐心地给予运动员反馈，并在反馈时变换不同的语调，鼓励运动员评估自己。同时，结合运动员的自我反馈，不断地鼓励运动员，给予运动员信心，激发运动员的动力，引导运动员积极地参与到训练的进程中。

（二）心理管理与指导

1. 教练员自身心理管理

在训练或比赛中，教练员应努力控制住自己的情绪，不要过分指责运动员的过失和不足，要客观理智地分析原因，简明扼要地提出对策，使运动员集中注意力，便于准确理解和领会教练员的战略意图。教练员在与运动员交流的过程中，还应该考虑到运动员的个性特征和交流的原因、目的、场合等。如果教练员不能很好地把握交流的技巧，不考虑运动员的心理感受，就可能会增加运动员的焦虑和过分激动等不良情绪。在比赛进行时，作为教练员应避免以下情况的发生：

（1）过多地干预运动员。在比赛过程中，教练员过于频繁地对某一位运动员发出指令，要求运动员完成向前跑、向后跑、传球、过人等具体行动，不利于运动员形成个人的判断意识，会使运动员产生自己想要做的都是错的这种认知，不知道自己该做什么，进而对教练员的指令产生依赖性。

（2）对运动员所犯的过错不断地指责。运动员出现过错时，教练员不应重复指出运动员的错误，而应该告诉运动员改正错误的方法。例如，比赛中某位运动员连续被对手突破，此时教练员应避免使用如“你怎么又让对方突破了”等类似的话语，而应根据对手情况向队员传达其防守时应注意的问题，如“你给对手留的空当太大，要紧紧贴住进攻队员，阻止他运球转身”。

（3）过激行为。比赛中会出现对裁判的不满，对手意外进球等情况，教练员应沉着镇定，寻找弥补的方法，而不是从行为和言语上表示不满与气愤，这样不仅解决不了问题，还会影响到运动员，从而导致更加严重的后果。

2. 运动员心理管理与指导

心理指导是调整运动员心理状态，提高运动员竞技能力的有效途径，是教练员为使运动员的心理状态保持在最佳水平，有意识、适时地对运动员采取的心理调控行为。足球比赛中，良好的心理指导可以使运动员做出积极的行为，而不良的心理指导与暗示会产生消极的效果。因此，教练员必须抓住每位运动员随比赛不断变化而产生的心理变化，从比赛的实际出发，合理地运用各种方法和手段对运动员进行适时的指导，教练员可以采用以下方法：

（1）比赛的情绪调节。在比赛中，运动员心理状态的稳定性直接关系到比赛的胜负，即使一些微小的因素，有时也会引起运动员情绪的变化，改变比赛的局势。因此，情绪控制就成为运动员比赛中心理控制的核心。

① 表情调节：表情调节是指通过有意识地改变自己的面部表情和姿态以控制情绪的方法。情绪状态与外部表情存在着有机的联系，可以通过改变外部表情的方法而相应地改变情绪状态。当比分落后，运动员心情沉重时，教练员可以有意识地做出笑脸，让队员放松心情，沉着应战。

② 暗示调节：暗示调节是通过言语暗示控制情绪和行为的方法，也可以用手势、表情或其他暗号来进行暗示。在比赛中教练员应尽量用积极语言分析对手情况，制定战术，树立信心。在给运动员传达指令时避免使用消极词语，如用“镇定”代替“别着急”等，用积极鼓励的言语代替批评。

（2）控制焦虑消除紧张。

① 明确紧张和焦虑产生的原因：比赛的不确定性、想赢怕输、害怕在比赛中受伤、球场观众带来的压力等都会使运动员产生焦虑和紧张情绪。教练员要想很好地控制运动员的这种情绪，首先要做的就是找到其产生的原因，从而做到“有的放矢”。

② 培养运动员的自信心：在足球比赛中，教练员多用积极性的言语与行为鼓励运动员。特别是在比分落后时，运动员缺乏信心，进攻或防守时积极性和主动性降低，实施技战术的成功率不高。在这样的情况下，首先要让运动员把注意力集中到比赛中去，教练员可以采用换人的方法向场上队员传递消息，指出对方的弱点和不足，增加全队夺取比赛胜利的信心。

③ 排除外界干扰：有比赛就会有观众，足球比赛更是如此。教练员要根据队员的不同情况，有针对性地进行指导，有意识地让运动员把注意力转移到比赛中。在比赛前可让队员通过听音乐调节情绪，集中注意力。

④ 谈话诱导减轻压力：教练员积极的谈话能对运动员的心理施加影响，从而影响运动员的行为。当教练员同运动员交谈场上情况时，必须保持清醒的头脑和积极的态度，除了指出运动员错误的原因外，更重要的是要告诉运动员改正的方法。这样会使运动员更主动，也更有助于他们技术水平的发挥。

（3）赛前兴奋的唤醒。唤醒水平的变化与运动员的比赛表现密切相关，足球比赛所需要的唤醒水平稍高于平均水平。教练员在平时的训练与比赛中要注意把握每位队员的个性，在比赛中针对不同的人进行调节引导，从而获得最佳的运动状态。

第三节　足球教练员的发展

随着现代科学技术的进步，对足球运动的发展产生了深远的影响，使足球运动逐渐成为多学科、多理论知识交融的综合体。同时，足球运动的发展速度与方式也对未来教练员所应具备的能力提出了新的要求。教练员视野的宽度与拓展，知识储备与更新，对足球运动的理解与思考，对运动员的教育，以及对运动训练过程的控制与推进等，都需要教练员具有不断发展和学习的习惯与思维，构建全面的能力体系。

一、优秀教练员的特征

（一）总体特征

优秀教练员具有自己的特点，能够表现出不同于其他教练的风格，但就总体而言，优秀教练员在思想、能力和知识素养方面的特征如下：

（1）完备的思想素养。教练员的思想、意志、品格等。

（2）全面的能力素养。教练员所需的基本能力和特殊能力。

（3）扎实的知识素养。对足球运动员的感性认识、足球理论知识、基础理论知识。

（二）能力特征

优秀教练员在能力特征方面的共性，主要包括以下五方面：

1. 突出的认知能力

优秀教练员在正确感知信息的能力、观察能力、逻辑思维能力方面应具有出色的表现，对球队整体所表现出的问题进行分析时，能够做出更加准确、合理的判断。

2. 良好的计划能力

预见性、想象力、合理安排教学训练内容的能力，是优秀教练员通过教学、训练对运动员进行帮助的重要方面，良好的计划对于球员的成长意义重大。

3. 出色的社交能力

优秀教练员需要在有效地控制自己情绪与感情的基础上，与团队成员进行交流，取得团队所有成员的信任，并且，这种社交活动还应具有主动性，能够通过交流，高效地协调球队人际关系。

4. 很强的组织能力

教练员需要具有提出不同类型任务及要求的能力，在此过程中，优秀教练员能够出色地组织协调各方面关系，并调动各方面积极因素有效联动。

5. 扎实的教学能力

在教学、训练过程中，优秀教练员需要具备出色的语言表达能力、控制身体姿势和面部表情的能力，能够有效控制运动员的注意力，调动运动员的积极性，同时，具备全面的技术示范和纠正错误的能力。

（三）特殊能力特征

优秀教练员在特殊能力特征方面的共性，主要体现在以下三方面：

1. 对运动员特点敏锐的识别力

优秀教练员能够识别不同运动员的特点，包括动作形态、身体特点、发展潜力等，并能够对运动员进行针对性的培养。

2. 对运动员反馈信息的感受力

运动员的长期发展，会经历不同的生长发育阶段，会产生不同的心理及行为变化，优秀教练员能够从运动员平时的反馈中，感知不同运动员之间的细微差别，并提供不同的帮助策略。

3. 创造力

在训练、比赛以及日常管理过程中，优秀的教练员都需要有创造性的思维意识，不拘泥于传统，不拘泥于某一维度，需要去寻找不同的方式和策略，解决运动员成长过程中出现的各种问题，以及团队面临的不同情况。

二、优秀教练员的成长

优秀教练员始终是一个随着自身认知变化而产生内涵、要求变化的不确定状态，优秀教练员的特征构成是教练员成长过程中需要去不断关注的要点。优秀教练员需要始终热爱足球运动，坚持以帮助青少年运动员成长为核心的原则，秉承为足球事业发展助力的想法，通过不断学习提升自身素质，努力构建完备的思想素质，全面的能力素质，扎实的知识素质体系，开放并善于吸收、借鉴不同的足球运动理念。在不断学习及成长过程中，尽可能多地去参与足球训练及指导工作，不断在实践中积累经验，同时需要不断地学习与之相关的各方面知识，并与实践融合，成为优秀的教练员。

世界著名教练员，如穆里尼奥（葡萄牙）、萨里（意大利）、克洛普（德国）、纳格尔斯曼（德国）、贝尔萨（阿根廷）等人，均是经过了长期的学习实践，从助理教练到主教练的循环过程，在这个过程中主动将经验、知识、思维融入个人的理解中，形成具有个人特征的足球理念。统观这些教练的成长过程，均不同程度地体现出以下特点：

（1）非常热爱足球运动，具有责任感。

（2）经过长期系统的足球理论学习，同时，有不断进行执教实践的成长过程，并能够将继续学习作为自身的习惯。

（3）以开放的态度去听取、借鉴他人的建议，同时，能够独立思考面对的信息及状况，给予准确的判断。

（4）在独立执教前，均有丰富的执教学习过程，能够跟随不同的主教练进行学习，建立个人的足球理念。

（5）在遇到失败时能够勇敢而坦诚地接受失败，能够从失败中学习，并且不失信心和对工作的热爱。

（6）拥有作为教练员的出色品质，即专业能力、责任心、热情耐心、激励能力、善于反思以及团队精神。

（7）在执教过程中培养并具备了敏锐的洞察力和思辨力。

思考与实践

1. 足球教练员团队如何进行分工？不同任务教练员主要有哪些职责？
2. 足球教练员的基本素质有哪些？
3. 教练员执教需把握哪些要点？
4. 足球教练员在比赛中的指导需要注意哪些问题？
5. 谈一谈如何能够成为一名优秀的足球教练员？

第十三章 足球比赛指导工作

本章导读

在绿茵场上，每一次传球每一次射门都不仅仅是足球技术的展现，更是智慧与策略的较量。足球比赛指导工作，作为这项运动不可或缺的一部分，它不仅关乎胜利，更关乎球员的成长与团队的和谐。本章主要介绍现代足球比赛中，教练员在赛前准备、赛中指挥、中场休息部署及赛后总结的内容、方法和注意事项，并介绍在不同比赛情境下运用的应变对策等。

学习目标

知识目标：了解赛前准备工作；理解赛中决策及临场指挥策略；熟悉赛后总结的内容和方法。

能力目标：提高阅读和分析比赛的能力；学会对比赛不同阶段进行有效的控制和指导；掌握针对不同比赛情境下的应变对策。

价值目标：体验足球比赛的快乐；培养顽强拼搏和敢赢不怕输的优良品质；增强团队协作的集体主义精神。

第一节 赛前准备

赛前准备工作是合理制定比赛指导思想的基础，也是获得比赛胜利的重要前提。比赛前，教练员应基于客观环境，根据比赛双方的实际情况进行综合研究、分析，在充分掌握对方情况的前提下，结合自身队伍现状及特点制定战术，这样就可以避免战术的盲目性进而取得比赛主动权，达到“以己之长，克彼之短”的效果。赛前准备工作主要有信息收集、准备会、指导思想确立、阵型布置、人员调配五个方面。

一、信息收集

教练员对比赛方案的制定和部署来源于正确的决策，正确的决策来源于精准的判断，精准的判断来源于赛前必要的信息和情报的收集。赛前的信息收集工作主要是通过直接观察、录像分析、运动员反馈、媒体报道等手段对对手的历史和现状进行逐步分析，特别是近期的比赛情况、攻守打法特点、强弱长短之处、队内主力和核心运动员的比赛特征，以及教练员临场指挥的特点等进行全面的收集和整理。教练员要对收集了解到的情况和材料进行周密而理性的思考，认真分析双方的实力和客观情况以及比赛的胜负可能带来的利害关系，以此作出正确的研判和决策。

二、准备会

准备会主要是通过准备会前的预备会和全体成员准备会的形式进行。准备会应如实分析双方实力，明确提出比赛的战略目标。一方面是激励、鼓励队员，增强自信心；另一方面是进行技战术方面的指导。准备会最好在赛前两小时举行，会议不要持续时间太长，尽量不要超过 40 分钟。教练员要抓住运动员在比赛前心理状态的变化规律，从比赛实际出发进行动员，使运动员克服各种思想障碍，端正比赛态度，振奋精神、鼓舞斗志，树立敢于胜利的集体荣誉感和决心，并强调赛场纪律作风。同时，要鼓励队员提出和讨论不清楚的问题，让他们理解自己在球队中的作用和担负的责任，放下包袱，树立敢打敢拼和必胜的信念。

三、指导思想确立

赛前准备工作是合理制定比赛指导思想的主要依据。在赛前的准备会上，基于实际情况对比赛双方实力分析的基础上，教练员应明确地部署本队采用什么战术打法，例如，个人、小组、区域、整体怎样准备，定位球如何攻守以及明确每位运动员在这些打法中担任的角色和职责。如遇对手实力相对较弱，可以采用“持续向前施压”的进攻方式；如与本队水平相当的球队比赛，可以采用“控制节奏、稳扎稳打”的指导思想；如对手实力相对较强，可以采用“低位密集防守”反击战术。当然，在明确攻守打法后，还要学会在顺境和逆境两种情况下合理应对，也可以在不违背全队总体的战略方针前提下，依据临场实况的变化，安排队员采用灵活机动的打法。

四、阵型布置

比赛阵型是场上队员的攻守力量搭配和职责分工的位置排列形式。虽然阵型不是决定胜负的主要因素，但教练员有针对性地选择正确的阵型可充分发挥出每位队员的特点并能调动他们的积极性。每支球队都应有一两个相对稳定的阵型，但每场比赛的对手不同，同一场比赛中随着场上情况的不断变化，本方阵型也应随之有所调整和应变。

五、人员调配

准备会前的预备会

在足球比赛中，教练员合理地安排首发队员是整场比赛能否打好的关键环节。教练员要善于根据比赛对手的特点和实力，充分考虑各个位置队员的特点，依据本队的实际情况来安排哪些队员先上场，有针对性地对他们进行布置与指导。如他们在攻守战术中各自的位置功能是什么，如何与同伴进行协同、决策等。

第二节　赛中指挥

足球比赛不仅是双方队员的博弈，更是双方教练员的较量。教练员临场指挥能力对比赛的胜负起着非常重要的作用，教练员指挥得当可反败为胜，指挥失策则可能导致整个比赛的失利。赛中指挥的基本任务是当赛前计划无法完全付诸实施时，教练员根据场上情况果断改变部署，及时修正比赛方案和人力配备，创造有利条件，争取比赛胜利。赛中指挥工作主要包括临场观察、临场阵容调整、临场换人决策以及临场指挥方式等。

一、临场观察

临场观察是教练员临场指挥时正确决策的前提。教练员要善于发现、分析、决策和解决比赛中出现的问题，通过观察比赛双方的实况，发现问题的实质，及时采取应变策略，迅速下达各项比赛指令，引导比赛向着对本方有利的方向发展。教练员临场观察对手的主要内容如下：

（1）临场状况同准备会介绍、布置的情况是否一致，如不同，其变化和目的在哪里。

（2）各位置队员的主要特点，尤其要仔细观察、分析该队主力、核心队员的比赛特征。

（3）整体防守的特点，是低位阵地防守还是高位压迫防守，是盯人防守还是区域防守，或是盯人结合区域的混合防守，有无造越位战术，防守中较弱的位置及区域。

（4）整体进攻的特点，主要进攻的线路、突破点，插上及中远距离射门的人员和能力，特别是进攻的组织和结束阶段的特征。

（5）全队攻守时刻的转换速度，定位球配合的特点。

（6）队员的思想和情绪变化，教练员临场指挥的特点。

除了主要观察对手的全面情况外，还要认真观察本方队员在场上的总体表现后做出准确判断和客观分析，以备采取及时必要的解决策略。

二、阵容调整

阵容调整是指场上队员之间的位置调换和比赛阵型的改变。如比赛中，我方战术打法执行不顺畅，处于被动局面，甚至比分落后时，教练员则需早下决定，改变攻守战术和调整阵容，重新搭配力量，摆脱被动局面，创造优势。比赛阵容的应变调整主要体现在以下两个方面：

（1）阵型不变，如本队对位队员始终处于被动局面，通过场上两侧相同位置功能队员之间的调换，重新部署以实现对位位置的优势和压制。

（2）改变阵型，如开赛采用 1-4-3-3 阵型，因中场被动，而为加强中场力量，改将前锋线上一名队员调至前卫线，而形成 1-4-4-2 阵型或再调整一名后卫线队员至前卫线形成 1-3-5-2 阵型。

三、换人决策

比赛中换人是教练员临场组织攻守力量的重要手段，换人的艺术是教练员指挥比赛水平高低的重要体现。教练员在换人方面要慎重行事，应该从队员的精神面貌、功能作用、战术变化等多方面因素来考虑。换人时要果断，切忌犹豫不决，但要避免随着比赛深入出现替换人数不足的窘境。一般来说，出现以下情况应当考虑作出换人决策：

（1）对方占尽先机，而我方十分被动，需要改变战术打法时。

（2）队员身受重伤或体能明显下降，无法完成攻守任务时。

（3）队员情绪激动，不能自控，可能发生纠纷时。

（4）队员表现失常，屡出错误，使全队的攻守战术受到较大影响时。

（5）采用针对性盯防和制约对方核心队员时。

（6）战术性换人，打乱对手比赛节奏和消耗时间以保持比分领先时。

（7）保存实力，有目的地锻炼新队员时。

（8）必要时可让有突出特点的队员上场。如以互射点球决定胜负时，可以把扑救罚球点球能力强的守门员在比赛结束前换上场，以期夺取比赛的胜利。

四、指挥方式

由于足球比赛除了竞赛规程实施“补水”和“降温”暂停时可以进行全队统一指导之外不允许叫暂停，这就给教练员的临场指挥带来了一定的困难。比赛进行中，如果场上出现了需要改变的情况，为了使教练员的意图和决策让场上队员得以了解和贯彻，一般采用的指挥方式如下：

（1）大声提醒。教练员要用队员熟悉的一些术语，在恰当的时间里，以积极的、具有建设性的方式清晰地大声提醒队员以传达比赛指令。

（2）手势提醒。教练员赛前和队员约定一些手势代表一些不同信号。队员见到教练员的手势就会明白其意图，便知下一步全队或个人应该如何行动。

（3）换人传达。教练员对即将换上场的替补队员除了讲明他本人的职责外，对比赛全局的下一步攻守怎样行动也应向其交代清楚，由换上场的队员传达到场上每名队员。

临场指导运动员情绪调节的方法

（4）小声传送。教练员可用小声低语的方式传话给临近的场上队员，把教练员的意图传送到场上以统一思想，统一行动。

此外，还可以通过处置场上伤病队员时交代自己的下一步对策和应该注意的问题。

第三节　中场休息部署

中场休息时间是教练员临场指导的重要时机。这时的主要任务是总结上半场比赛的优点，指出存在的不足，鼓励队员克服困难，调动队员的积极性和求胜欲望，明确下半场比赛的战术方案及应变对策。中场部署应注意以下几点：

一、简要小结

中场休息是教练员在比赛中可以直接向全体队员进行指导的时间。教练员的小结要具有很强的针对性，简明扼要地分析与讲解双方比赛的优缺点及下半场可能发生的改变及对策，为队员制定新的奋斗目标。

二、合理部署

根据上半场比赛实况，有针对性地提出下半场攻守打法，必要时还可调整下半场比赛阵容。同时，还要依据上半场比分，预判对方接下来的变化，并提出具体对策。

三、十点要求

1. 服务指令内容

中场指导要讲求艺术性，方式要多样，但决不可本末倒置，只取艺术结果而冲淡指令内容，艺术性应始终围绕有效的指令内容发挥。

2. 把握指导目标

指导的主要方面是战术布置和心理状态调整。教练员的指导内容应抓住比赛的关键问题，决不可把宝贵的指导时间浪费在对眼前比赛毫无意义且需要经过长时间训练才可纠正的某些问题上。

3. 指导有鼓舞性

无论比赛中出现何种危急的情况，教练员在指导时都应克制情感、从容不迫、神态自如、充满信心。心理学研究证明，教练员神态对队员心理传染性极强，好的神态本身就是一种战斗力的动员，是一种精神力量的鼓舞。

4. 指令简明积极

中场指导中的语言运用必须简明，教练员的指令是决策，不是分析过程。指令要有积极性，一是语言有动员力，二是用词恰当并富于感染力。

5. 注意批评时机

教练员要掌握合理运用批评的时机。指导时一般不轻易对队员加以批评或指责，特别是对个别队员应注意的问题要进行个别交代、提醒和鼓励。

6. 创造和谐气氛

在指导环境上，教练员要努力给队员创造一个调节精神的舒适和谐气氛。这有助于队员缓解疲劳、放松精神、融洽关系，激起他们的拼搏斗志。

7. 疏导判罚不满

教练员要消除队员对裁判各种裁决的不满，合理抑制并疏导不良情绪，避免因队员对判罚不满影响全队利益。

8. 发挥平时默契

教练员在为队员进行中场指导时，要充分利用平时与队员熟悉的神情、手势等方面的默契语言，做到心有灵犀。

中场指导让运动员先交流 2 分钟的作用

9. 勇于承担责任

教练员要勇于承担责任，以缓解队员心理压力，解除思想包袱，唤醒他们积极拼搏的意识。

10. 注意随机应变

应变能力是教练员比赛指导艺术水平的核心。主要表现于战术指挥的决策环节之中，如根据场上赛事，果断作出调整战术方案的决策和换人等。

第四节 赛后总结

赛后总结的目的是发扬优点、纠正错误、积累比赛经验，是提高球队技战术水平的重要一环。总结会的时间不宜过长，一般不超过一小时。

一、赛后总结的主要内容

（1）教练员制定作战方案及临场指挥的准确性。例如，赛前制定的作战方案是否得当，临场应变调整是否具有实效性；在战术的运用、换人等方面是否起到扬长避短的效果。

（2）队员执行作战方案的自觉积极性。例如，是坚决执行，还是自由发挥，是机械执行，还是灵活应变。

（3）队员的拼搏精神、比分领先和落后时的表现、攻守配合的效果、紧逼与摆脱的能力、关键球的把握、队长与核心队员临场的骨干作用、体力状况等。

（4）临场的战斗作风、心理状态、技战术的运用、身体素质方面的表现。

（5）对手有哪些优点值得我们学习借鉴。

（6）今后努力的方向及训练策略的改进意见和要求。

二、赛后总结的常用方法

总结的方法是灵活的，针对具体情况和需要，可全队集体总结，可分组总结，也可先集体总结再分组总结，或先分组总结再集体总结等。总结时可由教练员先总结，然后队员讨论、补充，或先由队员总结，再由教练员最后归纳总结。

三、赛后总结的注意事项

赛后的调整与恢复

总结会应在个人充分准备的基础上召开，一般应放在赛后的 1 ~ 2 天内进行为宜。要坚持一分为二的观点进行总结，要在胜利中看到不足，失败中看到某些长处；一般情况下应以肯定成绩，表扬为主，对个别思想作风表现较差的队员，应进行耐心而严肃的批评教育；要充分发扬民主精神，教练员要善于听取不同意见，以改进自己的工作。

第五节　临场指导要求与对策

教练员的临场指导至关重要，对提高球队竞技水平与更好地完成比赛任务具有十分重要的意义。比赛胜负受诸多因素影响，对教练员能力提出了更高的要求，教练员要全面考虑构成比赛的要素与影响比赛的因素，如气候、场地、对手战术变化等，做出合理有效的比赛对策。

一、临场指导要求

1. 沉着冷静

教练员临场指导时要始终保持头脑清醒，冷静沉着，临危不惧，泰然自若。特别是在比分暂时落后时，不应失去信心，放弃指挥或埋怨队员。而应全面仔细分析原因，组织力量，找出对策，果断指挥，将劣势转化为优势。

2. 洞察本质

透过现象看本质，抓住比赛的主要矛盾方面。足球比赛是千变万化的，在复杂的比赛过程中，有时进攻是主要矛盾方面，有时防守是主要矛盾方面。应当看到，有时进攻上的矛盾是防守中的问题所造成的，而防守上的矛盾，有时可能是进攻中的问题造成的。因此，具体问题应具体分析才能够对场上出现的主要矛盾作出正确判断，从而采取针对性措施，合理地决策、控制比赛。

3. 抓住关键

在观察比赛中出现的问题时，应分清问题的性质及其关键所在。是思想作风问题，还是技战术问题；是局部问题，还是全局问题；是进攻问题，还是防守问题；是一时的失误，还是水平发挥不正常的问题；是主观因素问题，还是客观因素问题等。这些都应经过全面而周密的理性分析，然后采取有效手段及时加以解决。

4. 慎重换人

换人要慎重、果断，但不能操之过急，换人名额应留有余地，以争取主动。既要从全场比赛考虑，又要从加时期和互射罚球点球决定胜负方面考虑。同时还要考虑到守门员的特殊位置，以防意外事故。

5. 善始善终

重点应抓好比赛最后阶段的指挥工作。此时双方特点和实力已完全呈现，队员的体能也即将耗尽，但又是胜负的关键时刻，所以教练员的指挥事关重大，此时应充分发挥自己的指挥艺术。在比分领先或落后及平局的情况下，若需调兵遣将，调整力量，改变战术，重攻或重守时，均应速下决心，当机立断。

二、临场指导对策

临场指导对策是根据比赛实际需要，制定攻守战术，实现比赛目标的策略总称。对策是临场指挥的核心内容，具有一定规律性。教练员必须熟悉对策，队员能够贯彻和应用对策。常用比赛对策如下：

1. 遭遇战的策略

（1）对对手情况不明时，首先要在心理上克服紧张，赛前多设想些可能遇到的困难。

（2）仔细观察对手赛前的准备活动，做出必要的预判，上场前提示给队员。

（3）鸣哨开赛前，队员要努力认清自己防守对象的特征，比赛过程中还要继续深入了解。队员之间也要及时相互提醒，以免开赛后出现漏人失分等被动局面。

（4）认真观察对方的阵型、核心队员及攻守打法等，注意发挥队长的临场指挥作用，从实际出发，合理调整本队的攻守部署。

2. 客场比赛的策略

在客场比赛时，对手占有天时、地利、人和，以及以逸待劳的优势。客队要克服时差、气候、生活习惯、饮食等不适应的困难，为此应注意以下几个方面：

（1）到达赛区后，应抓紧时间训练，训练的主要内容以综合练习为主，主要目的是尽快适应当地的气候、场地等条件，消除旅途疲劳，运动量的大小要看距比赛时间的长短而定。

（2）正确对待观众，以优良的道德作风和精湛的技艺与对手抗衡，去获取大多数观众的支持。

（3）正确对待比赛，尊重对手，尊重裁判，服从裁判员的判罚。

（4）在赛前适应性训练时，要熟悉场地的每片区域及特征。

3. 遇到强队的策略

（1）战略上藐视，战术上重视，敢于与对手较量，勇于争取比赛胜利。

（2）做好充分的体能储备，以及面对艰苦比赛的精神准备。

（3）周密思考攻守部署，多设想一些困难和解决的方法。

（4）防守要有耐心和信心，沉着稳固，进攻以快速反击为主。

（5）针对强队容易轻敌的思想，出其不意，攻其不备，利用抢开局和定位球的机会力争破门，挫伤对手锐气。

4. 全场紧逼的策略

（1）要从思想上调动全队的积极性，发扬敢打敢拼的顽强精神。

（2）积极跑动，交叉换位，扯乱对方的防守位置，争取局部区域形成以多打少的局面。

（3）进攻的队形要拉开，扩大进攻的空间，前卫和后卫队员伺机插上助攻。

（4）声东击西，及时转移进攻的方向和攻击点。

（5）多跑动接应，多做快速的一脚传球，多传对方身后的渗透球，以破坏对方身前的凶猛逼抢。

（6）中场被压迫，应连续打几次中长传冲击，以达到松动中场和局部的效果，拉出空间组织进攻。

（7）合理利用并充分发挥个人带球突破攻坚的作用。

5. 破密集防守的策略

（1）拉开进攻宽度，改变节奏，重点加强边路进攻，伺机突袭对方中路。

（2）掌握时机，大范围将球转移到一侧防守队员少的区域形成有效进攻。

（3）前卫线要控制罚球区前有利的区域，加强远射，前锋线要做好跟进补射。

（4）发挥头顶球好的队员的空中优势，加强边路和外围传中，门前抢点射门。

（5）利用前场任意球、角球和掷界外球的机会，组织快速有效的进攻。

（6）告诫队员要有耐心，久攻不下时不要急躁，后卫线要形成有效保护，防止对方的快速反击。

6. 比分领先的策略

（1）先进球领先对手不等于胜利在握，要保持清醒的头脑，切忌自满松懈。

（2）不要轻易改变原定的攻守部署而侧重于防守，过早地退缩防守，意味着失去主动权，使已获得的心理优势及顺利局面拱手相送。

（3）要珍惜控球权，减少对手组织进攻的机会，使对手产生急躁情绪，挫伤其反扑的锐气。

（4）遇到以下几种情况可以加强防守。

① 难以组织起有效的进攻，防守又显得混乱而屡受威胁时。

② 体能明显下降，攻守转换速度变慢，前后脱节，踢得毫无章法时。

③ 在最后比赛结束阶段，为巩固胜利成果时。

7. 比分落后的策略

（1）保持心理上的稳定性，不要泄气消沉，不要急躁而猛冲乱抢，及时激励全队树立反败为胜的信心。

（2）找出失球的原因，加以警惕，防止再度失球。

（3）稳固防守的前提下加强进攻，争取得分，切忌倾巢而出导致适得其反的局面。

（4）如果对手采用传控球等方法拖延时间，全队要整体逼抢，争取时间，夺得球权快速进攻。

8. 人造草皮比赛的策略

人造草皮的特点是场地弹性大，地面平整、柔滑。

（1）使用皮面多胶钉的足球鞋，避免打滑失去重心。

（2）比赛中起动、急停、转身要注意降低身体重心，防止滑倒。

（3）接球时要抢第一落点，来不及控制时要注意球反弹的特性，设法争抢第二点球，注意球反弹过高而冒顶球。

9. 大风天气比赛的策略

（1）一般先挑顺风进攻，借助风势争取先进球，在心理上给对方造成压力，打乱对手的部署。如本队传控球能力强，体能充沛也可先打逆风球，采用后发制人的战术。

（2）进攻时应考虑的因素。顺风进攻时，应减少直传，多斜传，多远射，注意控制传球力量；逆风进攻时，应少传高空球，多传地滚球、低平球和短传球。

（3）防守时应考虑的因素。顺风防守时，应考虑整体向前逼压，近身逼抢对方的第一落点球，尽量不让对手接到球并转身控球。逆风防守时，退守要快，严防对方打身后球，注意及时补位，防区适当扩大，封堵对方远射。守门员应做好随时扑接对方远射的准备，掌握好出击时机，防止对方顺风吊门。

10. 泥泞雨战的策略

（1）选用长钉鞋，保持身体低重心，以利保持身体平衡和快速起动与转身。

（2）尽量把球踢到对方罚球区附近。进攻时可多采用中、长传，在前场可大胆采用长传冲吊和跟进补射的战术。

（3）守门员在雨天容易“脱手”或漏球，可在罚球区附近加强大力射门和增加射门次数，并有意识跟进补射。

（4）在雨天泥泞球场上，球落地后的方向与速度变化无常，因此应主动抢在空中或在球的第一落点处理球，必要时可多用铲球技术。

（5）球在雨天人工草皮球场上运行的速度很快，因此地面传球时，应对人传、对脚下传。在泥泞的场地上比赛时，不宜过多传地面球。

11. 恶劣天气比赛的策略

（1）在严寒条件下比赛时。

① 充分做好准备活动，达到比赛所需强度的热身效果，防止运动损伤。

② 遇到较长时间的比赛间歇，如出现纠纷或处理伤病等情况，队员应继续活动，保持良好的竞技状态。

③ 守门员可穿绒衣裤，以利于保暖，在本队进攻时，也要保持一定的活动，防止被冻僵。

④ 中场休息时注意保暖，教练员指导要简明扼要，预留时间在下半场开赛前做些热身活动，快速进入比赛状态。

⑤ 比赛结束后要及时穿衣保暖，防止感冒。

（2）在酷暑条件下比赛时。

① 为了防止过多消耗体能，准备活动的时间可缩短一些，达到热身目的即可。

② 注意控制好攻守节奏和速度，注重跑动的预判性与合理性，科学而有效地分配体能。

临场指导时的注意事项

③ 赛中“补水”“降温”暂停或中场休息时，可适当补充水分和功能性饮料，

但摄入量应有所控制，切勿狂饮。

思考与实践

1. 足球比赛前的准备工作主要包括哪些内容？
2. 足球教练员在比赛中的重点观察内容是什么？
3. 足球教练员在哪些情况下需要做出决策换人？
4. 中场休息时，足球教练员的指导工作应注意什么？
5. 足球教练员在“补水”“降温”等比赛暂停时应如何指导？

第十四章 足球运动员选材

本章导读

足球运动员选材是现代足球运动理论与实践中一个非常重要的内容。科学选材既可以发掘和识别具有内在潜力和发展前景的运动员，又可以促进运动员提前进行职业生涯规划，进而做出适合自身发展的职业选择。足球运动员的选材对提升足球运动员的成材率、促进足球事业的健康发展具有决定性意义，因此，掌握科学选材相关理论与实践知识，提高人才识别能力就成为足球从业者必备的基本能力。本章从足球运动员选材概念、重要意义、常用步骤、多维度指标测试评定、比赛评估和注意事项等多方面介绍足球运动员选材的基本内容。

学习目标

知识目标：掌握足球运动员选材的概念，理解足球运动员选材的重要意义，掌握足球运动员选材的基本步骤，正确理解和运用多维度指标测试和比赛测试法。

能力目标：掌握基本的选材思路和方法，提高识别优秀青少年足球运动员的能力，能够应用多维度指标测试法和比赛测试法进行足球运动员选材。

价值目标：培养严谨求实的科学思维，保持审慎的科学态度，增强运用科学理论分析和解决问题的能力。

第一节 足球运动员选材的意义和基本步骤

科学选拔人才是训练成功的一半，发掘和识别有发展潜质的年轻运动员已成为各级各类足球俱乐部，以及国家和国际足球关注的具有战略意义的关键环节之一。足球运动强国和国际有影响力的俱乐部都建立了不同梯队的运动员选材（人才识别）体系，这些体系为全方位、多角度地发现有潜力、有天赋的青少年足球运动员，为国家和俱乐部的可持续发展奠定了人才基础。

随着足球运动竞技水平、角逐激烈程度、战术复杂程度等因素的不断提升，对优秀运动员的发掘就显得更为重要了。因此，挖掘有潜能的队员越来越成为维持竞技水平、保持俱乐部活力、盘活球队运营，进而维系球队可持续发展的重要前提条件。科学的运动员选材机制既能让最好的足球人才得到最优的培养计划，又能使运动员获得相对集中充裕的发展环境，为足球运动员最大限度实现个人价值提供条件。

足球运动员的选材是一个复杂的、多方面的过程，受多种因素影响。本节通过阐述足球运动员选材的意义和步骤的基本观点，帮助学生对选材有一个比较基本的认识，为后续的学习奠定基础。

一、足球运动员选材的意义

运动员选材是一个人才识别的过程，目标是甄别筛选在某项运动中可能取得成功的个体。足球运动员科学选材在足球运动员培养的全过程中处于初始阶段，是教练员在准备从事足球运动训练的应选者中，甄别适合专业运动人才的前提和基础性工作。具体来说，足球运动员选材就是根据当前世界足球运动发展趋向和个人竞技能力标准要求，以认真负责的态度，通过严谨、客观、科学的测试和评定方法，并附之教练员的主观经验判断，从足球运动员人才库中选拔出符合从事足球运动项目训练要求的、具有发展潜力的青少年足球人才的过程。

足球运动是长周期项目，对运动员和教练员来说都具有一定的挑战性，它是对运动员精神意志、学习能力、职业发展、竞赛成绩等的长期考验，一旦出现选材问题，将会对运动员个人职业生涯产生不可逆的影响，对项目发展也会产生负面影响。因此，足球运动员的早期选材对球员成长和项目发展方面具有决定性意义。

足球运动员选材对足球运动发展具有重要的战略意义。首先，为足球运动发展储备人才资源。足球运动员选材实质上就是为足球事业发展选拔、储备、挖掘精英运动员，为国家队、各级省市队、俱乐部输送青少年足球人才，建立足球运动员人才资源库。其次，保证训练效益，避免了足球人力资源和训练资源的浪费。良好科学的选材体系的建立能有效增强专业足球训练的针对性，提高足球运动员训练效率，减少或避免不必要的人力、物力和财力耗损，增强训练的经济效能。最后，为青少年足球运动员职业生涯规划提供了依据。足球训练的长周期性和足球运动专业化、职业化的高要求使足球运动成为淘汰率较高的项目之一，多数运动员最终很难成为职业运动员，而足球运动员的选材，能及时甄别不适合从事职业足球运动的青少年，为他们职业生涯规划提供了参考和依据，这类青少年可以根据选材测试结果，及时调整、重新设计自己的职业生涯规划，这就为不适合从事职业足球运动，但又热爱足球项目的青少年，打开了继续从事足球相关职业的新道路。

二、足球运动员选材的基本步骤

随着现代足球运动的高速发展和竞争日趋激烈，足球运动员选材工作愈发具有高阶性和挑战性。其全过程已成为一项多层次、多阶段和多年连续的系统工程，需要进行科学的控制，遵循科学的程序步骤。基于一般和专项选材理论及国内外知名足球教练员和选材科研人员经验，足球运动员选材程序步骤主要包括确立选材目标、构建选材模型、制订选材计划、实施选材计划、检验反馈调整等环节。

（一）确立选材目标

选材目标是根据对现实可选运动员现状调查，确定备选对象具体信息，并预测其未来发展前景，以此设计的对本次选材的期望和结果。选材目标是后续构建选材模型、制订和实施选材计划环节的重要依据，也是检验反馈调整环节的重要评价标准，故务必要科学合理地确立选材目标。

足球运动是长周期项目，首先要确立中短期选材目标，才有可能建立长周期的选材目标。基于对选材后续程序步骤更好地操控和评价，所确立的选材目标需要分层，即根据不同的周期时间节点分为诸如短期目标、中期目标和长期目标等。周期时间确定上可以依照运动训练学训练周期理论与运动训练体系接轨。此外，可以在每个分层目标中再分别确立最高目标和最低目标，以此，既能激发团队的工作责任感，又能为后续工作留有余地。

（二）构建选材模型

选材模型是指对入选运动员竞技能力应达到的要求和标准的概括、归纳和抽象的描述。虽然每名备选运动员竞技能力结构都有着各自不同的特点和可能优势，但优秀运动员竞技能力结构会有着许多共性特征。在科学合理确立选材目标的基础上构建选材模型，可以科学地概括和准确地描述这些共性特征，以此对运动员选材起到导向作用。

构建足球运动员选材模型应注重考虑以下几点：

（1）在新周期选材工作中对所需选材模型构建之前，应先深入研究所需选入层级足球高水平运动员竞技能力结构的特征，即所需选入运动员竞技能力各部分应达到的要求标准和其之间的相关关系。

（2）根据已掌握所需选入层级足球高水平运动员竞技能力结构的特征，对诊断选材状态环节中所获得的数据资料进行数理统计或经验分析，并结合本周期选材所确立的选材目标，确定影响专项成绩诸因素的竞技能力指标体系及权重比例。

上述两点都不属于新周期选材工作中对所需选材模型的直接构建，但的确是非常重要的基础性工作。

（3）选材模型不单有单因素模型，也有多因素模型。单因素模型即为运动员某一竞技能力决定因素所建立的模型，多因素模型即为运动员某些竞技能力决定因素所建立的模型。不同类型模型在构建和使用上各有利弊，在实际选材工作中应根据理论和实践经验相互配合使用，做到单因素、多因素综合分析。

（4）选材模型不单有定量模型，即数字公式模型，也有定性模型，即选材训练经验模型。因定性选材模型具有较大主观性，而定量选材模型则相对客观性较强，像足球运动这种竞技能力决定因素非常复杂的运动项目，运动员受环境影响引起的生物变异所获得的后天性竞技能力能否被定量选材模型所检测，受到了不少专业人士的再反思。建议应更多考虑将定量与定性选材模型相结合使用，做到定量与定性综合分析。

（三）制订选材计划

选材计划的制订主要根据选材目标的确立和选材模型的构建而进行，还应考虑运动员选材的影响因素等内容；制订选材计划主要包括选材对象、测试指标、使用仪器、选材方法、数理统计方法及检验细则等。选材计划没有统一模式，但应力求全面严密，便于实施和达到预期目的。

（四）实施选材计划

实施选材计划是指将制订的选材计划付诸实现。按照计划要求明确选材工作团队的统一要求和具体分工，并按照计划规定的内容、方法和步骤对选材对象进行测评与筛选。

足球运动员选材计划的主要内容

（五）检验反馈调整

检验反馈调整环节具体由检验和反馈调整两个环节组成。

1. 检验环节

检验环节主要是指对入选队员的再评价，可分为初期检验、阶段检验和最终检验。初期检验是对入选队员进行短期训练后进行检验，以评价初期选材效果是否达到预定目标。这一选材周期虽然时间较短，但其检验评价信息依然是有价值的。阶段检验和最终检验是对入选队员年度、区间性多年或全程性多年的系统跟踪，以其阶段或最终表现（竞技能力和运动成绩）来评价选材效果。阶段和最终检验的评价效果无疑是更好的，但鉴于我国足球目前的选训体系，其信息收集难度相对较大，即便对个别最终优秀的运动员也较难生成一份完整且连贯的长周期选材报告。

2. 反馈调整环节

反馈调整环节是指将入选队员再评价信息反馈给确立目标、竞技能力指标体系及选材模型、测试项目及内容、测试方法及步骤、工作团队构成、预测理论及方法等方面，以研判其正确合理性并在即刻或将来的选材工作中做可能的调整修正。

第二节　足球运动员选材的测试与评定

足球运动员选材是一个复杂的、多方面的过程。理论和实践证明，一次评估、单指标评估和主观评价选材，对运动员未来成功与否的预测非常有限。伴随着人们对选材工作的持续探索，跨学科和多学科共同参与成为足球运动员选材工作的有效手段，得到了行业专家们的普遍认可。融合多学科的选材指标，既丰富了足球运动员选材的基础理论和方法手段，又为精准识别青少年人才，提供了相对科学的量化指标和数据支撑，大大提高了选材的有效性和科学性。

足球运动员选材一般采用现场观察、录像观察和场地实验室测试等方法对运动员进行充分和客观的评估，具体包括比赛或训练中的评估、有组织的训练营、指标测试评定、推荐信等，这里主要介绍常见的多维度指标测试评定和比赛评估。

一、多维度指标测试与评定

在选拔识别运动员过程中，通过测定有关指标以获取定量分析数据，是选材过程中的重要环节之一。根据目前取得的理论与实践的成果，足球运动选材中的常见指标通常包含身体形态、身体机能、身体素质、技战术、心理素质等几方面。

1. 身体形态

身体形态指标的测试内容通常包含身高、体重、坐高、下肢长、小腿长、胸围、大小腿围、膝踝关节围度、体脂率等，对于守门员还应增加臂展长度、手指长短和手掌张开度大小等。

优秀足球运动员的体型特征一般是身体匀称、下肢中等、小腿细长、跟腱清晰、踝关节围度较小、足弓较高、足背略宽而长；肌肉较细长、线条明显、皮下脂肪层薄且富有弹性，臂部肌肉紧缩上收。关于身高，主要是位置上应有所侧重，如守门员、后卫通常比前锋、前卫高些，但不应过分苛求。身材高大且灵活快速是现代足球运动员的理想体型特征，但这样的球员毕竟是极少的。形态指标有些受先天遗传因素较多，如身高，而有些受后天训练、饮食等影响较大，如肌肉质量、体脂率等。

2. 身体机能

现代足球比赛具有运动员跑动距离更长，比赛强度更高，对抗程度更激烈，技术动作运用更精细等特点和趋势，因此，对运动员的身体机能要求也越来越高，所以，身体机能测试成为足球运动员选材中的关键预测因素。

足球运动员身体机能测试的内容，通常有心肺功能和肌肉功能两大方面。心肺功能是运动员不竭奔跑的坚实基础，而肌肉功能则对运动员的爆发力、速度、灵敏等素质有较大影响。心肺功能的测试指标主要有脉搏、血压、血色素、肺活量、最大摄氧量、血乳酸等。肌肉功能的测试，通常以肌肉活检评定红、白肌纤维比率和采用各种肌力测试来评定身体各部位肌肉的生理特征和力量大小。对于足球运动员来说，速度和爆发力素质在决定竞技能力中甚为重要，所以，一般要求肌纤维类型以白肌纤维比率大，各部位肌力爆发性强为好。

3. 身体素质

身体素质是运动的“基石”。足球运动专项身体素质主要表现在爆发力、起动速度、速度耐力、一般耐力、变向灵敏和柔韧等方面。在选材实践中，教练员更强调速度和协调性。当前国内外有关足球运动员身体素质选材测试的具体内容花样繁多，主要受不同年龄、测试条件和环境变化等影响，一个指标往往有若干种测试形式，下面就常用的测试指标作一介绍：

（1）耐力素质指标。库伯实验（6 分钟跑、8 分钟跑、12 分钟跑）；YOYO 测试；实验室最大摄氧量测试。

（2）速度力量指标。短距离冲刺（5 米、10 米、20 米、30 米）；腿部力量、爆发力（立定跳远、立定 5 级跳、原地纵跳、）；腰腹力量（仰卧起坐、腹桥、双手掷实心球、体前前抛实心球）；上肢力量（引体向上、卧推）。

（3）变向灵敏和协调素质。灵敏（Illinois 测试、“T” 测试、5-0-5 测试）、平衡与稳定（闭眼单腿站立、Flamingo 测试）。

（4）柔韧素质。坐位体前屈、直立体前屈。

4. 技术

在足球运动员选材中，广大教练员特别强调运动员技术技能的重要性，将技术因素列为选材过程中最重要、最基本的因素。内容包括球性球感、运控球、传球和射门等。

（1）多部位颠球。左、右脚正脚背颠球，左、右脚脚内侧颠球，左、右脚脚背外侧颠球，左、右大腿颠球，胸部颠球，左、右肩颠球，头部颠球。

（2）踢远。用左、右脚脚背内侧踢定位球，要求以最大击球力量踢球，以球的远度评价其完成动作的规格质量。

（3）传准。依年龄在 25~35 米不等的距离内设置一个环环相套的传球圈。中心圈半径为 1 米，外圈半径依次增加 1 米。要求队员传定位球或活动球，同时测试左腿和右脚，观测球员传球的技术动作和准确性。

(4) 射门。在禁区线外的距离，射有数字标号的门墙，可以射定位球，也可以在活动中射，观测其击球的技术动作、准确性和力量。

(5) 运球。运球是所有球员都应具备的技能。例如，30 米运球，要求站姿开始，全程触球次数不少于 3 次。也可如图 14-2-1，图 14-2-2 所示的方法可以测试一名球员快速运球变向的能力，良好的表现依赖于近距离对球的控制，以及在快速改变方向时保持控制的能力。

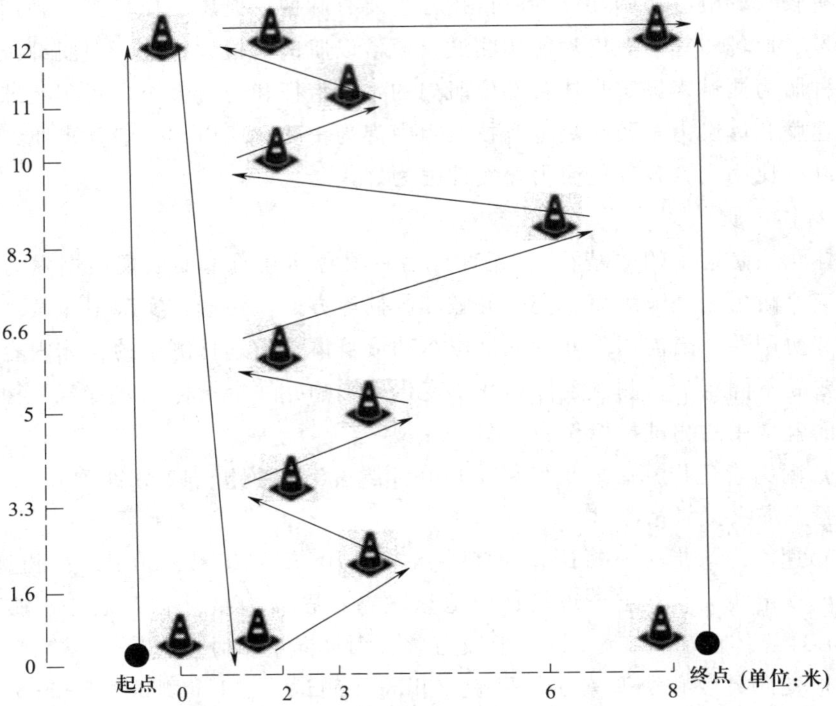

图 14-2-1 运球测试示意图

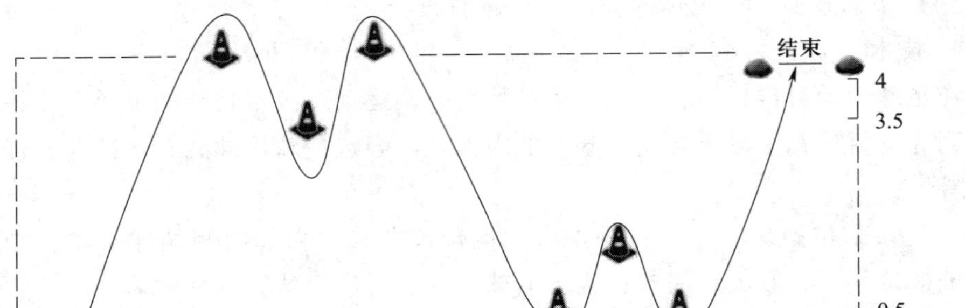

图 14-2-2 运球测试示意图（引自：DFB，2013）

（6）传球。拉夫堡足球传球测试（LSPT），是评估传球技能速度和准确性的一种有效手段，具体方法如图 14-2-3 所示。

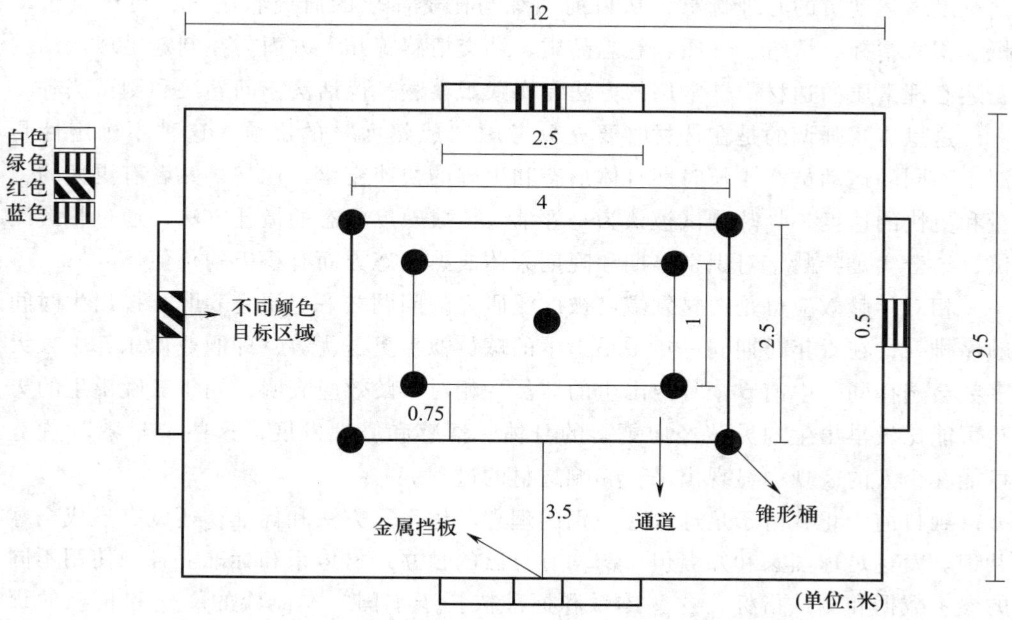

图 14-2-3　拉夫堡足球传球测试（LSPT）示意图

5. 战术

足球运动员的战术能力表现于极度复杂的对抗环境之中，涉及因素繁多并多以随机应变为主要特征。因此，就目前的研究现状看，对于战术运用能力的测定：一方面是教练员以经验知识观察评定；另一方面则主要通过一些与战术能力相关的基础指标进行判断，包括以下三个方面。

（1）感知—认知方面。在足球比赛中能准确判断形势是运动员能在场上表现出色的重要因素，因此，感知—认知技能被认为是足球选材的重要战术指标之一，感知—认知技能包括模式识别、视觉搜索、判断预测等。

（2）决策能力方面。足球比赛中，决策随时发生，运动员往往要在极短的时间内做出决策，决策能够影响和决定比赛结果，因此，足球教练员应特别强调决策的重要性。

（3）创造力方面。创造力对足球运动员在比赛中能否取得成功越来越重要。有研究表明，注意力可能是团队球类运动中创造性思维发展优势的一个有力的预测因素。

6. 心理素质

心理素质是运动员竞技能力的重要因素之一，受遗传、生活和训练等共同影响，包括对训练和比赛的动机、个性、勇气、毅力、激情等。由于其在决定训练效益与比赛胜负中的作用日趋明显，因此在当今足球选材中也备受重视。一些教练员认为心理—社会因素对足球运动员发展的影响与技战术一样重要，其中态度是识别人才的决定性因素之一。

足球运动员的心理选材，从目前训练与比赛需求的研究状况看，更侧重于动机、团队精神、情绪、气质、意志品质、社交情感等几大方面。在判定足球运动员上述心理素质的选材中，常用的方法有实践观察法、谈话法、问卷法和测试法等。

这里需要强调的是在选材时要充分考虑“成熟度”的影响，这种不确定性是源于不同的运动员在成长时期身体形态和生理的快速变化，比如早熟者有更大的力量和更快的速度。骨龄测试被认为是评估人体成熟度状态的最佳方法，通过骨龄测试，结合实足年龄，对识别早期和晚期人体成熟状态方面有积极的价值。

相对年龄效应也是选材领域已被广泛研究的问题之一。研究表明，按出生时间顺序排列，在青年时期同一年中早出生的球员似乎更占优势，即职业俱乐部中，大多数会选择同年中前6个月内出生的球员。相对年龄效应表明，同年较晚出生的男孩可能比较早出生的男孩经历更多的身体、情感和心理发展，这些“早熟”优势可能在个人的表现中显现出来，影响选材的过程。

到目前为止，对于足球人才识别的理念、体系、方法和标准，还没有形成全球共识。发达足球国家和知名俱乐部均有自己的独立选材体系和标准。各国使用不同的参考数据和测试指标，这些体系和标准依托于本国、本民族的文化和长期的训练、选材的探索实践，具有各自国家和俱乐部独有的特征。因此，对于足球相对比较落后的国家来说，积极探索设计符合本国、本民族文化和习惯的运动员选材体系和标准是发掘足球人才、推动足球运动发展的有效手段。

某招生考试足球实战能力评分细则

二、比赛评估

通过组织足球比赛，由教练员、专家、球探对运动员的临场表现进行观察记录分析来识别人才，是目前在俱乐部、夏令营、训练营等选拔优秀足球运动人才时必有的环节之一。有研究表明，小场地比赛是选材的有效工具。相比于实验室或现场测试进行评估，比赛评估是在接近足球比赛对抗竞争和任务的环境中评估足球运动员的特定运动表现，能够观察到运动员技术、战术、身体素质、智力和心理等五大人才预测因子的综合体现，特别是运动员感知认知能力、技术和体能的不同组合所表现出的独特个人能力。

我国某校园足球夏令营采用的比赛表现评价表

比赛评估的操作过程，一般由测试者参照评分细则，独立对运动员的技术能力、战术能力、身体素质、心理以及比赛作风等方面进行综合评定。主要评判指标，如某招生考试足球实战能力评分细则、我国某校园足球夏令营采用的比赛表现评价表、某职业俱乐部采用的球探报告。比赛评估是依靠教练员个人专业知识和训练、比赛经验，通过观察运动员比赛过程中的临场表现选材的形式，具有一定的可靠性，因其简单易行，所以在我国足球运动青少年选材中被广泛使用。

某职业俱乐部采用的球探报告

比赛评估受测评运动员的个人经历、知识结构、偏好风格等因素影响，测试过程中个人的表现还取决于队友和对手的能力，这使得有效和可靠的测评非常具有挑战性。当测试人员考虑到不同的位置需要不同的任务和技能时，个体的足球运动表现就更加复杂。测试时需考虑以下注意事项：

（1）确定比赛时间、场地大小和上场人数，比赛尽可能包括标准的足球运动规则，包括界外球、越位、任意球和角球等。

（2）要考虑球员的位置即前锋—中场—后卫，避免球员位置单一的球队。

（3）保证对抗双方的实力基本相当，可以将运动员在每次比赛后重组为不同的队伍，在每场比赛中都有不同的队友。

（4）在整个比赛过程中，原则上教练员、专家等不允许给运动员以口头鼓励或反馈。

足球人才的选拔和发展涉及许多方面，是一个复杂的问题。青少年足球运动员的发展是非线性的，每位运动员都有其自身的特征，受生长环境、成熟度和训练条件等因素影响，呈现出不同程度和速度的发展和变化。为了提高选材的有效性和可靠性，建议相关人员采用多学科的方法，为运动员提供更全面的评估，充分考虑运动员在多个表现方面的优势和劣势，追踪参与者的发展轨迹，不断帮助运动员寻求有利于个人成功的足球生涯。

思考与实践

1. 什么是足球运动员选材？足球运动员选材有何重要意义？

2. 青少年足球运动员选材过程通常包含哪几个步骤？

3. 足球运动员选材常用的测试指标主要包含哪几个方面？常用技术测试指标有哪几项？如何评定？

4. 如何用比赛评估法进行足球运动员选材？有哪些注意事项？

▶ 第十五章 足球队管理

本章导读

足球队的组建是指为了完成既定的赛事目标，由教练员与运动员共同参与的实践过程，主要包括准备工作、组建条件、组建团队和保障支持等四个阶段。足球队的管理是以整个足球队作为管理对象，更多主体参与、管理范围覆盖队伍组织的全过程。本章从足球队的定义和类型入手，介绍什么是足球队，以及我国都有哪些类型的足球队，并阐述足球队的目标制定、团队管理、训练管理、竞赛管理、文化建设管理以及评价管理等内容。

学习目标

知识目标：掌握足球队的基本管理理念、原则和特征。了解足球队管理过程中的主要内容。

能力目标：学会组建足球队的方法与原则，掌握足球队管理过程中的常用方法。

价值目标：认识团队的概念，熟悉团队管理的不同方法，培养和提高管理能力和领导力。

第一节 足球队管理概述

足球队作为一种团队组织，具有其特定的任务、组织形式和管理方法，具备一般性组织的活动特征。本节重点介绍足球队的类型、组建、队伍管理原则和特征。

一、足球队的定义和类型

（一）定义

足球队是根据足球比赛不同位置需求，教练员团队通过选材、训练、竞赛、管理而组成的协同型团队，是以参加足球比赛并获得胜利为目标的队伍。一支 11 人制的足球队组建，一般人数为 23~25 人。

（二）类型

足球队可以根据组织主体的不同，划分成不同类型的足球队伍，并具有不同的组织特点，具体分为校园足球队，社会足球队、省市足球队、职业足球队、国家足球队等类型。

按照不同类型队伍的竞技水平还分为不同等级的足球队。校园足球队分为高水平组和阳光组。社会足球队分为企业队和业余队。省市足球队多分为成年专业队和青少年专业队。我国职业足球队分为中超队、中甲队和中乙队。国家足球队分为国家队、国家集训队和国家选拔队等。

按照参与主体的年龄阶段，参考我国当前足球竞赛体系，每种类型又分为不同参赛队。校园足球队分为小学队、初中队、高中队、大学队。社会足球队分为少年队、青年队、成年队、中老年队。省市足球队分为青年队和成年队，主要完成省运会和全运会任务。

根据 2018 年《中国足球协会职业俱乐部准入规程》各级职业俱乐部除了拥有一线队和预备队以外，还组建了 U19、U17、U15、U14、U13 五个级别的梯队。根据国际足球联合会（FIFA）举办的世界杯、U20 世界杯（世青赛）、U17 世界杯（世少赛）三大国际赛事，以及参加奥运会、亚运会、东亚运动会任务，我国国家足球队分为国家队、国奥队（23 岁以下，只允许有 3 名超过 23 岁的队员）、国青队（20 岁以下）、国少队（17 岁以下）（表 15-1-1）。

表 15-1-1 足球队伍的分类

组织主体分类	竞技水平分类	参与队伍分类
校园足球队	高水平组、阳光组	小学队、初中队、高中队、大学队
社会足球队	企业队、业余队	少年队、青年队、成年队、中老年队
省市足球队	成年专业队、青少年专业队	青年队、成年队
职业足球队	中超队、中甲队、中乙队	一线队和预备队、U13~U19 各级别梯队
国家足球队	国家队、国家集训队、国家选拔队	国家队、国奥队、国青队、国少队

二、足球队组建

足球队组建是指为了完成既定的赛事目标，教练员依据主客观条件，选拔不同位置、特长和能力的队员，组合成一个整体球队的过程。球队组建包括准备工作、组建条件、形成队伍和提供持续支持四个阶段。

（一）准备工作

教练员组建一支足球队的主要准备工作如下：

（1）了解队伍的目标、条件以及组队策略。

（2）了解队伍的职责。

（3）了解队员的基本信息及竞技能力。

（4）制定足球队竞训规划和管理制度。

（5）了解工作环境。

（6）搭建良好的内外沟通路径。

（二）组建条件

足球队组建应具备完成任务所需要的各种资源条件，包括物质资源、人力资源、财务资源等。例如，组队条件之一的人员选拔情况如下：

（1）掌握足球队组建情况，包括优势与不足。

（2）熟悉成员的构成情况和优缺点。

（3）了解成员间的相互关系。

（4）了解成员的奋斗目标。

（5）掌握成员需求及实现目标的方法。

（6）预期足球队成员对教练员风格的反应。

（三）组建团队

组建一支足球队后，教练员团队组织队伍开始工作。这个阶段需要明确队伍目标、成员分工与职责。

（1）明确工作内容及分工。

（2）明确队伍预期结果（目标）。

（3）了解存在的问题及其解决办法。

（4）确定组织管理运作机制。

（5）安排足球队工作计划。

（四）保障支持

足球队组建完成后，需要管理部门提供持续支持，其中政策、资金和物质支持尤其重要。

（1）制定队伍发展规划及预算。

（2）确定所需的各种保障条件。

（3）明确发展所需的政策支持。

三、足球队管理理念、原则和特征

（一）管理理念

足球队的管理理念是指全体成员在共同价值观基础上，对足球队组织与管理过程所具有的思想观念体系。足球队的管理要以队员可持续发展为前提，根据队员实际情况、心理特点、个性发展等方面制定规章制度，调动队员的积极性、创造性和主动性，使他们（她们）在接受管理的同时参与管理，加强自我约束，实现管理者与被管理者的共同发展。

（二）管理原则

管理原则是指在管理实践基础上，通过经验积累和科学分析得出的管理活动的客观规律。足球队管理原则是实现足球队发展目标和正确处理管理过程中一系列矛盾的指导原则，是开展足球队管理活动时必须遵循的准则。

1. 系统原则

足球队是由多种要素组成的有机整体。管理者必须处理好各要素的关系，以达到整体优化和高效。在全面掌握足球队的前提下，要对其进行科学的分解管理，既不破坏工作的整体性，又有效地行使管理职能。

2. 人本原则

足球队的一切管理要把人的因素放在第一位。在管理过程中，对队员的各种行为进行科学分析，合理使用精神和物质奖励，最大限度地调动队员的积极性，创造出和谐、宽容、公平的文化氛围，使大多数人感受到激励，达到组织和个人共同发展的目标。

3. 控制原则

足球队的核心任务是参加比赛，只有将整个准备过程进行优化控制，才可能取得好成绩。足球队的控制管理主要包括队员选拔、训练组织、制订参赛计划、比赛指导以及科技保障等方面。管理者应不断更新管理理念，利用现代科学技术手段，对队伍管理的全过程进行有效控制。

4. 反馈原则

足球队在日常训练和比赛中，存在大量的信息反馈，教练员与管理者要运用反馈原则来影响运动实践。在具体实施中，要注意队员的生理和心理特点，灵活运用反馈方法，其中反馈的目标是核心，反馈的内容是关键，同时还要考虑到反馈的时间、地点、频次以及反馈的双向互通。

（三）管理特征

足球队一般会把关心爱护队员作为管理工作的出发点和落脚点，坚持“育人与育才”并重，这个过程中形成价值共识是前提，营造积极的团队氛围是保障，因人制宜是关键。队伍在日常管理中表现出以下特征：

1. 以人为本，强调协作

以人为本是指队伍的一切组织活动都是以实现人的全面发展为宗旨。同时，足球队的良好管理不仅可以充分激活队员个体的潜能，还可以有效促进相互合作，发挥协同效应提升团队执行力。

2. 注重团队凝聚力

凝聚力是将每个队员“黏”在一起的“胶”，凝聚力的大小直接反映队伍的整合协调程度，是影响团队目标实现的重要内在因素。足球队的每一次进攻和防守都是通过集体完成的，队员间既相互影响又相互依赖，凝聚力可以有效提升战术配合默契度，实现团队效能最大化。

3. 以事实说服为主，注重沟通与交流

管理者通常采用讲实事和举例子来说明道理、明辨是非，提高队员认识水平或改变他们（她们）的不良思想。常用的方式有语言说服、实事说服和榜样说服，如谈心、讨论、参观、鼓励或亲自示范。

4. 创造学习机会，提升综合素质

有计划地组织通识教育和培训，提升队员的人文素质、知识储备和生活技能。通过学习提升球员认知、改变思维习惯、效仿榜样诱发动机等方式，形成积极的学习型团队氛围。

5. 重视反馈，用好激励方法

通过对队员训练效果的持续性监控，在训练过程中帮助队员发现问题，克服缺点，根据反馈信息进行调整和改进，更好地调动队员的积极性、主动性，充分激发他们（她们）的潜能，为达到目标而努力奋斗。同时，采用多种形式的激励方法，如目标激励、奖罚激励、竞赛与评比激励、领导行为激励、关怀与榜样激励等。

6. 抓主要矛盾，因情施策

对于不同时期和情境下，队员产生的思想或心理等问题，需要抓住主要矛盾来研究解决。如比赛期或赛后队员经常会出现心理和情绪问题，要善于细致分析原因，“因人、因事、因时”制宜。

第二节　足球队过程管理

从狭义的角度来看，足球队管理过程指以教练员为代表的核心团队对队员群体生活、训练和比赛过程的组织。从广义的角度来看，足球队的管理是以整个足球队作为管理对象，更多主体参与、管理范围覆盖队伍组织的全过程，主要包括制定目标、训练实施、竞赛指导、组织保障以及评估检查等内容。

一、目标管理

美国管理学家彼得·德鲁克提出目标管理理论，该理论是以目标设置、分解、实施、完成情况、奖惩为手段，通过员工自我管理来实现团队运营目的一种管理方法。按照目标管理理论，足球队实施目标管理的全过程分为六个步骤：

（一）建立管理体系

1. 确定组织管理结构

围绕足球队目标，确定组成管理系统的部门和个人。例如，我国中小学足球队由三级管理组成，它将过去的由体育组独家管理方式改变成由学校 7 个有关职能部门协调管理，使组织结构进行了整体优化，从而大大提高管理的效能（图 15-2-1）。

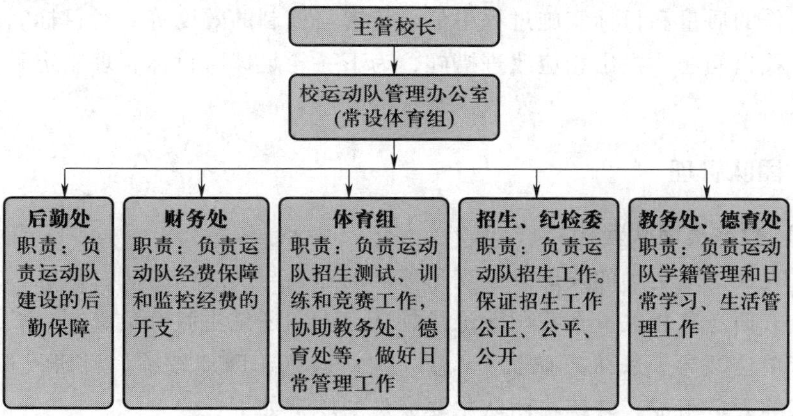

图 15-2-1　中小学足球队组织管理结构

2. 确定足球队管理流程

确定清晰、合理的足球队管理流程即各管理子系统，制定必要的规章制度以及政策措施，明确基本协调关系及信息反馈等，详见上述足球队组建内容。

（二）拟定总体目标

足球队通过分析外部环境和内部信息后，拟定总体目标方案，通过对方案的验证，最后确定总体目标。例如，校园足球队在确定足球队管理总体目标时，首先要符合学校培养“全面发展的人才”的要求，构建“育人夺标”的总体目标。

（三）任务分解

根据足球队总体目标要求，制定总目标的措施，根据措施再确定不同部门的任务，这些分解的任务就构成了足球目标管理网络。例如，校园足球队要制定将管理子系统划分为思想品德目标管理、招生选材管理、文化学习目标管理、训练与竞赛目标管理、医务监督目标管理、生活目标管理、科研信息目标管理、奖惩目标管理共 8 个子系统，其中思想品德管理起主导作用。

（四）定责授权

根据足球队总体目标的分解，确定各管理部门相应的权力范围，制定部门及其管理者的职责目标，出台各管理职能部门及其管理者的具体目标责任和相应的管理原则。

（五）目标实施

在足球队目标实施过程中，应注意认真抓好目标管理系统中各信息的调节与控制。例如，校园足球队目标管理控制中心设在学校体育委员会，则信息网主要由各目标负责部门及责任人构成，在目标实施中可广泛运用反馈控制、随机控制等控制方法，以便保证组队后训练、竞赛等全过程的最佳运行。

（六）评价与检查

足球队目标管理实施过程结束后，应对目标实施效果进行评价，评价内容可包括足球队目标的达成度（完成目标进度，以及完成各项指标的数量与质量），各部门协调工作的质量和目标实施过程中信息传递与控制的效度等，对目标完成情况总结经验，找出问题，提出相应改进措施，为下一轮足球队目标管理制定和实施提供反馈信息。

二、团队管理

（一）教练员团队管理

随着现代足球运动的发展，一支足球队的建设与发展、科研、训练、医务、管理等各个方面息息相关。在我国无论是领队负责制还是主教练负责制，教练员团队均由主管单位领导、领队（队长）、总（主）教练、助理教练、科研人员、队医、聘任专家等人员组成。教练员团队主要成员的职责如下：

1. 主教练

主教练对足球队做出的训练、比赛以及管理教育等工作负主要责任，主教练要善于团结和发挥助理教练、辅助人员的作用，既要有明确的分工，又要团结协作，共同完成足球队的各项工作。主教练还应重视培养和发挥队长、核心队员等骨干的支撑和带头作用。

2. 助理教练

助理教练一般由守门员教练、体能教练等组成，分工负责足球队一定的训练工作，还要负责一些事务性工作，助理教练发现问题应及时向主教练提出合理化建议。其具体工作包括准备和维护训练器材和设施；协助安排与组织训练；协助指导比赛、评估队员表现；协助队伍管理工作。

3. 辅助人员

足球队的辅助人员包括队医、按摩师、心理咨询师等，他们（她们）的主要职责是治疗伤病与康复、消除疲劳、心理咨询、诊断与治疗以及营养调理等。在工作过程中，辅助人员要贯彻统一的教育和管理理念，根据队员的身体和心理状况，及时向主教练提出合理化建议，保证队员以最佳的生理和心理状态投入训练和比赛。

（二）队员管理

队员是运动训练的主体，队员管理是运动训练管理系统的核心环节，它既包括提升竞技能力，创造优异竞赛成绩的“育才”训练过程管理，又包括对其做人、思想、学习、生活等“育人”教育过程管理。

1. 思想管理

思想政治教育是我国运动队伍建设的重要内容之一。思想政治工作要以正面教育和表彰先进为主，把关心队员、爱护队员作为思想工作的出发点。要与队员交朋友，了解他们（她们）的心理活动，采取循循善诱、疏导谈心的方法去解决队员的思想和实际问题，促进队员良好心理素质的发展。

2. 生活管理

生活管理是维护队员身心健康、保证训练和竞赛任务完成的必要条件。建立科学的生活制度，既要保证队员每天有足够的睡眠，又要给他们（她们）自由支配的活动时间，严禁队员吸烟、酗酒、赌博等，培养他们（她们）良好健康的生活习惯。

3. 文化教育管理

按照新时代“体教融合”发展理念，队员必须积极参加文化学习，遵守学校的各项规章制度，上课不能无故迟到、早退，因故缺课应请假。领队和教练员要关心队员的文化学习，正确处理训练与文化学习的关系，对违反学习纪律的队员要进行教育、督促和处理。对于成年队员来说文化教育与职业培训也十分重要，这些也将为他们（她们）日后退役就业与转型发展提供保障。

三、训练管理

足球训练是球队管理的重要组成部分，是以提高运动员竞技能力和球队成绩为目标，在教练员的指导下，专门组织的有计划的实践活动。足球队训练管理系统由管理者和被管理者组成，以教练员与队员的“教和练”关系为核心，以物质保证

（财务、场地、器材、生活服务）、医学监督（医务、营养、恢复）、科学指导（诊断评估、心理咨询、信息处理）、文化教育（思想教育、文化学习）等为保障，具有明确目标组成的有序系统（图 15-2-2）。

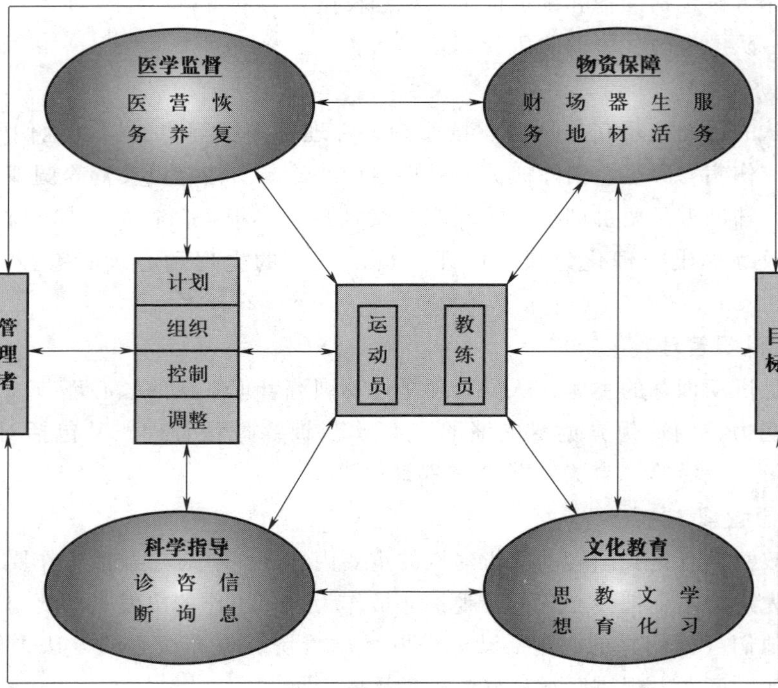

图 15-2-2 运动训练管理系统

训练管理的过程就是在管理者的支持下，教练员按照训练任务和队员实际情况，制订各类训练计划和方法手段（计划），全面而又有侧重地组织安排体能、技术、战术、心理和智能训练的内容。队员应当服从指导，保质保量地完成训练任务（组织）。同时，教练员利用各种技术手段完成对训练过程的全面监控（控制），并对各项训练资料进行分类整理，特别是在日常训练中所积累的原始资料要归档，以便日后总结训练经验和为制订下一步的训练计划提供依据（调整）。

四、竞赛管理

足球队竞赛管理的主要内容，一是明确竞赛目标，建立参赛管理的目标体系；二是制订竞训计划，科学规划管理过程，合理分配人、财、物、时间等资源；三是对竞训过程实施科学化管理，保证各项工作的紧密衔接，组织有序，其中应以赛事为核心，集中力量做好赛前、赛中与赛后各阶段重点工作，保障队员在竞赛期表现出最佳状态；四是监管和评估训练与参赛的过程与结果，总结正反经验，优化竞赛管理方法与机制，不断提升组织管理水平（图 15-2-3）。

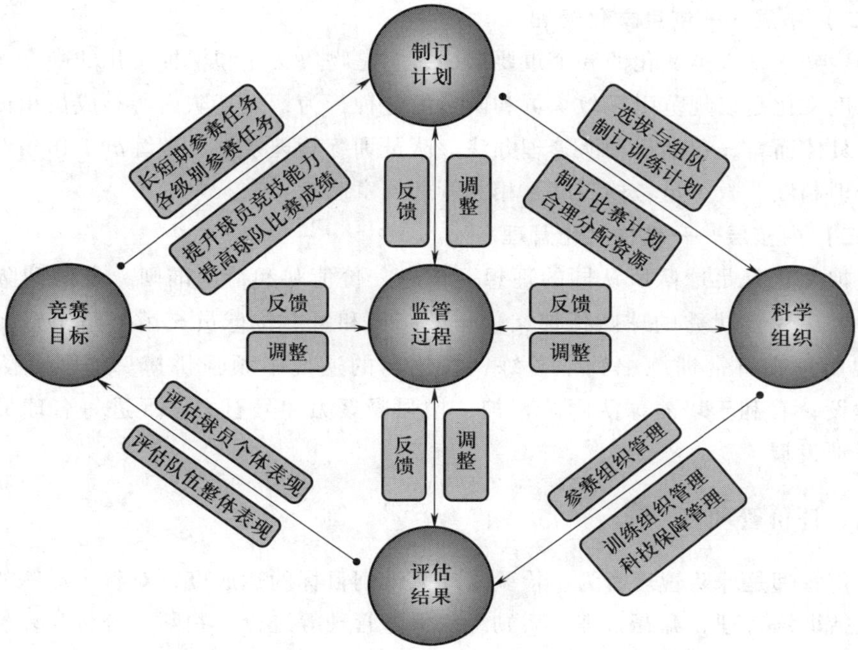

图 15-2-3　队伍竞赛管理过程

五、文化建设管理

文化是指物质文化和精神文化的总和，从结构上由外向内分为三层，即表层、中层、内核层。优秀的球队文化既是球队发展的精神动力，又是建设球队的重要基础（图 15-2-4）。

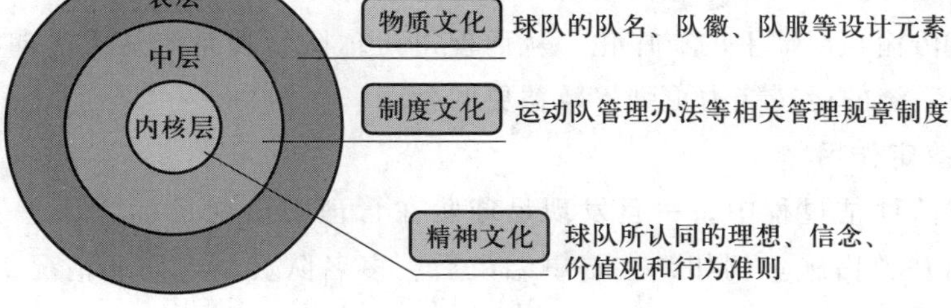

图 15-2-4　球队文化结构图

（一）表层——物质文化管理

物质文化是足球队文化的有效载体，属于文化的最外层和可视形态。直观地表现足球队所倡导的价值观、发展理念等，并潜移默化地影响队员的观念与行为。在物质文化管理中，例如，球队的队名、队徽、队服，以及场地和器材等设计元素要体现足球队的文化特色，在物资采购、布局与设计上要充分突出足球队特色。

（二）中层——制度文化管理

制度文化是人类文化的一个重要层面，它是物质文化和精神文化的中介。足球队的制度文化是以规范引导教练员和队员的各种行为，提高队内所有成员积极性为目的。具体而言，包括运动队管理办法、队员训练管理条例、教练员工作条例、教练员培训制度、教练员考核制度等相关管理规章制度。

（三）内核层——精神文化管理

精神文化是足球队所认同的理想、信念、价值观和行为准则，是运动队文化的核心和灵魂。优秀的球队精神文化让教练员和每一位球员充满了归属感，使他们（她们）在日常训练中勤学苦练，在比赛的逆境中顽强拼搏。加强球队精神文化建设，有利于培养球队团队精神，增强凝聚力和号召力，促进每名球员健康和积极地发展。

六、评价管理

评价管理是球队管理者为了检验足球队计划目标的达成度，对整个球队的管理过程包括训练管理、竞赛管理、后勤组织保障管理等进行的判断、分析与评价。足球队评价程序的步骤依次为确立评价标准、决定评价情境、设计评价手段、利用评价结果。通过对足球队前期各项工作和活动的评价，可对未来足球队的发展和建设起到以下作用。

（一）诊断作用

对足球队前期竞赛成绩进行客观分析，了解教练员团队及部门职能负责人的工作任务完成情况，提出下一步改进措施。

（二）导向作用

通过对足球队各项工作和活动的评价，建立新的目标体系，组织系统、责权对应以及信息传输与反馈上的有序化，从而促进足球队管理系统从无序向有序转化，使整个管理系统的运转能力更强，效益更明显。

（三）鉴定作用

在足球队评估过程中，一旦发现足球队在管理中出现目标“偏差”，可立即采取必要的补救措施。例如，在赛事结束后，多名队员出现伤病情况，应鉴定是什么原因所致，如果是训练中对抗性不足，应在训练计划中增加有针对性的对抗练习。

思考与实践

1. 简述足球队的定义与类型。
2. 谈一谈如何组建一支足球队？

3. 足球队过程管理的主要内容有哪些？
4. 如何有效发挥足球队的文化建设管理？
5. 足球队的评价管理有哪些作用？

第十六章 足球竞赛组织

本章导读

参与足球比赛可以提高运动员的竞技水平，检验训练效果，增进互相交流，促进全民体育运动的发展，增强人民体质，丰富人民文化生活。通过国际足球比赛的交往可加深世界各国人民的相互了解，增进友谊和团结，促进足球技战术水平的发展。因此，做好足球竞赛组织工作意义重大。

本章重点介绍足球竞赛制度、编排与成绩计算，对竞赛组织工作的运行和管理进行分析与说明。

学习目标

知识目标：了解足球比赛常用的三种竞赛制度。

能力目标：掌握足球竞赛各阶段的工作方法和流程。

价值目标：培养参与足球竞赛组织工作的热情，提高从事足球竞赛组织与管理工作的能力。

第一节 足球竞赛制度、编排与成绩计算

竞赛制度是在竞赛过程中为合理比较参赛者的运动水平，公正排定参赛者的竞赛名次所采取的组织、方法和体系的总称。足球比赛中常用的竞赛制度有循环制、淘汰制和混合制三种。

一、循环制

(一) 循环制的分类

循环制包括单循环、双循环和分组循环三种。

1. 单循环

单循环指所有参加比赛的球队在比赛中都要相遇一次，最后按各队在全部比赛中得分多少排列名次。

2. 双循环

双循环指两次单循环，即所有参加比赛的球队都要相遇两次，最后按各队在全部比赛中的得分多少排列名次。

3. 分组循环

分组循环指将所有参加比赛的球队分成若干组，各组进行单循环决出各组名次，然后再按竞赛规程中规定的办法进行第二阶段的比赛。

(二) 循环制的特点

(1) 比赛各队相遇的机会多，有利于锻炼队伍，相互交流，共同提高。

(2) 各队成绩根据全部比赛得分多少来排定名次，成绩排名更能说明队伍的实力和水平。

(3) 比赛时间长，比赛场次多。

(三) 循环制的编排方法

1. 单循环比赛场数的计算方法

比赛总场数=参赛队数×(参赛队数-1)÷2。

2. 单循环比赛轮数的计算方法

在单循环比赛中，各队都打完一场比赛即为一轮。若参加比赛的队数是奇数，则比赛的轮次数等于比赛队数；若参加比赛的队数是偶数，则比赛的轮次数等于比赛的队数减 1。

3. 比赛轮次表的排列方法（逆时针移动法）

不论参加比赛的球队是奇数还是偶数，一般都按偶数编排。如果参加比赛的球

队是奇数时，再用一个“0”号代表一个队，使之成为偶数，各队碰到“0”号队时，即为轮空队。编排时，先用号数代表队名，将其平均分为两半，前一半号数由1号起自上而下地写在左边，后一半号数自下而上写在右边，然后再把相对的号数用横线连接起来，这就是第一轮的比赛。在编排第二轮比赛对阵时，参加比赛的队数是偶数时，1号位固定不动；参加比赛的队数是奇数时，0号位固定不动，其余的号数按逆时针方向每轮移动一个位置，再用横线把相对的号数连接起来，这就是第二轮比赛。依此类推，排出其余各轮比赛。

例如，6个队参加比赛（表16-1-1）或5个队参加比赛（表16-1-2），其循环方法如下：

表16-1-1　6支球队单循环比赛轮次表

第一轮	第二轮	第三轮	第四轮	第五轮
1-6	1-5	1-4	1-3	1-2
2-5	6-4	5-3	4-2	3-6
3-4	2-3	6-2	5-6	4-5

表16-1-2　5支球队单循环比赛轮次表

第一轮	第二轮	第三轮	第四轮	第五轮
1-0	5-0	4-0	3-0	2-0
2-5	1-4	5-3	4-2	3-1
3-4	2-3	1-2	5-1	4-5

轮次排出来之后，还应明确各参赛队的代表号码数，将各队队名按其代表号码数填到轮次表中，然后编出比赛的赛程表和日程表。

决定参赛代表号码数的方法一般有两种：

（1）抽签法。赛前召集各队代表一起抽签，以明确各个号码分别代表的队伍。

（2）直排法。根据上届比赛名次，直接将队名填至相应号码的位置，若上届排名中有不参加本届比赛者，应将其后排名队伍的排名依次前提填至相应号码处；若本届比赛中有若干新增加的参赛队，则应将新增加参赛队按报名先后顺序或其他相关竞赛的名次高低，依次排在上届最后一名参赛队之后。如同一地区或单位有两支以上队伍参赛的应将他们之间的比赛安排在第一轮。

4. 循环制比赛的计分方法

循环制比赛，特别是分组循环比赛的计分方法和决定名次的办法必须在竞赛规程内明确规定。

目前常用的方法包括：

（1）每队胜一场得3分，平一场得1分，负一场得0分。按同一循环全部比赛的积分多少决定名次，积分多者名次列前。

（2）如遇两队或两队以上积分相等，则依下列顺序排定名次。

① 积分相等队伍之间相互比赛的积分多者名次列前；

② 积分相等队伍相互之间比赛净胜球数多者名次列前；

③ 积分相等队伍相互之间比赛进球总和多者名次列前；

④ 同一循环全部比赛的净胜球数多者名次列前；

⑤ 同一循环全部比赛的进球总和多者名次列前；

⑥ 如仍相等，则以抽签方法决定名次，抽签优胜者名次列前。

（3）如果采用主客场双循环赛制，两队净胜球相等时，以客场进球数确定名次，客场进球数多者名次列前。

5. 分组循环比赛的注意事项

分组循环比赛时，一般采用“种子队”或“蛇形”排列分组办法。“种子队”的数目应该与分组数相等，或者是分组数的倍数，然后再用抽签的方法确定“种子队”和其他各队在各组的位置。“蛇形”排列分组，是按上届比赛的名次进行分组，按组数蛇形排列落位。表 16-1-3 是以 4 个小组为例的排列方法。

表 16-1-3 “蛇形”排列分组表

第一组	第二组	第三组	第四组
1	2	3	4
8	7	6	5
9			

注：按照编排方法将参赛球队名次填入相应空格。

二、淘汰制

淘汰制有单淘汰、双淘汰两种方法。在比赛中失败一次即失去比赛资格的方法称为单淘汰，失败两次即失去比赛资格的方法称为双淘汰。

（一）淘汰制的特点

单淘汰赛制适合在参赛队伍数量较多、场地少、赛事时间短的情况下采用。缺点是有些队伍比赛场次会很少，比赛锻炼价值减少。同时，单淘汰比赛结果的偶然性较大，最终的比赛名次难以公平合理。双淘汰赛制会给初次失败的队伍增加一次机会，这样产生的名次相对合理。由于上述原因，在实际赛事设计中较少采用单淘汰赛制。

（二）淘汰制的分类

淘汰制包括单淘汰制和双淘汰制两种。

1. 单淘汰制比赛场数和轮数的计算方法

（1）单淘汰比赛总场数等于参加比赛队数减 1。在计算单淘汰比赛的轮数时，若参加比赛的队数等于 2 的乘方数，则比赛的轮数等于 2 的指数，若参加比赛的队数不是 2 的乘方数，则比赛的轮数为略大于参赛队数的 2 的指数。

例如，8 支队参加比赛，总场数为 8-1=7 场。因 8 是 2 的 3 次方，所以轮数应为 3 轮（图 16-1-1）。

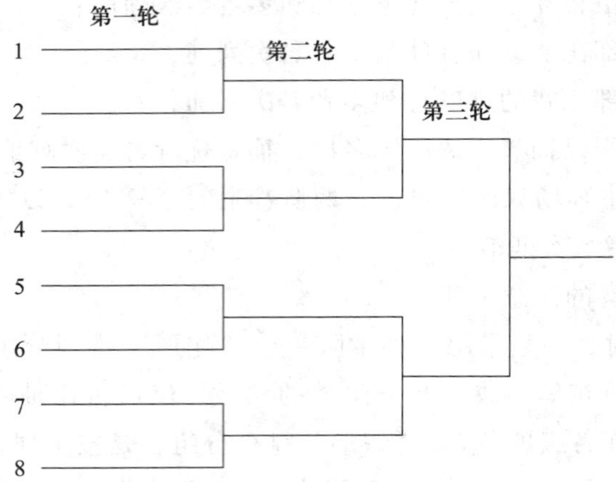

图 16-1-1　8 支球队单淘汰赛图

又如，5 个队参加比赛，总场数为：5-1=4。轮数计算：略大于 5 的 2 的乘方数是 8，8 是 2 的 3 次方，所以比赛也为 3 轮（图 16-1-2）。

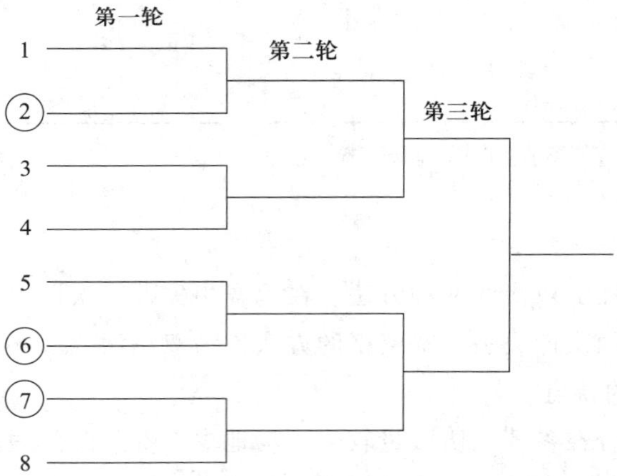

注：第一轮 1、5、8 为轮空队。“○”内的号数为轮空位置

图 16-1-2　5 支球队单淘汰赛图

（2）轮空球队编排。在编排轮空队时，如果参加比赛的队数是 2 的乘方数（如 4、8、16、32、64……），则第一轮比赛没有轮空，所有的队都可参加比赛。如果参加比赛的队数不是 2 的乘方数，必须在第一轮的比赛中有部分队轮空，才能使第二轮比赛的队数成为 2 的乘方数。因此，要先计算出第一轮的轮空队数。

轮空队数等于略大于参加比赛队数的 2 的乘方数减去参加比赛的队数。为了编排方便，可按下列轮空位置表查表（表 16-1-4）。

表 16-1-4 轮空位置表

2	63	34	31	18	47	50	15
10	55	42	23	26	39	58	7
6	59	38	27	22	43	54	11
14	51	46	19	30	35	62	3

查表方法：用稍大于参加本次比赛队数的 2 的乘方数作为最大位置号数。再根据轮空队数，在轮空位置表上由左向右依次找出小于最大位置号数，就是轮空位置。与轮空位置相遇的队就是第一轮的轮空队。

（3）“种子队”的编排。在确定和编排“种子队”时，一是要确定“种子队”，二是要将“种子队”合理地分布在各个区内，使强队较晚或最后相遇。这样不仅能使比赛具有吸引力，而且也能较准确地反映出比赛的水平。确定种子队应事先了解各队情况，然后把实力较强的队确定为“种子队”，其数量要根据参加比赛队数的多少而定。如果第一轮有轮空队，要首先安排“种子队”轮空，而后再让“非种子队”抽签。为了安排方便，可在下列“种子队”位置表中查出其合理位置（表 16-1-5）。

表 16-1-5 “种子队”位置表

1	64	33	32	17	48	49	16
9	56	41	24	25	40	57	8
5	60	37	28	21	44	63	12
13	52	5	20	29	36	61	4

查表方法：按比赛所设的“种子队”数，在“种子队”位置表上由左向右依次找小于或等于最大位置号数，就是“种子队”的位置。

例如，有 14 个队参加比赛，设 4 个“种子队”，这样首先要使比赛队成为略大 14 个队的 2 的乘方数，即 16。从表中可依次找出 1、16、9、8，即是“种子队”的位置（图 16-1-3）。由于设 4 个“种子队”而只有两个轮空位置。因此，有两个种子队在第一轮就得参加比赛。

（4）附加赛。附加赛是在采用淘汰赛制的情况下，除了决出冠亚军之外，还要把其他参赛队伍的名次排出的方法。如采用附加赛的形式进行比赛，应在竞赛规程当中明确说明。

2. 双淘汰赛制

双淘汰赛总场数的计算方法：总场数＝2×(参加比赛队数－1)。

例如，9 个队参加比赛，总场数＝2×(9－1)＝16场。

双淘汰赛的编排方法和单淘汰赛基本相同，只是进入第二轮后，要把失败的队放在下半区编排起来再进行比赛，胜者继续比赛，负者则被淘汰。若最后决赛的两个队都只败一场，还必须再比赛一场决定冠军。以 8 个队参加比赛为例的双淘汰赛编排见图 16-1-4。

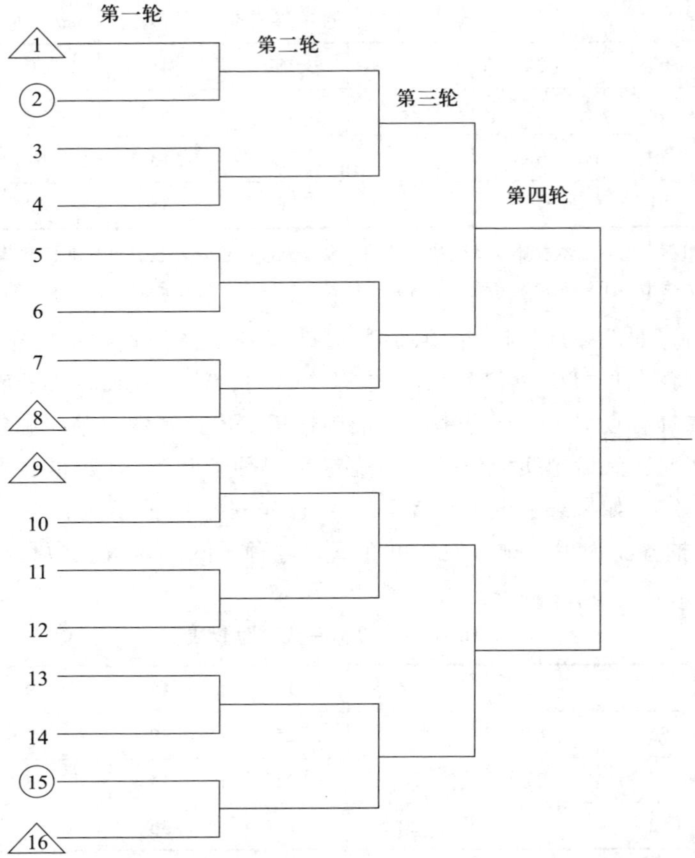

注："△"内的号为种子队位置；"○"内的号为轮空位置

图 16-1-3 14 支球队设 4 个"种子队"的单淘汰赛图

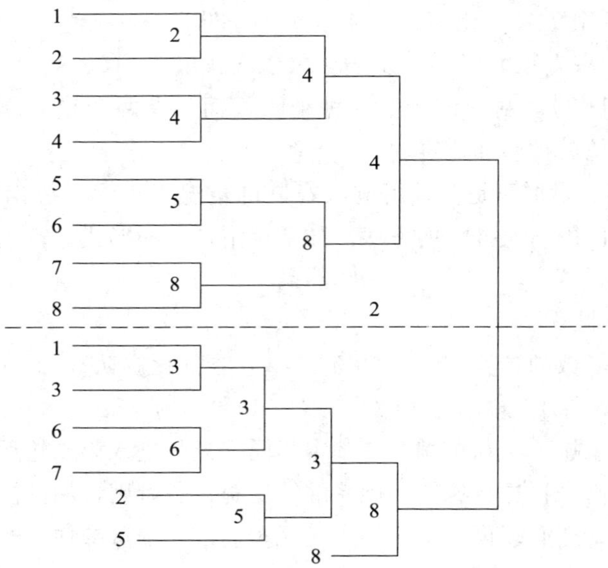

图 16-1-4 8 支球队的双淘汰赛图

三、混合制

混合制是指将一次竞赛分为两个阶段进行的方法，前一阶段采用循环制，后一阶段采用淘汰制，或者前一阶段采用淘汰制，后一阶段采用循环制。足球比赛中，经常采用的是先循环后淘汰的混合制，如世界杯足球赛决赛阶段的比赛就采用这种赛制。

（一）混合制的特点

混合制综合了循环制与淘汰制的优点，弥补了两者的不足，较为全面地兼顾了竞赛各方面的要求。其有利于参赛队伍之间的交流，能较为真实地反应参赛队伍的实力与水平，较好地减少了比赛结果的偶然性，使比赛名次的产生较为合理与客观。

（二）混合赛制中淘汰赛的一般方法

1. 交叉赛

第一阶段分 A、B 两组进行单循环赛，决出各组的名次。第二阶段淘汰赛时，可将两组的第一、二名进行交叉赛，即 A 组第一名对 B 组第二名，A 组第二名对 B 组第一名进行比赛，然后两场比赛的胜者进行决赛，胜者为第一名，负者为第二名。若要排出第三、四名时，两场比赛的负者进行附加赛，胜者为第三名，负者为第四名。同样，各组的第三、四名也可以采用此种方法决出五至八名，以此类推（图 16-1-5）。

2. 同名次赛

第一阶段分 A、B 两组进行单循环赛，决出各组的名次。第二阶段淘汰赛时，两组的第一名进行决赛，胜者为第一名，负者为第二名；两组的第二名进行争夺第三、四名的比赛，以此类推。如果第一阶段是 4 个组进行循环赛，应先将 4 个组的第一名进行半决赛，然后胜者与胜者决冠、亚军，负者与负者进行附加赛，决出第三、四名，以此类推（图 16-1-6）。

图 16-1-5　交叉赛安排图

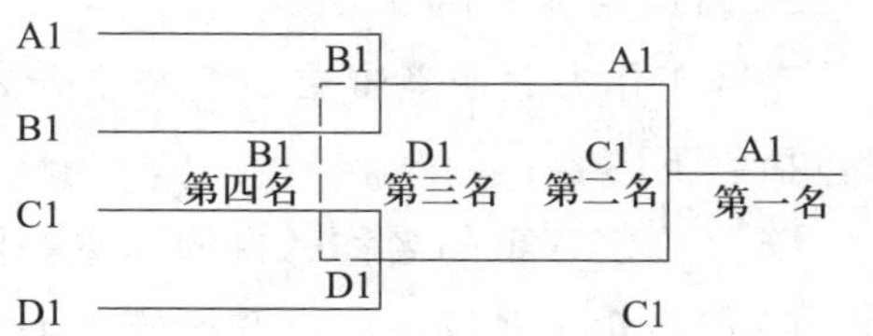

图 16-1-6　同名次赛安排图

第二节　足球竞赛组织工作

足球竞赛的组织是足球竞赛工作的核心，主办单位应依据竞赛工作计划与相关要求进行细致的组织与安排，使竞赛工作全面有序地进行。竞赛组织是一项涉及面广、协调性强且复杂而细致的工作，是决定竞赛能否顺利进行的关键，直接影响到竞赛任务是否能最终完成。竞赛的组织工作可分为前期的筹备工作、竞赛期间的工作和竞赛结束的后续工作。

一、竞赛前期的筹备工作

（一）主办单位的赛前主要工作

主办单位是赛事的发起单位，对赛事的所有工作有最终的决定权、对竞赛相关工作中的所有争议有最终裁决权、对竞赛工作中的所有问题有最终解释权。赛前主办单位的主要工作是设立相关机构、确定竞赛工作方案。

1. 设立相关机构

主办单位应根据所要组织赛事的性质、规模的大小，召集和组织有关部门、相关专家设立相应的组织机构（委员会），以全面指导竞赛相关工作的进行，依据实际工作的需要可设立如下机构（图 16-2-1）。

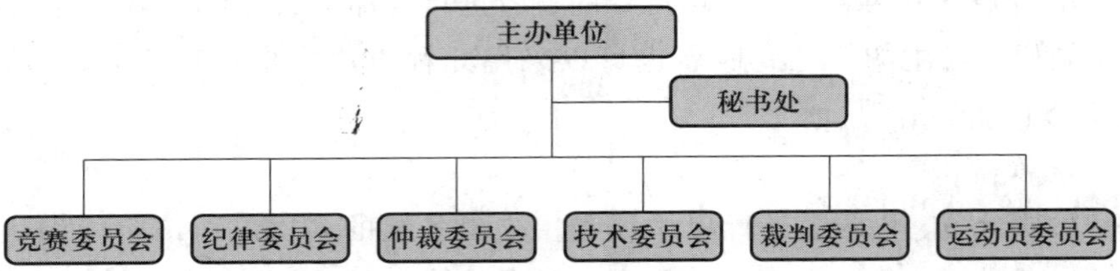

图 16-2-1　相关机构图

主办单位如果长期举办各类各级足球赛事，可根据自身实际竞赛工作情况，将以上专项委员会设立为常设机构，并设立秘书处统一协调管理。

2. 确定竞赛工作方案

竞赛工作方案由竞赛委员会和主办方等相关部门根据比赛任务要求来确定，一般包括以下内容：

（1）确定赛事的名称、目的和主要任务。

（2）在对比赛场地、竞赛设施、工作条件等情况充分考查的基础上确定承办单位，并明确参赛单位与人数、比赛地点和比赛时间等。

（3）在相关委员会指导下，根据赛事要求和需要出台相关竞赛文件和通知（竞赛规程、竞赛规则、纪律准则、相关处罚办法和比赛通知等），选派竞赛官员（赛区协调员、比赛监督、裁判监督和裁判员等）。

（4）指导承办单位成立赛区组织委员会，设立赛区工作机构。

（5）协调主办单位和承办单位的财务部门，本着勤俭节约的原则，从实际需要出发制定赛事的经费预算以及使用方案。

（6）接受各参赛单位的报名，并做好参赛人员的资格审查工作。

（二）承办单位的赛前主要工作

（1）在主办方竞赛委员会的指导下、承办单位党政组织的领导下，成立赛区竞赛组织委员会和纪律委员会。赛区竞赛组织委员会主要组成如图 16-2-2 所示。

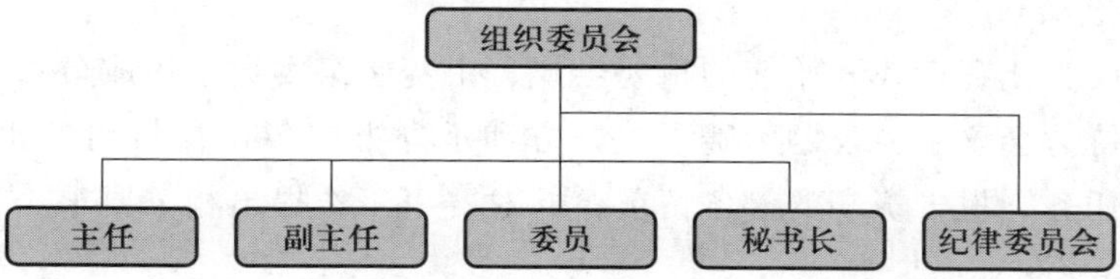

图 16-2-2　赛区竞赛组织委员会主要组成图

赛区纪律委员会一般由赛区竞赛组织委员会秘书长、赛区协调员和比赛监督等专业人员组成。

（2）在赛区组委会的领导下，结合赛事需要成立赛区工作机构，主要组成如图 16-2-3 所示。

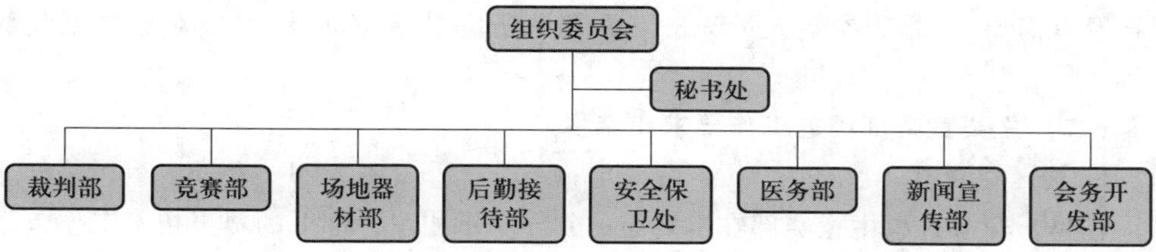

图 16-2-3　赛区工作机构图

（3）根据赛事实际情况和组委会相关要求，出台比赛的补充通知，明确比赛的具体时间地点、参赛办法、各参赛单位的报道细则以及财务要求，以便参赛单位做好参赛准备。

（4）在组委会的领导下，由竞赛部依据竞赛规程和组委会要求制定竞赛具体文件（比赛日程表、比赛赛程表、工作人员和参赛队作息时间表、赛前及休息日训练安排表、比赛倒计时程序、各项会议程序等）并最终编印秩序册，以保障赛前工作的顺利进行。

（5）竞赛各部门做好赛前准备工作，制定工作流程以及特殊情况下的工作预案，从场地、器材到人员、设备都要按工作流程要求达到实际比赛需要，如有必要（如重大比赛）可进行赛前测试赛以检验准备情况。

（6）做好参赛队、竞赛官员的报道接待准备工作，确保住宿、饮食和交通安全。

二、竞赛期间的工作

从参赛队伍和比赛官员报道开始，到参赛人员离开赛区比赛结束，为赛事比赛期。在此期间，参赛队伍、竞赛官员以及竞赛各相关部门应在赛区组委会的领导下，在比赛监督的协调监督下，严格按照竞赛规程、竞赛日程和赛程以及倒计时程序等相关赛区文件的规定，遵循各项工作任务要求与工作流程开展工作，以保障赛事的有序进行。

（一）组委会与联席会议

1. 组委会会议

此项会议为比赛正式开始前的重要会议，由赛区组委会全体成员参加，由组委会秘书长主持。会议主要议题为赛事主办方和承办方向各位委员明确比赛的目的、意义和主要任务，报告赛事的筹备情况，并对赛事工作提出相关要求。

2. 联席会议

会议由各参赛队领队、教练员代表、裁判监督与裁判员代表以及赛区竞赛各相关部门主要负责人参加，由赛区比赛监督主持会议。此会议为竞赛工作重要的技术会议，对赛事能否有序进行起到至关重要的作用。会议主要内容为：明确竞赛工作的重要事项，如比赛信息、比赛日程与赛程、竞赛规程中的重要条款以及赛事的其他重要规定；介绍裁判工作情况，统一判罚尺度与要求；参赛队伍排序抽签（如果比赛有需要）；检查参赛人员资格（参赛队伍官员与运动员）；核对比赛服装颜色等。

（二）主要竞赛部门的工作要求和流程

1. 赛区竞赛部

在整个赛事过程中竞赛部在组委会的领导下承担了大部分的赛事技术工作，是竞赛工作中的重要部门。其主要工作有，组织联席会和竞赛工作会议、组织开闭幕式、统计比赛数据和比赛成绩、制定和发布成绩公告、发送竞赛相关通知、在比赛监督指导下协调各部门之间的工作以及其他竞赛日常事务。

2. 参赛队伍

竞赛工作中比赛是核心，参赛队伍是主角，也是竞赛工作的主要服务对象，参赛队伍本身的各项工作能否顺利进行，直接影响整个竞赛工作的成败。在赛事期间，参赛队伍应在赛区组委会的领导下，在领队和教练员的领导指挥下完成竞赛训练工作和日常管理工作；应认真执行赛区相关规定和竞赛要求，准时参加训练与比赛工作，及时提交相关比赛文件，认真学习与总结，争取最佳成绩；队伍应加强管理和学习，积极参加赛区组织的会议和活动，杜绝不良赛风赛纪以及违规违纪问题的出现。如遇特殊情况或问题，应及时按程序通过正常渠道向有关部门反映。

3. 裁判部

裁判监督、裁判员是赛区的竞赛官员，是竞赛工作的重要组成部分，是竞赛规程与规则的主要执行者，是赛区竞赛工作有序进行的保障者。赛事期间裁判队伍应在赛区组委会的领导下，在裁判监督的指导与监督下，根据赛程安排、规程要点以及裁判工作流程，公平公正地执裁每一场比赛。裁判部应定期开展工作总结和业务学习，加强与竞赛部门交流合作，做好比赛资料收集与成绩统计工作，加强与参赛队伍的交流与沟通，做好规则宣讲与宣传工作。

4. 场地器材部

赛事期间场地器材部应在组委会的领导下，依据竞赛规程与规则的要求，按照竞赛日程与赛程的安排，确保比赛场地及设施、竞赛功能用房及设备（运动员休息室、竞赛办公室、裁判员休息室、比赛监督办公室、医务室与药检室以及新闻发布室等）达到竞赛要求，所有工作与保障人员应及时就位并按工作流程要求开展相关工作。另外，还应做好突发情况的工作预案，并在突发情况时能够有序执行，以保证赛事工作的顺利进行。

5. 安全保卫部

安全保卫部应在赛区组委会的领导下，做好赛区安全保卫工作，确保赛场以及运动员、竞赛官员住地的安全。比赛期间，应根据比赛场地管理要求，在比赛监督的指导下，做好比赛场地各出入口的安全检查工作；应根据各类人员不同的身份，控制比赛场地不同区域的人员流动，确保比赛场地各区域的秩序与安全；应做好突发情况的工作预案，确保做到在突发情况下能够尽快平息事件，确保运动员、竞赛官员与工作人员的安全与快速撤离，以及观众的安全与有序疏散。

6. 医疗与卫生部

医疗与卫生部应在组委会的领导下，加强与当地医疗机构和卫生防疫部门（医院、卫生与防疫站等）的沟通与合作，确保赛事期间赛区伤病员能够得到及时的救治，保障赛区人员的卫生与饮食安全以及赛区防疫工作的需要（如有必要可单独设立防疫部开展更全面细致的工作）。比赛训练期间，应确保场地内所有医疗设备、急救药物到位，且能正常使用；确保救护车辆及车上救护设备及时到位、功能正常；医疗救护人员应及时到岗，并按工作流程开展工作。另外，还应做好医疗、卫生与防疫突发事件的工作预案，确保突发事件时能够及时正确处置，以保证赛事的顺利进行。

（三）赛事工作中相关问题的处理

1. 违纪、违规事件的处理

赛事中的违纪、违规事件的处理应以事实为依据，以相关的纪律处罚文件为准绳，本着公平、公正、公开、及时的原则进行处理。具体的流程为事件发生后，应由赛区纪律委员会依据事件当场比赛监督的报告、当场裁判员的报告、比赛录像，以及当事人的证言、证词以及相关证人的证言、证词，依据竞赛规程规定的纪律准则及处罚条例的规定，对涉事相关人员或单位进行相应的处罚。处罚结果通报赛区组委会和主办单位纪律委员会，通报赛区所有部门和参赛各队，并由相关竞赛部门执行处罚决定，有必要时可通报涉事人员主管单位。如违纪、违规事件影响特别大、性质特别严重或超出赛区纪律委员会处理范围，应及时上报主办单位纪律委员会，由其做出最终处罚决定。

2. 参赛队伍申诉工作处理

参赛队伍有权为维护自身的正当利益对赛区组委会、纪律委员会做出的决定、赛事的相关规定以及其他参赛队的行为提出申诉。申诉必须按照组委会的相关要求和条件提出，必须以书面形式并由本队领队签字后方可生效，应与相关证明材料一起向赛区比赛监督或赛区组委会秘书处提交。符合相关条件要求的，申诉组委会应予以受理。申诉受理后，应由组委会秘书长及时召集组委会主要成员、相关部门负责人（如果有必要还可召集相关方面技术专家），依据赛事相关文件与规定进行讨论分析，并针对申诉作出相应结论，结论应上报主办单位竞赛委员会。如申诉成立或部分内容成立，赛区组委会应修改或撤销相关决定，修改相应赛事规定，制止相关队伍的不当行为，并对此期间的违纪、违规情况进行相应的处罚；如申诉不成立，也应及时通知申诉方。对于存在的重大争议或超出赛区组委会处理范围的申诉，应及时上报主办单位竞赛委员会和仲裁委员会，由其做出最终决定。

三、竞赛结束的后续工作

赛区所有比赛结束后，还需要继续完成以下工作：

（1）组织和举办闭幕式，宣布比赛成绩，颁发各类奖项。

（2）安排办理参赛队伍、比赛官员以及其他人员离会的相关事宜。

赛区组委会及办事机构简例

（3）赛区竞赛各部门应做好赛事期间的工作总结，并报送赛区竞赛部；赛区竞赛部应就整个赛区竞赛工作进行全面总结，并报送主办单位竞赛委员会。

（4）赛区竞赛部应收集整理比赛成绩与比赛数据资料（包括录像资料）以及赛区的其他相关文件、决定和通知等原始资料，及时上报主办单位竞赛委员会办公室。

（5）主办单位在赛事结束后，应依据实际竞赛成绩及时制作比赛成绩册，发布比赛成绩。

思考与实践

1. 目前男子足球世界杯采用的是什么赛制？其主要特点是什么？

2. 16 支队伍参加的联赛，进行主客场制比赛，请计算要进行几轮比赛，共多少场比赛？每支队伍要打多少场比赛？

3. 赛前联席会的主要作用和内容是什么？

4. 赛区的比赛全部结束之后，还有哪些工作要处理？

第十七章 足球竞赛规则

本章导读

足球竞赛基本规则由国际足球联合会（FIFA）制定，并被各国足球协会和俱乐部所遵守。本章对足球竞赛规则重点内容进行介绍，首先介绍比赛场地和球的规定，队员、队员的替换和队员装备的要求，裁判员和其他比赛官员的职责，然后介绍比赛时间、比赛的开始与恢复、比赛的进行与停止和确定比赛结果的规则规定，之后介绍竞赛规则的核心内容，越位犯规及犯规与不正当行为，最后介绍各类比赛恢复方式以及 VAR（视频助理裁判）操作流程和规范。

学习目标

知识目标：对足球竞赛规则的重点内容具有框架性的全面认识，能够按照竞赛规则的目录层层递进地理解足球运动，清楚足球比赛各个环节的规定和要求，了解犯规与不正当行为等重点内容，了解各类定位球的相关规定。

能力目标：掌握足球竞赛规则相关内容，能够使用足球竞赛规则中的理论知识理性地分析比赛中出现的犯规情况。能够以正确的流程和方式参与足球比赛。

价值目标：体会足球运动的规范性，感受足球运动的魅力，将足球竞赛规则与实际生活联系，培养在生活中遵纪守法的意识，增强独立思考的能力。

第一节　足球竞赛规则 1—6 章重点内容

足球竞赛规则 1—6 章主要介绍比赛场地、球、队员和队员装备的规范和要求，以及赛场上的裁判员和其他比赛官员的权力与职责。

一、比赛场地

（一）足球比赛场地图（图 17-1-1）

需要说明的是：足球场地尺寸测量均以标线外侧为准，因为标线属于其所标示区域的一部分；测量罚球点距球门的距离时应从罚球点中心开始。

（二）场地尺寸

足球场长度（边线）：90~120 米（国际比赛场地：100~110 米）。

足球场宽度（球门线）：45~90 米（国际比赛场地：64~75 米）。

边线必须长于球门线。

（三）球门线

当球的整体从两根门柱外侧越过球门线后，以球门球或者角球恢复比赛。

（四）边线

当球的整体从地面或空中越过边线时，由最后触球队员的对方掷界外球恢复比赛。

（五）中线

中线是双方队员开球时的限制线；开球时，除开球队员外，双方队员均应处于中线一侧的本方半场内。

（六）罚球区

从距两根球门柱内侧 16.5 米（18 码）处，画两条垂直于球门线的标线。这两条标线向比赛场地内延伸 16.5 米（18 码），与一条平行于球门线的标线相连接。由这些标线和球门线围成的区域为罚球区。

（七）球门区

沿着两个球门柱向外 5.5 米并做两条也为 5.5 米且垂直于球门线的两条线段，随后用一条与球门线平行的线段将以上两条线段连接起来，这一区域称为球门区。队员可以在本方球门区内任何一点踢球门球和任意球；若在球门区内坠球恢复比赛时，应在当时球所在地点最近的与球门线平行的球门区线上坠球；凡在对方球门区内踢间接任意球时，应在离犯规地点最近的与球门线平行的球门区线上执行。

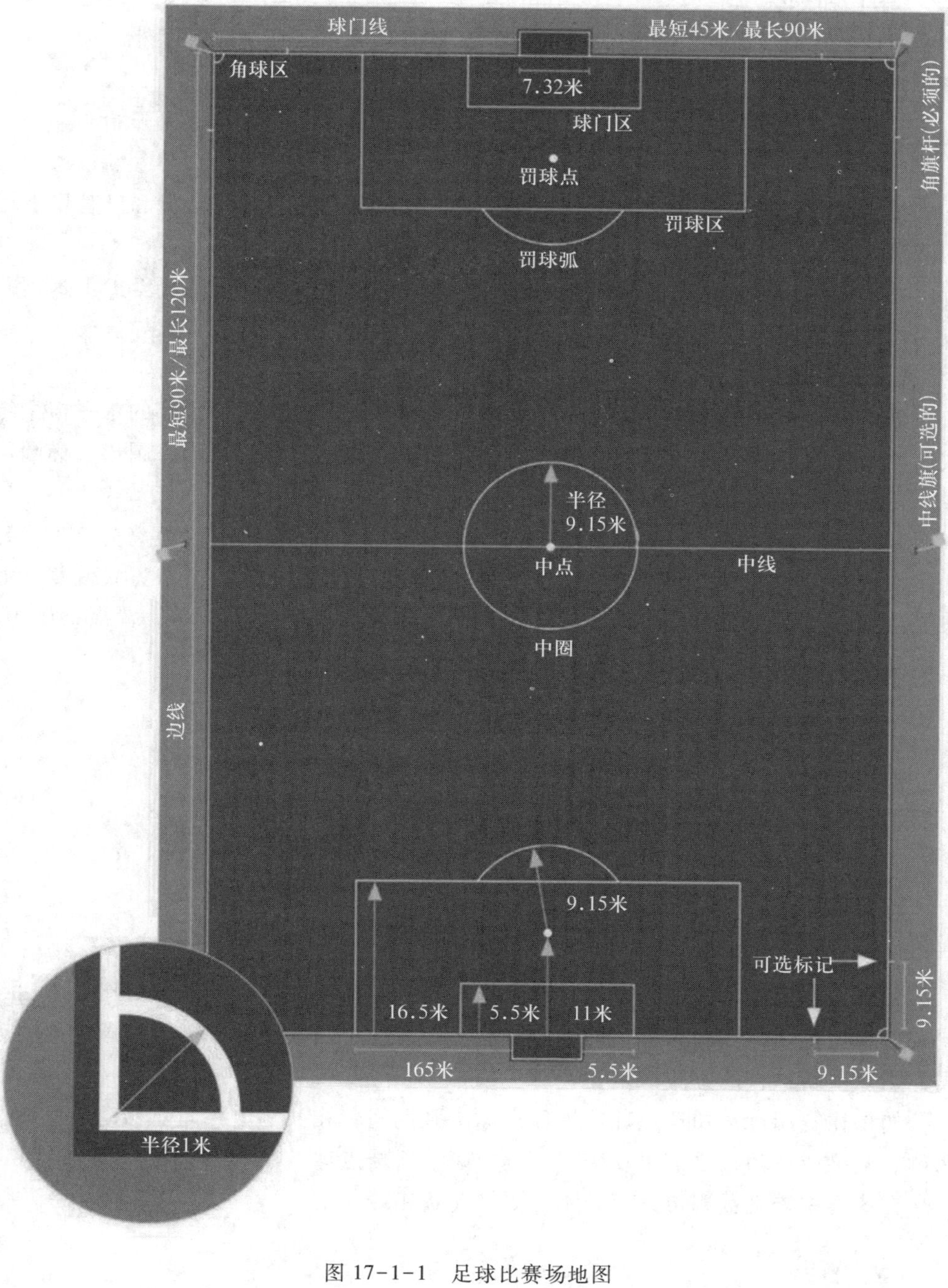

图 17-1-1　足球比赛场地图

（八）角球弧

角球弧是以半径为 1 米画的四分之一圆，罚角球时，球必须放在该区域内。

（九）罚球点

罚球点球时，球必须放定在该点上并向前踢出。

（十）罚球弧

罚球点球时，除主罚队员和守门员外，其他队员应退到罚球弧以外。

（十一）中点

开球时，球必须放定在中点上，当球被踢并明显移动，比赛即为开始。

（十二）技术区域

技术区域是指设在场地内，与比赛相关，供球队官员、替补队员和已替换下场的队员使用的就座区域。

技术区域仅可从座席区域两侧向外扩展1米，向前扩展到距边线至少1米，并应用标线标识该区域。同一时刻仅允许一人在技术区域内进行战术指导。

（十三）球门

球门由两根距角旗杆等距离的直立球门柱和一根连接球门柱顶部的水平横梁组成。两个球门的球门柱、横梁必须均为相同形状，即正方形、矩形、圆形、椭圆形或上述形状结合而成的一种形状。

两根球门柱内侧之间的距离为7.32米，从横梁下沿至地面的距离为2.44米。如果横梁移位或折损，则停止比赛直至横梁修复或归位。比赛以坠球方式恢复。如果无法修复，则必须中止比赛。不得用绳、任何弹性或危险性材料代替横梁使用。考虑到安全性原因，球门必须牢固地固定在地面上。

二、比赛用球

（一）球的标准

重量：比赛开始时为410~450克。

周长：68~70厘米。

气压：0.6~1.1个海平面（标准）大气压力。

（二）坏球的更换

如果比赛用球出现破损，先立即停止比赛，更换新球后以坠球恢复比赛。

如果比赛用球在开球、球门球、角球、任意球、罚球点球或掷界外球时出现破损，则以重新执行的方式恢复比赛。

如果比赛用球在罚球点球或罚球点球决胜期间，在被踢出并向前移动后，触及队员、横梁或球门柱之前出现破损，则重踢该罚球点球。

在比赛中未经裁判员许可，不得更换比赛用球。

三、队员

（一）场上队员人数

一场比赛由两队参加，每队最多可有上场队员11名，其中1名必须为守门员。如果任何一队场上队员人数少于7人，则比赛不得开始或继续。

如果某队因1名或多名场上队员故意离开比赛场地，而造成队员人数少于7

人，则裁判员不必停止比赛，但随后比赛停止时，如果某队场上队员人数仍不足7人，则比赛不得恢复。

如果竞赛规程规定，在比赛开始前必须提交所有上场队员和替补队员名单，而一队以不足11名上场队员的情况开始比赛，则只有在提交名单内的上场队员和替补队员可在到达赛场后参加比赛。

（二）替换人数

国际足联、各洲际联合会或各国足球协会有权决定在其正式赛事中可使用的替补队员人数，但最多不得超过5人次替换。涉及顶级联赛球队一队及国家队A队的男子、女子赛事，如果竞赛规程允许最多使用5名替补队员，则每队：

（1）最多可执行3次替换程序。

（2）在中场休息阶段可执行额外的替换程序。

如果双方球队同时换人，则视为双方各执行了一次替换程序。一方球队在一次比赛停止时替换多名队员的（包括替换程序已准备就绪），视为使用了一次替换程序。

加时赛阶段：

（1）如果一队在加时赛阶段没有用完所有的替换程序次数，未使用的替换次数还能在补时阶段继续使用。

（2）如果竞赛规程允许队伍在加时赛阶段有额外的一次替换程序，那么每队都会有一次额外的换人次数。

（3）在常规时间结束后和加时赛开始之前，以及加时赛中场时也能进行替换程序，并且这些都不算作替换次数。

（三）替换程序

（1）替换前必须通知裁判员。

（2）被替换的队员：

① 经裁判员许可离开比赛场地，除非其已在比赛场地外，否则必须从距离最近的边界线处离场，除非裁判员示意其可以立即从中线或其他地点离场。

② 必须立即前往技术区域或更衣室。

（3）如果被替换的队员拒绝离开比赛场地，则比赛继续。

替补队员遵从如下规定方可进入比赛场地：

① 在比赛停止时。

② 从中线处。

③ 被替换的队员已离开比赛场地。

④ 在得到裁判员信号后。

当替补队员进入比赛场地，替换程序即视为完成。

（四）更换守门员

任何场上队员都可与守门员互换位置，但互换位置前必须先告知裁判员，并只能在比赛停止时互换位置。

（五）队员被罚令出场

（1）在球队名单提交前被罚令出场，不得以任何身份列入球队名单内。

（2）在提交球队名单后，比赛开始前被罚令出场，可由被提名的替补队员取代，替补队员名单不得增补，球队的替换人数不做削减。

（3）在比赛开始后被罚令出场，不得被替换。

被提名的替补队员在比赛开始前或比赛开始后被罚令出场，替补队员名单均不得增补。

（六）球队队长

球队队长并不享有特殊身份或权力，但对球队的行为需承担一定责任。

四、队员装备

（一）必要装备

场上队员的必要装备包括如下单独分开的物件：有袖上衣、短裤、护袜（胶带或任何附着、外套的材料，其颜色必须与所附着或包裹部分的护袜颜色一致）、护腿板（护腿板必须由能提供一定保护的合适材料制成，由护袜完全包裹）、鞋子。守门员可穿长裤。

（二）安全性

队员不得使用或佩戴任何具有危险性的装备或物件。禁止佩戴任何类型的珠宝首饰（项链、指环、手镯、耳坠、皮质带、橡胶带等），如有佩戴必须移除。不允许用胶带覆盖珠宝首饰。

上场队员必须在比赛开始前，替补队员则在进入比赛场地前接受检查。如果场上队员穿戴或使用了未授权/具有危险性的装备或珠宝首饰，裁判员必须令其移除相关物件，如果队员暂时无法或不愿将物件摘除，则需在随后比赛停止时，离开比赛场地摘除。对于拒绝摘除或再次穿戴相关物件的队员，将对其予以警告。

（三）着装颜色

队员的着装颜色必须有别于对方球队和比赛官员；双方守门员着装颜色必须有别于其他场上队员和比赛官员；如果双方守门员的上衣颜色相同且无法更换，裁判员可允许比赛进行；内衬裤/紧身裤颜色必须与短裤主色或短裤底部颜色一致，同队场上队员必须颜色统一。上身紧身衣颜色如果为单色，则必须与衣袖主色一致；如果带图案，则必须与衣袖图案一致。

（四）其他装备

1. 佩戴物

可允许佩戴不具危险性的保护器具，如软性、轻质材料制成的头罩、面具、护膝和护臂，类似的还包括守门员球帽和运动眼镜等。

2. 电子通信

不允许队员（包括替补队员、已替换下场队员和已罚令出场队员）穿戴或使用任何形式的电子或通信设备（表现跟踪电子系统除外）。允许球队官员使用任何关乎队员福祉与安全、或用于战术/指导的电子通信设备，但只能使用小巧、可移动、便携的设备（如麦克风、耳机、耳麦、手机/智能手机、智能手表、平板电脑、笔记本电脑等）。球队官员如果使用违规设备，或使用设备方式及行为不当，将被驱逐出技术区域。

3. 表现跟踪电子系统（EPTS）

在由国际足联、洲际联合会或国家足球协会主办的正式比赛中，队员可装备应用穿戴技术的表现跟踪电子系统，但竞赛组织方必须确保队员所装备的技术设备不具有危险性，且满足《国际足联品质标准——EPTS》中对于可穿戴 EPTS 的要求。

（五）违规与处罚

离开比赛场地调整或更换装备的队员必须由一名比赛官员在其被许可重新进入比赛场地前检查好装备；只可在裁判员许可后重新进入比赛场地（比赛进行中）。

五、裁判员

（一）权力与职责

1. 权力

（1）执行足球竞赛规则。

（2）与其他比赛官员协作管理比赛。

（3）记录比赛时间、比赛成绩、向相关机构提交比赛报告，报告内容包括赛前、赛中、赛后发生的纪律处罚信息及任何其他事件。

（4）监管和/或示意比赛恢复。

2. 有利原则

当犯规或违规情况发生时，未犯规或违规的一队能从有利原则中获益，则允许比赛继续。如果预期的有利没有在那一时刻或随后几秒内出现，则判罚最初的犯规或违规。

3. 纪律处罚

（1）当多种犯规同时发生时，从纪律处罚、比赛恢复方式、身体接触程度和战术影响等方面考量，应判罚相对严重的犯规。

（2）从进入比赛场地开始赛前检查直至比赛结束（包括罚球点球决胜）离开比赛场地，裁判员均有权执行纪律措施。

（3）向对自己行为不负责任的球队官员进行劝诫，或向其出示黄牌警告，或出示红牌将其驱逐出比赛场地及周边，包括技术区域。如果违规人员无法被辨别确认，则该球队技术区域内最高职务的教练员将接受此纪律措施。球队医护人员犯有可罚令出场的违规行为时，如该队无其他医护人员可用，则该医护人员可以留下，并在队员需要治疗时执行工作。

（二）受伤情况处理

（1）如果队员仅是轻微受伤，则允许比赛继续直至比赛停止。

（2）如果队员严重受伤，则停止比赛，确保受伤队员离开比赛场地。受伤队员不可在比赛场地内接受治疗，在比赛恢复后才可重新进入比赛场地；如果比赛在进行中，受伤队员必须从边线处入场；比赛停止时，则可从任一边界线入场。

（3）确保任何流血的队员离开比赛场地。必须在其流血已被止住、装备没有血迹的情况下，经裁判员示意后，才可重新进入比赛场地。

（4）如果裁判员已经指示医生和/或担架手进入比赛场地，受伤队员必须在担架上或自行离开比赛场地。未遵从该条文的受伤队员必须以非体育行为予以警告。

（5）当发生如下情况时，不必遵循离场治疗的规定：

① 守门员受伤时。

② 守门员与其他队员发生碰撞，需要引起关注时。

③ 同队队员发生碰撞，需要引起关注时。

④ 出现严重受伤时。

⑤ 场上队员因遭受对方队员有身体接触，且可被警告或罚令出场的犯规（如鲁莽或严重犯规性质的抢截）而受伤，其伤情能够在短时间完成评估并得到治疗时。

⑥ 裁判员判罚了罚球点球，且罚球点球将由受伤的队员主罚时。

（三）裁判员的装备

必要装备：一个或多个口哨，一块或多块手表，红黄牌，记录簿。

其他装备：与其他比赛官员进行交流的设备——振动/蜂鸣信号旗、耳麦等；表现跟踪电子系统或其他体质监测设备。

禁止裁判员和其他“在场”比赛官员佩戴珠宝首饰或任何其他电子设备，包括摄影摄像设备。

六、其他比赛官员

（一）“在场”比赛官员（裁判员除外）

1. 助理裁判员

当出现如下情况时，助理裁判员应给予示意：

（1）球的整体离开比赛场地，应由哪一队踢角球、球门球或掷界外球。

（2）处于越位位置的队员可被判罚越位。

（3）申请队员替换（协助也包括监管队员替换程序）。

（4）在踢罚球点球时，守门员是否在球被踢出前离开球门线，以及球是否越过球门线。如果比赛选派附加助理裁判员，则助理裁判员的选位应在与罚球点齐平的位置上。

助理裁判员可进入比赛场地管理 9.15 米（10 码）的距离。

2. 第四官员

第四官员应协助做好以下工作：

（1）监管队员替换程序。

（2）检查场上队员及替补上场队员的装备。

（3）在裁判员示意或同意后让场上队员重新进入比赛场地。

（4）监管用于更换使用的比赛用球。

（5）在各半场（包括加时赛）结束时，展示裁判员将要补足的最短补时时间。

（6）将技术区域人员的不当行为告知裁判员。

3. 附加助理裁判员

附加助理裁判员需示意如下情况：

（1）当球的整体越过球门线，包括进球得分时。

（2）哪一队踢角球或球门球。

（3）在踢罚球点球时，守门员是否在球被踢出前离开球门线，以及球是否越过球门线。

（二）视频比赛官员

相关内容详见本章第四节。

第二节　足球竞赛规则 7—10 章重点内容

足球竞赛规则 7—10 章主要明确比赛的时间、比赛进行与停止、确定比赛结果等规定。

一、比赛时间

（一）比赛阶段与中场休息

一场足球比赛由两个 45 分钟相同时长的半场组成。依照竞赛规程，在比赛开始前经裁判员和双方球队同意后，方可缩短各半场比赛时长。

队员享有中场休息的权利，休息时间不得超过 15 分钟。加时赛中场阶段可短暂补水（时长不超过一分钟）。竞赛规程必须明确中场休息的时长，在经裁判员许可的情况下可调整中场休息时长。

（二）对损耗时间的补足

第四官员在每半场最后一分钟结束时展示裁判员决定的最短补时时间。裁判员可增加补时时间，但不得减少。影响补时时间的因素包括队员替换；对受伤队员的伤情评估；浪费的时间；纪律处罚；“补水”暂停（不超过1分钟）和“降温”暂停（90秒~3分钟）；与视频助理裁判员有关的延误；任何其他原因（延误比赛恢复的情况）。

二、比赛开始与恢复

（一）开球

1. 程序

（1）裁判员掷硬币，猜中的一队决定本方上半场进攻方向，或者由本方开球。

（2）根据上一条的选择结果，另一队开球，或者决定本方上半场进攻方向。

（3）选择了本方上半场进攻方向的一队，在下半场开球开始比赛。

（4）下半场，双方球队交换半场和进攻方向。

（5）当一队进球后，由另一队开球。

2. 所有的开球

（1）除开球队员外，所有场上队员必须处在本方半场内。

（2）开球队的对方队员必须距球至少9.15米直至比赛开始。

（3）球必须放定在中点上。

（4）裁判员给出信号。

（5）当球被踢且明显移动时，比赛即为开始。

（6）开球可直接射入对方球门得分；如果直接射入了本方球门，则判给对方角球。

3. 违规与处罚

（1）如果开球队员在其他场上队员触及球前再次触球，则判罚间接任意球。如果手球犯规，则判罚直接任意球。

（2）其他任何违反开球程序的情况，应重新开球。

（二）坠球

1. 程序

如果比赛因故停止：

（1）球处于罚球区内，或比赛停止前球最后一次被触及的地点处于罚球区内，则坠球给守方球队的守门员，坠球地点在罚球区内。

（2）其他所有情况，裁判员坠球给最后触球的球队的一名场上队员。坠球地点在球最后一次被队员、场外因素或比赛官员触及的位置。

（3）其他所有队员必须处于距离球不少于4米的位置。

当球触及地面，比赛即为恢复。

2. 违规与处罚

出现如下情况时，须重新坠球：

（1）球在触及地面前被队员触及。

（2）球在触及地面后，未经队员触及而离开比赛场地。

（3）如果坠球后，球未经至少两名场上队员触及而进入球门则：

① 球进入对方球门，则以球门球恢复比赛。

② 球进入本方球门，则以角球恢复比赛。

三、比赛进行与停止

（一）比赛停止

（1）球的整体从地面或空中越过球门线或边线。

（2）裁判员停止了比赛。

（3）球接触了比赛官员后仍在比赛场地内，并且任一队开始了一次有希望的进攻，或直接进了球门，或控球球队发生了转换，则比赛以坠球恢复。

（二）比赛进行

所有其他时间，如果球接触了比赛官员，或从球门柱、横梁、角旗杆弹回并且仍在比赛场地内，均为比赛进行中。

四、确定比赛结果

（一）进球得分

当球的整体从球门柱之间及横梁下方越过球门线，且进球队未犯规或违规时，即为进球得分。

如果守门员手抛球直接进入对方球门，则由对方踢球门球。

如果裁判员在球的整体还未越过球门线时示意进球，则以坠球恢复比赛。

（二）罚球点球决胜

在比赛中已被罚令出场的队员不得参与罚球点球决胜；在比赛中已执行的劝诫与警告，不带入罚球点球决胜阶段。

1. 程序

（1）裁判员通过掷硬币决定罚球点球决胜使用的球门，除非有其他考虑（如场地条件、安全性等）。只有因为安全原因，或在球门、场地草皮无法正常使用的情况下，才可更换罚球点球决胜使用的球门。

（2）裁判员再次掷硬币，猜中的一队决定先踢或后踢。

（3）除替补队员替换无法继续比赛的守门员的情况外，只有在比赛结束时在比赛场地内，或暂时离场（受伤、调整装备等）的场上队员有资格参加罚球点球决胜。

（4）各队负责安排有资格的场上队员踢罚球点球的顺序，罚球队员顺序不必告知裁判员。

（5）如果在比赛结束时、罚球点球决胜开始前或进行中，一队场上队员人数多于另一队，则必须削减队员人数以与对方保持一致，且必须告知裁判员被削减的队员姓名及号码。被削减的队员不得参加罚球点球决胜。

(6) 在罚球点球决胜开始前或进行中，如果一队守门员无法继续比赛，则守门员可由为保持人数一致而被削减的场上队员替换，或如果该队替换名额还未用完时，由一名提名的替补队员替换。被替换的守门员不得再次参加罚球点球决胜或踢罚球点球。

(7) 如果守门员已经踢了罚球点球，则替换该守门员的队员在下一轮踢罚球点球之前，不得踢罚球点球。

2. 罚球点球决胜遵循的规定

(1) 双方球队轮流踢球。

(2) 每次踢球由不同的场上队员执行，直至双方符合资格的队员均踢过一次后，同一名队员才可踢第二次。

(3) 在双方球队各踢完 5 次罚球点球前，如果一队进球数已经超过另一队罚满 5 次可能的进球数，则不再继续执行罚球点球决胜程序。

(4) 在双方球队踢完 5 轮罚球点球后，如果进球数相同，则继续踢球，直到出现踢完相同次数时，一队比另一队多进一球的情况为止。

(5) 在全部队员踢完之后接下来的踢球中都应遵从上述条款，但球队可以更换踢球队员顺序。

(6) 不得因一名场上队员离场而拖延罚球点球决胜。如果队员未及时返场踢罚球点球，则视为丧失本次踢球资格（射失）。

3. 罚球点球决胜阶段的队员替换和罚令出场

(1) 场上队员、替补队员或已替换下场的队员或球队官员均可被警告或罚令出场。

(2) 被罚令出场的守门员必须由一名符合资格的场上队员替换。

(3) 除守门员外的其他无法继续参加罚球点球决胜的场上队员不可被替换。

(4) 如果一队场上队员人数少于 7 人，裁判员不得中止比赛。

第三节　足球竞赛规则 11—14 章重点内容

足球竞赛规则 11—14 章主要介绍越位、犯规和不正当行为以及任意球等重点内容，其中犯规和不正当行为等内容是足球竞赛规则的核心内容，裁判员必须掌握和理解其内容，熟练地在比赛中运用。

一、越位

（一）越位犯规

越位犯规=越位位置+三种方式之一参与比赛（干扰比赛、干扰对方队员、

获得利益）

（二）越位位置

处于越位位置并不意味着构成越位犯规。

队员处于越位位置的情况：头、躯干或脚的任何部分处在对方半场（不包含中线），且头、躯干或脚的任何部分较球和对方倒数第二名队员更接近于对方球门线。

所有队员包括守门员的手和臂部不在越位位置判定范围内。在判定越位位置时，臂部的上端边界定义为与腋窝底部齐平。

队员不处于越位位置的情况：与对方倒数第二名队员齐平，或与对方最后两名队员齐平。

（三）三种方式之一参与比赛

一名队员在同队队员传球或触球的一瞬间处于越位位置，该队员随后以如下方式参与了实际比赛，才被判罚越位犯规。

1. 干扰比赛

在同队队员传球或触球后得球或触及球，从而干扰了比赛。

2. 干扰对方队员

（1）通过明显阻碍对方队员视线，以妨碍对方队员处理球，或影响其处理球的能力。

（2）与对方队员争抢球。

（3）有明显的试图触及近处来球的举动，且该举动影响了对方队员。

（4）做出影响对方队员处理球能力的明显举动。

3. 获得利益

在如下情况发生后触球或干扰对方队员，从而获得利益：

（1）球从球门柱、横梁、比赛官员或对方队员处反弹或折射过来。

（2）球从任一对方队员有意救球后而来。

处于越位位置的队员，在对方队员有意触球，其中包括故意手球之后得球，不被视为获得利益，除非对方队员属于主动救球。“救球”是指队员用除手/臂以外（守门员在本方罚球区内除外）的身体任何部位，阻止或试图阻止将要进入球门或极为接近球门的球。

（四）不存在越位犯规的情况

球门球、掷界外球、角球。

（五）恢复比赛方式、违规处罚

如果出现越位犯规，裁判员在越位犯规发生的地点判罚间接任意球，这包括发生在越位队员的本方半场。就越位而言，未经裁判员许可离开比赛场地的防守队员，应视为处于球门线或边线上，直到比赛停止，或防守方已将球向中线方向处理且球已在防守方罚球区外。如果一名队员故意离开比赛场地，在比赛停止时，裁判员必须警告该名队员。

二、犯规与不正当行为

（一）直接任意球

1. 身体接触的犯规

如果是有身体接触的犯规，则判罚直接任意球。

如果裁判员认为，一名场上队员草率地、鲁莽地或使用过分力量对对方队员实施冲撞、跳向、踢或企图踢、推搡、打或企图打（包括用头顶撞）、用脚或其他部位抢截、绊或企图绊等犯规动作，则判罚直接任意球。

2. 草率、鲁莽、使用过分力量

（1）草率是指队员在争抢时没有预防措施，缺乏注意力或考虑。这种情况不必给予纪律处罚。

（2）鲁莽是指队员的行为没有顾及可能对对方造成的危险或后果。这种情况下必须对队员予以警告。

（3）使用过分力量是指队员使用了超出自身所需要的力量，危及了对方的安全。这种情况必须将队员罚令出场。

3. 其他可判直接任意球的犯规

（1）手球犯规（守门员在本方罚球区内除外）。

（2）拉扯对方队员。

（3）在身体接触的情况下阻碍对方队员移动。

（4）对在比赛名单上的人员或比赛官员实施咬人或吐口水。

（5）向球、对方队员或比赛官员扔掷物品，或用手中的物品触及球。

4. 手球犯规

在判定手球犯规时，臂部的上端边界定义为与腋窝底部齐平（图 17-3-1）。队员的手/臂部触球，并非每次都是犯规。

以下行为属于手球犯规：

（1）故意用手/臂部触球，例如手/臂部向球移动。

（2）当手/臂部触球时，其位置使身体不自然地扩大。使身体不自然扩大，是指队员的手/臂部的位置并非此情形下其身体的动作形成的正当结果或合理位置。队员将手/臂部置于此位置，是冒了被球击中并被判罚犯规的风险。

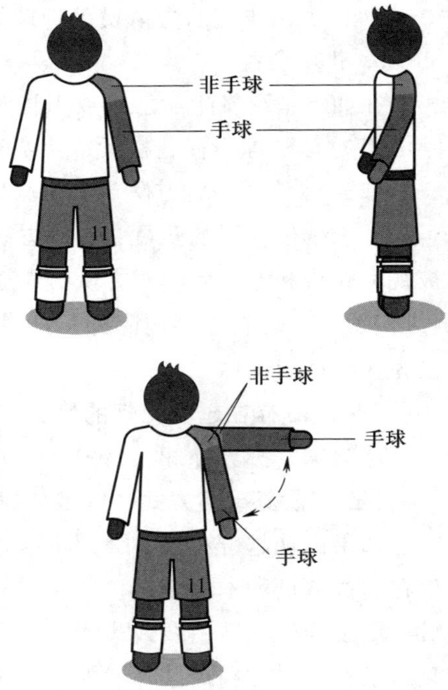

图 17-3-1　手球的界定

（3）球进入对方球门：

① 队员（包括守门员）手/臂部触球后，球直接进入了对方球门，即使是意外手球。

② 队员手/臂部触球后（即使是意外手球），立即进球得分。

在本方罚球区外，守门员和所有其他场上队员在手球上具有同等限制。

如果守门员在本方罚球区内以违规方式手球，将判罚间接任意球，不执行纪律处罚。但是，如果由守门员恢复比赛后，守门员在其他队员触球前违规二次触球（不论是否使用手/臂部），而且该违规行为阻止了一次有希望的进攻，或者破坏了对方的进球或明显的进球得分机会，则必须对守门员实施相应的纪律处罚。

（二）间接任意球

1. 守门员

如果守门员在本方罚球区内犯有如下行为时，则判罚间接任意球：

（1）在发出球前，用手/臂部控制球超过6秒。

（2）在发出球后、其他场上队员触球前，用手/臂部触球。

（3）在下列情况之后用手/臂部触球，除非守门员已经清晰地将球踢出或试图踢出：

① 同队队员故意将球踢给守门员。

② 接同队队员直接掷来的界外球。

2. 场上所有球员

如果一名场上队员犯有如下行为，则判罚间接任意球：

（1）以危险方式进行比赛。（在尝试争球的过程中做出的任何动作，存在对对方包括自己造成伤害的危险，包括使附近的对方队员因为害怕受伤而不敢争抢球。）

（2）在没有身体接触的情况下阻碍对方行进。

（3）以语言表示不满，使用攻击性、侮辱性或辱骂性的语言和/或行为，或其他口头的违规行为。

（4）在守门员发球过程中，阻止守门员从手中发球、踢或准备踢球。

（5）故意发起施诡计用头、胸、膝等部位将球传递给守门员以逃避规则相关条款处罚的行为（包括在踢任意球或球门球时），无论守门员是否用手触球。如果该行为由守门员发起，则处罚守门员。

（6）犯有规则中没有提及的，又需裁判员停止比赛予以警告或罚令出场的任何其他犯规。

（三）纪律措施

黄牌（Yellow Card）代表警告，红牌（Red Card）代表罚令出场。

（四）可警告的犯规行为

（1）延误比赛恢复。具体行为包括：

① 看似要掷界外球，但突然将球交给同队队员掷球。

② 在被替换下场时延误离场时间。

③ 过度地拖延比赛恢复。

④ 在裁判员停止比赛后，故意将球踢走或拿走，引发冲突。

⑤ 在错误的地点踢任意球以造成重踢。

(2) 以语言或行动表示不满。

(3) 未经裁判员许可进入、重新进入或故意离开比赛场地。

(4) 当比赛以坠球、角球、任意球或掷界外球恢复时，未退出规定距离。

(5) 持续违反规则（对“持续”的定义并没有明确的次数和犯规类型）。

(6) 非体育行为。具体行为包括：

① 试图用假装受伤或假装被犯规（佯装）欺骗裁判员。

② 在比赛进行中，未经裁判员许可与守门员互换位置。

③ 以鲁莽的方式犯有可判直接任意球的犯规。

④ 通过手球的方式干扰或阻止有希望的进攻。

⑤ 通过其他任何违规的方式干扰或阻止有希望的进攻，除非裁判员判了罚球点球而且犯规的意图是争抢球或触球。

⑥ 在意图争抢球或触球时出现犯规，破坏对方明显进球得分机会，并被判罚球点球。

⑦ 用手球的方式试图得分（无论进球与否）或阻止进球未果。

⑧ 在比赛场地上制造未经许可的标记。

⑨ 在经许可离场的过程中触球。

⑩ 表现出对比赛缺乏尊重。

⑪ 故意施诡计用头、胸、膝等部位将球传递给守门员以逃避规则相关条款处罚（包括在踢任意球或球门球时），无论守门员是否用手触球。如果该行为由守门员发起，则警告守门员。

⑫ 在比赛进行中或比赛恢复时，用语言干扰对方队员。

(7) 进入裁判员回看分析区域。

(8) 过分地做出要求回看分析（比画电视屏幕）的信号。

(9) 替补队员或已替换下场的队员具体行为包括：

① 延误比赛恢复。

② 以语言或行动表示不满。

③ 未经裁判员许可进入、重新进入比赛场地。

④ 非体育行为。

⑤ 进入裁判员回看分析区域。

⑥ 过分地做出要求回看分析（比画电视屏幕）的信号。

(五) 罚令出场的犯规

(1) 通过手球犯规破坏对方球队进球或明显的进球得分机会（守门员在本方

罚球区内除外）。

（2）通过可判罚任意球的犯规，破坏对方的进球或总体上朝犯规方球门方向移动的明显的进球得分机会。

（3）严重犯规。

（4）咬人或向任何人吐口水。

（5）暴力行为。

（6）使用攻击性、侮辱性或辱骂性的语言和/或行为。

（7）在同一场比赛中得到第二次警告。

（8）进入视频操作室。

被罚令出场的场上队员、替补队员或已替换下场的队员，必须离开比赛场地周边区域及技术区域。

（六）严重犯规和暴力行为

危及对方队员安全或使用过分力量或野蛮方式的抢截，必须视为严重犯规加以处罚。任何队员用单腿或双腿从对方身前、侧向或后方，使用过分力量或危及对方安全的蹬踹动作，应视为严重犯规。

暴力行为是指队员的目的不是争抢球，而是对对方队员或同队队员、球队官员、比赛官员、观众或任何其他人，使用或企图使用过分力量或野蛮动作，无论是否与他人发生身体接触。

（七）对球队官员的纪律处罚

1. 劝诫

（1）以有礼貌或非对抗的态度进入比赛场地。

（2）不配合比赛官员。例如，无视助理裁判员或第四官员的指令/要求。

（3）轻微/较低程度地（以语言或行动）对裁判员的决定表示异议。

（4）偶尔离开技术区域，且无其他违规行为。

2. 警告

（1）清晰/持续地违反技术区域的限制。

（2）延误本方球队恢复比赛。

（3）故意进入对方技术区域（非对抗性地）。

（4）以语言或行动表示异议，包括：

① 扔/踢饮料瓶或其他物品。

② 做出明显对比赛官员缺乏尊重的行为，如讽刺性地鼓掌等。

（5）进入裁判员回看分析区域。

（6）过分/持续地做出出示红牌或黄牌的动作。

（7）过分地做出要求回看分析（比画电视屏幕）的信号。

（8）做出挑衅或煽动性的行为。

（9）持续做出不可接受的行为。

（10）表现出对比赛缺乏尊重。

3. 罚令出场

（1）延误对方球队恢复比赛。例如，持球、将球踢走、妨碍队员的移动等。

（2）故意离开技术区域并且：

① 抗议或指责比赛官员。

② 表现出挑衅或嘲讽的态度。

（3）以侵略性或对抗性的态度故意进入对方技术区域。

（4）故意向场内扔/踢物品。

（5）进入比赛场地并且：

① 与比赛官员进行对抗（包括在半场及全场比赛结束时）。

② 干扰比赛、对方队员或比赛官员。

（6）进入视频操作室。

（7）对对方场上队员、替补队员、球队官员、比赛官员、观众或任何其他人（如球童、安保人员或竞赛官员等）实施肢体侵犯或侵略性行为（包括吐口水或咬人）。

（8）在一场比赛中受到第二次警告。

（9）使用攻击性、侮辱性或辱骂性的语言和/或行为。

（10）使用未经授权的电子或通信设备和/或在使用电子或通信设备时做出不当行为。

（11）暴力行为。

三、任意球

（一）间接任意球

示意信号：裁判员单臂上举过头，示意间接任意球，并保持这种姿势直到球踢出后被其他队员触及、比赛停止或球已经明显不可能直接进入球门为止。

如果裁判员未正确示意间接任意球，而球被直接踢入球门，则必须重罚间接任意球。

（二）球进门后的情况

（1）如果直接任意球直接踢入对方球门，则判为进球得分。

（2）如果间接任意球直接踢入对方球门，则判为球门球。

（3）如果直接或间接任意球直接踢入本方球门，则判为角球。

（三）任意球罚球程序

1. 球

（1）必须放定，且罚球队员不得在其他队员触及球前再次触球。

（2）当球被踢且明显移动，则为比赛恢复。

2. 对方队员位置

（1）距球至少 9.15 米，除非已经处在本方球门柱之间的球门线上。

（2）守方队员在本方罚球区内罚任意球时，处在罚球区外。

（3）当守方组成“人墙”的队员人数为 3 人或 3 人以上时，攻方队员必须距离“人墙”至少 1 米，直至比赛恢复。

（四）违规处罚

（1）罚任意球时，如果对方队员距离球不足规定的距离，除非可掌握有利，否则应重罚任意球。如果队员快速罚出任意球，随后距球不足 9.15 米的对方队员将球截获，裁判员允许比赛继续。然而，故意阻止对方快速发球的队员必须以延误比赛恢复为由予以警告。

（2）当任意球踢出时，一名进攻队员距离防守方 3 人或 3 人以上组成的“人墙”不足 1 米，将被判罚间接任意球。

（3）如果比赛已经恢复，罚球队员在其他队员触及球前再次触球，则判罚间接任意球。

四、罚球点球

队员在本方罚球区内，犯有可判罚直接任意球的犯规，则判罚球点球。

（一）程序

（1）球必须放定在罚球点上。球门立柱、横梁和球网不能移动。

（2）必须清晰指定主罚的队员。

（3）守方守门员必须处在球门柱之间的球门线上，面向主罚队员，且不可触碰球门立柱、横梁或球网，直至球被踢出。在球被踢出时，防守方守门员必须至少有一只脚的一部分接触着球门线、与球门线齐平或者在球门线后方。

（4）主罚队员必须向前踢球。允许使用脚后跟踢球，只要球向前移动。

（5）主罚队员和守门员以外的其他场上队员必须距离罚球点至少 9.15 米；在罚球点后；在比赛场地内；在罚球区外。

（二）违规与处罚（表 17-3-1）

表 17-3-1　罚球点球结果

违规者	进球	未进球
攻方队员违规	重罚球点球	间接任意球
守方队员违规	进球有效	重罚球点球
双方队员提前进入	重罚球点球	重罚球点球
守门员违规	进球有效	未扑救：不重罚（除非罚球队员受到影响） 扑救：重罚球点球，劝诫守门员；警告守门员后续的违规行为
守门员和罚球队员同时违规	间接任意球并警告罚球队员	间接任意球并警告罚球队员

续表

违规者	进球	未进球
向后踢球点球	间接任意球	间接任意球
不合规的假动作	间接任意球并警告罚球队员	间接任意球并警告罚球队员
非确认主罚的队员罚球	间接任意球并警告罚球队员	间接任意球并警告罚球队员
守门员和罚球队员同时违规	间接任意球并警告罚球队员	间接任意球并警告罚球队员

第四节　足球竞赛规则 15—17 章重点内容及视频助理裁判简介

在足球竞赛规则 15 章之后主要介绍掷界外球、球门球、角球以及 VAR（视频助理裁判员）操作规范等内容，其中 VAR 作为科技助力足球的核心体现，也将在本节中进行介绍，旨在使学生了解 VAR 的操作流程和规范。

一、掷界外球

（一）直接掷入球门的恢复方式

界外球不能直接掷进球门得分。

（1）如果球直接掷入对方球门——判罚球门球。

（2）如果球直接掷入本方球门——判罚角球。

（二）程序

1. 掷球队员

在掷出球的瞬间，掷球队员必须：

（1）站立面向比赛场地。

（2）任何一只脚的一部分在边线上或在边线外的地面上。

（3）在球离开比赛场地的地点，用双手将球从头后经头顶掷出。

2. 对方队员

所有对方队员必须站在距离应掷球的地点所对应的边线上距离至少 2 米的位置。

（三）违规与处罚

（1）如果比赛已经恢复，掷球队员在其他队员触及球前再次触球，则判罚间接任意球。

（2）如果掷球队员手球犯规则：

① 判罚直接任意球。

② 如果违规情况出现在掷球队员本方罚球区内，则判罚球点球。除非掷球队员为守门员，这种情况下判罚间接任意球。

(3) 如果对方队员通过不正当的方式干扰或阻碍掷球队员（包括移动至距掷球位置少于2米的地点）应以非体育行为予以警告，如果界外球已被掷出，则判罚间接任意球。

二、球门球

(一) 直接进入球门的恢复方式

(1) 球门球可以直接射入对方球门而得分。

(2) 如果球直接进入踢球队员本方球门，则判给对方角球。

(二) 程序

(1) 球必须放定，由守方球队中的一名场上队员在球门区内任意位置踢球。

(2) 当球被踢且明显移动，即为比赛恢复。

(3) 对方队员必须处在罚球区外直到比赛恢复。

(三) 违规与处罚

(1) 如果比赛已经恢复，踢球队员在其他队员触及球前再次触球，则判罚间接任意球。

(2) 如果球门球踢出时，对方队员因没有时间离开而处于罚球区内，裁判员允许比赛继续。

(3) 在踢球门球时处在罚球区内的对方队员，或在比赛恢复前进入罚球区的对方队员，在比赛恢复前触及球或争抢球，应重踢球门球。

(4) 在比赛恢复前，如果队员进入罚球区内，对对方队员或被对方队员犯规，应重踢球门球。依据犯规情况，犯规队员可被警告或罚令出场。

三、角球

(一) 直接进入球门的恢复方式

(1) 角球可以直接射入对方球门而得分。

(2) 如果角球直接射入踢球队员本方球门，则判给对方角球。

(二) 程序

(1) 球必须放在球越过球门线时最接近的角球区内。

(2) 球必须放定，由攻方球队中的一名场上队员踢球。

(3) 当球被踢且明显移动时，即为比赛恢复。无须将球踢出角球区。

(4) 不得移动角旗杆。

(5) 对方队员必须距角球弧至少9.15米，直到比赛恢复。

(三) 违规与处罚

(1) 如果比赛已经恢复，踢球队员在其他队员触球前再次触球，则判罚间接任意球。

（2）如果一名队员在以正确方式踢角球的过程中，故意将球踢向对方队员以再次获得球权，但并未使用草率的、鲁莽的方式或过分的力量，裁判员允许比赛继续。

四、视频助理裁判操作规范

（一）介入条件

视频助理裁判员作为比赛官员，可独立调用其所需要的比赛画面，且仅在有关以下各类事件的判罚存在“清晰而明显的错误”或“遗漏的严重事件”时，方可协助裁判员：

（1）进球/未进球。

（2）罚球点球/不是罚球点球。

（3）直接红牌（不包括第二次警告）。

（4）纪律处罚对象错误。

（二）操作程序（图 17-4-1）

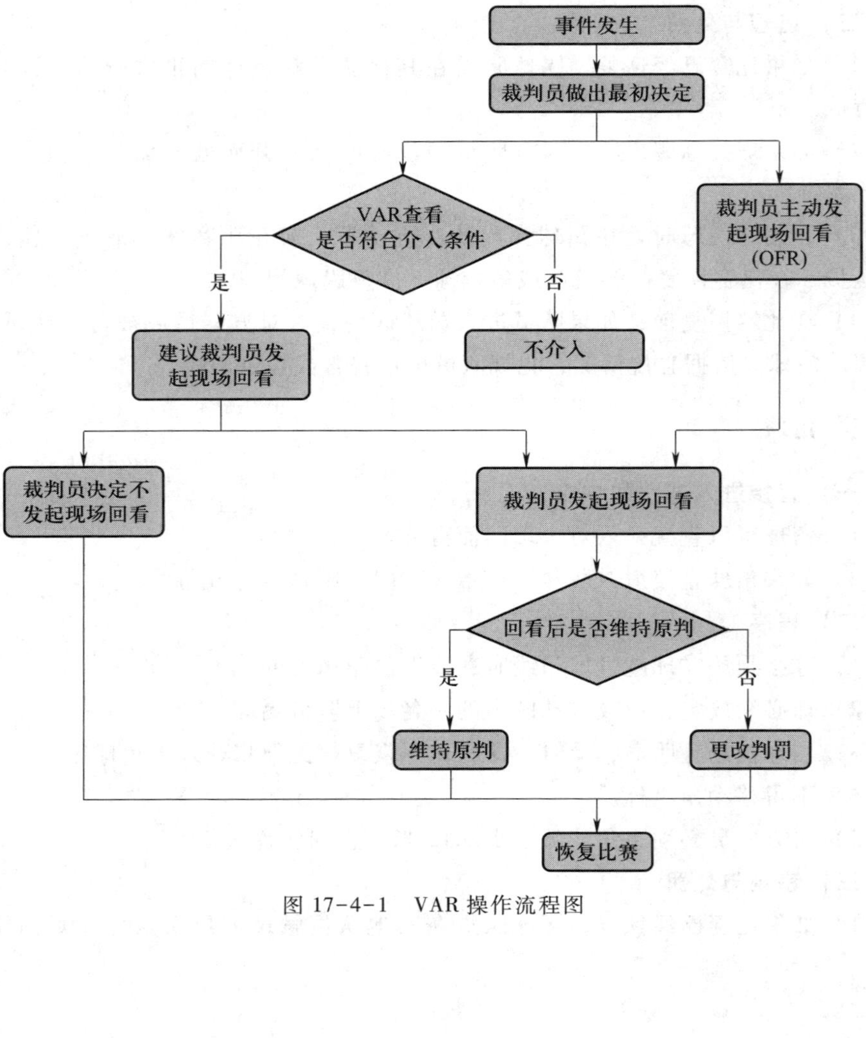

图 17-4-1 VAR 操作流程图

（三）回看分析流程

视频助理裁判员向裁判员描述回放所显示的情况后，裁判员应做如下处理：

（1）比画“电视示意信号”（如果之前未示意），并在做出最终决定前，自行前往裁判员回看分析区域观看比赛回放——此为“在场回看分析”。其他比赛官员仅在特殊情况下，在裁判员的要求下，方可观看比赛画面。

（2）凭借个人认知、视频助理裁判员提供的信息、其他比赛官员适时地介入，做出最终决定——此为由视频助理裁判员完成的回看分析。

（3）在上述两类回看分析流程完成后，裁判员必须再次比画“电视示意信号”，随后立即做出最终决定。

思考与实践

1. 量一量自己经常去的足球场的尺寸和标线宽度，看一看是否符合足球竞赛规则中的相关规定。

2. 简述裁判员和其他比赛官员的职责。

3. 什么是越位？越位犯规的三个类型都是什么？哪些情况不存在越位犯规？

4. 队员实施哪些犯规会被判罚直接任意球？

5. 简述罚球点球的流程。

第十八章 足球裁判法

本章导读

掌握足球竞赛规则是足球裁判员必备的能力。在比赛实践中执行竞赛规则中的相关条款来贯彻足球比赛的精神和理念，确保比赛顺利进行，需要足球裁判员精准并熟练地理解和运用足球裁判法。本章着重介绍足球裁判法在比赛中的实际应用，包括裁判员在比赛期间的工作内容、裁判员的手势、跑动与选位、准确判罚犯规、团队合作、执法比赛中的建议、阅读和管理比赛，以及足球裁判员体能训练，帮助足球裁判员提高执法水平，为足球裁判员引导比赛顺利完成提供保障。

学习目标

知识目标：对足球裁判员工作的整个流程有一个全面的认识，清楚裁判员工作实践中需要注意的事项，理解裁判员和助理裁判员的手势与旗示的含义，了解裁判员的选位要求，理解裁判员体能训练的重要意义以及训练方法。

能力目标：学会如何在执法比赛前组织赛前准备会，在执法比赛中合理地进行跑动与选位，掌握与助理裁判员和第四官员的配合方法，熟练分辨不同程度的犯规并给予相应的纪律处罚，熟练掌握裁判员体能训练方法。

价值目标：通过学习本章内容，体会足球裁判员实践工作中各流程的规范性，培养团队合作意识；养成乐于思考、提前准备的意识，培养艰苦奋斗的精神，增强沟通与交流能力。

第一节　足球裁判员的赛前、赛中、赛后工作

随着现代足球的发展与进步，足球比赛对于裁判员的要求也越来越高，裁判员要做到精通规则、行使职权、符合实际、相互配合、各司其职、审时度势、合情合理。要做到这一切，需要裁判员认真地做好赛前、赛中和赛后的工作。

一、赛前准备工作

（一）体能保持

现代足球运动突出的特点就是攻守转换速度越来越快，这就要求裁判员必须要具备良好的身体素质。很多联赛时间跨度很长，往往是从寒冷的冬天到炎热高温的夏天，包括雨天和雪天，场地的积水等客观环境因素，裁判员必须克服困难，在各种条件下完成比赛的执法。所以裁判员要在休赛期进行体能的储备，以充沛的体力和精力去完成比赛的执法。

（二）业务学习

在理论上，裁判员应不断学习最新的《足球竞赛规则》与相关条款的解释，了解国际足联和中国足协的判罚尺度。同时，裁判员应根据自身情况积极参加各级别的裁判员学习培训课程，加强巩固最新的理论知识，并关注国际、国内足坛时势动态。

（三）心理调节

裁判员赛前有充分的心理准备，就会以良好的精神，充满信心的状态面对和执法比赛。反之，消极的精神和充满悲观情绪的状态一定会对执法工作造成负面影响。因此，学会有效地调整自我心理状态，加强自我控制能力和自信心，排除一切消极的心理因素，才会使裁判员发挥出自己真实的执法水平，保障比赛的顺利进行。

（四）比赛装备

每位比赛官员需要准备 2~3 套不同颜色的裁判服、短裤、长袜、足球鞋、笔、记录本、红黄牌、口哨、手表（备用秒表）、挑边器等，裁判员需提前向赛事方了解双方球队队服颜色，避免与球员衣服撞色，并通知裁判组统一裁判服装。建议裁判员将每样物品准备一份备用品，以备不时之需。

（五）赛前准备会

1. 准备会的意义

作为一名裁判员，要在身体和心理上为比赛做好准备，其中就包括了解双方球

队的战术和打法、影响比赛的关键球员、比赛性质等，这些都会对比赛管理产生重大影响。

对球队的战术打法提前做功课是有益的，但如果裁判员没有制订好一个管理比赛的计划，那么对于球队的分析将毫无意义。作为一名裁判员，在准备将要执法的比赛时，多种多样的策略是很重要的。

例如，从回顾球队战术的过程中获得了什么信息？关键球员会对裁判员的决策产生什么影响？比赛分析、战术意识、关键球员等因素带来的影响？对于以上这些疑问，裁判员只有充分地准备才能在比赛中及时解决问题，这时候也就体现出策略的重要性（表 18-1-1）。

表 18-1-1　准备会的讨论内容

	准备会的讨论内容
球队风格	球队的类型 球队是否强调身体对抗 球队是否有独特的战术风格
球队成员	谁将会是对比赛产生影响的关键球员 哪位球员可能会给你带来麻烦 技术区域如何管理？例如，主教练、技术区域的其他球队官员
交战历史	两支球队之间过往的交战历史 两支队伍球员之间的个人历史
比赛结果	赢得联赛、锦标赛或杯赛冠军 避免降级 升级 获得联赛排名 比赛奖金

2. 准备会的内容

裁判员应回顾每支球队最近的三场比赛，以及双方最后一次交手的情况。这在新赛季开始时会很困难，但随着赛季的进行，将有足够的机会回顾球队过去的表现。在考虑制订比赛计划之前，裁判员必须充分了解以下因素：

（1）先前的交战历史。了解两队之前的历史非常重要，这样裁判员才能充分理解比赛的意义，包括球迷之间的纷争。这对于执法德比或彼此有过争端球队之间的比赛尤为重要。

（2）个人的执法历史。另一个需要考虑的重要因素是裁判员本人在这两支球队的执法历史。前几场比赛进展是否顺利？球员及球迷是否会在意裁判员过去犯过的错误？是否判罚了有争议的进球或点球？是否出示了大量黄牌？

（3）比赛的结果。有些比赛结果会有很大影响，包括晋级、降级、赢得联赛冠军或奖杯、获得冠军联赛席位以及比赛奖金等。

（4）球队战术。

① 球队阵型：理解球队的战术并思考这将如何影响裁判员的移动选位。

② 角球：注意进攻球员对有利位置的争夺、留意主罚角球的球员，注意观察区域防守、后卫在球门线上的情况、防守球员的选位等。

③ 攻方任意球：观察球员选位、目标球员或落点区域、任意球的主罚球员。

3. 准备会上必须明确的内容

（1）交流沟通。时刻保持眼神交流，肢体语言要清晰；确定如何在比赛场内商议判罚；确定如何使用旗示或对讲机等通信设备。

（2）常规方面的配合。

① 检查球员的装备以及球员是否佩戴了首饰等违规物品。

② 在上、下半场开始前，两位助理裁判员检查比赛的球网、角旗区和标线。

③ 角球、界外球、球门球的手势或眼神的配合。

④ 罚球点球时的职责分工（助理裁判员管理守门员及观察球是否完整越过球门线）。

⑤ 裁判员遗漏犯规与不正当行为旗示情况下的处理办法。

⑥ 裁判员遗漏助理裁判员越位旗示的处理办法。

⑦ 需要特别关注守门员在罚球区附近的发球情况。

⑧ 在罚球区附近的情况的交流（如犯规地点在罚球区内还是外）。

⑨ 在助理裁判员近端的罚球区内的攻守方犯规的处理。

⑩ 不明显进球的配合。

（3）特殊情况的配合。

① 明确群体突发事件时该如何运用“三角体系”配合。

② 明确发生在裁判员视野范围之外的犯规与不正当行为（如辱骂、暴力行为等）时，该如何提示裁判员，如何沟通配合。

③ 明确当裁判员出现明显的纪律处罚错误时，助理裁判员与第四官员应如何提示。

④ 第四官员对技术区域的管理以及如何告知裁判员。

⑤ 球员替补程序的管理。

⑥ 伤停补时的确认与示意。

二、中场休息的工作

在中场休息时，裁判组可根据实际情况对上半场裁判工作进行小结。稍做休息后，针对下半场比赛中可能发生的情况以及将采取的对策作简要交流，并相互鼓励，调整心态，增强下半场裁判工作的信心。

三、赛后的工作与裁判员报告表的填写

（一）赛后的工作

（1）裁判组核对进球球员号码、时间，被出示黄牌、红牌球员的号码、时间。

（2）填写《裁判员报告表》。

（3）如在比赛中出现严重犯规行为、暴力行为或群体突发事件等情况，应立即核实情况，填写裁判员报告表，并报告相关部门。

（二）裁判员报告表的填写

裁判员报告表的填写，需要基于下列两个原则：一是以《足球竞赛规则》为准绳，二是要求精准、尊重事实和表达简练。对于球员的违规行为，在记录时必须遵循《足球竞赛规则》。清楚球员的姓名、号码以及所属球队名称等。对犯规事件的描述以及与之对应的规则原文中的条款（如出示黄牌或红牌的依据）应了如指掌。

下列情况需在裁判员报告表中补充细节：

（1）任何由于场地灯光或安全故障等导致的延迟开球情况。

（2）必须在报告中提及延迟的原因和情况，无论发生在赛前或赛后，或中场休息期间。

（3）事故发生的时间和延误的时间必须在报告中说明。

（4）罚令出场的犯规（包括球员、替补球员和球队官员）。

（5）报告中必须包括事件发生的时间、球员姓名、球衣号码和球队。

一份优秀的裁判员报告表应能回答以下问题（表 18-1-2）。

表 18-1-2 裁判员报告表内容

	记录内容
人物	事件的记录者是谁？ 谁受到了影响？
事件	发生了什么（包括事件的类型和细节）？ 事件的特点是什么？ 你在事件发生之处采取了什么措施？ 这个事件的严重程度如何？
时间	事件发生的时间？
地点	事件发生的地点？
原因	事件为何发生？ 事件是由什么因素造成的？

对报告表的要求既完整又简练，似乎是矛盾的。其实不然，简练意味着确保所有重要的细节都包括在内，删除那些没有价值的词，以真实、公平和公正为准则填

写裁判员报告表，基本要求如下：

（1）陈述事实，避免观点和推论。

（2）简练，用几句话清晰地给出足够的信息。

（3）完整，包含时间、地点、人物及原因和处理方式等。

（4）用易于理解的语言，以有组织的、按时间顺序的方式表达比赛事件，避免缩写。

第二节　足球裁判员手势

足球裁判员手势应力求简单、明了、准确，给人以直接、清晰的感觉。这些手势的运用，旨在确保足球比赛的顺利进行。

一、足球裁判员的手势分类与要求

（一）直接任意球手势

单臂侧平举，指向罚球方向（图 18-2-1）。

（二）间接任意球手势

单臂上举，掌心向前（图 18-2-2）。

（三）罚球点球手势

单臂 45°下举，指向罚球点（图 18-2-3）。

（四）角球手势

单臂 45°上举，指向踢角球的角球区方向（图 18-2-4）。

（五）球门球手势

单臂 45°下举，指向球门区（图 18-2-5）。

图 18-2-1　直接任意球手势

图 18-2-2　间接任意球手势

图 18-2-3　罚球点球手势

图 18-2-4　角球手势

图 18-2-5　球门球手势

（六）有利手势

单臂前伸、双臂前伸，掌心向上微微翻起，指向进攻方向（图 18-2-6，图 18-2-7）。

（七）纪律处罚手势

单手持牌直臂上举，面向被处罚球员（图 18-2-8）。

（八）查看手势

一手捂耳，另一手臂张开。通常情况下，伸出的手臂用于隔离球员并保持与球员之间的距离（图 18-2-9）。

（九）回看分析手势

双手做出电视屏幕示意信号（图 18-2-10）。

图 18-2-6　有利手势 1

图 18-2-7　有利手势 2

图 18-2-8　纪律处罚手势

图 18-2-9　查看手势

图 18-2-10　回看分析手势

二、助理裁判员的旗示信号

（一）越位旗示

（1）上旗示意：面向场内，右手持旗上举，当裁判员鸣哨后，进行越位地点的旗示（图 18-2-11）。

（2）远端越位：持旗 45°前上举，示意远端越位（图 18-2-12）。

（3）中端越位：持旗前平举，示意中端越位（图 18-2-13）。

（4）近端越位：持旗 45°斜前下举，示意近端越位（图 18-2-14）。

图 18-2-11　越位旗示

图 18-2-12　远端越位旗示

图 18-2-13　中端越位旗示

图 18-2-14　近端越位旗示

（二）掷界外球旗示

（1）右手持旗，侧斜上举指向发球方向，表示由攻方掷界外球（图 18-2-15）。

（2）左手持旗，侧斜上举指向发球方向，表示由守方掷界外球（图 18-2-16）。

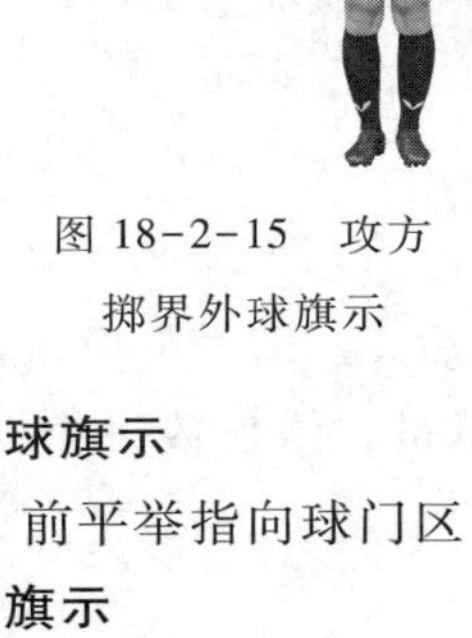

图 18-2-15　攻方掷界外球旗示

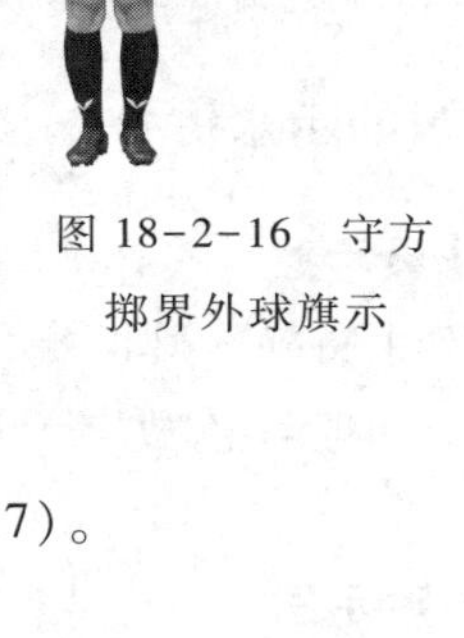

图 18-2-16　守方掷界外球旗示

（三）球门球旗示

右手持旗，前平举指向球门区（图 18-2-17）。

（四）角球旗示

右手持旗，持旗斜下指向角球区（图 18-2-18）。

图 18-2-17 球门球旗示

图 18-2-18 角球旗示

（五）协助犯规旗示

面向场内，手部持旗上举并晃动手中旗帜，待裁判员鸣哨示意比赛停止后，持旗 45°斜上举，指示发球方向。

（1）右手示意守方球队犯规（图 18-2-19）。

（2）左手示意攻方球队犯规（图 18-2-20）。

（六）替换球员旗示

面向场内，双手持旗位于两端，待比赛停止后，用双手将旗横举过头顶位置，示意某队请求换人（图 18-2-21）。

图 18-2-19 守方球队犯规旗示

图 18-2-20 攻方球队犯规旗示

图 18-2-21 替换球员旗示

三、第四官员的示意信号

（一）替换球员示意

面向场内，双手持换人牌两端，待比赛停止后，用双手将换人牌举过头顶，示意某队请求换人。一般红色数字为被替换下的球员，绿色数字为被替换上的球员（图 18-2-22）。

（二）伤停补时示意

通过举换人牌的形式示意补时时间（图 18-2-23）。

图 18-2-22 第四官员示意替换球员

图 18-2-23 伤停补时示意

第三节 足球裁判员跑动与选位

现代足球运动的发展对裁判员的执法工作提出了更高的要求，在一场对抗激烈的足球比赛中，裁判员在场上能够做出公正、准确地判罚，需要综合考量诸多因素。跑动是足球裁判员的基本要求和关键素质，需要裁判员高度认识其重要性。

一、裁判员的跑动与选位建议

要想正确判罚、准确掌控比赛的节奏，裁判员必须具备耐力好、速度快、预见性强及选好位等特点。裁判员的跑动与选位主要包括比赛进行中与定位球管理。

（一）比赛进行中裁判员的跑动与选位

一名优秀的裁判员在比赛进行中的跑动与选位时所需要的关键品质如下：

（1）身体素质的高要求。在能够专注比赛的同时保持高强度奔跑的能力，并且能够分析即将做出的判罚，在比赛时选择良好的角度观察比赛和尽量接近比赛。

（2）阅读比赛的能力。寻找观察比赛的角度，能够快速冲刺穿过中场获得一个不错的选位，随着比赛的进行不断创造良好的观察角度。

（3）团队合作。始终将球控制在裁判员与助理裁判员的视野范围之内。

（4）良好的战术意识。能够对比赛走向有较强的预见性，减少对比赛的干扰。

（二）定位球时裁判员的选位与管理

（1）赛前准备。场上可能出现的定位球情况提前做好准备，了解双方球队的战术打法。

（2）清楚地交流。使用口头语言和哨声进行交流和管理，用简练的语言和明确的身体语言，引导比赛的正常恢复。

（3）保持冷静和自信。裁判员应当冷静地对比赛进行管理，保持裁判员的权威。

二、几种常用的裁判员跑动与选位方法

（一）跟踪跑

这种跑动方式是以球和比赛发展区域为基点来选择自己的位置，优点是距球和比赛区域较近，缺点是需要消耗大量的体能，当球由右侧向左侧转移时，裁判员无法一直面向助理裁判员并保持联系（图 18-3-1）。

（二）大“S”跑

这种跑动路线增加了跑动的深度和宽度，使裁判员始终保持在球的左侧后方并且将助理裁判员纳入裁判员的视野范围之中。这种跑动基本不会影响球员的活动和传球路线，但在反击中和右路进攻中往往距球较远，判罚犯规后不易及时到位（图 18-3-2）。

图 18-3-1　跟踪跑

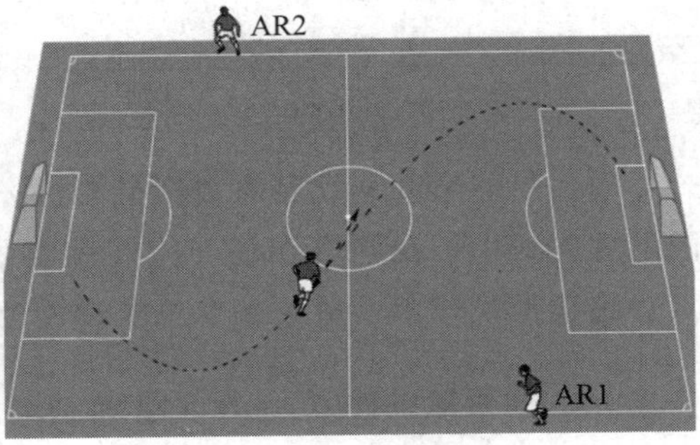

图 18-3-2　大“S”跑

（三）小“S”形跑

这种跑动路线使裁判员与球保持较近的距离，也一直将助理裁判员放在自己的视野里，是一种节省体力的跑动方法，但这种跑动方法失去了跑动的宽度和深度（图 18-3-3）。

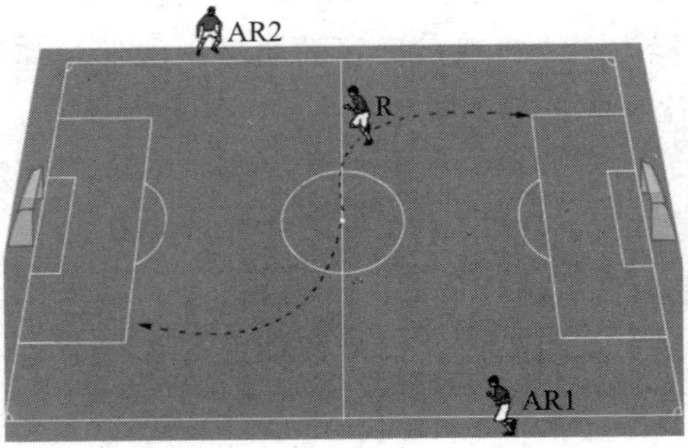

图 18-3-3　小“S”跑

（四）直线跑

这种跑动路线与小“S”形跑大体相似，裁判员基本处于两个罚球区间的直线活动，可以较好地抓住两个罚球区的判罚，避免因此产生不必要的纠纷。但当球在左路发展时裁判员往往容易背向助理裁判员，无法保持联系（图 18-3-4，图 18-3-5）。

图 18-3-4　直线跑 1

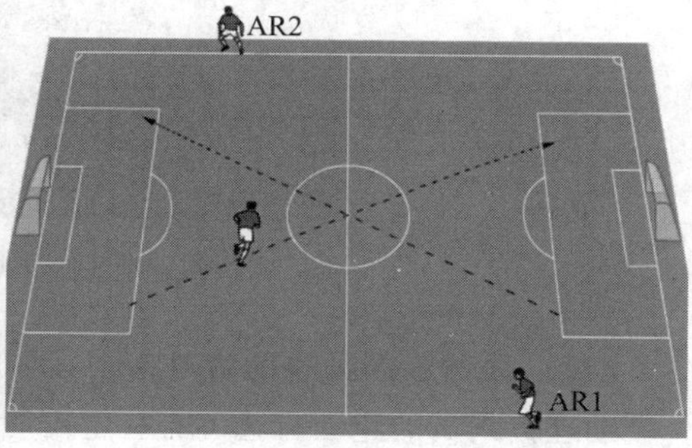

图 18-3-5　直线跑 2

裁判员跑动总体要求沿对角线跑动，尽可能位于球的左侧后方且距离球大约 10~15 米。在实践过程中，裁判员根据比赛气氛、比赛时间、比赛节奏、自身体能状况实时调整跑位方式，要牢记“能做出正确判罚的位置”就是最佳位置。

裁判员跑动方法

裁判员的跑动方法主要有正面跑、侧面跑和倒退跑，另外还有：“等、抢、绕、让、跟”5 种跑位方法（图 18-3-6 至图 18-3-10）。

图 18-3-6　“等”

图 18-3-7　“抢”

图 18-3-8　“绕”

图 18-3-9　“让”

图 18-3-10 “跟”

（五）助理裁判员的跑动与选位

助理裁判员的跑动与选位有一定难度，尤其是高强度、高节奏的比赛中要求助理裁判员时刻与场上倒数第二名防守球员或者球保持齐平。

首先，速度要快，即奔跑速度要快，侧面跑、倒退跑速度要快，反应速度也要快；其次，预见性要强，即对球将要发展的位置的预判要强；最后，选好位置，即要便于观察越位，便于观察球是否出界或进球门，便于协助裁判员执行规则，做到将裁判员、球及倒数第二名防守球员放在视野中。

助理裁判员跑动方法

助理裁判员常用的跑动方法有侧滑步跑、交叉步跑、正面跑、后退跑。

第四节 准确判罚犯规

准确判罚犯规是足球裁判员工作的核心，是显示裁判员权威性和确保比赛顺利进行的有力保障，也是足球比赛公正、公平的体现，代表了足球竞赛规则倡导的精神。为了提高判罚的准确性，裁判员应准确观察动作的接触点、使用的部位和接触到对方的部位，通过动作的速度和力量大小来识别犯规性质，做出合情合理的判罚。

一、犯规程度

足球比赛中身体接触频繁、对抗激烈，球员在实施争抢动作时，只要裁判员认为球员不是“草率地”“鲁莽地”或“使用过分力量”进行比赛就不犯规。表 18-4-1 展示了犯规程度等级的划分以及纪律处罚的方式。

表 18-4-1　犯规程度

犯规程度	1	2	3	4	5	6	7	8	9	10
	不犯规		草率地		鲁莽地		临界点		使用过分力量	
纪律处罚	无				黄牌		黄牌或红牌		红牌	
比赛恢复方式	直接任意球或球点球									

二、识别犯规程度

裁判员在识别犯规时的考虑因素。

扫一扫学习裁判员在识别犯规时的考虑因素

三、严重犯规与暴力行为

（一）严重犯规

危及对方球员安全或使用过分力量或野蛮方式的抢截，必须视为严重犯规加以处罚。任何球员用单腿或双腿从对方身前、侧向或后方，使用过分力量或危及对方安全的蹬踹动作，应视为严重犯规。

（二）暴力行为

球员的目的不是争抢球，而是对对方球员或同队球员、球队官员、比赛官员、观众或任何其他人，使用或企图使用过分力量或野蛮动作，无论是否与他人发生身体接触，应视为暴力行为。除此之外，球员的目的不是争抢球，而是故意用手或臂部击打对方球员，以及任何其他人员的头或面部时，应视为暴力行为，除非他使用的力量非常轻微，足以忽略。

（三）严重犯规与暴力行为的异同

严重犯规与暴力行为既有相同特性，也有不同之处（表 18-4-2）。从纪律处罚的角度来看，两者都是红牌罚令出场。赛后裁判员需依据足球竞赛规则中的条款，如实记录事件的发生过程以及细节，记录方式可参见本章第一节裁判员报告表填写建议。

表 18-4-2　严重犯规与暴力行为的划分

	严重犯规	暴力行为
时间	比赛进行争抢球的过程中	比赛进行中或停止时、比赛开始前或结束后

续表

	严重犯规	暴力行为
地点	比赛场地内、偶尔出场视为在最近边界线处	比赛场地内、比赛场地外
目的	为了处理球且有触球的机会	不是为了争抢球
对象	侵犯对方场上球员	对方球员、同队球员、比赛官员、球队官员、观众或任何其他人
性质	使用过分力量、野蛮方式	使用过分力量、野蛮动作、故意击打头或面部
比赛恢复方式	直接任意球、罚球点球	直接任意球、罚球点球、坠球、间接任意球

第五节　足球裁判团队合作

纵观历史，可发现足球裁判员无论从人员数量上，还是辅助设备上都发生了巨大的变化。从“单兵作战”到“十位一体”，从“两手空空”到“全副武装”。团队合作是不可避免的课题，做好团队合作才能使所有的准备以及技术设备展现出最大的价值。

一、团队合作方法

目前在足球比赛中，经常会配备电子信号旗和对讲机两种电子设备，但是作为一名优秀的裁判员或者助理裁判员应该努力打好基础，因为电子设备可能会失灵，出现信号不好等问题，但是基本功扎实的裁判员并不会因为电子设备失灵而出现失误或配合不到位。所以，优秀的裁判员既要熟练运用高科技电子产品，也要牢记常规的基本配合。

（一）眼神交流

眼神交流要求裁判组经过长期实践实战配合，裁判员、助理裁判员和第四官员可以通过眼神传递的信息，从而相互得知对方所需要的帮助和自身应做的行动。

（二）语言沟通

语言沟通有两大要点，分别是清晰准确和简洁明了。语言表达清晰、准确是重中之重，比赛中裁判组之间的沟通虽然没有规定时间，但是过长时间的沟通会使球队对整个裁判组产生不信任的情绪。在实践过程中出现过多次表达不清或用词不当，产生歧义，从而导致错误判罚。

（三）身体语言

身体语言也是裁判员在比赛中展现自我形象和判罚尺度的重要表达方式。通过总结，身体语言主要有六大形式，即面部表情、情绪控制、执法形象、哨音清晰、保持距离、积极主动。

（四）运用旗示技巧

助理裁判员的旗子必须时刻处于展开状态，并面对着裁判员，这意味着旗子通常要握在靠近裁判员一侧的手中。助理裁判员在示意信号或旗示前应停止跑动，面向场内，与裁判员进行眼神交流，根据比赛实际情况给出适当旗示。旗示应从容不迫，不夸张，不犹豫。

（五）使用电子通信设备和电子信号旗

电子通信设备和电子信号旗都是现代科技发展的产物，能够帮助裁判员更好地完成比赛。在使用电子通信设备应注意提前测试信号和通信质量，在比赛中积极主动交流。电子信号旗是助理裁判员和裁判员沟通的一种辅助工具，助理裁判员在必要时可按下“按钮”，以此提醒裁判员关注点的分配。

（六）VAR（视频助理裁判）

视频助理裁判员是比赛官员，仅当裁判员出现以下四类重大错漏时才介入判罚。

（1）进球/未进球。

（2）罚球点球/不是罚球点球。

（3）直接红牌。

（4）裁判员处罚对象错误。

视频助理裁判员只有在出现“清晰而明确的错误”或“严重的遗漏事件”，才能提示使用 VAR 回看，从而协助裁判员做出正确的决定。

二、团队合作的考虑因素

1. 裁判员在比赛中团队合作的考虑因素

（1）视野是否比助理裁判员及其他比赛官员更好。

（2）是否因缺乏专注度而导致团队配合出现问题。

（3）当助理裁判员的注意力集中在球是否离开比赛场地时，是否应注意球员“上半身”的行为或手、臂部的身体接触。

（4）在犯规事件发生的地点相应的距离做出的判罚是否令人信服。

2. 助理裁判员及其他比赛官员在比赛中团队合作的考虑因素

（1）是否比裁判员距离该事件地点更近。

（2）是否比裁判员观察该事件视野更好。

（3）是否能够清晰明确地提供给裁判员信号。

(4) 裁判员是否在助理裁判员提供信号前就作出了决定。

(5) 对于任何不正当行为，是否提示了裁判员。

(6) 若其他比赛官员都未看到发生的事件，第四官员是否应该进行干预。

三、团队合作建议

裁判员是整个裁判组的核心，必须要有勇于担当的责任心和坚定不移的自信心。在比赛中，裁判员应积极与团队沟通，听取其他比赛官员的意见，作出合理的判定和决断，切忌“犹豫不决”和“独断专行”。裁判组是一个团队，应互相鼓励、互相支持、互相促进。良好的团队合作会使比赛更加精彩和顺利。

第六节 对足球裁判比赛中的执法建议

足球比赛瞬息万变，优秀的裁判员能够从容地处理好场上发生的各种事件，引导比赛的顺利完成，呈现一场精彩的比赛。本节将对裁判员在比赛中经常遇到的一些困难问题和情况给出建议。

一、手球犯规

(一) 不自然地扩大

手/臂使身体不自然地扩大，其位置不是球员在该情况下身体运动的合理结果。

(二) 手球犯规

手/臂部横向或垂直地远离身体，使身体“不自然地扩大”。这包括手、臂有以下行为：

(1) 明显扩展远离身体（对球的运行路线制造了更大的障碍）。

(2) 明显延伸到高于肩部（对球的运行路线制造了更大的障碍）。

(3) 向地面移动或在地面上，但不是用于支持自己的身体。

(三) 非手球犯规

手/臂没有使身体不自然地扩大，因为它的位置是球员在该情况下身体运动合理的结果。

这包括手、臂的以下行为：

(1) 靠近身体。

(2) 由于球员的自然运动而离开身体。

(3) 由于球员主动地处理球，从而与球发生接触。

(4) 向地面移动，或支撑在地面上，以用于支撑自己的身体。

（四）合理的位置

由于足球运动的特点，我们不能期望球员在移动时将手臂紧贴在身体两侧，这意味着：

（1）手/臂的位置可以通过球员的身体运动的动作来理解。

（2）手/臂的位置是球员正常运动的结果（后果）。

（3）手/臂从外向内地向身体移动以避免与球接触。

以下两种场景是完全不同的：① 球员主动有意地踢球，但球不小心击中了自己的手臂，不判罚手球犯规；② 球员的目的是阻止对方传中或射门，如果手或臂部为球的移动制造了更大的防守面积，其冒的风险就更高了，那么应该判罚手球犯规。

（五）纪律处罚

如果球员以手球方式干扰或阻止有希望的进攻，或阻止进球得分未成功，或试图进球，无论是否成功进球得分，都应因非体育行为被警告。如果手球犯规破坏了对方的进球或明显的进球得分机会，应向犯规球员出示红牌。

二、佯装行为

在判断球员佯装犯规时，有四个关键问题是裁判员在决策过程中必须考虑的：

（1）所涉及的球员之间是否有接触？

（2）球员之间是否有公平、正常、不构成犯规的接触发生？

（3）球员是否为了防止受伤而合理地避免了与对手的接触？

（4）球员是否夸大了正常争抢中接触的影响？

假如球员之间没有接触但一名球员为试图欺骗裁判员而倒地，裁判员应将其判断为佯装行为并对其警告。当球员之间发生接触时，裁判员更难判断是否发生了佯装行为。在这种情况下，裁判员最好保持中立，不对进攻方或防守方进行处罚。但如果裁判员认为进攻方为了欺骗裁判员而主动与对方球员接触；或夸大了与对手合理接触的结果以欺骗裁判员，那么必须警告该进攻方球员。

进攻方主动接触的情况如下：

（1）故意将自己的腿向对方移动，使自己看起来像是被绊倒了。

（2）主动撞向对手。

（3）改变正常跑动路线去与对手相撞。

鉴于比赛的速度以及攻防球员技术的不断发展，有时裁判员很难确定是否发生了佯装行为。当两名球员之间有一些接触，而裁判员不确定这是否是防守球员对球真实的争抢，或者裁判员对佯装行为存疑时，允许比赛继续可能是裁判员的最佳选择。

三、群体突发事件

在比赛中发生的群体突发事件对许多比赛官员来说都是一个挑战。在许多不同的情形下都有可能发生冲突，往往有着许多不同的起因，这对于比赛管理而言也是一个严峻的挑战。

（1）在赛前准备会上明确四名比赛官员各自的责任和作用是相当重要的。

（2）为了阻止群体突发事件的发生，裁判员需要意识到，尽早地判罚可能引起冲突升级的犯规，以更好地确保比赛的顺利进行。

（3）一旦冲突发生，裁判员必须快速并且目标明确地移动到冲突发生的地点，并使用强有力的哨声和肢体语言来防止事态升级。

（4）在可能的情况下，将参与突发事件中的主要人员转移到一个中立区域。

（5）如果发生冲突，裁判团队应该处在一个良好的观察角度。

（6）助理裁判员应迅速找到最合适的观察角度，并在突发事件结束后第一时间向主裁判提供协助，确认涉及冲突球员的身份、位置和任何其他相关信息。

（7）在突发事件后裁判组应进行准确并快速的讨论，以确保所有参与冲突的球员没有被遗漏，这也让球员有了在比赛重新开始前冷静下来的时间。

（8）在需要进行纪律处罚时，对于冲突的煽动者和报复者都应予以警告。

（9）在发生群体突发事件的情况下，第四官员应优先关注技术区域内球员的行为。在冲突结束时，第四官员应当提醒裁判员，并告知裁判员相关情况。

（10）必须将事件报告给相关机构，比赛监督和裁判员都需要报告。

四、有利

合理运用好“有利”，是裁判员重要的权力和职责，也是裁判员控制比赛能力高低的重要体现，下列是裁判员决定是否掌握有利时应该考虑的因素。

（一）球员的技术水平

一般而言，被犯规队伍的球员技术水平越高，越有可能掌握有利。对于技术水平高的球员，裁判员更有可能在球场的不同区域掌握有利。反之，随着球员技术水平的下降，裁判员也必须考虑球员和球队是否有能力利用有利发动有希望的进攻。

（二）比赛的状况

比赛的比分、双方以往的交锋历史、纪律处罚的尺度、球员对裁判员的尊重程度以及比赛时间都是裁判员必须考虑的因素，这可能会影响裁判员对比赛的控制。

（三）犯规发生的地点

在掌握有利时也要考虑犯规发生的地点与球门的距离以及角度。

（四）球权的控制

被犯规队伍是否完全主动控制住了球权，是一个非常重要的因素，如果没有满足这一点，就没有有利可言。

（五）犯规的严重程度

犯规的严重程度可能是最重要的考虑因素。如果铲球犯规的严重程度足以判罚红牌，裁判员必须停止比赛并将该球员罚令出场，除非被犯规方有明显的进球得分机会，否则裁判员不能考虑掌握有利。

（六）是否形成进攻机会

裁判员必须考虑被犯规队伍立即发生有希望的进攻或射门的可能性，仅拥有球权并不构成有利。

第七节　阅读和管理比赛

裁判员在足球场上执法比赛就像在完成一张阅读理解答卷，对裁判员在比赛内容、比赛形势的准确把控上提出了较高的要求。阅读比赛不仅是裁判员在比赛中需要做的，而且是应当从比赛准备阶段就要开始。

一、展现自己的权威性

优秀的足球裁判员不会回避压力而是直面压力，他们会接受这是比赛必不可少的一部分。许多裁判员们相信，优秀的裁判员应该具备足够的能力处理任何状况，并把压力当作一种挑战。在每一场比赛刚开始的 10 分钟，球员通常都保持着高强度的节奏，积极完成教练的战术和比赛的准备工作。作为裁判员，需要保持适合的判罚尺度来展现自己的权威性，积极调整并控制比赛节奏，帮助球员慢慢适应比赛的判罚尺度。

随着比赛激烈程度的变化，足球裁判员需要学会不断调整对比赛的执法尺度，这并不是执法尺度的不一致，而是裁判员适时地根据比赛现状引导比赛顺利进行。对于优秀裁判员而言，以一种灵活有效的方式管理比赛，不断地优化介入比赛的时机，正是执法尺度一致性的体现。在大多数比赛中，都会有球队处于交替占优阶段或者双方节奏上升的情况出现，作为裁判员必须展现出自己的权威性，以此来保障比赛顺利进行。

二、同理心和对足球运动的理解

足球裁判员在比赛中的角色具有多元化复合型的特点，需要掌握包括对现实比赛的管理、对足球竞赛规则的充分理解、一般性常识、同理心以及沟通领域等诸多技能。

优秀的裁判员更擅长领悟和理解比赛管理的核心要义，他们将自己理解为比赛的管理者，而不是机械地执行足球竞赛规则。他们能清楚地意识到需要将常识性的认知用以管理为导向的方法融入执法工作中。

有些人认为，裁判员有时会机械地执行竞赛规则，这种说法过于强调“规则”

的重要性，而忽视了裁判员对比赛的同理心。所谓裁判员对比赛的同理心，指裁判员既不是机械地执行足球竞赛规则，也不是凌驾于规则之上，而是关于裁判员对足球运动规律和规则的深刻理解，并通过对规则的理解和比赛管理的理念以最佳的方式应用它们。

熟记并合理运用足球竞赛规则是每位裁判员必须满足的最低条件，以正确和尽可能最好的方式运用规则中的各项条款是有效管理比赛的重要组成部分。如果一个裁判员的管理技能是建立在对规则的深刻理解之上，并能够及时地预防比赛中对球员安全产生的威胁，这名裁判员将在最高水平的比赛中取得成功。

优秀的裁判员能将球员、球队和观众等与比赛相关人员的“理解”和“感受”带入现实比赛并实施到判罚和判断中。对于任何一名裁判员而言，为了建立一种成功的工作关系，与球员建立信任和融洽关系是很重要的。

三、适合比赛氛围的执法艺术

（一）当比赛“温度”升高的执法技巧

（1）减少运用有利条款，并在每次犯规时停止比赛（除非是被犯规球队有明显的进球机会）。

（2）预测并阅读比赛，以发现问题并接近可能发生突发事件的区域。

（3）以更开放和公开的方式向球员传递明确的信息。

（4）严格按照足球竞赛规则对球员和比赛官员进行纪律处罚。

（5）迅速处理对裁判判罚有异议的语言和行为。

（二）当比赛“温度”相对平稳的执法技巧

在比赛对抗性较低时，裁判员可以适当地放松控制，通过不惩罚微不足道的违规行为（如更多地使用有利条款，对球员采取更友好的口头警告）来让比赛氛围更加轻松，从而增加比赛的流畅性，让球员尽情地展现自己的技战术水平。

四、比赛中的关键时刻和时间段

每场足球比赛都有好几个重要的时间段，在这些阶段，裁判员需要高度敏感并控制好比赛尺度。这些时间段包括比赛刚开始的 10～15 分钟；中场休息前和休息后的 5 分钟；比赛最后的 10 分钟。

除此之外，还有很多非常关键的时间段。例如，红黄牌事件或一个重要的进球之后。裁判员应知道换人、出示黄牌、判罚点球、严格的越位犯规判罚都会立刻改变场上形势和气氛。一般而言，裁判员的误判也会加剧球队和球员的负面情绪。这些关键时间段提示裁判员必须要提高警惕，以免场上“火苗”无法扑灭。

裁判员必须时刻保持高度集中并及时调整自己的心理和身体状态，尽最大的努力使比赛在适当的节奏中进行，特别是在那些被认为是激烈的、对抗更多的比赛阶段，这些阶段往往比其他时间阶段更加困难。

第八节　足球裁判员体能训练

现代足球运动的特点是高强度、快节奏。为了确保执法质量，裁判员需要通过跑动来进行移动和选位。如今，一场高水平的足球比赛，裁判员的跑动距离可达11 000米，甚至更远。因此，足球裁判员的体能训练显得尤为重要。

一、裁判员体能训练示例

裁判员体能训练的目的是使裁判员身体健康，不受伤病的困扰，以充沛的体力和精力去完成比赛的执法。在开展训练前裁判员应得到专业的体能教练指导，制订适合自己的训练方法。下面介绍几个训练示例供参考，如果在训练过程中出现疑似受伤或严重不适，请立即停止，寻求运动生理或运动医学方面专家的建议和治疗。

（一）高强度练习

高强度练习一　高强度练习二　高强度练习三

（二）灵敏和变向练习

灵敏和变向练习一　灵敏和变向练习二　灵敏和变向练习三

（三）短距离反复冲刺练习

短距离反复冲刺练习一　短距离反复冲刺练习二　短距离反复冲刺练习三

（四）力量与受伤预防练习

足球裁判员的体能包括耐力、力量、速度和灵敏。运动生理学认为力量是其他体能的基础，是关键因素。力量素质直接影响耐力、速度和灵敏等身体素质，所以无论是足球运动员还是裁判员，将力量练习加入训练计划对提升运动表现都有显著效果。

核心肌肉群担负着稳定重心、传导力量等作用，是整体发力的主要环节，对上下肢的活动、用力起着承上启下的枢纽作用。所以核心力量的练习必不可少。

腿部力量对于需爆发式动作的运动更是极为重要，是完成各类动作的“发动机”。

核心力量练习

1. 核心力量练习

足球裁判员的核心力量训练可安排在每节训练课的结尾，也可单独安排一节力量训练课。

练习建议负荷：每个动作练习 40 秒，间歇 10 秒，循环 2~3 组进行练习。

腿部力量练习

2. 腿部力量练习

裁判员腿部力量练习可单独安排一次训练课进行练习，也可结合其他形式的练习进行，可徒手练习，也可根据自身进度与身体状况增加负荷。

练习建议负荷：每个动作练习 15 次（左右腿），间歇 60~90 秒，循环 2~3 组进行。

二、裁判员的运动恢复手段

裁判员需要面对繁忙的赛程安排，所以从比赛和训练中获得良好恢复就变得至关重要。在运动生理学中，超量恢复的定义为“运动时消耗的能源物质及各器官、系统的机能恢复得超过原有的水平”。由此可见，在超量恢复期进行体能训练，能够让训练的效率更高，所以我们要尤为注重恢复的重要性。

（一）运动性手段

整理活动是指运动后进行的各种较为轻松的身体练习，其目的是消除疲劳，促进体能恢复。实验证明，运动结束后，通过整理活动使参与运动的肌肉做些伸展或牵拉运动，可减少肌肉的延迟性酸痛和硬度，加速肌肉机能的恢复。在进行整理活动时也可使用泡沫轴和筋膜枪等器材进行肌肉的放松。

（二）营养学手段

对于足球裁判员来说，饮食对健康和执裁表现起着关键作用，这一点对优秀运动员也是一样。饮食的种类和质量都影响着健康与恢复。

（1）补水。按时按需补充富含电解质的运动液体，保持体内良好的水合作用。

（2）碳水化合物。碳水化合物（土豆、面包、米饭等）的补充可在比赛或训练前 72 小时摄入，在比赛结束后 45 分钟开始补充。

（3）食用富含蛋白质的食物。豆类、肉、鱼、蛋、牛奶等。

（4）食用未加工食品。蔬菜、水果等。

（5）益生菌。考虑补充益生菌来增强免疫力和肠道功能。

如果使用运动补剂，请咨询运动医学专家或营养专业人士。如果没有教练员或医生的处方，请不要随意使用任何补剂。

（三）其他手段

除了上述促进恢复的方法外，良好的睡眠也是消除疲劳的重要措施之一，在比赛或训练密集期间，每天睡眠时间不应少于 8~9 小时。此外，促进恢复的手段还有冷热水交替浴、按摩、理疗、针灸以及心理疗法等。

思考与实践

1. 简述足球裁判员赛前准备会的内容。
2. 足球比赛中犯规的类型有哪些？简述各个犯规程度的考虑因素。
3. 简述严重犯规和暴力行为的异同。
4. 简述足球裁判员运用“有利”原则时的考虑因素。
5. 为自己制订一套足球裁判员体能训练计划并依照计划进行训练。

第十九章 五人制足球

本章导读

五人制足球是现代足球运动的重要组成部分，五人制足球比赛具有组织便利、触球频繁、射门较多、战术多变、攻守转化快和偶然性大等特点，对球员的团队协作、互相补防、身体素质和拼搏精神等方面提出了更高要求。本章简要介绍五人制足球的起源和特点，重点介绍五人制足球攻守及定位球战术教学与训练方法，以及五人制足球裁判法。

学习目标

知识目标：学习和了解五人制足球起源与特点及其发展基本规律。

能力目标：熟练掌握五人制足球攻守及定位球战术的教学与训练方法，掌握五人制足球裁判法。

价值目标：了解五人制足球快速多变的特点，感受团队合作力量，培养参与者的协作精神，培养顽强拼搏的意志品质。

第一节　五人制足球概述

五人制足球是现代足球运动的重要组成部分，虽然其起源晚于十一人制足球，但在发展中逐步形成了其鲜明的项目特点，促进了五人制足球在全世界的广泛传播与发展。

一、五人制足球起源与发展

室内五人制足球（Futsal）源于西班牙语“fútbol sala”或“fútbol de salón”，意思是“房间足球”。据记载，乌拉圭首都蒙得维的亚的体育教师胡安·卡洛斯·塞利亚尼在 1930 年发明了五人制足球。与此同时，巴西圣保罗出现了在篮球场上开展的足球运动。1936 年，首套五人制足球通用规则在巴西圣保罗公布。1956 年，首届五人制足球锦标赛在巴西里约热内卢开幕。1958 年，巴西体育联合会制定第一份正式室内足球规则，室内五人制足球成为巴西官方体育活动，并在 1959 年举行首届室内五人制足球全国锦标赛。20 世纪 70 年代，五人制足球从南美洲传播到欧洲，随后传播到亚洲并广泛开展。1971 年，国际室内足球联合会（FIFUSA）在巴西成立。

1982 年，首届五人制足球世界锦标赛在巴西举办，巴西队获得冠军。1989 年，国际足联成为五人制足球主管团体，国际室内足球联合会大部分成员转入国际足联，并制定新的五人制足球规则，室内五人制足球由此诞生。2008 年，在巴西举行的第 6 届国际足联五人制锦标赛正式更名为国际足联室内五人制足球世界杯。目前，五人制足球世界杯已举办 9 届，巴西队 5 次获得冠军，西班牙队 2 次获得冠军，阿根廷队和葡萄牙队各获得 1 次冠军。1999 年，亚足联举办首届亚洲五人制足球锦标赛，在已经举办的 15 届比赛中，伊朗队获得 12 次冠军，日本队获得 3 次冠军。

二、我国五人制足球的发展现状

20 世纪 80 年代初，我国五人制足球开始起步。1984 年 2 月，《足球报》主办了第 1 届五人制足球邀请赛，五人制足球赛规则来自香港地区的英式规则。2003 年，中国足球协会开始在全国推广室内五人制足球，在同年 9 月成立全国室内五人制足球专项委员会，并确定大连、北京、上海、武汉、成都和广州 6 个城市为试点城市。2005 年，国家体育总局将室内五人制足球列为我国正式竞技体育项目。2019 年，室内五人制足球赛成为第 14 届全运会比赛项目。中国足球协会室内五人制甲级联赛开始于 2003 年，2016 年更名为室内五人制超级联赛，共有 10 支参赛队，并将赛制升级为三阶段赛制，在双循环赛制基础上增加附加赛和总决赛。五人制超级联赛与甲级联赛设立了升降级，进一步拓宽了五人制足球全国赛事平台。

三、五人制足球的特点

（一）项目特点

1. 组织便利性

五人制足球场地面积小、人数少、器材简单，容易组织，既适合在青少年和足球爱好者中开展，又可作为高水平足球队的训练手段。

2. 触球机会多

五人制足球比赛攻守转化快，场上队员触球机会多，队员多采用脚尖踢球、脚底停球、快速短传和低传配合及个人运控技术。

3. 射门次数多

五人制足球比赛射门机会多，有利于培养队员的射门能力。射门方式主要有传切突破射门、个人运球突破射门、边路传中包抄射门及中前场抢断射门等。

4. 攻守转化快

五人制足球比赛突发情况多，主要采用紧逼盯人、断球反击战术，攻守转化具有频繁、快速和突然等特点。

5. 战术变化多

五人制足球队员要根据场上情况不断变化战术，通过快速传球和跑位造成对方失位和漏人，从而拉开空当获得进攻和射门机会。

（二）比赛要求

1. 具备团队协作精神

足球队是包括队员之间、队员和教练之间等多种关系交织的集体。每支球队都有自身的组织、目标和关系等特点，需要全体成员按照球队的整体目标、规范标准、战术纪律等来要求自己。五人制足球比赛除了守门员外没有特别固定的位置区分，进攻与防守需要除守门员外的队员不断轮转跑动完成，因此，队员之间要保持高度默契与团队配合。团队协作精神是球队保持良好竞技水平，赢得比赛的前提。

2. 具备坚忍意志品质与心智能力

五人制足球比赛具有攻守转换快、对抗激烈、比赛节奏快、战术变化多等特点，运动员在比赛中的生理和心理负荷容易达到极限。与此同时，运动员通过观察记忆能力和抽象思维能力，执行教练员的战术意图，作出正确技战术决策，需要具备高水平的战术素养和体能储备，需要具有坚忍的意志品质与心理素质。

3. 具备良好的沟通能力与社会适应能力

沟通能力与社会适应也是五人制足球竞技能力体系中的重要组成部分，良好的沟通能力能够帮助运动员培养更强的社会适应能力，并充分认识自己。五人制足球比赛除守门员外的队员位置变化频繁，在场上必须及时沟通，思想保持高度一致，从而使球队和个人的竞技能力达到最优化。

第二节　五人制足球进攻战术

足球战术是在足球比赛中为战胜对手，根据实际情况所采用个人和集体配合手段的综合体现，包括进攻战术、防守战术和定位球战术。进攻战术包含个人进攻战术、小组进攻战术和全队进攻战术。队员的技术和身体素质是有效完成战术的必要基础，心理素质是完成战术任务的重要保证，战术素养能促进技术和身体素质的有效发挥。

一、个人进攻战术

个人进攻战术是五人制足球战术教学的基础，一般选择对抗性练习设计教学和组织训练，主要体现在控制对抗形式、人数、区域和相应进攻战术要求等方面。

1. 练习内容

（1）运突练习。主要运用以多攻少的练习形式，包括一对一和二对一等练习形式，通过增加攻方人数优势，从而提高攻方队员的练习成功率，使队员在对抗形式下不断重复运球突破和射门练习，从而提高这两个方面的能力。该练习一般会安排在半场内进行。

（2）射门练习。一般在半场内进行练习，包括接角球区域传球直接射门、半场传跑配合射门、定位球射门等。射门练习可以在对抗和无对抗下进行。

（3）摆脱与跑位战术配合练习。以 2 人、3 人的简单战术配合、二对一和三对二练习为主。包括中路传球给前锋后变向跑跟进接应射门、边路传球给前锋后靠近跟进接应射门、传球后斜线跑接球射门、传球后迂回跑摆脱接应二过一配合射门等练习。

2. 练习要点

强调队员掌握各种无球跑动技术；培养队员根据球和对手的位置，发现空当（弱防守区域）接球的能力；无球跑动中有效的摆脱跑技术（变向、变速、折线跑等方式）；避免在对手面前横传球；避免接球后原地运控球，提醒队员接球后 2~3 秒内做出下一步战术行动决策；个人战术要符合场区特征，与整体战术保持一致。

3. 教学案例

（1）正面一对一运突射门。

练习方法：进攻球员②将球传给防守队员后，向前跑动接回传球，中路完成运球摆脱射门或突破射门（图 19-2-1）。

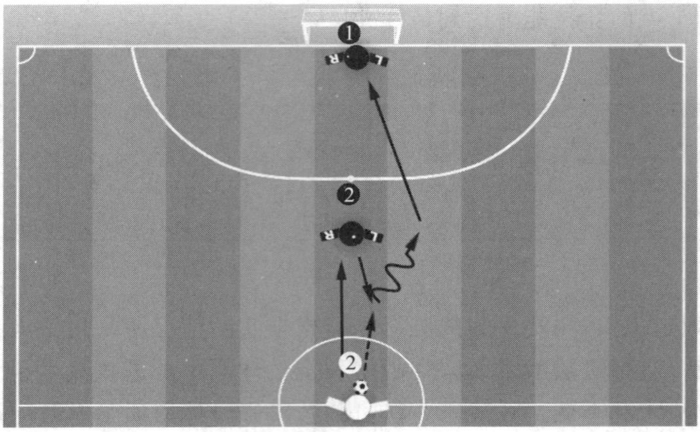

图 19-2-1 正面一对一射门

练习要点：球与控球队员之间的距离，尽量将球控制在身体重心下；运球变向和变节奏是重点；强调运射动作衔接的连贯性；接球队员发现空当果断起脚射门。

（2）直接传球给前锋。

练习方法：3 名进攻球员与 2 名防守队员（加 1 名守门员），在半场进行三对二传抢射门练习（图 19-2-2）；前锋在球门区线附近做摆脱接应不射门；给前锋传球必须是一脚传球；中场球员采用传球给前锋后前插并完成射门；防守队员开始时用区域防守战术、对手完成向前传球后变为人盯人防守。

图 19-2-2 传球跑位

练习要点：善于发现直接传球给中锋的机会，跟进接应队员利用变向跑技术，中锋采用侧身控球技术。

二、小组进攻战术

小组进攻战术是比赛中两三名运动员之间进行的配合方法，是组成全队整体进攻战术的基本内容。一般情况下，全队进攻战术由某一小组进攻战术开始，有时全队进攻战术包含若干种小组进攻战术组合。因此，小组进攻战术水平是判断球队整体和局部进攻能力的主要评价指标，熟练掌握和灵活运用小组进攻战术能够提高队伍整体进攻战术配合能力。

小组进攻战术包括传切配合（二过一、传球变向跑等配合）、轮转配合、掩护配合、策应配合。

1. 传切进攻战术

传切配合是指两名运动员利用传球和各种跑动技术所组成的简单配合，包括墙式二过一、交叉掩护二过一、传球后结合各种跑位的战术配合（传球—变向跑、传球—跟球跑、直传前锋—跟球跑、传球—迂回跑等），传切配合的方法和要求与个人传球跑位战术基本相同。

2. 轮转进攻战术

轮转配合是指场上队员按照固定传球和跑动路线重复配合的方式，也是五人制足球特有的战术配合方法。这种传球后迅速跑开再做接应的办法，能够在 3 人或 4 人之间形成反复拉开和靠近接应的局面，充分发挥局部人数优势，增加控球时间。轮转移动配合体能消耗大，要根据实际情况决定是否执行该战术。

练习要点：轮转移动配合过程中要有攻守平衡意识，接应队员注意进行跑位的平衡性和协同性，即一人向前、另外一人回撤，或是一人向边路拉开，另外一人向中路靠拢，从而使队员清楚轮转配合的时机和攻击点，以及结束轮转的方式（突破、向空当传球、射门、变化轮换配合等），以便提高轮转配合的效率。

“8” 字轮转配合：③将球传给左路接应的④后，向左路前插并做迂回跑位到④原来接球的位置，④接球后运球到中路与②做同样的传球配合与跑位，②再重复相同的传球与跑位路线（图 19-2-3）。

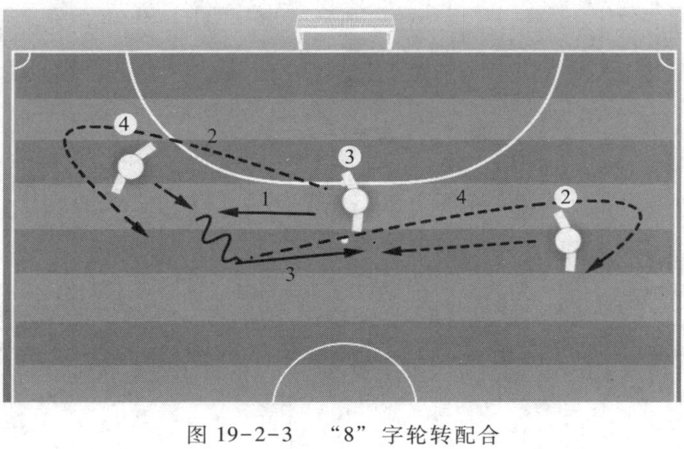

“8” 字轮转

图 19-2-3 “8” 字轮转配合

3. 掩护进攻战术

掩护配合是指进攻队员在进攻战术配合中，无球队员利用提前跑位、选择合理位置，在规则允许下用身体挡住盯防持球队员或其他防守队员的移动路线，为同伴摆脱防守，获得传球、突破或射门机会的配合方式。主要用于五人制足球比赛中的定位球战术，根据掩护队员的身体位置和方向，主要分为前掩护、侧掩护和后掩护三种形式。

练习要点：掩护者应选择规则允许的掩护位置和动作，掩护时，队员的身体是静止的、双臂屈肘放于体侧或交叉放于胸前不能展开，并且与对手保持适当的距离；掩护时同伴之间应掌握好时机，根据防守变化，灵活机动地选择进攻战术配合；一旦掩护不成功，掩护队员应立即接应持球队员参与进攻组织。

（1）前掩护。②将球传给③后做变向跑到防守队员③前面做掩护，持球队员③可以做突破射门，或者将球传给后套插上的②完成射门（图 19-2-4）。

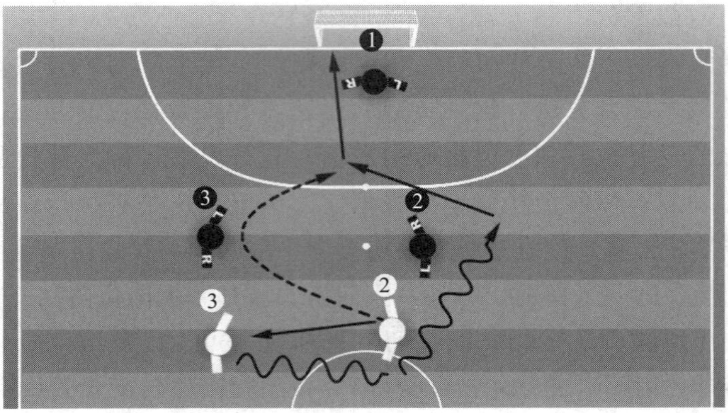

图 19-2-4　前掩护

（2）侧掩护。②将球传给④后，斜线跑到防守队员④侧面做掩护，持球队员④突然内切向中路运球，传球给左边路插上的③完成射门（图 19-2-5）。

侧掩护配合

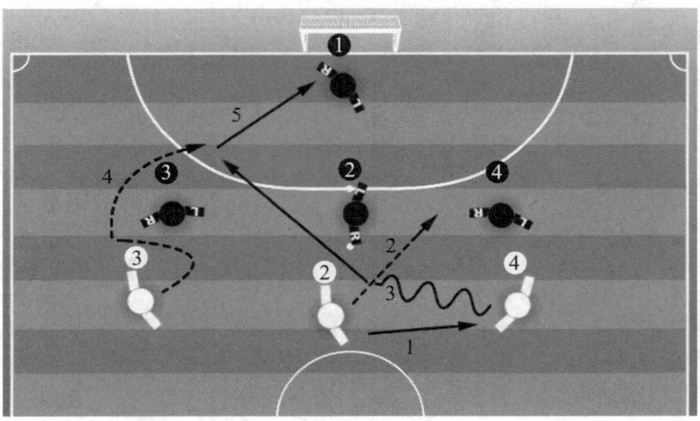

图 19-2-5　侧掩护

4. 策应进攻战术

策应配合是指在进攻组织过程中，前锋背对或侧对进攻方向摆脱防守接球后，以前锋为枢纽，通过其他无球队员的跑位（向球跑、交叉掩护、墙式二过一等跑位）创造射门机会。比赛中策应配合战术分为前场站位策应和中场移动回撤策应两类。一般情况在 1-3-1 和 1-2-1-1 阵型中经常采用前锋回撤边路、前锋迂回中路、前锋反向前插三种策应配合手段。

练习要点：策应队员接球前必须做摆脱跑位，选择空当接球或选择牵引跑位为同伴创造空当。策应队员接到球后，要及时将球传给进攻位置更好的同伴，并准备二次进攻。外线队员传球后要迅速摆脱防守队员，接到策应队员传球后迅速完成射门、突破或传球。

（1）前锋迂回中路策应：前锋④摆脱防守后，回撤到中场与②进行二过一配合并完成射门（图 19-2-6）。

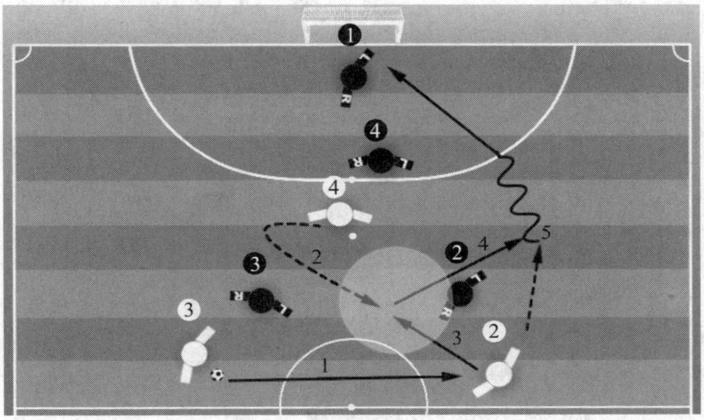

图 19-2-6　前锋回撤中场

（2）前锋反向前插策应：前锋④突然摆脱防守反向前插接球，将球传给③完成射门（图 19-2-7）。

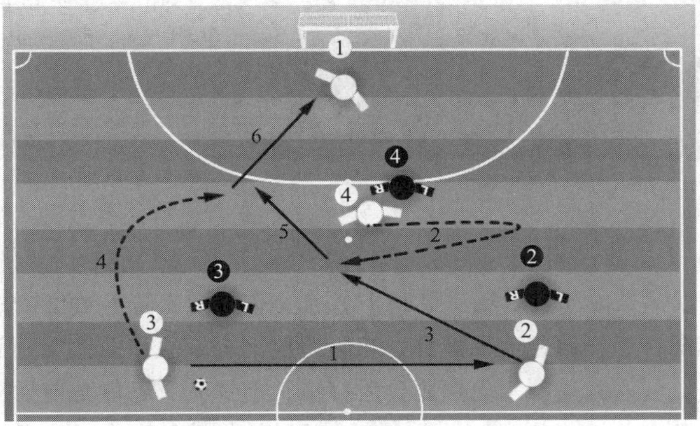

图 19-2-7　前锋反向前插

三、全队进攻战术

1. 全队 2-2 进攻战术

2-2 进攻战术是由 2 名后场队员和 2 名前场队员组成基本站位，战术配合方法有边路传球给前锋战术、中路传前锋配合、轮转跑位配合、前锋回撤中场配合等。

战术要点：中锋做摆脱回撤接应控球队员，一脚直接传给前锋并迅速靠近接应，利用防守队员身后空当创造进攻机会。

例：边路传球给前锋：②将球沿边路传给④后，做变向跟进接应，接球后将球再传给包抄后门柱的⑤完成射门（图 19-2-8）。

2-2 配合进攻——边路传球给前锋配合

图 19-2-8 边路传跑配合

2. 全队 3-1 进攻战术

3-1 进攻战术是由 3 名后场队员和 1 名前场队员组成基本站位，战术配合方法有边路斜线跑配合、变向跑前插配合、轮转跑位配合、直传前锋配合等。

战术要点：利用跑动技术先摆脱、后接应；前锋队员不能与前插队员跑向同一位置；时刻准备向前锋传球，如果没有机会就继续做传跑配合；注意保持队形和队员间的保护。

例：变向跑前插跑配合（图 19-2-9）。

3-1 配合进攻——中路变向跑配合

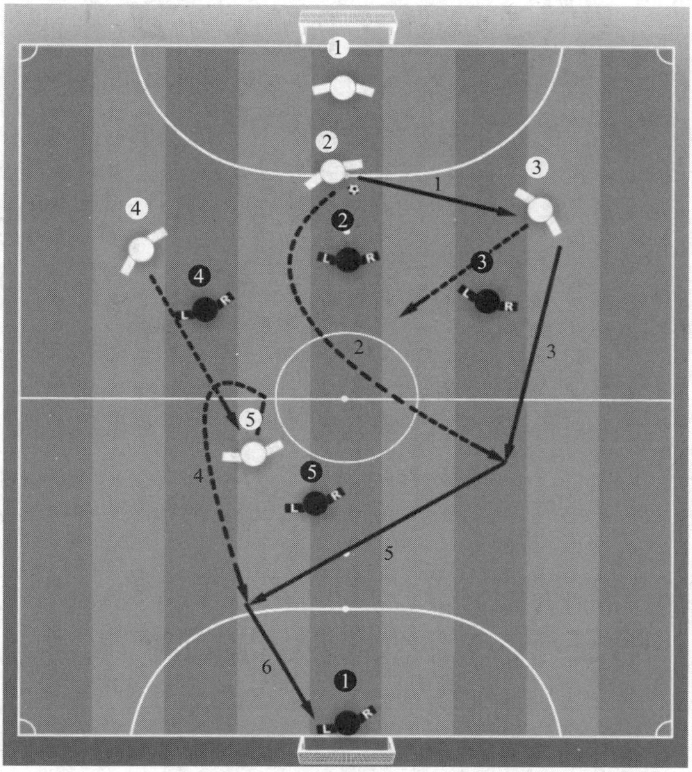

图 19-2-9　中路变向跑配合

3. 全队 4-0 进攻战术

4-0 进攻战术开始队形多以平行或倒梯形的 2-2 前后站位为主，跑动接应的基本模式是以四角交叉或平衡协同跑位为主，即通过 3 名无球队员连续跑位，占据第一及其他接应队员跑位后留下的第二空当接球，使队形尽量保持成近似长方形或梯形的结构。

战术要点：跑位队员必须是对控球队员的接应；4 名队员的距离不能过大，否则容易被局部围抢夹击；向对手身后空当传球创造进攻机会；进攻中注意攻守平衡，必须有防守保护和策应队员。

例：后排控球战术：控球队员③将球传给②后向反方向边路斜线跑前插，④回撤到③位置策应接球，⑤向另一侧边路④位置斜线跑前插接应，控球队员②可以选择③或⑤传球（图 19-2-10）。

4-0 配合进攻——后排控球战术

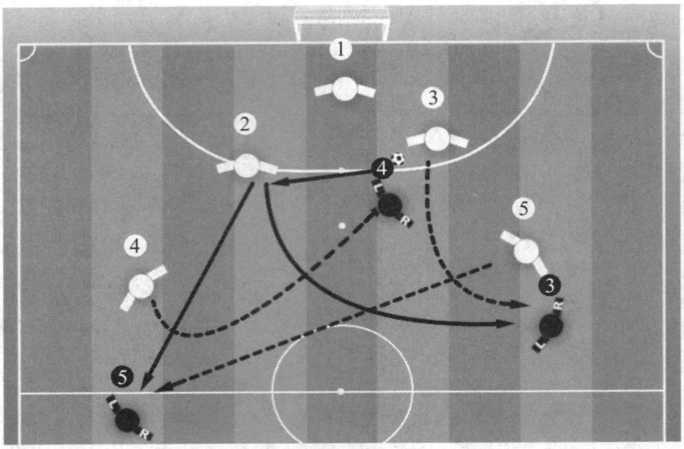

图 19-2-10 后排控球战术

第三节 五人制足球防守战术

防守战术是在比赛中有效遏制对手进攻的重要手段，与进攻战术共同构成了五人制足球战术体系。防守战术是根据实际情况所采用的个人和集体配合的综合体现，包含个人防守战术、小组防守战术和全队防守战术。

一、个人防守战术

1. 练习内容

人数相等的人盯人练习，包括一对一、二对二等防守练习，主要发展队员正面抢断球、盯防无球队员和选位能力。人数不相等的区域防守练习包括一对二、二对三、三对四、四对五等以少防多练习，主要发展队员的移动选位和断球防守战术等能力。个人防守战术练习一般选择在半场区域内完成，缩小防守区域有利于防守队员作出判断、决策和实施防守行为。

2. 练习要点

防守队员要侧对来球，双脚前后开立，两腿屈膝，降低重心，两眼注视来球或控球队员的身体姿势；平稳靠近持球进攻队员，避免跳向和盲目猛抢球；注意封堵对手的传球和射门路线；没有抢断球机会时可把对手逼向两侧边线；紧盯个人跟防的进攻队员和观察球的位置；对持球队员紧逼施压；由守转攻时队员必须要有快攻意识；个人战术练习要符合场区特征，与整体战术相一致。

3. 防守练习

6 名队员在场地的虚线范围内进行三对三区域防守练习加 2 名守门员和 2 名接应队员（图 19-3-1）。

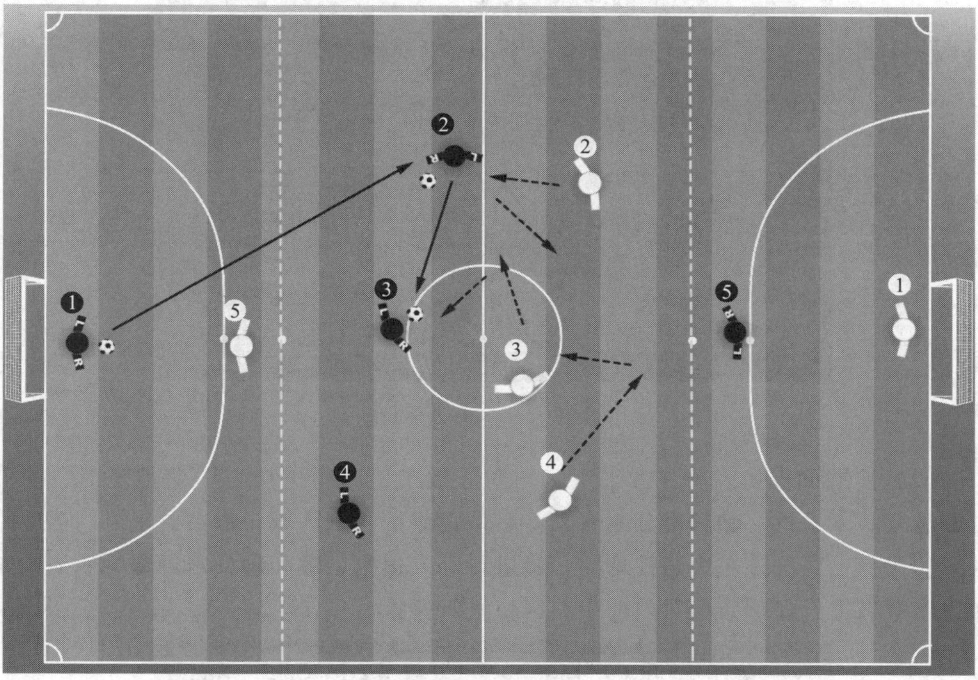

图 19-3-1 防守选位练习

练习要点：由守门员发球给边路黑方❷，守方（白方）②上前紧逼，③和⑤选择依据保护中路的选位原则，分别在②的斜后方进行选位保护；如果攻方中路控球，守方相应调整队形，③上前紧逼、②和⑤选位实施保护；练习过程中控球方利用个人和小组传球配合将球传给接应队员，并跟进完成射门；防守方利用相互之间的选位和保护，封堵并抢断攻方传球获得控球权。

二、小组防守战术

小组防守战术包括保护、夹击、补防、交换防守和围抢中锋等战术。

1. 保护协防战术

保护协防战术指在第一防守者靠近持球队员紧逼时，第二及其他队员选择有利位置来保护第一防守者身后空当与中路区域，防止持球队员突破或向前传球的配合行为。保护是五人制足球比赛中非常重要的小组防守战术，主要包括对人（抢球队员）保护和对空间保护。

战术要点：对人保护的位置选择应该以球门侧内线站位为基本原则；对空间保护要以重点保护有球侧局部区域为基本原则；保护队员与抢球队员要始终保持沟通

与交流，一般由保护队员指挥实施逼抢的队员。

（1）对人保护。当攻方边路队员②与❷形成一对一时，④应回撤到②身后的球门柱一侧，对②形成保护，同时兼顾对中路进攻队员的盯防（图 19-3-2）。

对人保护

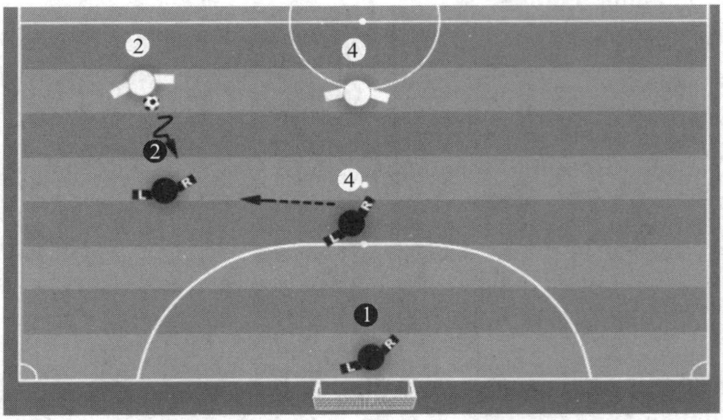

图 19-3-2 对人保护

（2）对空间保护。防守方采用区域防守战术，其中进攻方中路控球时，防守方❹进行盯人逼抢，❸和❺分别在其身后站位保护两侧区域，❷主要是对门前中路区域的保护；当攻方左边路控球时，❺进行盯人逼抢，❹和❷分别对❺身后的中路和边路空当进行保护，❸对门前中路区域进行保护（图 19-3-3）。

对空间的保护

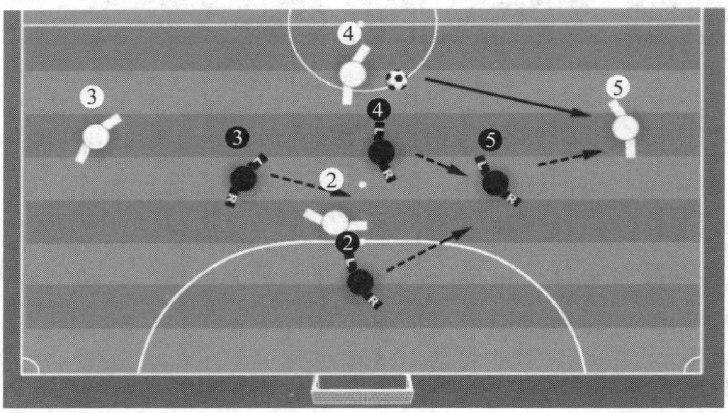

图 19-3-3 对空间的保护

2. 夹击防守战术

夹击防守战术是指两名以上防守队员，利用对手在边路、角球区或背对进攻方向停控球时，在一名防守队员封堵其向前的同时，其他防守队员协助，形成以多防少的防守行为。夹击配合是攻击性很强的主动防守方法，能有效控制持球队员，迫使对手失误，便于进行断球反击和减少个人防守犯规。五人制足球比赛中常在区域紧逼防守时采用夹击防守配合。

战术要点：准确把握夹击时机，如攻方队员在中路背对进攻方向停控球时、边路背对场内停控球时、当持球队员没有拿好球时；明确战术运用区域，多出现在边路和角球区。运用夹击战术时，首先封堵对手向前的路线，迫使对手把球停在原地或者向回运球，其次协防队员伺机进行抢断球或迫使对手因盲目处理球而失误。在运用夹击防守战术时，要避免不必要的犯规。

例：边路夹击：当进攻方②与守方❷一对一时，❷首先阻止其向中路突破，诱使其向边路运球，❹迅速回撤到进攻队员内侧，与❷一起形成内侧平行站位实施夹击配合（图 19-3-4）。

图 19-3-4　边路夹击

3. 补防防守战术

补防战术是指防守队员被对手突破或防守队形出现漏防时，邻近的同伴及时补漏防守，干扰对手进攻的一种防守方法。补防战术具有一定的被动性，需要队员具备整体的防守战术意识，补防经常用于以少防多的情况。

战术要点：每名防守队员必须时刻观察场上的攻守变化，需要补防时应抢占有利位置，延缓或破坏对手射门、突破和向前传球，避免不必要的犯规；防守队员一旦被突破或者失去防守位置，应快速向补防队员原来的位置移动，起到再次保护和协防的作用。

例：三防四的补防：五人制足球比赛中，当一方被罚下一名队员时，防守方常常采用 3 人回撤到本方球门区附近形成三防四的局面，这时 3 名防守队员主要运用区域防守的策略，对球施压的同时，通过彼此的补防移动，保护门前中路危险区域。三防四一般会选择 1-2 或 2-1 队形站位。

三防四的补防有两种移动配合形式，即不换位的补防移动方式和轮转换位移动方式。这两种防守移动方式的重点是始终对球施压，最前面的队员以阻止对手轻易在门前射门为主要防守任务；守门员应在场内距球门线半米的位置，压缩保护队友身后的空间和利于出击封堵对手射门角度。

练习方法 1：防守队员②主要负责球门区外围正面区域的控制（第二点球点附近），④和③分别负责保护控制球门区中路以及一侧球门柱区域（图 19-3-5）。

三防四不换位移动

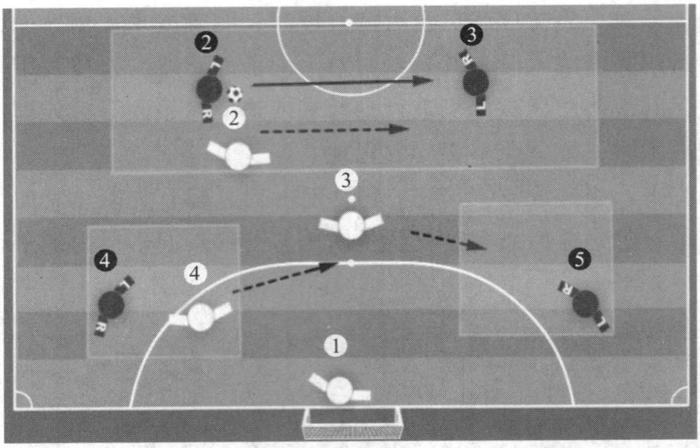

图 19-3-5 三防四不换位移动

练习方法 2：如果运用轮换的方式进行防守，②负责球门区外围正面（第二点球点）与球门区中路（第一点球点）之间左侧区域的控制；③负责球门区外围正面（第二点球点）与球门区中路（第一点球点）之间右侧区域的控制；④负责球门柱两侧区域的控制；守门员负责控制门前区域的防守（图 19-3-6）。

三防四轮转移动

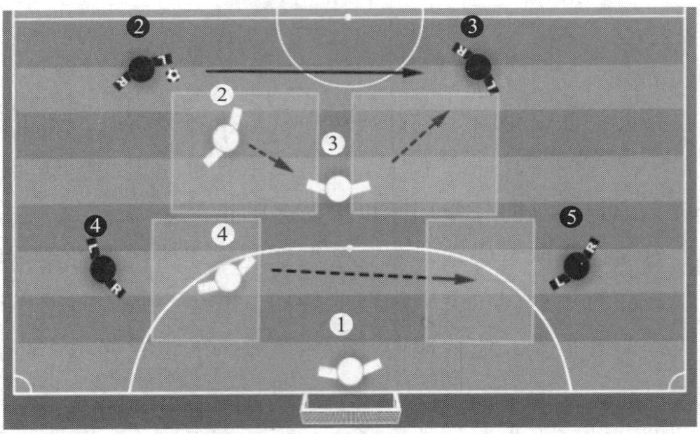

图 19-3-6 三防四轮转移动

4. 交换防守战术

交换防守战术指进攻队员做掩护配合、交叉换位以及轮转跑位时，防守队员之间主动地交换盯防的进攻队员的一种防守配合。交换防守一般在全场或半场紧逼时采用，保证对有球区域不断施压。

战术要点：交换防守对象时，防守队员之间必须及时沟通，明确自己的防守对象和任务（一般由后面队员指挥前面队员是否要换防）；运用换防战术时，必须对有球区域紧逼施压，注意把握换防战术运用的时机，一般情况下，当球在边路或传向边路时防守方才进行换防，如球在中路或没有形成换防默契，必须追盯自己的防守队员。

例：中路换防战术：当黑色进攻方中路队员传球后进行前插接应时，这时位于后排的白色防守队员④指挥②队员进行交换盯防对象（图 19-3-7）。

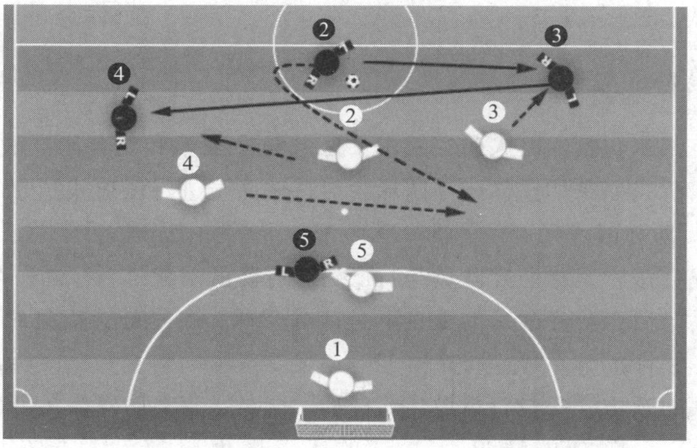

图 19-3-7　中路换防配合

5. 围抢前（中）锋战术

围抢前（中）锋战术是指一名防守队员与进攻方前（中）锋在球门区 6 米线附近一对一争抢时，其余防守队员快速回撤共同围抢对方前（中）锋的防守配合。面对强队或当对方前（中）锋个人能力突出时，防守方经常采用围抢前锋的战术。比赛中攻方采用 1-3-1 进攻阵型时，守方经常采用这种防守战术。

战术要点：外围防守队员通过选位保护中路，阻止持球队员给前锋传球，盯防前锋的队员根据球的位置选择前锋身后、侧面以及身前站位，预判传球队员意图进行积极抢断；当前锋接到球或转身向门前运球时，盯防队员以阻止其向前突破为主，有球侧防守队员迅速回撤与盯防队员一起包围夹击，无球侧防守队员应回撤到盯防队员身后进行保护（图 19-3-8 中④的移动路线）；围抢前锋战术具有防守人数优势，防守过程中不要盲目犯规，围抢战术应以阻止前锋射门、突破，迫使其向回传球或向边路传球为基本原则。

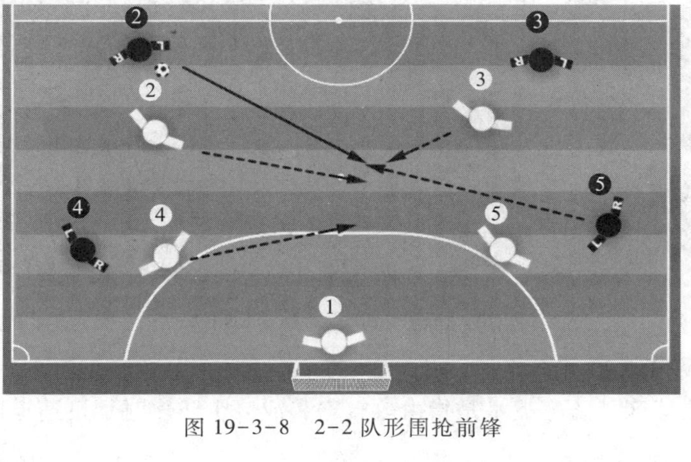

图 19-3-8　2-2 队形围抢前锋

例：2–2 队形围抢前锋：2–2 队形中防守前锋的队员⑤一般选择在前锋的侧面站位，以封堵前锋转身为主；②站在前锋的内侧与③一起以包围夹击为主；④则是协防和保护队员（图 19–3–8）。

三、全队防守战术

全队防守战术包括人盯人防守战术、区域防守战术和混合防守战术三种类型，是指在比赛中保持紧密的整体防守队形，对持球队员进行压迫式防守的战术。

1. 人盯人防守战术

人盯人防守战术是指防守队员与自己负责盯防的对象进行一对一争夺的防守组织形式。全队人盯人防守战术的重点不是针对“球”的争夺，而是对进攻方“人”的控制。

战术方法：攻方守门员将球抛传给前插的队员，每名防守队员盯防一名进攻队员，防守方③回撤在内线追盯自己的人，尽力封堵和抢断守门员的传球（图 19–3–9 阴影）；防守队员⑤选择在攻方❺身前选位，封堵和抢断守门员的传球，或身后选位阻止其拿球转身，或迫使其向边路运球（图 19–3–9 阴影）；守门员①站于球门区 6 米线附近，防止对手向角球区长传球，便于出击补防；如果攻方❷和❹交叉跑位接应时，守方④可以指挥②进行换防（图 19–3–9）。

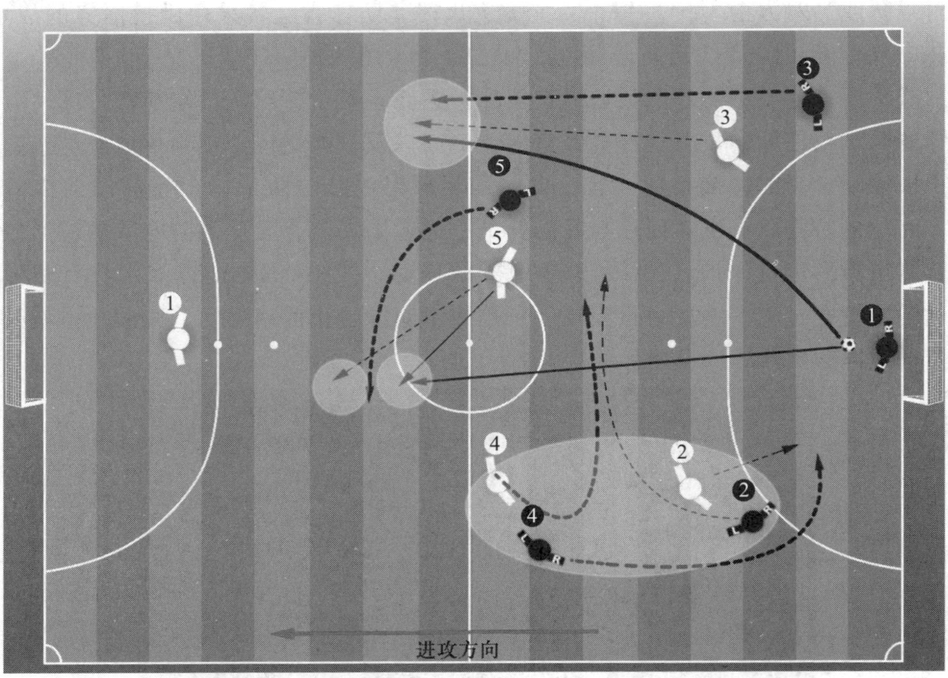

图 19–3–9　2–2 全场紧逼盯人

2. 区域防守战术

五人制足球区域防守战术是指由攻转守，或以少防多时，迅速退回自己的防守半场，每一名防守队员负责固定区域的防守任务，进攻方队员进入该区就由他负责盯防的一种防守组织形式。全队区域防守战术的优势在于压缩中路防守区域和封锁向中路传球的线路，并有效地保护门前重点区域，但这种战术给对手在外围留下了过多空间。

1-2-1 区域防守战术：防守方在本方采用 1-2-1 站位，4 名防守队员根据球的位置选位，当攻方中路队员控球时，防守队员③靠近逼抢，②和④在身后落位，封堵对手向中路传球的路线；当攻方左侧队员控球时，同侧②靠近逼抢，中路③回撤并保护中路区域和封堵传球路线，无球侧④错身站位，保护②和③身后的空当；防守中⑤始终要选择前锋身前站位，抢断给前锋的传球（图 19-3-10）。

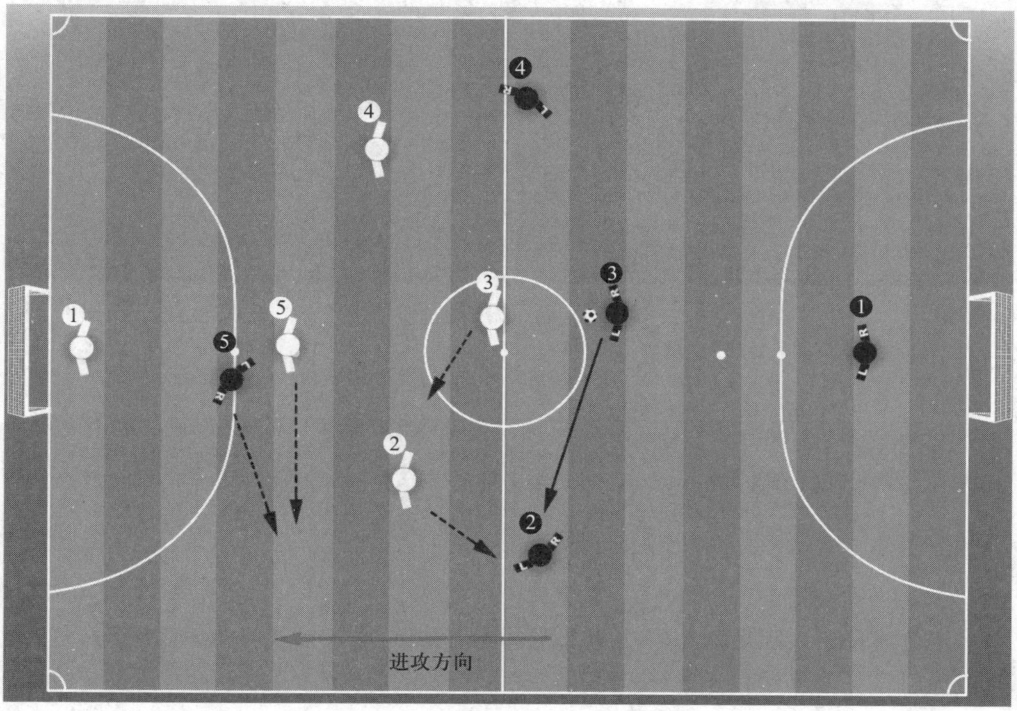

1-2-1 区域防守

图 19-3-10　1-2-1 区域防守

3. 全队混合防守战术

全队混合防守战术是指比赛中，队员将人盯人与区域防守同时使用的一种整体防守战术。五人制足球比赛中，防守战术的应用不是一成不变的，而是循环、交替使用的。典型的混合防守战术有关闭中场战术、2-2 混合防守和 1-3 混合防守战术等。

例：2-2 混合防守战术：当攻方采用 2-2 队形进攻时，防守方②和③在中场采用保护中路的区域防守，②靠近逼抢时，③保护中路，③靠近逼抢时，②保护中路；④和⑤在球门区附近采用人盯人的防守（图 19-3-11）。

2-2 混合防守

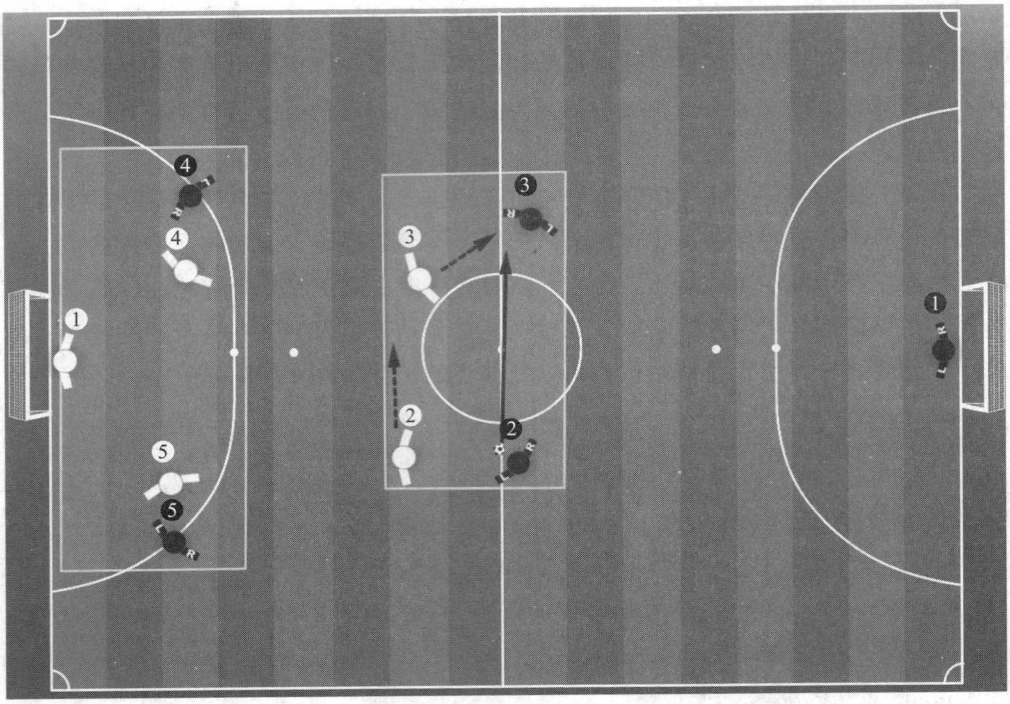

图 19-3-11　2-2 混合防守

第四节　五人制足球定位球战术

定位球是五人制足球比赛中重要的得分手段，主要包括界外球、角球、任意球、球门球、球点球和开球等。定位球战术包括定位球进攻战术与定位球防守战术。

一、定位球进攻战术

定位球进攻多指前场界外球、任意球和角球三种定位球进攻形式。

每名队员应清楚不同类型的定位球落位特点、跑位特点和各自职责分工，在进攻落位的基础上，可以根据防守队形，灵活地采用进攻战术。实施定位球进攻时要注意队形的攻守平衡，防止对手反击，如不能马上形成进攻，要以安全性传球为主。

1. 界外球进攻战术

在比赛中获得前场 10 米（第二球点球）与球门线之间区域罚界外球机会时，攻方可采用界外球进攻战术。依据界外球进攻时队员的落位队形，界外球进攻战术包含了 2-2 战术、3-1 战术、1-2-1 战术、4-0 战术。

（1）2-2 界外球进攻战术。进攻方采用 2-2 队形，前锋⑤做回撤接球突然向左边路反切；④先向③靠近突然变向跑前插到中路；③运用过顶挑传传球给④，④运用侧身跑接球，并完成射门；②做回撤跑到中线保持队形平衡（图 19-4-1）。

图 19-4-1　2-2 界外球进攻

2-2 界外球进攻

战术要点：④与⑤是第一运动队员，利用变向跑摆脱接应；③挑传球一定过顶，防止对手断球后反击；②队员必须回撤，保持攻守平衡，吸引防守队员离开原位，为同伴创造后点接球空间。

（2）1-2-1 界外球进攻战术。进攻方采用 1-2-1 队形，由④做变向跑接③的传球后，将球一脚传给回接前锋⑤，④与⑤做“墙式”二过一后，由④传球给向后门柱包抄的②，由②完成射门；③传球后回撤跑到中线（图 19-4-2）。

战术要点：④队员为第一动，做变向跑接应；③队员注意传球力量适中；⑤队员接球前，先做纵深摆脱，为接球创造出空间；②队员注意不要直接跑向后门柱，应先做向内的跑动，突然变向前插。

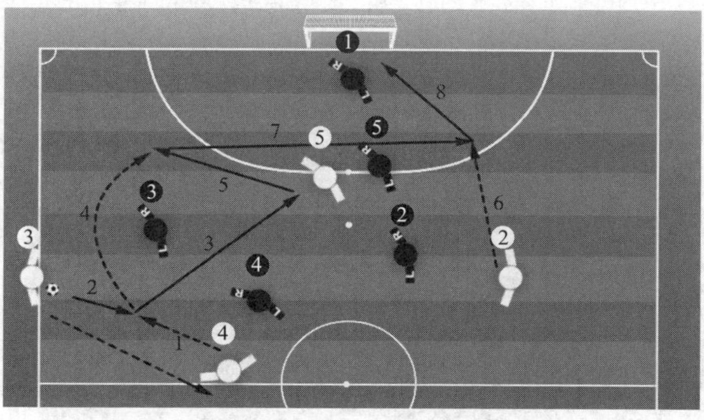

图 19-4-2　1-2-1 界外球进攻

1-2-1 界外球进攻

2. 任意球进攻战术

前场任意球进攻战术时以远端门柱为射门目标，射门时要有包抄队员跟进补射，根据人墙选择战术配合，尽量避开人墙，传给射门角度更大的队员。根据前场任意球进攻时队员的落位队形，任意球进攻战术分为 2-2 战术、3-1 战术、1-2-1 战术、4-0 战术。

（1）4-0 任意球进攻战术。进攻方采用 4-0 队形，先由进攻队员③和④做交叉跑位，并运用挡拆战术，阻挡在防守队员身前，同时位于后点的⑤做迂回跑，接②传球直接完成射门（图 19-4-3）。

战术要点：③和④两名队员同时跑位先做挡拆，并且要有停顿，之后再做内切接应；⑤队员可以直接射门，或依据情况将球再传给内切接应的③或④；②队员注意回撤中路保护平衡。

4-0 任意球进攻

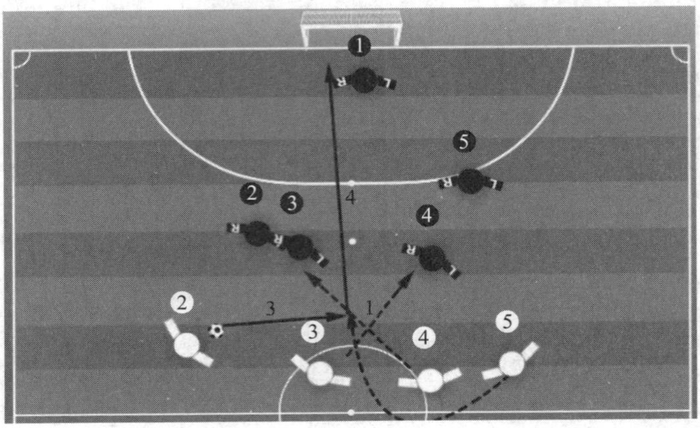

图 19-4-3　4-0 任意球进攻

（2）1-2-1 任意球进攻战术。进攻方采用 1-2-1 队形，由进攻队员③、④同时向前跑动；②选择一侧传球，接球队员直接完成射门；⑤补射（图 19-4-4）。

战术要点：③和④应同时跑动接应；⑤队员选择后门柱包抄，或与射门队员挡拆。

1-2-1 任意球进攻

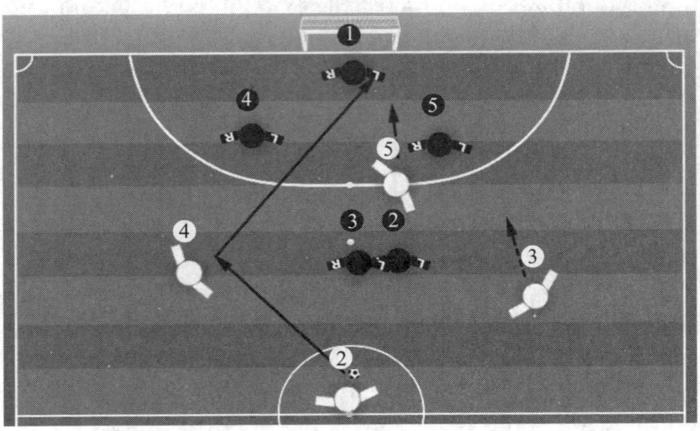

图 19-4-4　1-2-1 任意球

3. 角球进攻战术

角球进攻战术包括包抄战术、二过一配合战术、一传一射进攻战术、挑传配合进攻战术。

（1）包抄进攻战术。进攻方由 3 名队员完成配合，一般分为一人传、二人包抄，或二人传、一人包抄两种形式（图 19-4-5）。进攻方②将球传给靠近接应的③，③直接将球传到球门区内；与此同时，攻方⑤向门前包抄抢点射门；④稍向边路移动，马上回撤，起防守保护作用。

战术要点：③和④同时移动迷惑对手；③也可以选择假射门将球漏给④，之后去挡④防守队员；⑤先向④防守队员做一个挡拆动作，之后内切到中路包抄射门。

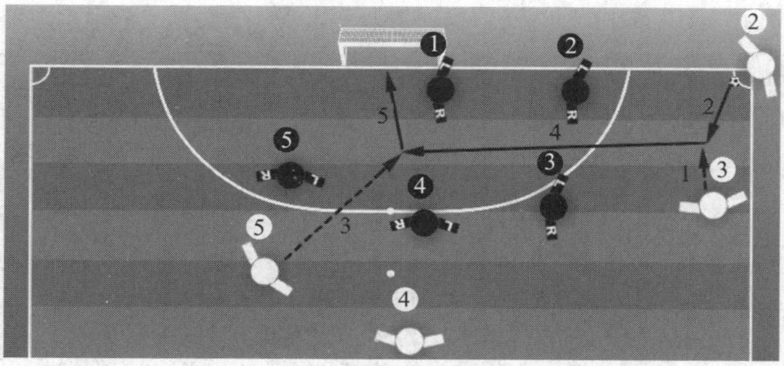

图 19-4-5　包抄角球进攻

包抄角球进攻

（2）一传一射进攻战术。攻方③先做接球跑，之后向门前做变向跑接应，把防守队员吸引走；同时⑤向前点跑动接②传球，并完成射门，④做迂回跑，回到中场；如果接应队员都被对手紧盯，那么罚球队员可以将球传回给守门员，重新组织进攻（图 19-4-6）。

战术要点：③④⑤进攻队员同时跑位；③连续做两个挡拆，分别挡防守队员③④，为队友⑤射门创造机会；④先做内切之后回撤中场。

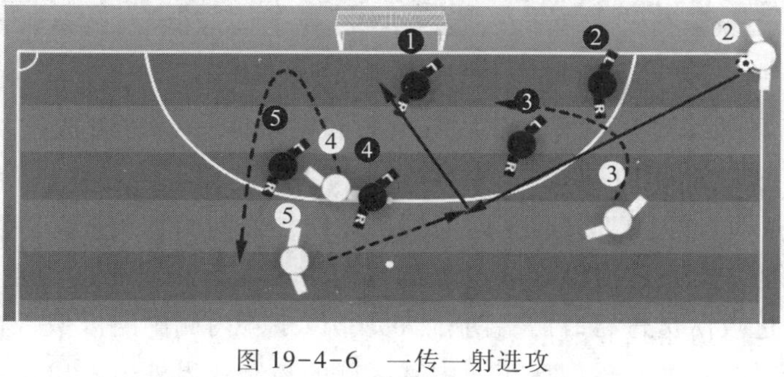

图 19-4-6　一传一射进攻

一传一射角球进攻

二、定位球防守战术

1. 界外球防守战术

界外球防守一般分为前场界外球防守和后场界外球防守两种。

（1）前场界外球防守战术。在全场紧逼的防守战术中运用较多，并且只在局部时间段采用。前场界外球防守的基本形式是根据进攻人员位置进行人盯人选位，如进攻方将球长传至前场，所有防守队员应快速回撤到本方半场进行区域防守（图 19-4-7）。

战术要点：防守队形球线后站位，即防守方②作为第一防守队员应退到球线后站位；第一线防守队员②和③负责对位盯人，同时内线选位；二线无球侧⑤防守队员内线选位，人球兼顾，同时保护一线和三线之间空当；④位于防线最后，对进攻队员进行贴身紧逼，同时内线选位。（注：球线是指进攻方罚界外球时，罚球点与另一侧边线对应位置的连线，且与底线平行）

图 19-4-7　前场界外球防守

（2）后场界外球防守战术。以关闭中场和区域防守为防守选位基本原则，选位方法与职责分工见图 19-4-8。

战术要点：防守队员③选位于球与同侧球门柱之间的直线上，以阻止对手直接向门前传球；防守队员④应站在③内侧的斜后方，在阻止对手向中路传球的同时，兼顾对身前的进攻队员进行盯防；防守队员②位于④内侧中路区域，在保护③和④身后空当的同时，负责对球门区正面中路区域的控制；界外球发出之前，④和②依据关闭中路的保护原则选位；⑤位于防线的最后，站于远端球门柱附近，当对手挑传后点进攻时起到保护后门柱的作用；进攻方将界外球发出时，每名队员立即转为人盯人防守。

后场界外球防守

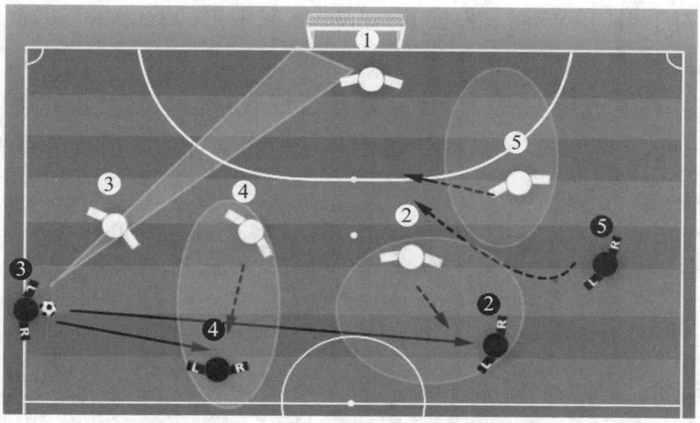

图 19-4-8　后场界外球防守

2. 任意球防守战术

任意球防守是依据球的位置以及对手进攻队形布置，防守方采用不同人墙与队形搭配的组合形式。比赛中，防守方根据任意球区域来选择排列人墙的数量和位置，人墙排列如图 19-4-9 所示：

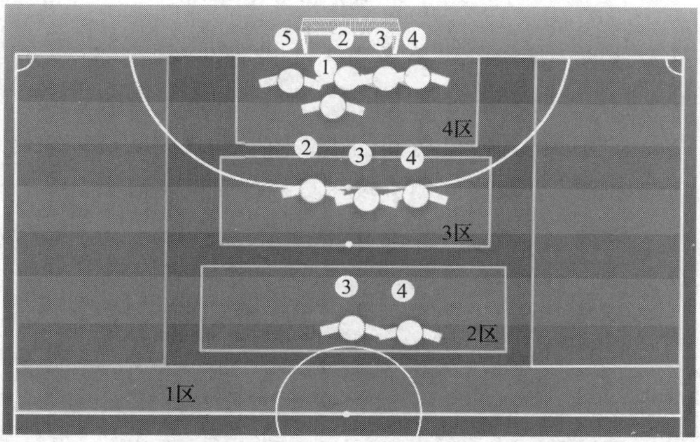

图 19-4-9　任意球防守人墙

1 区是指两个边路与中线附近的区域，任意球防守安排 1 名队员作为人墙。

2 区是指在第二球点球（10 米线）附近排列人墙，除守门员外安排 2 名队员排墙，两名队员保护。

3 区是指在中路球门区线附近排列人墙，除守门员外安排 3 名队员排人墙，1 名队员保护。

4 区是指在球门线附近排列人墙，5 名队员都要排人墙。守门员根据球的位置，正对罚球人，站在人墙前面一点封堵直接射门。

（1）2-2 任意球防守战术。2-2 防守战术是防守定位球最常用的战术，2 名队员做人墙，2 名队员保护；③作为第一防守队员，主要是阻止对手直接射门；④在

③内侧，封堵对手射门的同时，盯防进攻队员④插上射门；②和⑤负责保护人墙身后区域、同侧门柱区域以及当同侧进攻队员接球时负责盯人（图 19-4-10）。

战术要点：两名人墙队员，③不移动位置或转身，只是负责封堵射门，④随时封堵对手横传球；②先采取区域防守策略，球罚出后变成人盯人；③守门员离开球门线，有利于更多封堵角度。

2-2 任意球防守

图 19-4-10　2-2 任意球防守

（2）1-3 任意球防守战术。对手采用 3-1 进行队形时，防守方可选择 1-3 站位（图 19-4-11）；③主要阻止对手直接射门；④负责当墙的同时盯防后排进攻队员插上射门；②负责当墙的同时盯防同侧边路插上助攻的队员；⑤负责保护人墙身后区域、同侧球门柱区域以及当同侧进攻队员接球时负责盯人。

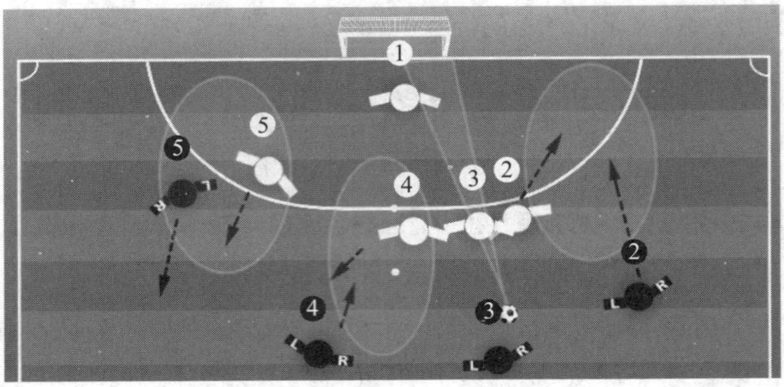

图 19-4-11　1-3 任意球防守

战术要点：②位于③外侧、错身站位，防止同侧对手前插偷袭进攻；其他位置要求一样。

（3）2-3 任意球防守战术。防守方在球门区内防守定位球时，可以选择 2-3 站位（图 19-4-12）。③阻止对手直接射门；④作为人墙封堵对手射门同时盯防进攻队员插上射门；①守门员作人墙扩大封堵角度；②负责保护左侧门柱区域以及盯人；⑤负责保护右侧门柱区域以及盯人。

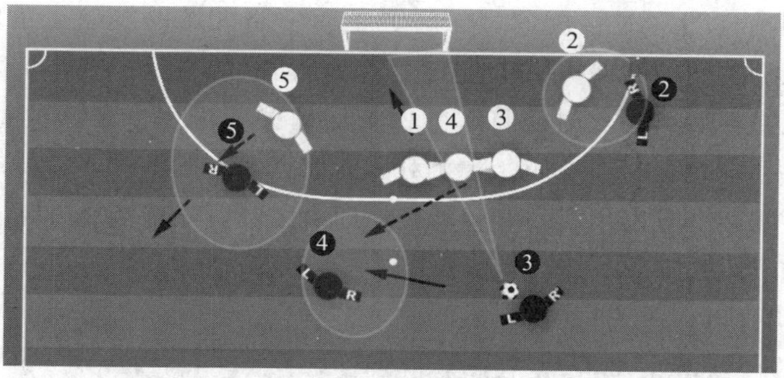

图 19-4-12 2-3 任意球防守

战术要点：当进攻方将球传给中路队员射门时④迅速上前封堵；①守门员用滑步方式，一边看球一边后撤回门前，其他位置要求一样。

（4）4-0 任意球防守战术：对手采用 4-0 进行队形时，防守方可选择 1 人人墙，3 名保护队员选择对人站位（图 19-4-13）。④主要阻止对手直接射门；③在封堵射门同时盯防同侧进攻队员插上射门；②负责保护人墙身后和球门区中路区域以及盯防助攻队员；⑤负责保护后门柱区域以及盯人。

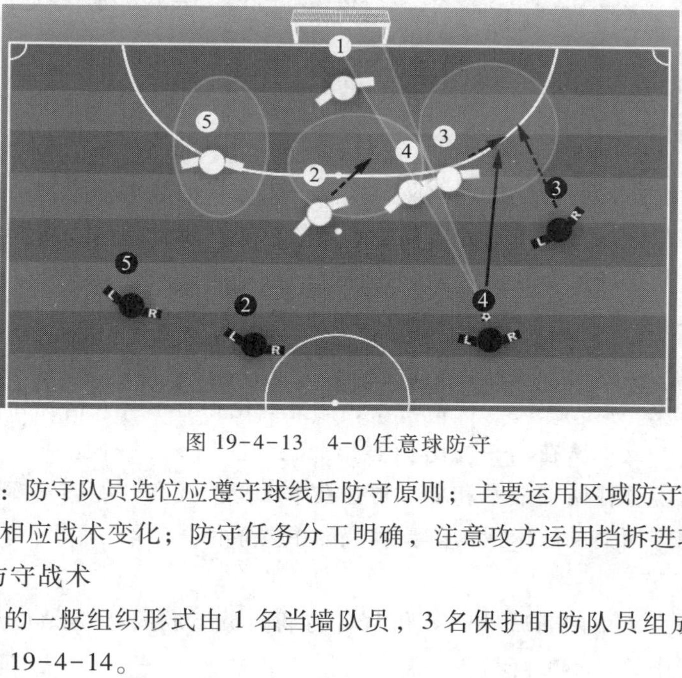

图 19-4-13 4-0 任意球防守

战术要点：防守队员选位应遵守球线后防守原则；主要运用区域防守战术，球一旦罚出，再进行相应战术变化；防守任务分工明确，注意攻方运用挡拆进攻战术配合。

3. 角球防守战术

角球防守的一般组织形式由 1 名当墙队员，3 名保护盯防队员组成，角球防守战术选位见图 19-4-14。

战术要点：③位于角球区 5 米，并离开球门线半个身位，这样更有利于防守队员封堵对手向球门前传球线路，另外球发出前，队员不进行移动盯人。④应站在③外侧的斜后方，一方面阻止对手向中路传球，同时兼顾对进入身前区域进攻队员的盯防；另外如果攻方进行交叉跑位，守方④和②进行交换防守，④不能轻易离开前点防守区域（图 19-4-14 小阴影部分）。②位于④身后的球门区中路区域，在保护

④身后和球门前空当同时，负责对球门区正面中路区域的控制；角球发出之前，④和②必须依据关闭中路保护原则选位。⑤位于防线的最后，应站于远端球门柱附近，对手一旦挑传后点进攻时他将起到保护后门柱的作用。守门员①在防守角球时，必须站在罚球侧球门柱外侧，防止对手向前点大力射门时守门员自己将球撞进球门。进攻方角球一旦发出，防守队员应立即由区域防守转换成人盯人防守或关闭中路的区域防守方法。

图 19-4-14　角球防守

三、比赛阵型

比赛阵型是指比赛时根据场上队员职责分工布局的战术框架，是比赛战术的主要组成部分。依据比赛开始前和比赛中人员的位置、组合结构、功能以及运用特点等因素，五人制足球比赛常用阵型有 5 种，分别是 1-2-2、1-3-1、1-4-0、1-2-1-1、1-1-2-1，以及 1-1-3、0-1-2-2 的两种特殊阵型。

五人制足球比赛以 1-2-2、1-3-1、1-4-0 为主要阵型，但比赛阵型会随着本队上场队员特点、双方实力、比赛时段、比分变化和对手换人情况而采取相应的变化。比赛中，一支球队在同一场比赛中经常混合使用 2~3 种比赛阵型。随着现代五人制足球比赛整体防守战术和个人防守技术水平的提高，能够发挥高效轮转跑位和摆脱局部防守压力的战术成为阵型发展的主要条件。

1. 1-2-2 阵型

1-2-2 阵型是由两名后场队员和两名前场队员组成的 2-2 站位形式，这是五人制足球比赛中最基本的阵型。

该阵型常被初学者或青少年训练时采用，它可以锻炼队员的一对一能力，使队员有效掌握一些基本进攻移动方法。在比赛中，这种阵型能够使队员控制球场上更大区域，队员攻守职责分工明确，攻守相对较为平衡，也是防守中常用的防守阵型。

移动方法：②横传球给⑤，之后沿直线向前跑动，与③换位；⑤接球后等③跑回到传球起始位置后将球传给他，再与④换位置并做相同跑位（图 19-4-15）。

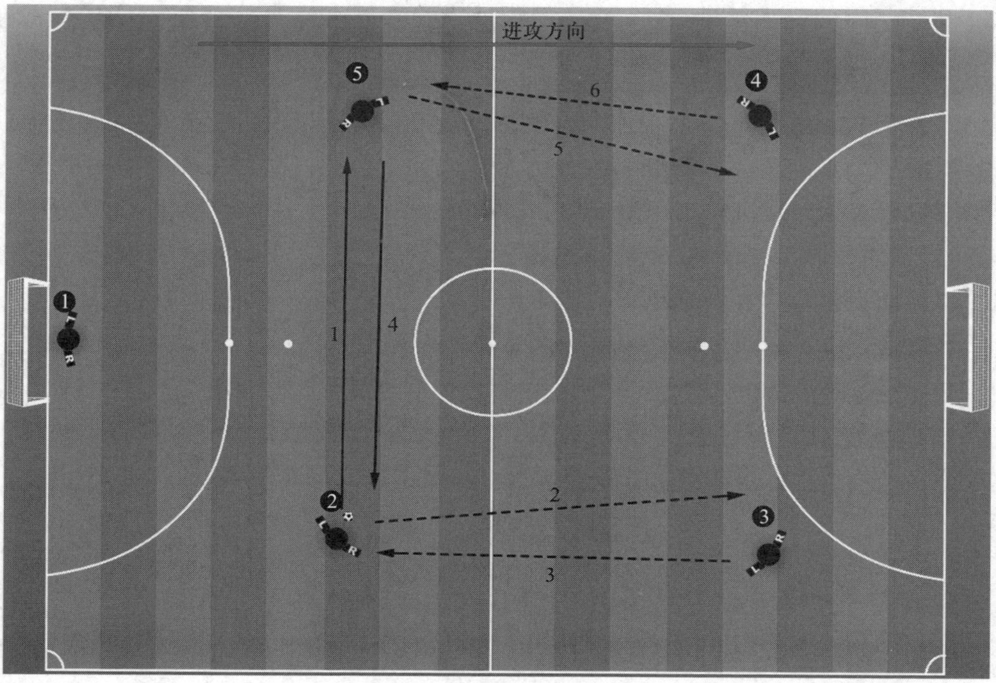

1-2-2 阵型移动路线

图 19-4-15　1-2-2 阵型移动路线

2. 1-3-1 阵型

1-3-1 阵型是由 1 名前锋队员和 3 名组织接应队员组成的阵型，它是五人制足球比赛中的常用阵型。1-3-1 阵型把 1 名前锋设置在前场，3 名组织队员分布在后场，这种三角形接应关系使 1-3-1 阵型进攻移动中的变化更多。这种阵型依靠后场 3 名队员的轮转移动创造向前传球的空当和机会，前场队员接球后摆脱射门或回传给跟进接应队员完成进攻。

移动方法：②把球传给④后，从④前面或后面跑过去，④接停球后向中路运球并将球传给③，并做与②相同路线跑位。⑤可以随球移动伺机接球，也可以做牵引跑位，跑向球的另一侧，为向前插上队员拉开纵深空间（图 19-4-16）。

3. 1-4-0 阵型

1-4-0 阵型是场上 4 名队员平行站位或前后站位，通过不断的无球跑动，创造进攻机会的阵型。1-4-0 阵型更多用于全场或半场人盯人防守战术，当对手实施紧逼盯人或防线向前推进后，1-4-0战术利用对手身后纵深空当，实施渗透性传球和突破。在比赛中，多用在中场区域和进攻的过渡阶段，利用快速、预先设计好的进攻移动，创造向前进攻的机会。

移动方法：跑动路线基本与 2-2 轮转一样，但没有前锋队员，4 名队员比较集中，平行站位或前后方形站位。1-4-0 阵型中队员采用轮转跑位完成进攻组织过程（图 19-4-17）。

1-3-1 阵型
移动路线

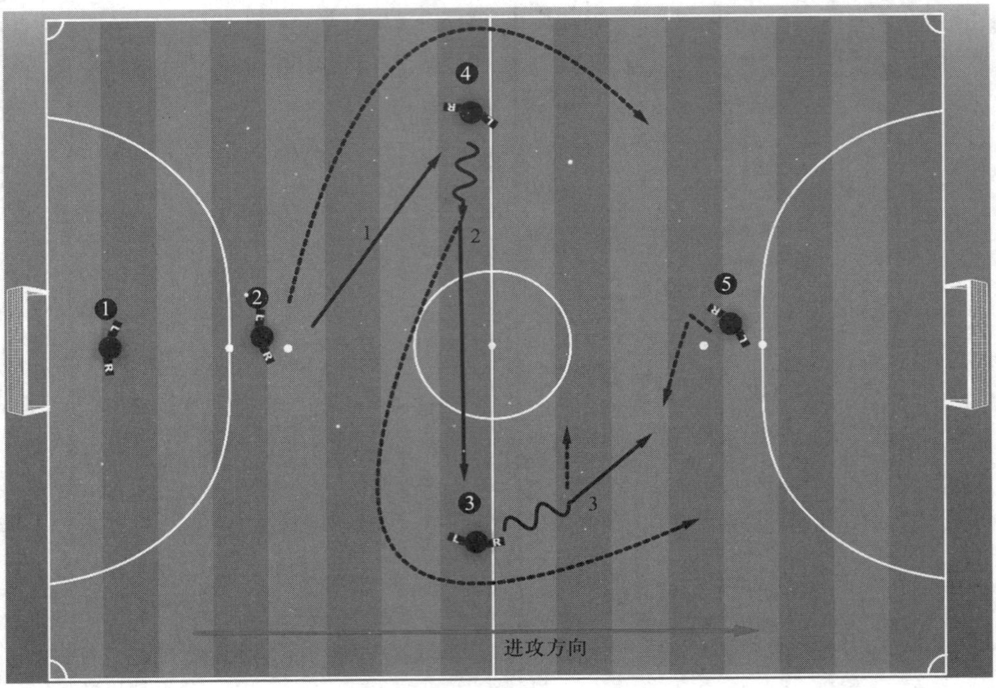

图 19-4-16　1-3-1 阵型移动路线

1-4-0 阵型
移动路线

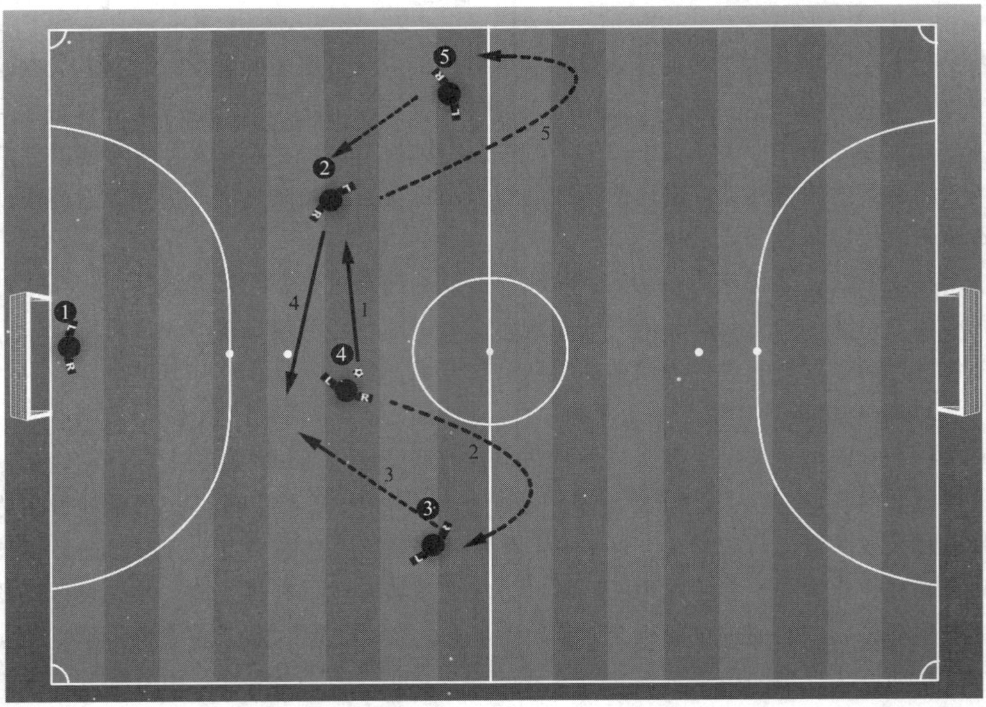

图 19-4-17　1-4-0 阵型移动路线

第五节　五人制足球裁判法

裁判员是足球比赛中不可分割的一部分，他们对足球运动的发展起着非常重要的推动作用。裁判员的跑动、选位与配合，是能否完成好执裁任务的前提条件，掌握如何跑动、选位与配合方法，是裁判员执法的基本要求。

一、裁判员的跑动与选位

（一）裁判员跑动与选位的重要性

现代足球运动要求裁判员在比赛中最大限度地准确判罚犯规、减少一般性失误、杜绝关键球的错漏判，保障比赛结果的客观公正性。积极的跑动、恰当的选位是提高控制比赛能力及判罚准确性的重要因素之一。

（二）裁判员跑动与选位的要求

1. 速度快

如果裁判员没有良好的速度素质，不能跟随球的发展变化及时到位，往往会造成关键球的判罚失误，出现不必要的纠纷，影响比赛顺利进行。

2. 预见性强

裁判员要研究足球运动技战术的特点，与双方队员同步提高跑动的预见性，预判球的发展方向，向前移动以接近可能发生犯规的区域，从而降低位移速度慢于球速的影响，减少裁判员被动跑动带来的困难。

3. 观察角度佳

如果裁判员选择位置不当，会导致观察角度不佳，从而影响裁判员的观察。裁判员不仅要与球保持较近的距离，更重要的是要选择好观察角度。

（三）跑动方法与选位

1. 跑动方法

裁判员的跑动方法可分为正面跑、侧身滑步跑、倒退跑，并将可能发生犯规的区域放在视野中。不论采取哪种跑动方法，其基本的要求是始终保持面向球的方向。一般情况下，裁判员在球的进攻方向的后边采用正面跑，裁判员在球的进攻方向的前面采用倒退跑，裁判员在球的进攻方向侧面采用侧身滑步跑。

2. 选择位置

（1）两名裁判员应形成对角线选位，把“比赛范围”区域放在两名裁判员视觉夹角范围内，所选的位置要避免与双方队员的位置重叠。

（2）裁判员在不干扰比赛的情况下应尽可能沿边线接近球并观察比赛的发展。

（四）提高判罚后跑动与选位的能力

五人制足球比赛节奏快，双方身体接触多，争夺激烈，队员之间冲突加剧，冲突往往发生在队员犯规后双方队员脱离接触前，所以，在队员犯规后，裁判员要及时到达犯规地点并采取一定措施，使双方队员尽早脱离接触，避免事态的发展，减少不必要的纠纷，使比赛顺利地进行。

二、裁判员与第二裁判员的配合

为了加强对比赛的控制，提高判罚的准确性，五人制足球竞赛规则对裁判员和第二裁判员的职责与团队合作的方式不断进行修改和补充，强调裁判组是一场比赛中的第三支队伍。

（一）选位

比赛进行中的选位

比赛进行中的裁判员选位如下：

（1）比赛应在裁判员及第二裁判员之间进行。

（2）裁判员应采用对角线方式。

（3）保持在边线外并且身体与边线平行，以便使比赛和另一裁判员均在视线范围内。

（4）处于近端（有球区域）的裁判员应在另一名裁判员的视野之内，后者应集中注意力于控制无球区域（违规或犯规容易发生的无球区域）。

（二）比赛期间一般选位原则

建议两名裁判员之一与倒数第二名防守队员平齐或在其后方，或当球较倒数第二名防守队员更接近球门线时与球平齐或在其后方。裁判员应始终面向场内。两名裁判员之一应控制有球区域，另一名裁判员控制无球区域。

（三）守门员发球

两名裁判员之一应与守门员平齐，以观察其在发出球后是否再次触球或是否在罚球区外用手或臂触球，同时对守门员控制球进行计时。

在掷球门球时，两名裁判员之一也应采用同样的选位。如果守门员在本方罚球区内，开始 4 秒计时。如果守门员在本方罚球区外，可以以延误比赛重新开始对其进行警告。

（四）“进球——非进球”情况

当发生进球且没有疑问时，裁判员和第二裁判员应进行眼神确认，而计时台近端的裁判员应靠近计时员和第三裁判员，用规定的手势通知他们进球队员的号码。

当球队使用“超人”战术守门员时，第三裁判员应协助场上裁判员，在使用“超人”战术守门员球队的球门线观察进球和非进球情况。

（五）比赛停止时的选位

最好的选位能使裁判员做出正确的判罚决定并且具有观察比赛和队员的最佳视角。所有关于选位的建议都是基于可能发生的情况，并应根据球队、队员和比赛情况的特定信息而进行调整。

（六）特定情景的选位

1. 选位——开球

开球时，两名裁判员之一站在替换区一侧的边线、靠近开球队的一侧距中线 1 米处，监督开球按照规则预定程序进行。

另一名裁判员应位于对侧边线，与非开球队倒数第二名防守队员平齐（图 19-5-1）。

中点开球时裁判选位示例

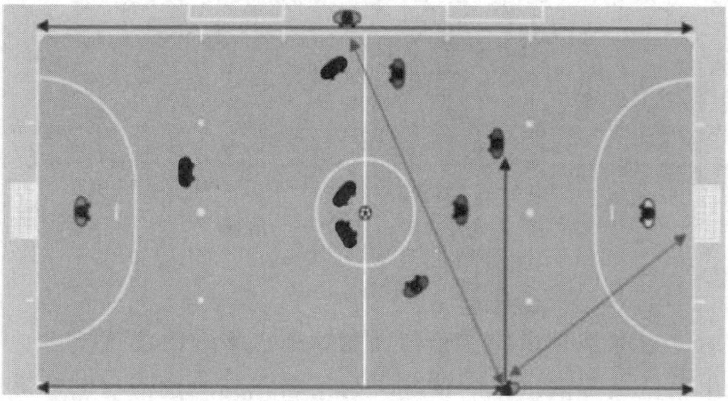

图 19-5-1　选位——开球

2. 选位——掷球门球

（1）两名裁判员之一应查看球是否在罚球区内。如果球不在罚球区内，当裁判员认为守门员已经准备好掷球门球时或由于战术原因拖延捡球，可以进行 4 秒计时。

（2）一旦球在罚球区内，两名裁判员之一应站在与守门员平齐的位置，观察守门员准备好发球以及对方队员在罚球区外。然后，裁判员示意开始 4 秒计时（图 19-5-2）。

掷球门球时裁判选位示例

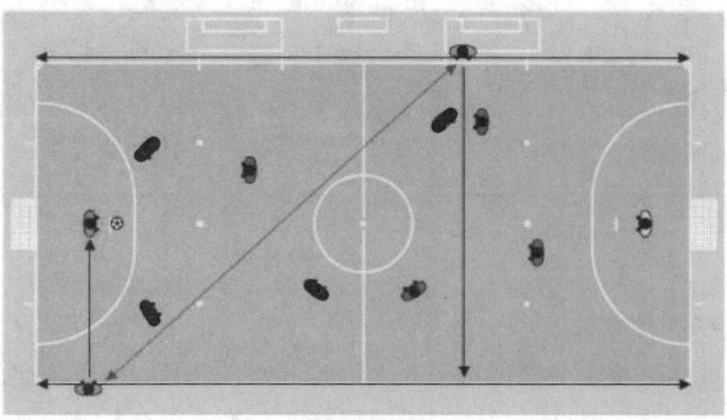

图 19-5-2　选位——掷球门球

3. 选位——角球

踢角球时，近端裁判员位于距踢角球一侧的角球弧大约 5 米的边线上，从这个位置上他应查看球摆放在角球弧内以及防守队员距角球弧至少 5 米。另一名裁判员位于同侧球门线与对侧边线的交界处，从此位置上观察球和队员的行为（图 19-5-3）。

角球时裁判员选位与管理

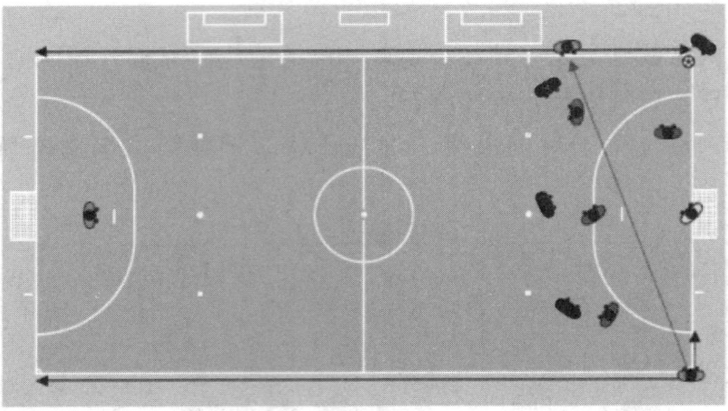

图 19-5-3　选位——角球

4. 选位——任意球

踢任意球时，近端裁判员应位于与任意球地点平齐的位置上，查看球的正确摆放以及球被踢出时队员提前进入的情况。另一名裁判员位于与倒数第二名防守队员或球门线平齐的位置上，这在任何情况下都是首先要做到的。两名裁判员都应时刻准备跟踪球的运行轨迹，在没有与球门线平齐而直接任意球又朝着球门方向踢出的情况下，要沿着边线向角球区的方向跑动（图 19-5-4）。

任意球时裁判员选位示例

图 19-5-4　选位——任意球

5. 选位——罚球点球

两名裁判员之一位于与罚球点平齐大约 5 米处，查看球的正确摆放、确认主罚队员以及观察球被踢出时队员提前进入的情况。在确认所有队员位置正确后，给出罚球信号，在必要的情况下，另一名裁判员可进行协助。另一名裁判员应位于球门线与罚球区线的交界处，查看球是否进门。如果守方守门员违反规则从球门线上先离开且球没有进门，裁判员应鸣哨判罚重踢罚球点球（图 19-5-5）。

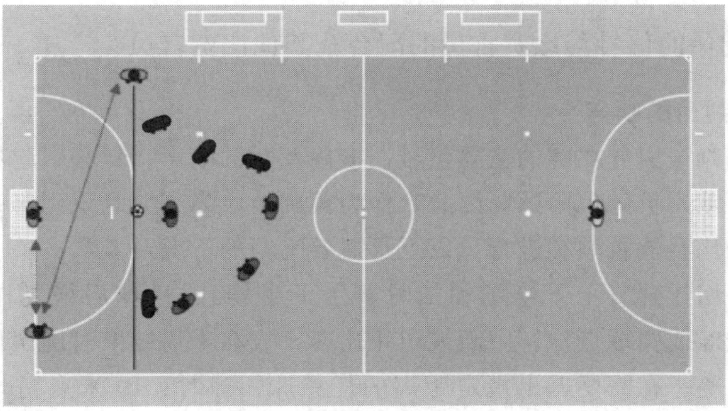

图 19-5-5　选位——罚球点球

罚球点球时裁判员选位与管理

6. 选位——从 10 米点踢第 6 次累计犯规起的直接任意球

两名裁判员之一平齐于 10 米点，确认主罚队员以及观察球被踢出时队员提前进入的情况，另一名裁判员可进行协助。第三裁判员应位于与罚球区内提示守门员必须遵守距离 10 米点至少 5 米的标识线平齐的位置（图 19-5-6）。

累计犯规罚球程序

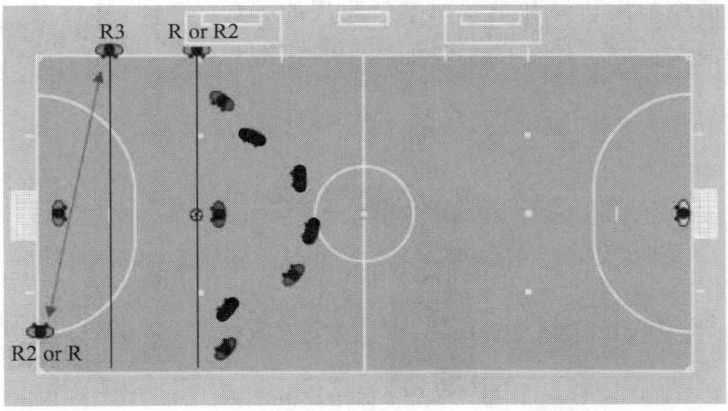

图 19-5-6　选位——从 10 米点踢第 6 次累计犯规起的直接任意球

7. 选位——踢界外球（图 19-5-7）

踢界外球时裁判员选位示例

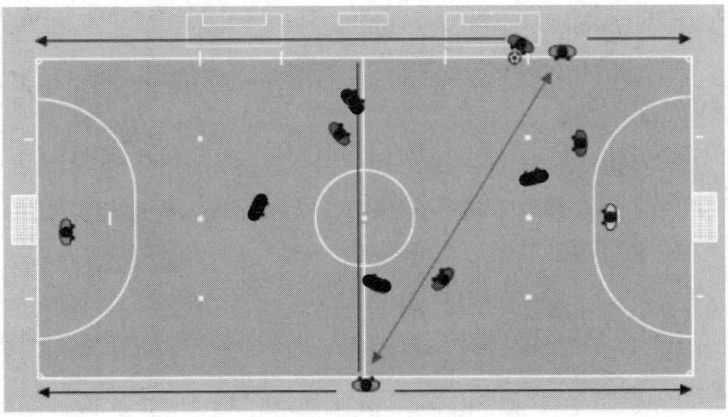

图 19-5-7　选位——踢界外球

三、裁判员的信号与比赛官员的配合及其他比赛官员

（一）裁判员的哨声

哨声是裁判员引导比赛的主要信号，准确及时的哨声，势必引起场内外人员的共鸣，提高对裁判员的信服感。因此，作为裁判员应当充分意识到每一声哨都有可能关系到整场比赛能否顺利进行。以下是需要鸣哨的情况及要求：

开球；开始比赛（上下半场和加时赛上下半场）；进球后恢复比赛；停止比赛；判罚任意球或罚球点球；中断或中止比赛，或在半场结束时确认计时员的声音信号；恢复比赛；在需要退出规定距离的任意球罚球时；10 米点罚球；第 6 次累计犯规起的任意球；罚球点球；因特殊情况暂停比赛后恢复比赛时；因不正当行为执行警告或罚令出场；一名或多名队员受伤。

（二）裁判员和其他比赛官员的手势

大多数的手势只需要两名裁判员之一给出，但进球的确认手势需要两名裁判员同时给出。

助理裁判员应给出暂停和第 5 次累计犯规的手势。

只需两名裁判员之一给出的手势如图 19-5-8。

裁判员开球手势

开球/比赛恢复

直接任意球手势

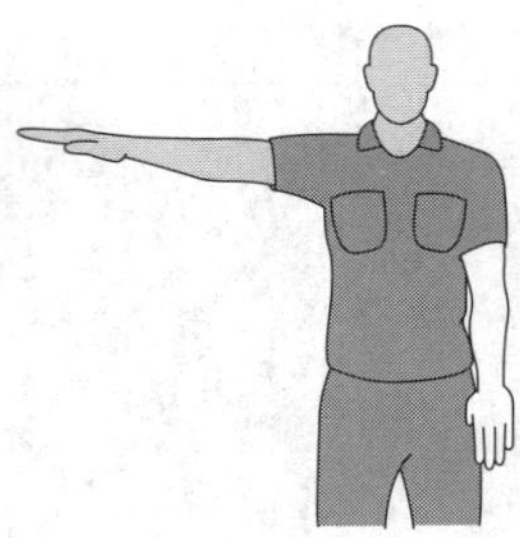

直接任意球（示例 1）　　（示例 2）

界外球手势

角球手势

界外球（示例 1）

（示例 2）

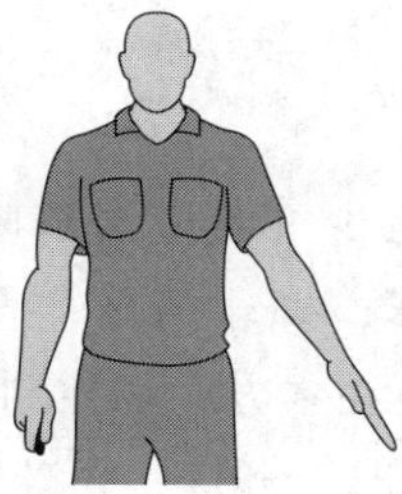

角球（示例 1）

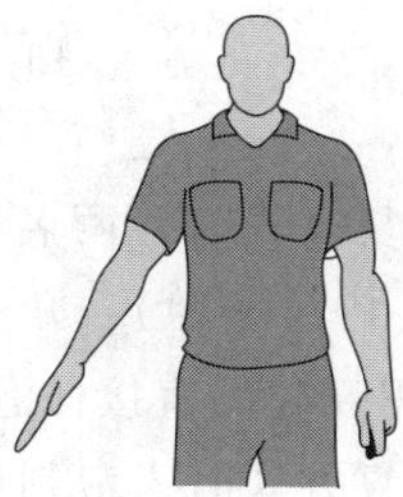

（示例 2）

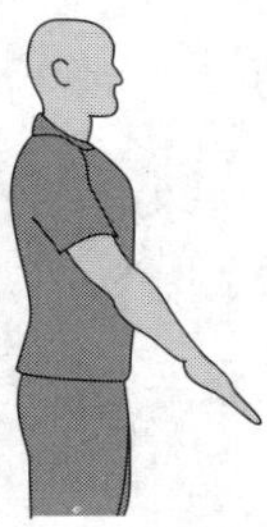

掷球门球（示例 1）

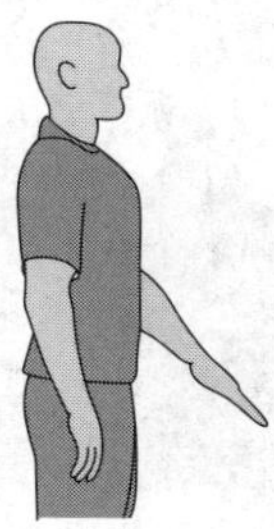

（示例 2）

图 19-5-8　需两名裁判员中至少一名做出的手势

4 秒计时手势如图 19-5-9。

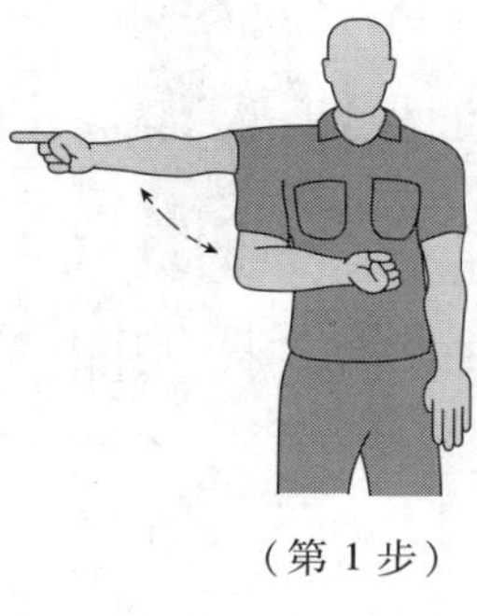

（第 1 步）

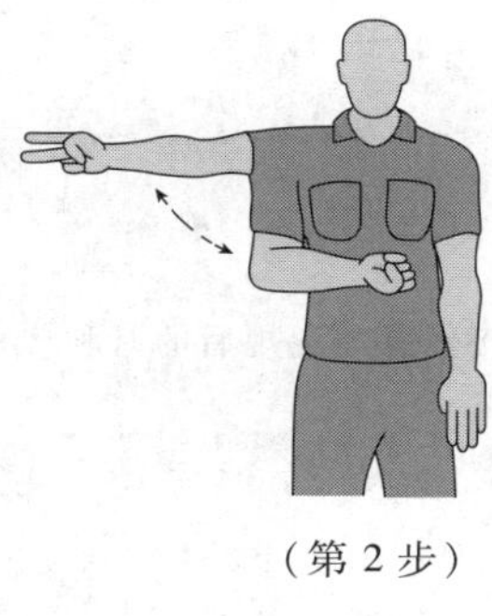

（第 2 步）

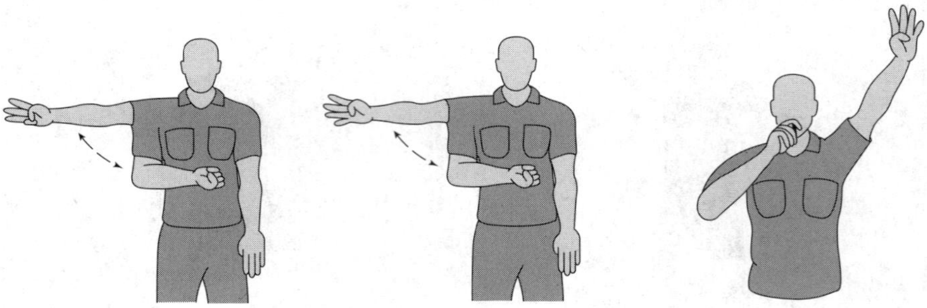

（第 3 步）　（第 4 步）　（第 5 步）

图 19-5-9　4 秒计时

在下列比赛恢复方式时，两名裁判员中的至少一名应当清晰地给出 4 秒计时（图 19-5-10 至图 19-5-14）：角球；踢界外球；掷球门球；直接或间接任意球（包括第 6 次累计犯规起的直接任意球）；守门员在本方半场控制球。

在下列比赛恢复方式时，裁判员无须 4 秒计时：开球；罚球点球。

5 次累计犯规手

暂停手势

裁判员双手表示判罚直接任意球犯规有利手势

裁判员单手表示判罚间接任意球犯规有利手势

图 19-5-10　第 5 次累计犯规

图 19-5-11　暂停

图 19-5-12　直接任意球犯规后的有利

图 19-5-13　间接任意球犯规后的有利

黄牌+报号

警告（黄牌）　　罚令出场（红牌）

图 19-5-14　红黄牌

（三）其他比赛官员

1. 权力与职责

依据五人制足球竞赛规则，第三裁判员和计时员应帮助裁判员控制比赛。他们也应在裁判员的要求和指挥下协助处理比赛运行中所有其他事务，通常包括：

（1）检查场地、球和队员装备。

（2）确定装备或流血等问题已被处理得当。

（3）监督替换程序。

（4）对时间、进球、累计犯规和不正当行为进行记录备份。

2. 助理裁判员的选位和团队配合

（1）开球。第三裁判员位于计时台并查看替补队员、球队官员及其他人员处于正确的位置。计时员位于计时台并查看开球是否正确执行。

（2）比赛期间的一般选位原则。第三裁判员查看替补队员、球队官员和其他人员处于正确的位置。计时员位于计时台并确保按照比赛的进行情况开启或停止计时器。

（3）替换队员。第三裁判员要查看替补队员的装备符合要求以及替换符合程序。

（4）罚球点球决胜。在没有候补助理裁判员时，第三裁判员应位于非罚球点球所在的半场内，与其他具有罚球资格的场上队员和替补队员在一起。

3. 计时器

如果计时器不能正常工作，计时员应通知裁判员。此时计时员应用手动计时器继续计时。在这种情况下，助理裁判员邀请每队派一名球队官员，以便于通知他们剩余的比赛时间。

思考与实践

1. 五人制足球项目有什么特点？

2. 五人制足球比赛对球队和队员的要求分别是什么？

3. 五人制足球全队 2-2 进攻战术的要点是什么？

4. 五人制足球交换防守战术的要点是什么？

5. 五人制足球常规比赛阵型有哪些？简要说明各比赛阵型的特点。

6. 五人制足球比赛场地有哪些区域？它们的尺寸和标线宽度分别是多少？

7. 试述五人制足球累计犯规的规则和每半场第 6 次可判直接任意球犯规后的流程。

8. 简述五人制足球坠球的违规与处罚。

9. 五人制足球队员踢界外球时，裁判员的管理程序是什么？

10. 五人制足球守门员接回传球有什么规定？

11. 五人制足球裁判员和第二裁判员选位配合有什么基本要求？

12. 五人制足球裁判员对“4 秒计时”是如何执行的？

第二十章 沙滩足球

本章导读

沙滩足球也是足球运动的重要组成部分。沙滩足球比赛时间短、强度大，没有替换队员的限制，战术变化多，攻守转换频繁、节奏快。因此，其本身特有的观赏性、对抗性及创造性，吸引了越来越多的足球运动爱好者和足球运动员的关注。从项目教学与训练的实践角度分析，沙滩足球在技术、战术训练方法与手段以及比赛组织方面存在其明显的项目特征，与传统足球具有很大的区别。本章从项目训练学角度出发，将项目起源、比赛特征以及技战术介绍与练习方法作为重点内容进行阐述。

学习目标

知识目标：了解沙滩足球的起源及其比赛特征。

能力目标：掌握沙滩足球的战术概念、练习方法与指导要点。

价值目标：沙滩足球负荷大、技术难度高，有助于培养参与者顽强拼搏、挑战自我的心理品质。

第一节 沙滩足球概述

沙滩足球（Beach Soccer）作为传统足球运动的一种变化形式，最初是以在沙滩上踢足球的形式出现的。在沙滩足球比赛中，比赛双方各由5名队员组成，每场比赛有3个小节，每节12分钟，在替换队员方面没有人数限制。沙滩足球的比赛过程基本上都是短兵相接，攻防转换快，战术运用相对简单，所以比赛场面更激烈。其本身特有的观赏性、对抗性及创造性，引起世界各国爱好足球运动的广大球迷和足球运动员强烈的关注、热爱及追捧。

一、沙滩足球的起源

沙滩足球的发源地是巴西的里约热内卢，这项运动最早于20世纪20年代出现于里约热内卢的海滩上，最初在世界各地被作为一种休闲娱乐活动，没有统一的规则，也没有国际性的比赛。伴随着现代体育运动大众化、商业化、市场化的需求，沙滩足球经过不断地发展与革新，演变为现在的沙滩足球比赛形式。1993年，国际沙滩足球联合会（BSWW）成立，负责推广和管理沙滩足球运动的发展，并且制定了统一的竞赛规则，从1995年至2004年共举行了10届沙滩足球世界锦标赛。

2005年，国际足球联合会通过与国际沙滩足球联合会签订协议，决定将沙滩足球正式纳入自身的管理范围内，并制定了统一完善的《沙滩足球竞赛规则》。同年国际足联成功举办了第1届沙滩足球世界杯。国际足联相信“沙滩足球是足球世界运动中的重要组成部分，其重要性会在世界各国的足球领域中得到逐步的推广及加强。”国际足联主席布拉特说：“沙滩足球是传统足球项目的衍生物，刺激却更具有吸引力。”由于国际足联通过沙滩足球世界杯比赛及在全世界范围内的大力宣传和推广，沙滩足球运动现已发展成为当今世界发展最快的竞技体育运动项目之一，这足以说明沙滩足球在足球领域当中的重要地位。当前，这项运动随着休闲体育和足球运动的发展，在世界各国遍地开花，在欧美足球强国尤为盛行，并有了沙滩足球世界杯、世界沙滩足球锦标赛、世界沙滩足球巡回赛、“美洲杯”沙滩足球锦标赛、欧洲沙滩足球联赛等一系列著名赛事。

二、沙滩足球世界杯

近年来，沙滩足球运动以多种运动竞技形式在世界范围内迅速发展。

1995年，第1届沙滩足球世界锦标赛由BSWW在巴西的里约热内卢举办。

1996年，BSWW开始组织职业沙滩足球锦标赛。

1998 年，BSWW 开始组织“欧洲职业沙滩足球联赛”。那时的联赛相当于“沙滩足球冠军杯”，由各国的国家队来争夺欧洲冠军。当时，在巴西、意大利、瑞士、西班牙、英格兰、俄罗斯等国出现了其国内的沙滩足球联赛。

2000 年，沙滩足球比赛的裁判员进行了第一次培训。

2005 年，国际足联与 BSWW 机构签署了合作协议，“沙滩足球世界杯”正式由国际足联主办。历届世界杯基本情况见表 20-1-1。

表 20-1-1　2005 年至 2021 年历届沙滩足球世界杯基本情况表

年份	2005	2006	2007	2008	2009	2011	2013	2015	2017	2019	2021	2024
地点	里约热内卢	里约热内卢	里约热内卢	马赛	迪拜	拉文纳	大溪地	埃斯皮尼奥	拿骚	卢克	莫斯科	迪拜
冠军	法国	巴西	巴西	巴西	巴西	俄罗斯	俄罗斯	葡萄牙	巴西	葡萄牙	俄罗斯	巴西
队数	12	16	16	16	16	16	16	16	16	16	16	16
场次	20	32	32	32	32	32	32	32	32	32	32	32
进球总数	164	286	261	259	284	269	243	253	266	286	302	223
平均每场进球数	8.2	8.9	8.2	8.1	8.8	8.4	7.6	7.9	8.3	8.9	9.4	6.9
最佳射手进球数	12	21	10	13	16	14	11	8	17	16	12	12

三、沙滩足球在中国

我国的沙滩足球运动兴起于 20 世纪 80 年代中期，在广东、海南、山东等沿海地区先后开展了地区范围的沙滩足球赛事。近年来随着沙滩足球运动影响力的增大，我国的北海、青岛、三亚、舟山、内蒙古等地均举办过全国性沙滩足球赛事，其中一些省份和城市还举办过一些国际性赛事。

（一）国际赛事

1. 中国—拉丁美洲沙滩足球锦标赛

该赛事于 2016 年由中国足球协会和欢赢体育共同创建，是首个在中国举办的顶级洲际沙滩足球赛事，也是首个长期落户中国的顶级沙滩足球洲际赛事。首届“欢赢杯”中国—拉丁美洲沙滩足球锦标赛，作为代表当今世界最高水平的洲际沙滩足球赛事之一，有来自中国、智利、哥斯达黎加、乌拉圭 4 个国家的沙滩足球国家队参加。2017 年第 2 届“欢赢杯”中国—拉丁美洲沙滩足球锦标赛，中国、墨西哥、秘鲁、乌拉圭四支球队经过 3 天 6 场比赛的激烈角逐，最终乌拉圭队夺得了冠军。

2. “一带一路”杯海口国际沙滩足球邀请赛

中国足球协会基于“广泛开展全民健身活动，加快推进体育强国建设”的发展需要，举办了“一带一路”杯海口国际沙滩足球邀请赛，本项赛事致力于以沙滩足球为平台和纽带，通过在中国及“一带一路”相关国家的城市巡回举办国际沙滩足球邀请赛的方式来促进中国与“一带一路”国家间的足球交流和人文交流。该赛事由来自中国、英国、葡萄牙、英格兰、捷克、阿塞拜疆、匈牙利等国家的沙滩足球国家队参加。

（二）国内赛事

1. 全国沙滩足球邀请赛

2001—2002 年，广西北海成功举办了第 1 届和第 2 届全国沙滩足球邀请赛，并着手建设沙滩体育项目培训基地，积极筹办全国性体育赛事，努力把全国沙滩足球赛办成北海市的品牌赛事。舟山市足协于 2005—2006 年举办第 3 届和第 4 届全国沙滩足球邀请赛，成为我国举办沙滩足球赛事比较稳定的城市之一。

2. 全国沙滩足球锦标赛

全国沙滩足球锦标赛由中国足球协会主办，是中国足协确认的国内唯一的 A 级赛事。2008 年，中国足协与浙江省舟山市体育局签署合作协议，决定在舟山市连续举办 5 届全国最高水平的沙滩足球赛，并将赛事名称正式定为全国沙滩足球锦标赛。2014 年中国足协又与浙江省舟山市体育局续签了 5 年竞赛合作协议。该赛事从 2008 年到 2022 年已举办了 14 届，参赛队均为各省市预选赛的优胜队，代表了全国沙滩足球的最高水准。

3. 沙滩足球巡回赛

中国足球协会在 2022 年推出中国足球协会沙滩足球巡回赛，本赛事旨在贯彻落实全民健身计划，推广普及沙滩足球运动，提高人民群众健康水平和生活质量，扩大足球人口，拓展全国沙滩足球序列足球赛事体系，促进沙滩足球竞技水平的提高。

四、沙滩足球比赛特征

（一）进攻战术的直接性

“直接打法”在沙滩足球比赛中极为重要，由于沙滩足球比赛场地小、规则特殊等特点，导致比赛中进攻得分效率与传球次数具有更加密切的关系。沙滩足球比赛中守门员将球直接掷给前锋，或后卫直接挑传给前锋，或前场界外球直接传给禁区内球员完成一次进攻均可以理解为直接打法的表现。其中，“直接打法”的一个明显特征就是形成的射门或进球多来自 0~2 次以内的传球，经两次以上传球形成的射门或进球只占少数。这种“直接打法”已经成为一种获胜的方式，“简练性”是沙滩足球最纯粹、最有效的进攻战术特征。

（二）球员轮换的频繁性

沙滩足球比赛场地特殊、尺寸小、时间短，使双方的对抗更加激烈、比赛强度更大。因此，在高水平沙滩足球比赛中，为了使球员在高强度下保持稳定的、尽可能长的运动表现水平，当球员体能急速下降快时，利用沙滩足球比赛不受换人次数限制的规则要求，很多队伍都采用有规律性的轮换战术，把疲劳的球员暂时换下，使球员得到调整并恢复体能，如今这种短时间、高频率的换人战术更加凸显。

（三）重新开球的效益性

沙滩足球比赛中重新开球战术是进攻与防守中的关键环节，当球在前场形成角球、界外球以及任意球时，由于此时位置距离球门近，更容易发动直接进攻威胁球门，也更有利接应球员快速跟进形成射门或补射。因此，沙滩足球比赛中利用对手缺乏防守准备，通过重新开球机会发动快速进攻，形成射门、或得分，或由“二点球”形成补射，这也充分证明了沙滩足球比赛中利用重新开球发动的进攻战术效益更高。

（四）守门员的重要性

沙滩足球比赛中守门员是球队的重要人物。一是守门员的触球次数比其他球员更多；二是守门员的选择决定了球队进攻时采用何种战术方法；三是守门员会决定比赛的节奏。实际比赛中守门员参与进攻的程度更高，凭借良好的控球和传球能力，可以丰富球队的战术打法，为球队创造一系列有利的局面。其中，守门员利用手掷球直接给前锋线的进攻战术一直是沙滩足球的标志之一。

（五）球员技术的特殊性

沙滩足球比赛中球员必须在凹凸不平的沙地上完成各类技术动作，同时也必须具备熟练的空中接控球技术。由于比赛时场地环境的改变，使球员在技术运用时的表现与组合也发生了变化。当今的沙滩足球技术更加强调应用时的技巧性、协调性和技能性。技巧性是指技术运用时的灵活性、实效性；协调性强调在不平衡状态下身体的稳定性、动作的熟练性；技能性突出了空中球技术动作的重要性作用。

第二节　沙滩足球战术与练习方法

本节中的沙滩足球战术介绍主要由小组攻守战术、全队攻守战术和定位球攻守战术组成。每个战术的练习方法分为战术概念、练习内容和教学示例三个部分。

一、小组进攻战术与练习方法

沙滩足球小组进攻战术训练一般以 2~3 名运动员为一个单元或小组，针对一个战术目的或主题进行协作性练习。练习中更加关注在局部情景下多人的配合形式。例如，针对战术位置安排的小组战术练习，3 名后卫进攻，2 名后卫进攻组织等。训练主要目的就是提高小组内部的协作能力，不同比赛场景下解决问题的战术决策和统一行动的能力。

沙滩足球比赛中常用的小组进攻战术配合形式主要包括背套进攻战术、墙式二过一战术、交叉掩护配合、挡拆配合。

（一）背套进攻战术

背套进攻是指无球队员从持球队员身后绕过，创造出局部以多打少的优势（二打一配合），通过合适的时机进行传递或运球突破的一种小组进攻战术。它首选运用的区域是在边路，中路同样有效。它最大的优势是通过无球队员的跑位，调动防守队员重新决策选位，从而为向前进攻创造时机。

运用背套战术时，持球队员一般有两个选择：一是把握最佳时机将球传给跑位接应队员；二是持球队员做出要传球的意图，突然改变行动，出其不意运过摆脱防守队员。

（二）墙式二过一进攻战术

墙式二过一是持球队员与无球队员间的一脚传递配合，通常利用斜传直插或直传斜插的配合方式越过防守队员。配合的实质是进攻队员以防守队员为中心，进行三角形传—跑配合。

墙式二过一配合在沙滩足球比赛中最为常见，它配合形式简单，是局部创造突破和射门机会最多的小组进攻战术。它对运动员准确的短传球技术和传跑时机要求较高。实际运用中，有直接和间接墙式二过一之分，主要依据回传球队员是直接传球还是接停球后再传球。

（三）交叉掩护进攻战术

交叉掩护配合是持球队员向防守队员运球，通过与无球接应队员的交叉重叠跑位，利用身后传球的方式改变进攻方向的小组进攻战术。交叉掩护配合持球队员主动向防守队员运球，寻求与同伴的配合。它对运动员的运控球技术能力要求高，因为在沙地上运球难度大，也相应增加了传球配合的难度。时机、节奏、跑动路线、隐蔽性是交叉掩护配合成功的关键因素。

（四）挡拆进攻战术

挡拆进攻配合是无球队员跑向持球队员的防守者，将其防守的路线挡住，为同伴摆脱防守创造时机和空间的小组配合战术。进行挡拆掩护的无球队员可在防守队员的身前、两侧或身后进行选位，一旦选位站住就不能再移动身体阻挡对手或张开双臂阻挡对手。

（五）练习内容

以多打少对抗练习（二对一、三对二等形式）、相等条件下的对抗练习（二对二、三对三、四对四等）、以少打多的对抗练习（二对三、三对四、四对五等），可安排在课的主题部分、或位置战术教学部分。

练习要点：有效的无球接应行为；相近位置的轮转，创造以多打少局面；传与跑时机；准确的短传。

（六）练习示例

示例一：背套配合射门练习　　示例二：墙式二过一射门练习　　示例三：3 对 2 小组对抗练习

二、小组防守战术与练习方法

小组防守战术主要指沙滩足球比赛中 2~3 人的防守战术协作行为。首先，实战中参与防守的队员应选择清晰的位置和队形；其次，通过移动，保持合理的防守距离；最后，利用 2 名或 3 名队员的夹击、围抢进行小组协作防守。在练习中应更加关注防守队员的明确分工，包括对持球人施压、有球区域的防守压迫与时机、小组回撤及向前防守等练习要点。

防守战术实施的关键点：保持合理的距离，形成局部密集队形；封闭空间，限制持球队员的活动；依据球、对手、队友的位置，进行移动选位形成保护；不要轻易犯规。

（一）夹击防守战术

夹击防守战术主要指 2 名防守队员以球为目标，迅速靠近球形成平行或前后夹抢队形，伺机实施抢球。

在实战比赛中，2 人夹击防守实施的关键点：① 快速靠近，形成夹击队形；② 阻止或延缓持球队员向前传运球行动；③ 封闭一侧空间，向边路驱赶持球队员；④ 获得球权后，快速地由守转攻。

（二）围抢防守战术

围抢防守战术是指 3 名防守队员利用人数优势，形成以多防少的防守战术。在实战比赛中，当持球队员在后场中路，或边路区域低头运控球时，采用三角形围抢防守战术情况较多。

围抢战术实施的关键点：① 密集队形下，才能快速形成围抢队形；② 首先阻止或延缓持球队员向前传运球行动；③ 封闭空间，尽量抢夺控球权；④ 获得球权后，快速地由守转攻；⑤ 避免犯规。

（三）保护防守战术

保护防守战术是指 2~3 名防守队员，依据持球队员的位置，利用选位形成相互支援和协防的一种防守战术。由于站位角度、形状的不同，保护队形有三角形保护、直线保护、斜线保护等。在实战中，保护防守战术的本质就是对有球区域形成快速的人员密集队形，从而达到保护危险区域的目的。

保护防守战术实施的关键点：① 以球和球门为基点，以“防内放外”为原则，快速形成保护队形；② 距离、角度和移动是保护防守战术核心；③ 观察、交流和配合是保护战术实施的条件。

（四）练习内容

安排二对二、三对三、四对四等小组或全队对抗练习，安排在课的主题部分或位置战术教学部分。

练习要点：贯彻区域防守原则；以球为中心，向球移动、迅速靠近、封闭空间；队员的站位与角度；驱赶与延缓；夹击抢球的时机；快速转换中的移动选位。

（五）练习示例

示例一：夹击与围抢练习　　示例二：移动与保护防守练习

三、全队战术与练习方法

全队战术指 4~5 名队员作为一个战术主体进行配合协作的战术行动。练习中尽量将守门员也加入练习当中，而且使用与实际比赛一致的规则或要求。全队战术练习主要目的是提高不同配合小组之间的协作能力、在复杂比赛场景下解决问题的战术决策和统一行动的能力。

全队战术练习一般的演练过程是，组织阵型—保持阵型—无球移动—制造空间—向前传球（结合球）—形成射门。整个过程更加关注在同一阵型下不同小组采取的进攻战术行动，例如，针对不同的阵型下战术要求，位置安排要尽量有后卫、中场和前锋，至少也要有后卫和前锋两条线。

（一）1-3-1 进攻战术

1-3-1 进攻战术是沙滩足球比赛中最常见的一种全队进攻战术。它主要由 1 名守门员、3 名后卫和 1 名前锋组成。这种进攻战术在实战中的表现特点是：可以充分利用场地的宽度，进行边路进攻配合；更适合远射能力突出的队伍采用；队伍可以在后场形成人数优势，以便控球和组织进攻；后卫线与前锋距离过大，后卫需要跑动的距离远、体能消耗大；前锋容易陷入单兵作战的局面；战术变化相对较少（图 20-2-1）。

练习内容：1-3-1 中路交叉跑、中卫前插战术、边路斜线跑等战术，全队战术练习一般作为课的主题部分，一周安排 3~4 次。

练习要点：清晰的进攻阵型；无球移动；传跑时机；尽快完成射门；快速地由攻转守；保持攻守位置平衡。

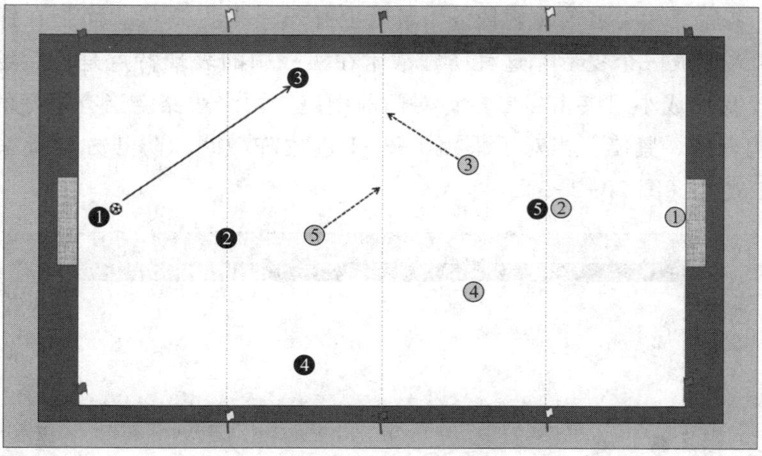

图 20-2-1 1-3-1 进攻阵型

（二）1-2-2 进攻战术

1-2-2 全队进攻战术由 1 名守门员、2 名后卫和 2 名前锋组成。这种进攻战术在实战中的表现特点是：位置分工明确，2 人防守，2 人进攻；对队员个人能力要求高，比赛中经常出现一对一攻守局面；锋线队员容易忽视防守任务；两条线防守线之间空间过大，不易形成保护（图 20-2-2）。

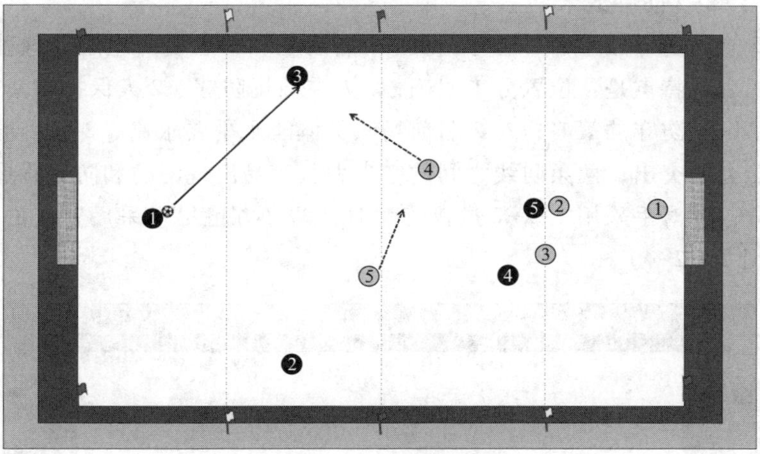

图 20-2-2 1-2-2 进攻阵型

练习内容：1-2-2 战术包括守门员直传球战术、前锋交叉换位战术、边路换位等战术，全队战术练习一般作为课的主题部分内容，一周安排 3~4 次。

练习要点：清晰的进攻阵型；无球移动；传跑时机；尽快完成射门；快速地由攻转守；保持攻守位置平衡。

（三）1-3-1 防守战术

1-3-1 防守战术是沙滩足球比赛中最常见的一种全队防守战术。它主要由 1 名守门员、3 名后卫和 1 名前锋组成，3 名后卫并不是平行站位，而是在锋线与后卫线之间，4 人形成一个菱形。这种防守战术在实战中的表现特点是：后场防守人数较多，更容易形成小组夹击、围抢；对门前中路、两个边路空当有很好的保护；防守队形结构合理、紧凑；当对手采用 1-3-1 进攻阵型时，防守方尽量采用密集的 1-3-1防守战术（图 20-2-3）。

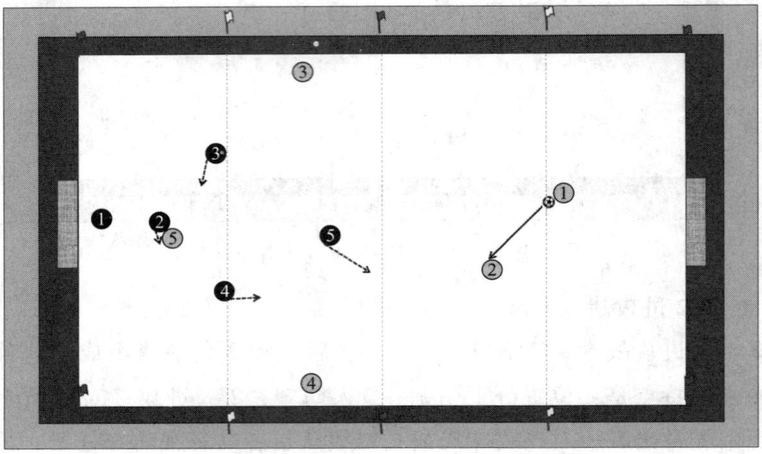

图 20-2-3　1-3-1 防守阵型

（四）1-2-2 防守战术

1-2-2 全队防守战术由 1 名守门员、2 名后卫和 2 名前锋组成。这种防守战术在实战中的表现特点是：位置分工明确，2 人在前场防守、2 人保护在禁区前中路，基本采用了区域防守的策略；对 2 名前场队员体能水平要求高，2 名后场防守队员的一对一能力要突出；两条防线之间的空当大，容易出现漏防和防守犹豫现象，造成比赛失分；当对手采用 1-2-2 进攻阵型时，防守方也尽量采用密集的 1-2-2 防守战术（图 20-2-4）。

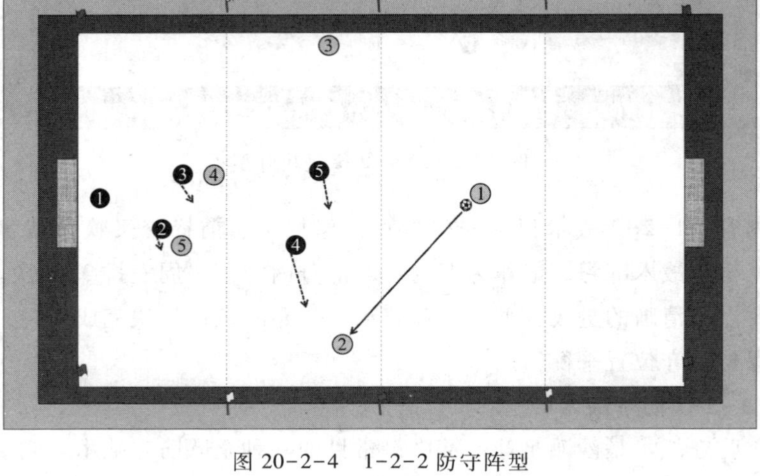

图 20-2-4　1-2-2 防守阵型

练习内容：四对四+2 名守门员的全队防守战术练习一般作为课的主题部分内容，一周安排 3~4 次。

练习要点：清晰的防守阵型；无球移动、补位；保持密集队形；压迫时机；快速地由守转攻。

（五）练习示例

示例一：1-3-1 全队进攻练习

示例二：1-2-2 全队进攻练习

示例三：1-3-1 全队防守练习

示例四：1-2-2 全队防守练习

四、定位球战术与练习方法

定位球战术是沙滩足球比赛中一项重要的全队战术配合方法。由于沙滩足球比赛场地小，定位球防守没有人墙，所以比赛中每次定位球都相当于一次进球得分的机会。每支队伍通过熟练的定位球配合，往往可以赢得一场关键性的比赛。依据沙滩足球规则，沙滩足球定位球主要包括任意球、角球、界外球、中场开球和点球。

在实际的定位球战术练习过程中，第一，要使所有的队员清楚攻守位置要求，包括起始位置、变化位置、最后的落位，甚至是攻守转换时的位置要求；第二，要清晰地介绍不同场景下的基本行动和变化方法；第三，注重攻守平衡；第四，对攻守转换提出明确要求。

（一）定位球进攻战术

定位球进攻是沙滩足球比赛取胜的关键战术方法，尤其是在势均力敌的比赛中显得尤为重要。定位球进攻战术可以通过赛前的反复演练，发挥出巨大的进攻先发性优势。它的训练主要包括了两个基本内容，即战术队形的变化和固定套路演练。在实际的定位球进攻战术练习中应考虑如下重点：依据队员的特点制定定位球战术套路；配合尽量简单、明确；不断地进行重复训练；注意攻守平衡；制定多套方案，要有战术变化。

1. 开球进攻战术

沙滩足球开球战术指在每节比赛开始时、进球后的比赛重新开始的一种开球方式。沙足竞赛规则规定，开球不能直接射门得分。因此开球战术都为一次传递后完成，战术变化较多，一般包括了挑—射战术配合，挑—传—射战术配合（图 20-2-5）。

在实际的开球进攻战术练习中，应考虑的重点是：配合尽量简练、直接；避开对手的人墙侧发球；专人完成射门；避免所有人参与进攻，保持攻守平衡的队形。

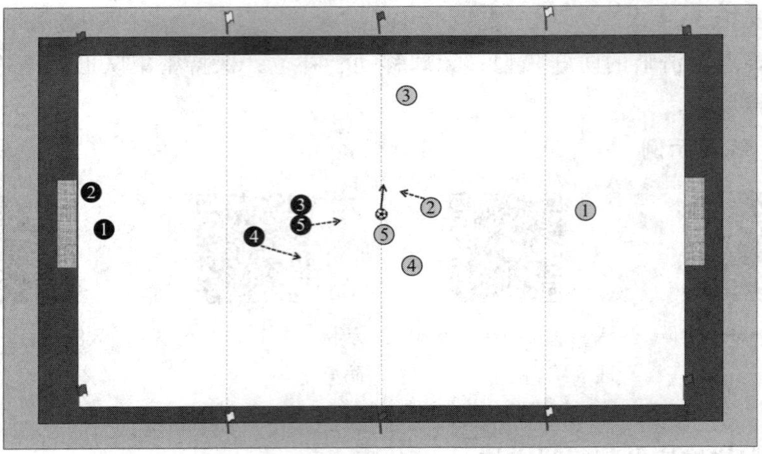

图 20-2-5　开球战术图

（1）挑—射战术配合。开球战术中的挑—射战术由两名进攻队员完成，一人将球挑起，一人将球射向球门的开球射门配合。这种配合方式是沙滩足球比赛中最为常用的开球战术，它组织形式简单、实用，可以直接对防守方球门构成威胁。同时，由于战术配合简单、变化少，也容易被对手识破，提前采取防范措施。

（2）挑—传—射战术配合。挑—传—射战术配合是由一名挑球队员，一名传球和一名射门队员通过传跑配合完成。首先挑球人将球挑起给传球人，给对手造成一个要挑—射配合的假象；其次，传球人再通过一脚传球或一停一传的形式，将球传给无人防守的射门队员，从而实现声东击西的战术配合目的。这种配合方法其实就是将挑—射和传—射两个战术配合综合在一起使用，它的战术变化多，隐蔽性高，可以起到攻其不备的战术效果。同时由于配合参与人数多，配合相对复杂，对战术配合默契度和传—射时机都要求更高，一般出现在高水平沙足比赛中。

2. 角球进攻战术

角球由于更加靠近球门因此对球门的威胁也更大。角球进攻战术依据配合的方式主要分为交叉换位战术、挡拆战术和轮转跑位战术三种。

（1）交叉换位战术配合（直接角球战术）。交叉换位战术是指 2 名进攻队员，通过前后交叉或平行交叉的无球跑动形式完成包抄射门的方法。其中，平行交叉包抄战术是最为常见的一种角球进攻战术。它的配合形式简练，对球门形成更加直接的攻击。同时，对传球队员的技术准确性要求高（图 20-2-6）。

（2）挡拆角球战术。挡拆战术是指 1 名门前包抄队员，通过跑位提前站在盯防同伴防守队员的移动路线上，阻止其进行盯人防守，从而为队友创造出进攻机会的一种间接参与进攻的角球战术。在沙滩足球比赛中，防守一般采用区域防守的形式，因此挡拆战术其实就是利用进攻队员的跑位，创造局部以多打少的局面，为进攻赢得时间和空间（图 20-2-7）。

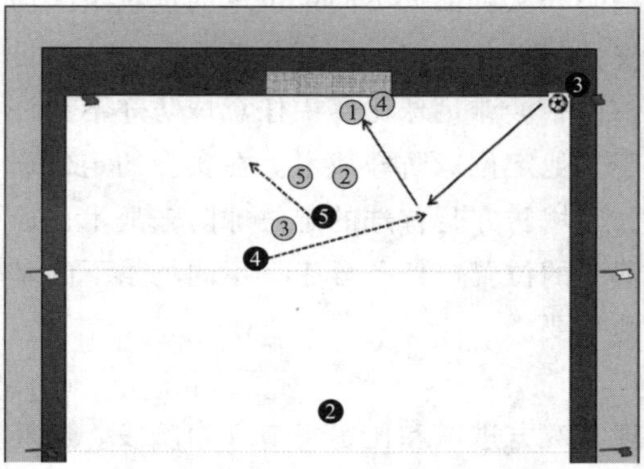

图 20-2-6　交叉换位角球战术

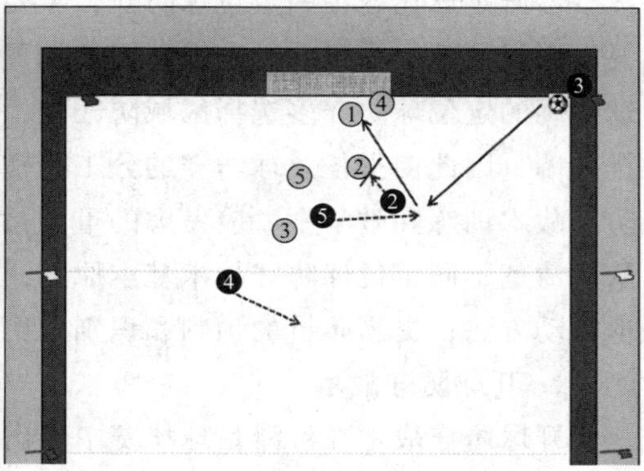

图 20-2-7　挡拆角球战术

（3）轮转换位角球战术。轮转换位战术配合是指比赛中门前进攻包抄队员，通过相互之间的轮转换位，为完成射门创造出更多的空间与时间的角球进攻战术。轮转换位战术通过几名队员的同时跑位，可以创造出更多的攻击点，也更容易使对手防守产生混乱。但是，此项战术对运动员的传球准确性和跑动时机要求高，1 名队员轮转时必须回撤到保护平衡的位置，防止对手获得球权后发动快速反击。

3. 界外球进攻战术

沙滩足球比赛中界外球进攻战术一般指的是靠近球门线附近的界外球战术。它和角球战术相近，只是发球地点和发球的方式稍有不同，界外球还可以用手抛球的方式开球。其包抄进攻战术也主要分为交叉换位战术、挡拆战术和轮转战术三种。

4. 任意球进攻战术

沙滩足球比赛中任意球都是直接任意球，由于规则不允许排人墙，所以任意球基本上都是直接射门。在罚任意球时，所有队员的位置依据犯规地点的不同，所站区域也有不同。另外，沙滩足球比赛规则规定，比赛中所有的任意球都是由被侵犯的队员自己来主罚，因此沙滩足球任意球训练应包括场上每一名队员。

5. 练习示例

示例一：挑一射开球战术练习

示例二：挑一传一射开球战术练习

示例三：挡拆配合练习

示例四：前后交叉配合练习

（二）定位球防守战术

沙滩足球比赛中的定位球防守，主要指防守队员依据不同定位球的进攻组织情况，以保护球门为目的，选择不同的位置安排与任务分工。大部分情况下，沙滩足球比赛的定位球防守多选择区域防守战术。由于沙滩足球比赛中任意球防守不允许排人墙，因此使得任意球防守的分工有别于其他定位球防守战术。在实际的定位球防守战术训练和教学中，应考虑的重点是：区域防守是首选的定位球防守战术；让队员清楚不同定位球防守战术基本原则；清晰的位置与任务分工；不同场景下的基本行动方法；提高队员的预判和识别力更为重要。

1. 开球防守战术

开球防守战术在沙滩足球比赛中多出现在双方进球和比赛每节开始阶段。比赛中开球防守战术是针对攻方采用的进攻队形和战术采取的相应防守配合方法。它可以排列人墙，同时队员有明确的分工，主要包括 2-3 防守战术和 2-2-1 防守战术。

（1）开球 2-3 防守战术。开球 2-3 防守战术是由守门员以外，1 名防守队员站在一侧门柱前防守，3 人在距离中线 5 米处排列人墙的防守战术方法。这种防守战术是沙滩足球比赛中最为常用的开球防守战术，它组织形式简单、分工明确，可以直接封堵住对手射门的路线（图 20-2-8）。

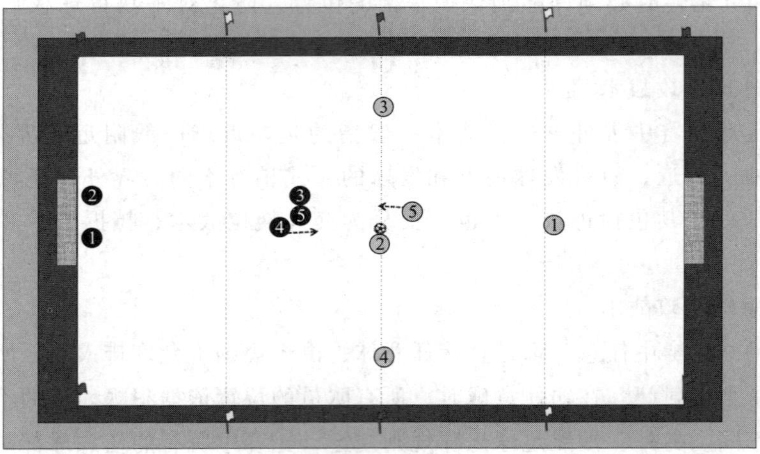

图 20-2-8 开球 2-3 防守战术

（2）开球 2-2-1 防守战术。开球 2-2-1 防守战术是由守门员与 1 名防守队员站在球门线上，另外 3 名防守队员分成两条防守线，第一条防线的 1 人在距离中线 5 米处排列人墙，另外 2 人分别保护在人墙侧后的防守战术方法。这种防守战术重点是封堵住对手直接射门的路线，同时对两个边路形成保护；不足之处是没有足够队员对一侧球门路线形成封堵（图 20-2-9）。

练习内容：定位球战术练习一周安排 1~2 次，专门人员的组合演练。

练习要点：区域防守站位；对球紧逼；球一旦发出，回撤保护球门；防守轮转换位；快速地由守转攻。

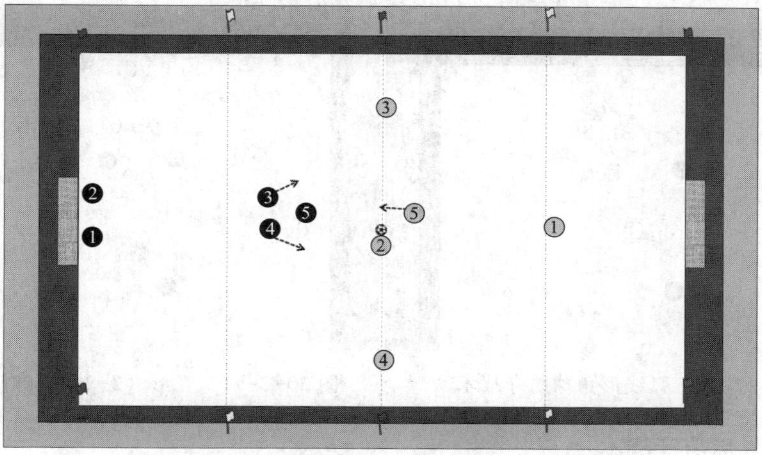

图 20-2-9　开球 2-2-1 防守战术

2. 角球防守战术

角球防守战术是沙足比赛中最重要的防守战术，也是所有队员都要参与防守的全队防守战术之一。角球防守主要贯彻区域防守战术，防守队员占据射门区域和主要传球路线，通过封闭空间和阻挡对手射门，达到保护球门和重新获得球权的目的。这也是目前高水平球队普遍采用的角球防守战术。角球防守战术主要分为弧线形（线形）防守战术和壳形（2-2）防守战术。

（1）弧线形角球防守战术。弧线形角球防守战术是由 4 名防守队员仿照弧线盾牌的形状，分别站在罚球侧底线、球门前点、中点和后点 4 个位置。其中前两个点主要负责封堵球直接射向或传向球门；另外两个点的队员主要负责防守球门前的主要得分区域。这种防守战术特点是防守保护的面积大，相互之间能够形成很好的前后保护；可以有效封堵住对手直接射门的路线；不足之处是每个防守点只有 1 名队员，容易被对手形成以多攻少或被对手诱使离开防守位置（图 20-2-10）。

（2）壳形（2-2）角球防守战术。壳形（2-2）角球防守战术是由 4 名防守队员 2-2 围着球门站位，前两名队员一人保护前门柱，一人保护前点，其余 2 名队员一人保护远门柱区域，一人保护后点区域。其中前两个点主要负责封堵球直接射向或传向球门，或者针对传向前点的短传角球的防守；另外两个点的队员主要负责防守门前得分区域，或防守传向后点的长传角球配合。这种防守战术特点是增加了门前的防守保护层次且对守门员的保护更多，相互之间能够形成纵深保护、协防；不足之处是外围留给对手的控球空间更大，容易被对手形成远射进攻（图 20-2-11）。

练习内容：定位球战术练习一周安排 1~2 次，进行专门人员的组合演练。

练习要点：区域防守站位；人球兼顾；回撤门前、预判第二落点与保护球门；错位站、避免成一条直线；快速转换位；由守转攻。

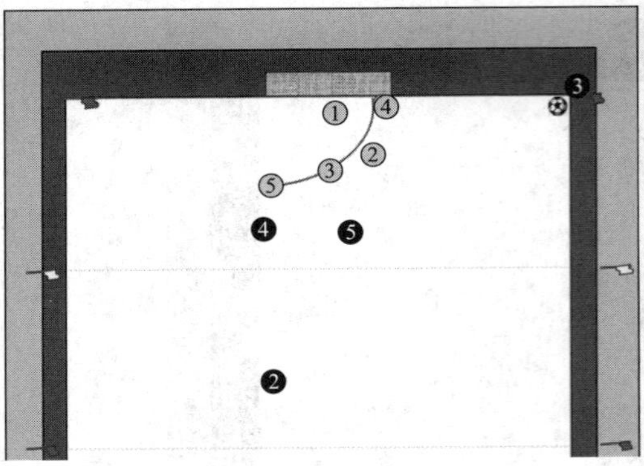

图 20-2-10　弧线形角球防守战术

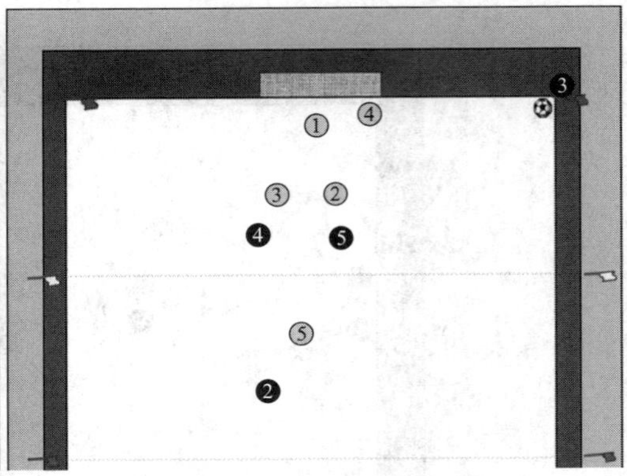

图 20-2-11　壳形（2-2）角球防守战术

3. 界外球防守战术

沙滩足球比赛中界外球防守战术一般指的是靠近球门线附近的界外球战术。它和角球防守战术相似，只是发球地点和发球的方式稍有不同，界外球还可以用手抛球的方式开球。一般情况下，界外球防守也采用球线后防守战术，即场上 4 名队员都回撤到球线后进行落位防守。界外球防守战术分为弧线形防守战术和壳形(2-2)保护防守战术。

练习内容：定位球战术练习一周安排 1~2 次，进行专门人员的组合演练。

练习要点：区域防守站位；快速回撤门前，控制球第二落点与保护球门；防守轮转换位；由守转攻。

4. 任意球防守战术

由于规则不允许排人墙，沙滩足球比赛中的任意球都是直接任意球，基本上都是直接射门。在任意球防守时，所有队员的站位依据犯规地点的不同，所站区域也有不同。

5. 练习示例

示例一：开球 2-3 防守战术练习

示例二：开球 1-2-2 防守战术练习

示例三：弧线形角球防守练习

示例四：壳形角球防守练习

示例五：前场任意球防守练习

示例六：后场任意球防守练习

思考与实践

1. 沙滩足球比赛有什么特征?
2. 沙滩足球局部战术有哪些?
3. 简述沙滩足球全队进攻战术的练习方法与要点。
4. 简述沙滩足球全队防守战术的练习方法与要点。
5. 简述沙滩足球角球防守战术的练习方法与要点。

► 第二十一章 足球科学研究工作

本章导读

本章介绍足球科学研究工作应该具有的科研诚信和必须遵循的学术规范；介绍足球科研工作的类型和研究领域、足球科学研究工作的主要形式、足球训练与比赛常用的研究方法。通过本章的学习，可使学生全面理解足球科学研究工作的基本框架，初步掌握足球科学研究领域常用的研究方法及工作形式。同时，引导学生初步建立起严谨、科学、创新、规范的科研工作态度，为其未来的学术研究和实践活动奠定基础。

学习目标

知识目标：明确从事足球科学研究工作应该遵循的学术规范，了解足球科学研究工作的类型、主要领域、常用研究方法与工作形式。

能力目标：学会根据研究目标选择研究类型和工作形式；学会将观察法与测量法应用于足球训练与比赛科研工作中。

价值目标：培养严谨的治学态度，树立正确的科研观。

第一节　足球科学研究的诚信与学术规范

科学研究工作必须遵守诚信与学术规范原则，足球科研工作也不例外。在足球科学研究工作中必须秉承诚信的科研态度，并遵守学术研究中的基本规范。

一、足球科学研究的诚信

诚信是科学研究的基石，也是足球科学研究工作者科研素养的核心内容。良好的科研诚信品行是每位足球科研工作者的立身之本，每一名足球科研工作者都应该继承和发扬这一优良传统，遵守学术规范、坚守学术诚信、完善学术人格、维护学术尊严，自觉抵制学术不端行为，弘扬求真务实、严谨自律的精神。

抵制学术不端行为是恪守科研诚信的基础，也是维护学术道德、规范学术行为、促进足球科研工作健康持续发展的保障。

学术不端行为是指在科学研究和学术活动中的各种违反公认的学术准则、违背学术诚信的行为。主要包括如下行为：

（1）抄袭、剽窃、侵占他人学术成果。主要指在学术活动过程中抄袭他人作品，剽窃他人的学术观点、学术思想或实验数据、调查结果等行为。

（2）篡改他人学术成果。主要指在自己的研究成果中，故意篡改他人实验或调研数据、结论等并占为己有的行为。

（3）伪造数据、捏造事实。主要指在自己的研究成果中，故意伪造实验、调研数据，或者捏造事实、结论等行为。

（4）不当署名。主要指未参加实际研究或者论著写作，而在别人的学术成果中署名，或者未经被署名人同意而署其名等行为。

（5）提供虚假学术信息。主要指在学术活动中为了达到一定目的而提供非真实信息、材料等行为。

（6）买卖或代写论文。主要指买卖论文、由他人代写或为他人代写论文等行为。

（7）其他违背学术道德的行为。

二、足球科学研究的学术规范

（一）引用与注释规范

1. 引文规范

（1）科研成果引用他人作品时，应当指明作者姓名、作品名称、作品来源

（当事人另有约定或者由于作品使用方式的特性无法指明的除外）。科研成果中使用的他人研究成果，包括观点、结论、数据、公式、表格、图件、程序等必须在文中表明并在注释或文后参考文献中注明文献出处。

（2）引文原则上使用原始文献和第一手资料，凡转引他人成果，应注明转引出处，不得将未查阅过的文献转抄入自己的引文目录或参考文献目录中。

（3）引文应该了解清楚文献作者的研究方法、研究结果和结论以及这些结果结论与自己研究工作的关系，保证引用准确。为了节省篇幅或使观点表达更加明确，引用者可以对引文做一定限度的增删，但是要尊重原意，不可断章取义。

（4）直接引用需使用引号，间接引用应使用自己的语言来表述引文中的相关内容并加以标注。引用他人成果应适度，引用的成果不应构成本人研究成果的主要部分或核心内容。不论以何种方式，将别人成果作为自己研究成果的组成部分均将构成抄袭或剽窃。

（5）引用未发表作品应征得作者同意并保障作者权益；引用未成文的口语实录应将整理稿交给作者审核并征得同意。

2. 注释规范

注释是对论著正文中某一特定内容的进一步解释或补充说明，一般排印在该页脚注，注释用数字加圆圈标注（如①、②），与正文对应；也可在正文中加括号，写明注文；还可以把注释集中于全文或全书末尾（尾注）。

（二）参考文献规范

（1）参考文献是为撰写或编辑论文和著作而引用的有关文献信息资源，一般集中列于文末。其规范要点如下：

① 论文应包含作者名、题名、期刊名、出版年、期次、起止页码；

② 专著应包含作者名、书名、出版地、出版者、出版年、版次；

③ 网络文献应包含作者名、文献名、网址、网上发布时间、访问时间。

（2）参考文献应搜集广泛，但是要罗列自己阅读过且确实有参考价值的文献，避免多杂和遗漏。

（3）不得为了掩盖事实，冒充首创，故意删除重要参考文献。

（4）参考文献的书写格式应该按照不同期刊要求或学校要求以及国家标准《信息与文献—参考文献著录规则》（GB/T 7714-2015）编排。

（三）成果呈现规范

（1）学术成果应该是作者亲自进行深入研究后获得的创新性知识的成果，是科学研究的真实结果，不得由他人代写，不得造假或夸大。

（2）学术成果不得一稿多投和重复发表。在未经正式出版的学术会议论文集上刊登的稿件，可以在正式刊物上发表；论文公开发表后收入论文集的，应注明论文的发表出处。

（3）学术成果的署名应实事求是。署名者应对该项成果承担相应的学术责任、道义责任和法律责任。

(4) 研究成果发表时，应以适当方式向提供过指导、建议、帮助或资助的个人或机构致谢。致谢前应征得被致谢人同意，应指出被致谢人的具体贡献。成果正式发表时应说明成果的资助背景。

第二节　足球科学研究的类型和领域

足球科研工作的根本任务是研究和发现有关足球运动的理论与方法问题，探索解决问题的方法与路径，解释足球运动领域中各种现象和关系的本质以及规律。其研究领域涉及比较广泛，通常要借鉴相关的基础学科知识和理论，这些基础学科既包括生理学、运动医学、生物力学等自然学科，也包括教育学、心理学、管理学、经济学等人文学科或社会科学等。根据研究层次可以分为探索性研究、描述性研究和解释性研究三种不同类型；根据不同的研究目的与任务，可分别与自然科学、社会科学、管理科学、行为科学等相结合。

一、足球科学研究的类型

可以将与足球运动相关的研究归结为以下三类：

（一）探索性研究

探索性研究是一种对所研究对象或问题进行初步了解，以获得初步印象和感性认识，为今后更加深入和周密的研究提供基础和方向的研究类型。探索性研究往往是研究者拟研究的问题或现象鲜有所见、非常新颖，是过去未曾有学者涉足的领域和内容，是对新奇事物和规律的探索，既可以对该问题或现象进行初步了解，也可以为今后探索新理论、新方法提供经验。探索性研究在方法的使用上比较简单，可采用观察和访谈等方法获得研究资料，其研究对象的规模一般较小，获得的结果主要用来描述某种现象或某类问题的基本特征，呈现一个大致的轮廓或“画像”，不对样本所在的总体进行统计性推断，也不用来检验某种理论假设。例如，拟研究国家足球队竞技成绩对社会的影响，研究者就可以任意选择一些球迷、足球从业者等作为研究对象，围绕相关问题进行开放式访谈，这样研究者不仅可以初步了解国家队竞技成绩会对社会哪些方面产生影响及其相关的各种问题，而且可以了解某些值得深入研究的问题，为今后系统研究提供方向和经验。由于探索性研究往往是新颖的，缺乏一定的经验借鉴，因此作为探索的结果可能是不成功的，抑或是即便得出结论，也是对研究对象基本轮廓的概括或问题的“初步印象”，难以对研究对象或问题进行系统的回答。

（二）描述性研究

描述性研究是在问题研究过程中，经由适当的方法搜集资料，经过分析后，力求客观准确地描述，并根据描述内容寻找规律和特征，提出某种假说或初步结论的研究类型。该类研究关注的焦点不是“为什么”，而是“是什么”，例如，对传球、射门、控球率等技战术指标的统计以及时间分布情况的分析便是典型的描述性研究。

描述性研究不同于探索性研究，它更具有系统性、全面性和结构性。在对研究对象进行抽样时需要随机化且样本量足够大，采集的数据一般要经过统计学处理，得出定量化结果，并推论到样本所在的总体中去。简言之，就是通过样本的资料能够描绘出总体的样貌与特征。因此，描述性研究要具备概括性和准确性两个特征，前者是指研究结果能反映总体的普遍情况，后者是指要客观清楚描述研究对象的基本情况、分布状况以及基本特征等。

（三）解释性研究

足球科研工作者对足球的研究不只是停留在了解现状的层次上，还需要了解清楚事物和现象的原因。如果描述性研究关注“是什么”，那么解释性研究则更加关注“为什么”。例如，对我国校园足球青少年学生“辍训”的研究，研究者感兴趣的不仅仅是“辍训”的数量、年龄、性别、学段等信息，而更想知道这部分学生为什么“辍训”，为什么其他学生能坚持下来。在这些差异的背后更深层次的原因是什么？可见，足球领域的研究中，很多时候是回答“为什么”，常用来解释现象背后的原因，这就是解释性研究。简单讲，解释性研究指的是探寻事物或现象背后的原因，揭示现象发生内在规律的研究。

解释性研究往往从理论假设出发，通过实验、调查等方法收集经验资料，并通过对资料的分析来验证假设，最后达到对足球社会现象、比赛规律等进行验证的目的。因为解释性研究要对事物和现象的原因进行解释，在研究设计上更加严谨、周密，更加具有针对性。例如，在青少年足球运动员“辍训”的研究中，父母可能是主要影响因素之一，父母对体育的认知或喜爱程度高可能更容易支持孩子从事足球训练，研究者可以假设青少年足球运动员“辍训”与父母对体育的认知相关，然后就可以围绕“辍训”与父母对体育的认知两个变量的关系进行构思，通过收集与分析数据资料，检验该假设是否成立。

需要指出的是，上述对研究类型的划分不是绝对的，往往在一个研究中既有描述性研究，也有解释性研究，前者主要呈现事物的现状，相对基础，后者主要解释原因，相对深入，只是两者的侧重点和功能不同。

二、足球科学研究的领域

足球运动的科研工作涉及范围广泛，根据研究主题，可以将其划分为以下 5 个领域：

（一）运动人体科学的应用研究

运动人体科学理论在足球研究中的应用，主要研究与运动员训练、比赛、康复等相关的生理、生化、生物力学等方面的变化规律，以指导训练实践活动。可以将该领域进一步细分为以下两个方面：一是生理学与足球运动，主要包括体能测试与评估、训练生理学分析、比赛生理需求、营养需求以及女性、青少年儿童等特殊人群的生物学研究等；二是生物力学与足球医学，主要包括足球技术生物力学分析、足球器材生物力学分析、损伤预防与康复、伤病治疗、环境应激等方面。通过这些研究，可以了解运动员的生物学变化规律，继而为提高训练质量、提升竞技水平、保障运动康复与健康等提供直接依据。

（二）运动表现研究

运动表现研究一直是国内外足球运动研究的热点领域，运动表现研究可以通过现代化技术手段获取运动员在训练或比赛中的运动表现数据，为比赛或训练提供依据。对比赛技战术的统计便是最基础的运动表现分析方式。运动表现研究的主要内容包括技术统计与分析、行为统计与分析、战术统计与分析、体能表现分析以及关键事件分析等方面。它主要依据比赛中球员的行为，通过客观记录和检测来获得比赛信息，从而分析和研究比赛特征，探索比赛制胜规律。近年来，随着科技手段的不断进步，对运动表现的记录与分析出现了多种先进科学技术手段。例如，可穿戴设备、计算机视频分析软件等，大大提高了运动表现记录和分析的效率。

（三）行为科学的应用研究

行为科学是运用自然科学的实验和观察方法，研究自然和社会环境中人的行为规律的科学。可以通过行为科学研究了解足球相关人员的行为活动规律，为运动队管理、教练员执教，运动员效率提升等提供指导。该研究领域的主要内容包括以下几个方面：一是足球执教的研究，主要对教练员的执教行为、执教过程、执教模式、领导能力等方面进行研究，了解教练员某方面或几个方面的执教特征；二是运动技能学习研究，主要对足球运动员技能习得、运动表现提升等方面进行研究，了解技能形成的基本规律，探索提高训练效率的方法；三是心理学研究，主要对运动员压力、动机等心理因素与运动表现的关系进行研究，揭示心理学因素与运动表现的变化规律；四是足球暴力研究，主要探讨与足球暴力相关的基本问题，着重从心理学、法律角度探讨运动员暴力，分析足球暴力有关的社会政治问题，为提升球迷管理能力、减少足球暴力行为提供依据。

（四）足球教学训练管理的研究

在足球科研中，以足球教学、训练、比赛和管理中的问题为研究内容的选题较为常见，一般围绕上述工作中存在的实际问题展开。例如，足球教学中的教材教法研究、训练负荷研究、选材研究，训练理论研究、足球管理体制研究、青少年后备人才培养研究等。其中，足球教学与训练的思想与方法、我国足球管理体制机制改革、青少年足球后备人才培养模式等研究一直是该领域的热点问题。

（五）足球运动人文社会科学研究

足球是世界第一大运动，职业化程度高，受关注度也高，因此足球领域的人文学研究和社会学研究一直是研究热点。例如，足球社会文化、球迷现象、道德伦理、俱乐部管理、足球与政治、足球史、足球与民族种族、足球与社会发展等。这些研究对于了解足球文化以及足球与社会问题的关系具有重要价值，成为促进足球运动健康发展的重要研究领域。

第三节　足球科学研究成果的形式

足球科研工作成果的呈现形式具有多样性，可大致划分为总结报告、科学论文、教研论文、学位论文等多种形式。不同类型的成果具有不同的特点，所以在足球科研工作中可以根据研究任务选择不同成果形式。

一、总结、报告性论文

在足球科研中，总结、报告性论文主要有专题调查报告、实践经验总结等。例如，通过对理论和实际的学习，就某一问题进行专题调查，根据调查结果写出调查报告，有助于人们了解情况、发现问题、改进工作；又如，通过对足球训练实践进行总结并写出论文，介绍成功经验，指出失败教训，提出遇到的问题和改进的方法与建议等。

这类论文在理论性、创新性和系统性方面较差，无明确的研究目的，但对进一步开展研究和改进方法、指导工作具有一定的实际意义。

二、科学论文

（一）理论专题型论文

该类论文主要是研究者针对足球领域内某特定问题，运用有关知识、方法与原理，进行逻辑和历史分析，从而形成自己学术理论或学术观点的研究。例如，何种训练模式更具有生态性的理论分析，可以根据建构主义、行为主义、生态学等不同理论对不同的训练模式进行理论阐述，比较不同训练模式的优劣。

理论专题型的科学论文往往具有很强的理论性，多应用于基础理论分析，研究的创新难度较大，但理论价值较高，对于丰富和发展足球理论具有一定意义。

（二）文献综述型论文

该类论文主要是研究者通过对前人某一问题研究的大量结果的收集和分析加工，从中总结和提炼出有价值的观点、评论，使人们能够系统了解在这一问题上的研究现状和已取得的研究成果。例如，对足球运动员体能训练的相关研究进行梳理，可以了解当前体能训练的研究现状、存在问题以及发展趋势等。

文献综述研究在探索性和创新性方面价值不高，其成果的应用性不明显，但在丰富和发展学科理论上有主要参考价值。

（三）描述说明型论文

该类论文主要运用频数分布、平均数、标准差和变异系数等描述性方法对研究对象进行分析、比较、概括和提炼主要特征的研究。例如，对两支球队在比赛中的传球总次数、长传球次数、短传次数、威胁球次数及其成功率进行统计分析，从而了解两支球队的传球特征及差异性。

描述说明型的研究主要对研究变量进行描述性分析，可以帮助了解事物的基本情况、特征，但是无法确定变量间的关系，难以对出现的现象和特征进行解释。

（四）实验观测型论文

该类论文主要根据研究假设进行合理的实验设计，对研究对象实施干预后，对实验过程、实验数据进行观测、分析，以实验成果作为论文主要内容的研究，常见于运动人体科学的应用研究。例如，研究疲劳对运动员运动技能执行效果的影响，可以通过对比疲劳前后的技术变化，分析疲劳对技术动作产生了何种影响。

实验观测型的研究由于能够对实验过程、实验环境、干预因素等进行控制，实验结果准确性较高，具有较高的内部效度，但是往往花费时间较长、成本相对较高。

三、教研论文

教研论文属于广义学术论文的范畴，是教育工作者对教育科学领域中的理论问题和实际问题进行探讨、研究，表述教育科研成果的文章。按照内容可分为理论性研究论文和实践性研究论文，前者主要对足球教学理念、教学原理、教学模式、教学组织等进行理论分析，后者则主要解决足球教学中存在的问题。通过教学研究可以不断梳理足球教学中存在的问题，持续推动足球教学质量的提升。

四、学位论文

学位论文是学位申请者为获得学位而提交的学术论文，是学术论文的基本形式之一，但又不同于一般的学术论文，它有固定的完整格式。学位论文的基本结构一般包括以下几个部分：

（一）论文题目

论文题目要表现论文的主题和中心内容，应对论文进行高度概括，表述要简明扼要，不应过长，应做到准确、简洁、精练，通常情况下包括研究对象、研究内容、研究特征三个要素，一般不超过 30 字。例如，《优秀女子足球运动员跑动能力与比赛效果关联研究》中，“优秀女子足球运动员”明确了研究对象，“跑动能力与比赛效果”表明了研究内容，“关联”分析体现了研究特征。一般来讲，论文的选题不要过宽，避免泛泛而谈，但也不宜过小、过旧。

（二）摘要

摘要是以第三人称，提供论文内容梗概为目的，不加评论和补充解释，简明扼要记述论文内容的短文。摘要的内容应包括与论文同等量的信息。根据内容的不同，摘要可分为指示性摘要和报道性摘要。摘要一般包括研究目的、对象与方法、结果、结论等内容，能够体现和反映研究的创新之处。

摘要写作要表达准确，逻辑性强，不列图表，不罗列各章节的标题，同时还要避免过于笼统、空洞无物的一般论述和结论。

（三）关键词

关键词是论文的文献检索标志，是表达文献主题内容信息的自然语言词汇。这些词汇要能代表论文的主题内容，合乎规范，通用性强。关键词的数量一般为3~8个，按照词条的外延层次排列，每个关键词之间空一格，或用分号隔开，最末不用任何符号。

（四）引言

引言部分是正文的开始，用来说明论文的研究背景、评述当前主要研究成果、提出研究假设等。具体包括三个方面的内容：一是简要地说明选择和研究这个问题的理论意义和现实意义，表明研究的价值；二是介绍国内外研究现状，对已经解决的问题和程度及尚未解决的方面加以分析，介绍清楚与本研究的关系；三是阐述本研究的目的、任务等。

（五）研究对象与方法

研究对象是指研究的具体范畴，而针对研究对象进行的资料采集对象，则应为调查对象，如青少年足球运动员、青少年足球俱乐部等。在论文中要具体说明它的选取以及来源、数量和构成等要素。研究方法是指研究所采用的主要方法和手段，当采用多种方法时，应将每一种方法的名称、在研究中的作用和具体操作过程做基本介绍。特别要对研究的指标、收集资料的具体过程和方法及资料处理的方法做详细的阐述，以使读者了解方法的全过程，这既有利于为审核和评价论文提供方法依据，又便于为他人在研究同类问题时提供参考。

（六）研究结果与分析

研究结果与分析是论文的主体部分。它既要将研究的结果呈现在读者面前，同时又要分析和讨论这些结果所产生的理论基础和实际意义，为揭示本质和规律、提出论文的结论提供客观依据。分析讨论要分层次、分问题逐步深入和展开，应该充分利用图、表等形式将资料的处理结果表述出来，借助图、表对结果进行解释，既生动又明确。

在分析过程中，应该突出重点，围绕论文的主题内容进行讨论，对于研究结果中具有创新意义、创造性的发现应着重阐述，这是研究的价值基础。而对于一般性、常识性的结果，可一笔带过，不做描述，避免面面俱到，无重点、无特色。在讨论与推论的过程中，要根据研究假设，为其寻找论据，证明论点，为推出结论，完成研究任务奠定坚实的理论基础。

研究结果与分析在文字运用上要简洁、恰当、合乎逻辑，较少文学修辞，较多说明与论述。在撰写形式上，研究结果与分析（讨论）也可以分成两部分撰写。

（七）结论与建议

结论是研究成果的体现，是通过对研究结果的理论分析和逻辑推论得出的理性认识。因此，结论应是研究结果的高度概括和总结，应该用精练的语言告诉读者，研究有哪些新的发现，揭示了怎样的规律和特征。

结论的写法应清楚、明确，一个观点，一条结论，不做多余的解释。切忌用研究结果代替结论，也不可简单概括和罗列分析讨论的内容。结论的措辞要严谨，未研究到的问题或未研究出结果的问题，不应靠勉强推理或猜测得出结论。结论的顺序要层次分明，符合逻辑。

建议是依据研究的成果提出改进工作的意见，或对如何推广研究成果加以说明。也可对如何进一步、更深入地研究课题所涉及的问题提出意见，作为论文建议提出。没有这些内容的，可以不写建议。

（八）参考文献

参考文献是指在研究中作者参考和引用了内容的文献资料，这些文献要在参考文献部分一一列出，以便读者查核。参考文献要按规定的格式和要求逐一列出。

（九）致谢

致谢部分是作者对在研究中提供了帮助和指导的人们表示感谢的内容，以体现作者良好的科研道德和谦逊态度。致谢中要将需要感谢的人名、所在单位等撰写清楚、准确，不可忽略。

第四节　足球训练与比赛常用研究方法

足球运动的研究涉及运动人体科学、人文与社会学、管理学、行为科学等多个领域，在各个领域也具有相对成熟的研究方法和固定的研究范式。例如，足球职业俱乐部管理的研究一般使用管理学的研究方法和研究范式，足球社会学领域的研究一般采用社会学的研究方法和研究范式。这些知识与方法已经在体育科研方法相关教材中进行了详细介绍，本节仅介绍与足球训练、比赛密切相关的常用科研方法。

一、观察法

观察法是研究者通过感官或仪器设备，按照一定的计划，对观察对象的行为进行系统记录而获得研究资料的方法。在国外的文献资料中，也称之为符号分析法。观察法在足球科研中运用得较为普遍。例如，对一场足球赛运动员技术运用情况的临场统计，对一堂足球训练课队员运动量的观察与记录等。

观察法主要是现场和/或录像观察结合的数据统计方法，主要用于运动员的运动表现分析或者其他行为分析，这在足球科研领域沿用了多年，对于了解运动队和运动员在体能、技战术等方面的行为表现具有重要价值。例如，通过观察法可以了解球队的传球成功率、防守反击的效率、威胁传球次数等。

（一）观察法的目的

观察法的目的不是仅仅通过观察记录训练或比赛中的数据，而是通过分析这些数据了解运动员或运动队运动表现的某些方面。具体包括：

（1）对观察到的数据进行分析，描述事物的性质、结构、数量与质量等。通过数据陈列来说明运动表现指标的频率与数量。例如，统计一场比赛中球队的传球次数、传球成功率、传中次数、传中成功率、射门次数、射门成功率等。该类研究是观察法的最为基础的运用，可以通过现场或赛后为球队训练提供反馈。

（2）对观察记录的数据进行整理，探寻数据背后产生的原因、发生规律等，揭示现象发生或变化的内在规律，进而提出新观点。该类研究属于解释性研究，主要探讨变量之间的关系与程度，达到对现象进行解释的目的。例如，快速反击的速度与形成射门的关系研究。

（二）观察法的种类

观察法可分为直接观察和借助仪器观察两种方法。这两种方法在足球科研中都经常用到。

1. 直接观察

直接观察是研究者亲临现场实地观察，并对观察内容做详细记录。其优点是能够选择最佳的观察位置，掌握整个现场情况，对所要了解的内容观察得比较清楚。不足之处是不能支配和控制观察对象，一旦出现复杂情况或瞬间的变化而观察不清时，由于不能重复观察而会丢失某些资料和数据。因此，当观察的内容是随着观察对象的运动做连续记录时，方可采用直接观察的方法。例如，对足球比赛中射门效果的观察，因次数少、观察完整、有记录时间，直接观察便可以达到目的。

2. 借助仪器设备观察

借助仪器设备观察主要指借助摄、录像设备将观察对象的行为记录下来，再通过放像设备进行观察的方法。其优点在于可以重复观察和定格画面，有利于准确观察和记录。不足之处是受到观察角度和画面的限制，不能完整了解现场。当研究者不能亲临现场或观察内容比较复杂而不能随时记录时，可通过仪器设备收集所需资料。例如，对足球比赛中传球方式的观察，同时进行观察和记录十分困难，借助录像就比较容易解决；再如，对某支球队反越位能力的观察，可以通过视频回放的形式反复观察，以便系统了解该球队反越位的方式。

随着科技的发展，借助计算机分析软件对摄、录像得到的资料进行数据采集已经普遍化。近年来，集信息化、数据化以及可视化的集成数据采集系统逐步成为该方法的主要手段，甚至实现了视频采集与数据统计的同步化，实现了现场与实时反馈，极大提高了有效数据的采集效率。

（三）观察法的内容

观察法主要结合统计进行，按照不同性质分类主要有以下内容：

（1）按照内容的性质可以分为对目标事件或行为及其发生频率、时间的观察与统计。例如，对某支球队的射门进行研究，可以分析射门频率、射门时间和情景、射门地点和射门形式等。

（2）按照观察单位可以分为对个体和集体的观察与统计。例如，对球队集体传球成功率的统计、对特定球员或核心球员的技战术统计等。

（3）按照竞技能力可分为对体能、技术与战术的观察与统计。例如，对运动员冲刺频率、高强度跑动频率等体能指标的统计；对传球、传中等技术指标的统计；对快速反击、二打一等战术指标的统计。

（四）观察法的基本步骤

1. 根据研究目的制订观察计划

观察计划是根据研究目的制订的，应包括观察的任务、内容、指标、对象、数量以及观察时间和方式等。由于观察对象的行为往往是非周期性的，尤其是采用直接观察时，观察不能重复，因此计划制订得越详细越容易保证观察工作的顺利进行。

2. 确定观察指标和操作定义

根据观察内容确定观察指标，并明确各项指标的操作定义。例如，观察内容为中国国家足球队的快速反击情况，可将观察指标确定为快速反击的次数、地点、参与人数、反击路线和反击结果等，对其中的快速反击、反击地点、反击路线和反击结果等均需明确操作定义，从而使观察的资料客观、准确。

3. 做好观察前的准备工作

观察过程是连续不断进行的，必须做好充分的准备才能保证观察过程不间断，观察中不出问题。

观察前的准备工作由两大部分组成：

第一部分为预观察，即根据观察计划与要求，先寻找一个同样或相似的观察对象进行观察和记录。预观察的作用有两个：一是检验观察设计是否可行，观察指标和操作定义能否在观察中加以区分和记录；二是熟悉观察的环境和方式，熟练观察和记录的各项表格、符号及操作过程。根据预观察的结果，确定或调整观察记录方式。

第二部分是联系观察对象、确定观察时间以及准备观察仪器、设备和各种记录表格等。

4. 实施观察

实施观察是按照观察计划对观察对象的各项行为指标进行记录，完成研究资料收集的过程。在观察过程中，如遇到意外变化，应及时调整和修订计划。

实施观察时，要注意以下几个问题：

（1）选择最佳的观察位置。观察位置要根据观察现场的实际情况选择，既能够观察到所有记录指标，又能够观察到所有观察对象的活动情况。如若使用计算机软件分析系统，则应该做好指标分类，确定每个指标对应的符号，并尽可能熟练操作。

（2）集中注意力，随时观察每一个指标的出现。在观察比赛过程中，观察者常常被比赛的精彩场面所吸引，常易忘记或漏记出现的指标，从而影响资料的完整性。因此，观察者应集中注意力，自始至终跟随观察对象的活动，才能保证观察的准确性。

（3）记录过程简便快速。记录过程将使观察者的注意力暂时离开观察对象，如果记录时间过长，将漏掉部分观察指标。因此，记录应力求简便，多利用符号、数字等简单的方法完成记录，尽快将注意力回到观察对象上来。

5. 梳理记录资料

观察时，记录下来的资料比较零乱，必须经过梳理才能作进一步的分析研究。梳理记录的资料可以根据指标间的性质分类，对可量化的指标进行汇总。例如，对比赛中射门、传球、运球等不同技术指标的记录分别整理填写到各自的表格中；将每个观察对象的记录指标汇总到一张汇总表中，以便进一步的统计分析。

（五）观察法的局限性

随着新技术手段的不断更新及计算机软件系统的运用，比赛观察的客观性日益提高，对比赛的分析和认识也愈加清晰和准确，显著提升了足球科研水平。

但是，观察法也存在一定局限性。因为观察者是处于局外的状况来了解比赛情况，只能记录比赛中出现的表面行为，难以了解影响整个球队或队员的内在因素，对分析原因、找出解决问题的方法尚存在不足，对所记录的表面现象进行深层次分析和探讨时缺乏依据。如果没有其他科研方法和手段的辅助，如通过访谈或观察进一步了解与比赛有关的场外情况，就难以对场上表现进行客观的分析，找到问题的根源。在实际工作中，可以结合测量法，选择适合的测量手段和指标，通过分析得到的数据了解和分析问题的原因，为解决问题提供依据。例如，运动员在比赛中体能下降的问题，就可以通过测量运动员的体能指标和能力指标来判断比赛中体能下降的原因。

基于观察法的局限性，建议在足球科研中运用观察法时，适当选择其他辅助方法进行综合分析，进一步探讨观察现象与数据背后的原因和规律，为找到解决问题的方法寻找依据。

二、测量法

测量法是指运用测量工具、测量量表对研究对象的某些指标进行实际测量而获得研究资料的方法。测量法是足球科研中常用的收集资料的方法之一，主要用在对运动员身体形态、身体机能、身体素质、技术水平、战术能力和心理状态等方面的研究。例如，采用 YO-YO 测试可以评价运动员的专项耐力水平；采用伊利诺伊灵敏测试可以评价运动员的专项灵敏能力。

测量法所收集的资料一般都是定量化的数据或指标，除形态、机能和心理方面的测量已经具有完善的、确定的指标外，在身体素质、技术水平、战术能力等方面还没有完整的相对固定的足球运动测量方法和指标体系，需要研究者根据研究内容精心设计测量指标和测量方法，以便满足研究的需要。

（一）测量法的目的

测量的目的是为训练和比赛服务，因此要对测量获得的数据进行分析与评估。主要目的如下：

（1）通过测量法获取运动员身体、训练、比赛等相关变量的数据，了解所测指标的基本特征，为训练或比赛提供直接依据。例如，在训练课中通过监测运动员的实时心率可以了解负荷水平，实现精准控制负荷，提升训练效率；对青少年足球运动员进行功能性动作筛查，以便了解青少年足球运动员在动作模式方面的现状以及存在的问题。

（2）通过对测量法获取的指标进行加工整理，经过分析后概括研究指标的基本特征，或者对变量之间的关系进行研究，揭示规律特征。例如，对运动员的最大摄氧量与比赛的跑动总距离进行测量，然后对两个变量进行相关、回归等统计学分析，探讨运动员最大摄氧量与跑动能力的关系；通过测试获得运动员的最大力量、爆发力以及灵敏能力等数据，利用回归的方法分析两个力量指标与灵敏性的关系。

（二）测量法的种类

1. 实验室测量

实验室测试主要是研究者在实验室内对受试者进行人体学测量，并记录测试结果的方法。其优点在于，一方面实验室测量多借助于精密仪器可以提高测量的准确性，另一方面通过精确控制温度、湿度等无关变量，可以提高测量结果的信度。不足之处是由于受到测量场地的限制，难以进行足球的专项能力测试，且操作烦琐，成本较高。因此，在研究中需要准确了解受试者相关指标，或者受测量设备限制必须在实验室内完成时才可以选择实验室测量，例如，为了解运动员的有氧机能可以选择在实验室内测试最大摄氧量、无氧阈等指标。

2. 场地测量

场地测量是研究者在训练场地非实验室环境下对受试者的相关能力进行测量并记录结果的方法。其优点在于在现场条件下对足球运动员进行测试，操作方便，成本较低，而且由于不受场地条件限制，可以对专项能力进行测量，提高测试指标的效度。不足之处在于测量精确性低于实验室测量，受温度、湿度等外部环境影响较大。场地测量是实验室测量的一种补充，甚至在一定程度上可以替代实验室测量。例如，可以利用 YO-YO 测试评定有氧能力，可以利用伊利诺伊测试评定灵敏性等。

（三）测量法的手段

1. 手工测量

手工测量是研究者利用传统测量时间、长度、距离或者其他指标的工具，采用手工操作形式对受试者进行测量的方法。该方法一直是足球科研工作中的常用方法，即便在科技手段日益发达的今天，也难以被现代化的智能测试设备替代。例如，利用量表对运动员进行的各种心理测试。

2. 利用智能化设备测量

利用智能化设备测量是研究者利用各种智能化设备对受试者的身体机能、运动表现等进行测量的方法。随着科技与信息化的快速发展，科研工作者设计出了体积更小、准确性更高、操作更方便的各种智能化设备。例如，智能背心、智能球鞋等可穿戴设备，智能足球、技战术数据采集等分析系统。这些智能化设备的广泛应用提高了足球训练的科学化，同时也提高了足球科研工作的效率。

（四）测量的内容

在足球科研中，主要测量内容可以分为以下几个类别：

1. 运动表现类

（1）训练学指标：主要包括一般运动能力测量、专项运动能力测量以及专项技术或动作的生物力学测量等。例如，利用 YO-YO 测试评定有氧耐力，利用 10 米跑测试评定加速能力。

（2）比赛指标：主要包括以跑动距离、跑动速度、运动形式以及运动时间等为主的体能类运动表现指标。例如，运动员的跑动总距离、冲刺跑次数等。

2. 身体机能类

常见的身体机能测量内容包括心肺功能测量、平衡与稳定性测量以及训练监控常用的尿素氮、肌酸激酶、睾酮、皮质醇等生化类指标。

3. 身体形态类

（1）形态测量。主要包括量度测量、长度测量、宽度测量以及围度测量。

（2）身体成分测量。主要对受试者脂肪成分进行测量，如体脂比、瘦体重等的测量。

（3）姿态测量。主要包括基本的身体姿态测量和功能性动作筛查。

4. 心理类

常见的心理学测量主要包括运动员心理压力测量、情绪测量、动机测量、注意测量、认知测量以及反应能力测量等。

（五）测量法的基本步骤

（1）根据研究任务确定测量内容。例如，研究运动员的专项体能，主要涉及爆发力、反复冲刺能力、专项耐力、灵敏性等指标。

（2）确定测量指标，选择或设计测量方法。例如，确定了测试运动员的爆发力，就可以选择以立定跳远为代表的爆发类指标。

（3）对测量指标的有效性、可靠性和客观性进行检验。有效性是指指标反映被测内容特征的有效程度；可靠性是指对同一对象重复测量时，其结果的一致性程度；客观性是指不同的测量者对同一被测者的同一指标进行测量，其结果的一致程度。检验的具体方法可以参照体育测量与评价方面的有关教材。

（4）实施测量。组织受试者按照测量方法的规则、要求逐个进行测量并记录有关数据。

（5）整理记录。将测量获得的个体数据，根据研究需要分类汇总到相应表格，为后期的分析研究做准备。

（六）测量法的问题与局限性

测量法在运用中常见的问题是测量的指标和标准能否客观评价被测量者的实际水平。由于测量的标准需要有参照，而足球运动中的很多测量方式均由研究者自行设计，如不同年龄的运动员完成快速运球技术能力的测试，尚找不到可以参照的标准进行评价。因此，需要研究者通过科学的方法确定评价标准，才能够达到测量研究的目的。

思考与实践

1. 足球科学研究中学术不端的表现有哪些？
2. 足球科学研究的领域有哪些？
3. 足球科学研究成果的形式有哪些？
4. 举例说明足球训练与比赛常用的研究方法有哪些？
5. 任选一个足球研究领域，完成一项研究设计。

附录

五人制足球竞赛规则简介

足球专业术语与名词解释

参考文献

读者意见反馈

为收集对教材的意见建议，进一步完善教材编写并做好服务工作，读者可将对本教材的意见建议通过如下渠道反馈至我社。

咨询电话　400-810-0598

反馈邮箱　gjdzfwb@ pub.hep.cn

通信地址　北京市朝阳区惠新东街 4 号富盛大厦 1 座

　　　　　高等教育出版社总编辑办公室

邮政编码　100029

防伪查询说明

用户购书后刮开封底防伪涂层，使用手机微信等软件扫描二维码，会跳转至防伪查询网页，获得所购图书详细信息。

防伪客服电话　(010) 58582300